巨赞法师（1908～1984）

巨赞法师全集

張瑞齡題

第一卷

主编·朱哲

副主编·李千 马小琳

社会科学文献出版社
SOCIAL SCIENCES ACADEMIC PRESS (CHINA)

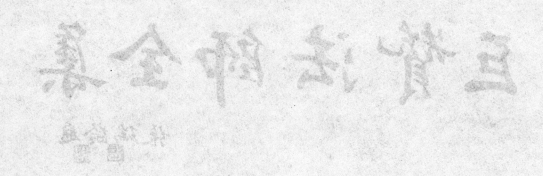

第一卷

主　编·朱光磊

副主编·常士訚　杨龙

社会科学文献出版社
SOCIAL SCIENCES ACADEMIC PRESS (CHINA)

愛國高僧

錢君匋

一九九年一月

錢君匋

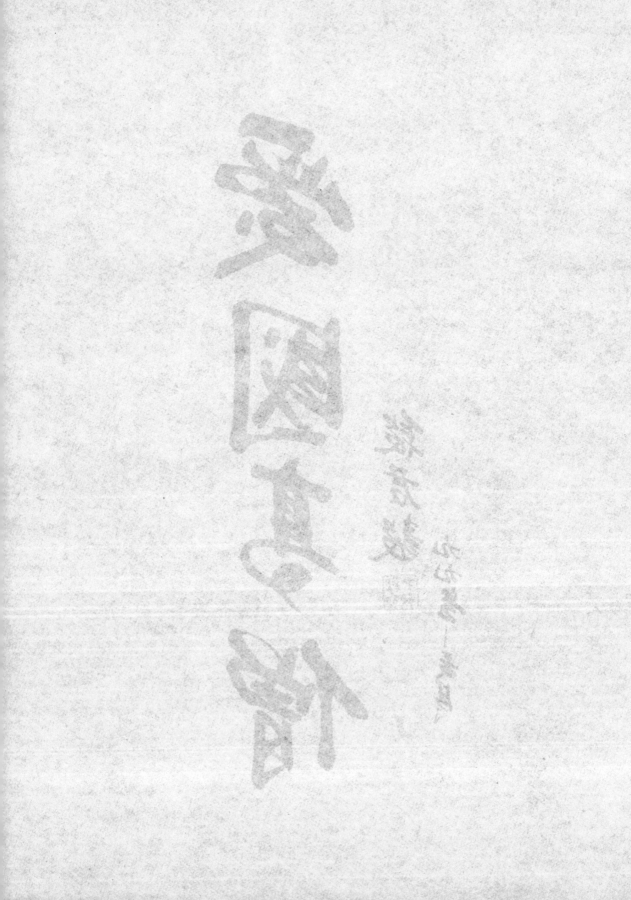

法海南針　秘藏寶鑰

愛國愛教　可歌可泣

巨贊法師全集出版誌喜

一誠敬題

祝 賀

巨贊法師全集出版

佛學深奧　世學淵博

真參實悟　高山仰止

香港佛教聯合會
香海正覺蓮社　覺光　敬題

佛曆二五四八年
西曆二零零四年　七月十五日（佛歡喜日）

巨赞法师全集编辑委员会

序 一

数近代大德高僧，巨赞法师可称是其中之一位，巨老之道德文章，佛学修持，早为大众所称道，本人幸有机缘，在抗战期间，曾与巨老于广西桂平，有同参之谊，相互共事及同寮，多年寒暑，直至胜利光复，两人方分别复员，巨老返回沪淞，本人则回到香港，讵料一别，港沪分隔，竟逾卅年。

"文化大革命"期间，巨老遭受多番批斗与拘禁，本人除萦念关怀，援手无计，及后幸政局平反，巨老恢复自由，复任佛协首长。1980年代，中国佛教协会赠送《龙藏》予香港，巨老亲为代表护送，老友相叙，恍如隔世，犹幸彼此精健，互以重兴佛教共勉，而任重道远，头绪千万，巨老大愿，虽难于一时实现，但经数年擘划，亦渐开端倪，庄严国土，利乐有情，国内佛教之规复，日见其功，固巨老之参与有力也。

巨老毗尼精习，三藏畅明，更旁及诗词歌赋，多国语文，才艺非凡，生平爱国爱教，望重朝野，及以觉行圆满，舍报示寂，各方仰怀至深，今悉有诸大仁长，发起筹建"巨赞法师纪念堂"伟举，高僧风仪，传之百世，大德景行，昭著万年，际值刊行纪念专册，本人承编者嘱撰序文，爰凭回忆往事，谨书数言以应，盖亦藉表对巨老无限敬念之意耳。

香港佛教联合会会长　释觉光

序 二

我国近代社会制度的变改是中国历史上空前的大变革，中国人民经过辛亥革命和新民主主义革命，推翻了几千年的封建专制的统治，缔造了人民的国家。在这场翻天覆地的革命中，也涉及社会革命和文化改造等诸多问题。佛教是中国传统文化不可分割的组成部分，对佛教的如何重新认识与改造不仅是我国革命民主主义者和社会改良主义者，而且也是爱国的佛教徒、僧侣等共同关切的问题。他们力图使佛教改革与社会政治革命相适应，提出种种改革的理论主张和行动纲领。例如康有为在其所著的《大同书》中曾吸收佛教思想中的平等、自由和非暴力等观念。谭嗣同以佛学作为其构建"仁学体系"的基石。蔡元培在他的《佛教护国论》中公开号召民众爱国护教。太虚法师在1913年提出了对佛教进行"三种革命"，即"教理、教制与教育革命"。在太虚、宗仰等等一批先驱者的奔走号召和组织下，与社会革命相响应，出现了近代佛教改革的浪潮。巨赞法师是改革浪潮的浪尖儿太虚路线的继承者，他在新民主主义革命和社会主义革命过程中为了佛教的复兴和改革，殚思竭虑，勇猛直前，作出了不懈的努力，奉献了一生。

巨赞法师对佛教的贡献主要表现在推动佛学研究和佛教改革两个方面。首先，他是当代佛学界的大师，精研三藏，博通二乘，熟读儒道经典，工于诗词歌赋，于气功和中医也有很深的造诣，据不完全的统计，他熟读的佛教经典有七千余部，写下的笔记有三百多万字，学术论著一百四十七篇，诗词六十一首。从他撰写的庞大的学术论著和读经笔记，特别是他为《中国大百科全书·佛教卷》所架构的佛教体系中可以看出，他对佛教有一套完整的看法，他把佛教分为理论、历史、经籍、史传、宗派、人物、制度仪轨、文化艺术、圣地等等。他对印度佛教特别是大乘两个主要派别——中观和瑜伽行派有系统和深入的研究，认为空有两宗既有它们的共同性，也有它们的差异性，"空有之诤"根本的矛盾在于对作为哲学主体"自性"的不同回答。他对大乘著名哲学家和因明学家如龙树、提婆、无著、世亲与我的翻译家道安、鸠摩罗什、法显、玄奘等都有专题的研究，很多评论十分中肯，使人受到启迪。当然法师尤注意中国佛教的问题，他对中国佛教史上重要经籍、宗派、思想、人物、儒释的关系等都做过很深入的学习和研究，在各个宗派中尤注意禅宗与华严宗的影响。他撰写了《禅宗史略》、《华严宗的传承及其它》、《天台与嘉祥》、《关于玄奘法师的会宗论》、《曹溪南华寺沿革考》等等，他的中国研究对于阐扬汉地佛教的民族特点、佛教与儒道、民间气功的关系、佛教各派的宗风及其影响、佛教与文化艺术关系等都有重要的发掘和指导意义，散发着智慧的光芒，迄今为学术界所推崇。作为中国佛教改革家的一位领袖，他十分关心当代佛教的实践，在这方面发表了百余篇评论，涉及改革重点、僧伽制度、僧人修持和人才的培养、佛教教学和宣传、寺庙的整顿和管理、僧人的劳动生产自救等诸问题。并为此创办了在解放前后有重要影响的《狮子吼》、《现代佛教》、《现代佛学》、《法音》等等刊物。

巨赞法师是一位解行相应的佛教改革家，他把毕生的精力奉献给了佛教的改革和复兴事业。在大学读书时他就参加了共产党领导的民主革命活动，即使他遁入空门后也丝毫没有改变他的初衷。1931年他经太虚法师的介绍在杭州灵隐寺出家，以后一直追随着太虚的改革运动，寻求中国佛教现代的航向和途径，为此，他在解放前发表了系统论述他的改革主张的《新佛教概论》一书，认为，我国过去的佛教和封建主义血肉相连，佛教徒的思想行为在不同程度上受到封建主义的影响，表现出十分迷信落后，因此要排除佛教中的迷信毒素，剔除其糟粕，吸收其精华，必须用科学的历史观点，在理论方面研究大乘教理，才能弃伪扬真，澄清思想，发扬菩萨的积极精神，无我除执；对于僧伽制度、僧伽教育的改革、人才的培养，经典文物的整理、佛教界的因循守旧观念等都有所阐述，另外，他提倡佛教徒要参加劳动，自食其力。[1]之后，他把他的上述改革主张概括为"学术化"和"生产化"两个口号。指出："学术化在于提高僧众的知识水准，博学慎思，研求入世、出世一切学问，恢复僧众在学术界原有的地位；生产化则求生活之自给自足，根本铲除替人家念经拜忏化缘求乞的陋习，如此则佛教本身可以健全，然后才能适应时代，谈得上对国家社会作出贡献"。[2]巨赞法师这些改革主张在旧中国封建官僚资产阶级的统治下，当然不可能实现的，而且他自己还受到了人身迫害。抗日战争爆发后，1938年五月巨赞法师在南岳组织了"南岳佛道救难协会"，他在组织纲领中宣称："要以大乘救世的精神，尽国民应尽天职，集中僧道力量，参加战时工作以挽救国难为宗旨"。以后又组织了"佛教青年服务团"和"流动工作团"，这几个团体在抗日战争进入紧要的关头，做了大量的抗日宣传、组织和救难活动，受到了僧俗两界的爱戴，这也表达了法师救世济人的志愿。抗日战争胜利后法师重返杭州灵隐寺，继续从事佛教的学术研究和改革活动。在解放战争时期，他数度来往于台湾、香港、澳门之间，参与新民主主义革命活动，历尽艰难险阻。1949年4月法师由香港到达北京后即与佛教的同仁上书毛主席和各民主党派，提出了对佛教改革的建议，嗣后又和赵朴初同志等一起筹建了中国佛教协会，历任副秘书长、副会长和政协常委等职，在反右和"文化大革命"中他受到了极不公正的对待，身心受到摧残，但他拳拳爱国爱教之心一直未变，表现了一个僧人纯正的器度。他长期参与佛协领导工作，积极协助党和政府贯彻宗教信仰自由的政策，为增进各民族佛教徒的团结，开展佛学研究和培养佛教人才等等方面作出了不可磨灭的贡献。他为佛教的改革和复兴事业贡献了毕生的精力。

巨赞法师心地磊落，言信行直，待人以宽，律己以严，计时分业，兀兀穷年，奖掖后进，不遗余力，不愧是我国当代佛学界的泰斗，爱国爱教的楷模，他为我国佛教徒留下的大批佛教精神遗产，必将照耀着佛学研究和佛教改革道路。笔者是他在中国佛学院的忘年之交，在佛学研究方面曾受过他的指导，终身难忘。在他圆寂后，勉为继续他未完成的事业——《中国大百科全书·佛教卷》的编辑工作。在《巨赞法师全集》出版之际，引起了我对他无限的哀思和敬意，乐为之序。

黄心川

2000 年 9 月于车公庄

附注：

(1) 参见朱哲《法门龙象、改革先驱》，载《世界宗教研究》1997 年第 2 期。

(2) 巨赞：《桂平的西山》，载《旅行杂志》1943 年，香港。

序 三

　　巨赞法师博通内外，才思俊逸；爱国爱教，德高望重。在新民主主义革命和社会主义革命时期，为了国家，为了民族，为了佛教，他旰食宵衣、披肝沥胆，奉献了传奇的一生，作出了卓越的贡献。法师思想进步，早年就读上海大学时，因参加社会进步活动，遭国民党江苏省党部通缉，后由太虚大师介绍至杭州灵隐寺出家。巨法师识解超凡，边教边学，三四年间废寝忘食，读经七千多卷，写下二百万字的读经笔记。抗战初期，在叶剑英支持下，法师组织南岳佛道救难协会，率领佛教青年服务团，奔赴长沙前线，积极参加抗日，深得徐特老赞赏。周恩来闻讯，亲书"上马杀贼，下马念佛"，对法师的爱国热忱慰勉有加。已而驻锡桂林，主持月牙山，创办《狮子吼》，大力宣传抗日救亡，激发佛教徒同仇敌忾的爱国热情，并提倡"生产化"、"学术化"，以满腔热情倡导革新运动，希望佛教能与时俱进，为国家，为人民作出应有的贡献。未几，应聘驻锡桂平西山龙华寺。湘桂战役失利，法师潜赴瑶山，为瑶王李荣保出谋献策，伏击日寇，歼敌百余，保护瑶胞免受蹂躏。旋至北流，任教无锡国专。法师平素重视人才、奖掖后学。抗战胜利东返，途经广州六榕寺，初识妙峰法师，见其聪明好学，遂携至杭州，安置在武林佛学院攻读。1949年，妙峰法师至台湾，依慈航、印顺两师受学；1962年，妙峰受聘赴纽约，弘扬大乘佛教，成为到美国弘法的第一位中国僧人。1948年，法师应邀赴香港讲经，与道安、优昙、敏智等法师于香港正觉莲社商讨佛教改革事宜。后道安移锡台湾地区，优昙弘化新加坡，敏智于1984年赴美国，任美国佛教会会长。淮海战役期间，法师风尘仆仆数度赴港，涉险跻危，参与民主活动，曾为李济深传递密信，送交陈铭枢、郭椿涛，继又接受潘汉年建议，起草《新中国佛教改革草案》，由潘老报送党中央。法师护教心殷，未几又毅然北上，邀集各界民主人士及佛教同仁共谋良策，并创办《现代佛学》，协助政府宣传宗教政策；创办僧尼学习班，开设大雄麻袋厂，筹备振新印刷厂，发动佛教徒参加学习和生产，声援和支持抗美援朝。为了成立中国佛教协会、中国佛学院及收回广济寺等，法师不辞辛劳，多方奔走，贡献颇多。十年动乱，法师身陷囹圄，然爱国爱教之心始终不渝。犹以古稀之年，主编《中国大百科全书·佛教卷》，孜孜不倦，鞠躬尽瘁。

巨赞法师是中国佛教协会创始人之一，作为中国佛教协会的主要领导，长期指导中国佛教协会的各项自身建设，在协助党和政府贯彻落实宗教政策，增进各民族佛教徒的团结，鼓励佛教徒参加社会主义建设，推动各项佛教教务活动，创办佛教院校，开展佛教学术研究，出版佛教学术书刊，团结海外佛教同胞，促进国际佛教友好交流等方面，都发挥了积极作用，作出了重要贡献。

巨赞法师多才多艺，识见高远，涉猎甚广，涉及各个领域。有佛学、佛教史研究的；有名僧传记及宗派的介绍；有修持与改革问题等；也有考据及与他人商榷的文章及游记等。法师的文章见解独到，堪称秘藏之宝钥、法海之南针，是我们佛教界极其珍贵的精神财富。最为难得的是法师三百万字的读经笔记，内容遍及《中论》、《十二门论》、《百论》、《大智度论》、《大般若经》、《华严经》、《涅槃经》、《维摩诘经》、《法华经》、《阿含经》、《异部宗轮论》、《无垢称经》、《禅经》、史传等，以及对一些佛法名相的整理与解释和读经心得等，对于佛学研究者，无疑是一份不可多得的宝贵资料。

中国佛教自清季以来，就不断受到政治、社会及西方文化的猛烈冲击，衰颓不振。佛教界本身又因循苟且，固步自封，无力应对这种局面。在中国佛教处于风雨飘摇、岌岌可危的情况下，许多高僧大德与有识之士深刻意识到，佛教必须改革才能顺应时局。受过良好教育、具有深厚佛教素养的巨赞法师，对于如何改革佛教，一直用心良多、着力甚巨，厥功甚伟。为了使佛教适应新的时代潮流、新的社会环境，以期使中国佛教能够从萎靡不振的困境中解脱出来，恢复佛陀时代积极救世的精神，法师大智大勇，笔耕不辍，发表了不少激动人心的时论文章，著有《新佛教运动史的研究》、《新佛教运动的中心思想》、《新佛教运动的回顾与前瞻》、《新佛教运动与抗战建国》、《怎样处理庙产》、《重申立场》等。

巨赞法师的文章见解精辟，从不人云亦云，而与他人商榷的论文，更能显出他的才华，表现出他的学术造诣和深厚功力。法师对中国佛教史深有研究，对印度佛教史也相当重视。不仅注重佛学研究，也非常重视实际修行。比如他对天台宗六妙门有深入的研究，对藏传佛教修气、脉、明点也有相当的了解。

《巨赞法师全集》中新增的"艺苑遗珍"部分，有《对于解决中医问题的芹曝之献》、《保存在峨眉山佛教寺院里面的祖国医学遗产》、《试论王叔和》等文章，说明法师对中医学说也是认真下过一番工夫的。"遗珍"中的《饶云杂录》、《杨弃集》、《孔孟荀哲学研究》、《周易研究》、《五家学案》、《周子通书》札记，以及对《中国哲学概论》的批注等等，足以看出法师中国传统文化的渊博学识。

巨赞法师光明磊落，为人忠厚，人多乐与之交。在《全集》中增加了不少法师与各界名人的往来书信和诗词，其中有：虚云、法舫、熊十力、梁漱溟、田汉、贺麟、马叙伦、齐燕铭、李维汉、李任仁、竺可桢、郭沫若、钱钟书、饶宗颐、师哲、谢无量、端木蕻良等，非常珍贵。

巨赞法师解行相应、满腹经纶，不愧为一代佛门巨擘。《全集》的出版，不仅是佛教界、学术界的一件大喜事，同时对有志学习、研究巨赞法师思想者更是一个极大的帮助，缅怀先辈，不胜依依。略抒积愫，藉申景仰。

学诚于中国佛教协会

2006 年 11 月 20 日

序 四

大菩萨应无所著而生其心，特别是对于幻变之中有长久因缘的众生应适当掌握好事态对众生影响程度而定。在形势有利、因缘和合的条件下，稳驾慈航、始渡四生。惟愿功尊慈父指引，广兴隆德之护佑，普行世道而广济众灵。自身喜汝四生久远而自发永不退转之心以来，从有相渡生、无相渡亲的历程中，深刻参悟贤文妙谛而修学不息。行信心意形，静观而次第菩提。菩萨于法而生不退心，不怕苦，不坐等享受，不劳作不食，不修学无智，不慈悲亦无处开悟禅机妙理。妙义世处，良言善语，顺世民心，期达于一百八十二位善住菩萨，自此发心忆念其慈尊善士，相念签名而成史立（江阴巨赞法师纪念堂）。史立于兴隆发展之世，同时动用多种形式，相机唤化以招引慈悲善士，挽回天心，长远广化细念而助有情，使之心愿同行，神清灵妙。广种正因而辅护法身，行吾正性于众中修学，众中行圣而演法利他，以至同超彼岸、同登彼岸为本愿。

菩萨于意是自身，护持本性，按当代当时慧心常住，而正性出家，因情修学。久远发心而辅济僧尼性众，菩心修学，自身苦做，做养大众，以全本身愿力而同证菩提真种。僧尼修学，功德之路随平稳亦欠因林，苦行劳作亦为苍生觅福，菩提本愿自是利生。望大众理解以施善举。应快行正法久住之佛路，慈悲喜舍，广种福田，多地忆他因缘，实乃法趣无边，十方诸佛菩萨谛生最上欢喜心，菩萨修法心量无止境，以假我肉体而广济生灵。随遇陷境亦无忧虑。若能自此慈悲发心写渡，德易流通十方，广行方便法门，同行法无定法之路，喜渡有缘大众，以助三世资粮。

巨师多生行善积德，而存留今生语言行动。惟愿四众喜传净闻，自此"俱发菩提善愿心，同证无为道果法"广结十方多闻善缘而运转良因，同证菩提。

巨赞老和尚之修为、慈悲德相，和所留传的文献巨著，实乃三世最为流通，最适合僧尼性众习学之妙法，而且在实践工作中所体现出自心禅功慧律，古今结合，圆融无碍。读经笔记与自心苦修智慧及现身功德，一切为众生，一切为整体社会。当今祖国正值经济繁荣、民族复兴之际，宗教界同仁为维持世界和平而作出巨大贡献的高僧大德们，在巨赞老和尚纪念堂落成后的今天，与诸山长老欢聚一堂，共同协商巨赞法师全集汇编出版事宜。根据当时的历史背景和文献中的纪录，巨师集一切心力、劲力，乃至内心功力，合文应化良僧，感化众生，实属创举。希德自发心。巨赞法师全集与师之事迹证明，巨师实乃法门龙象，师之功德亦党政所共识，其因缘际汇于开国大典之时，作为佛教界的杰出代表，伴随毛泽东主席等党政军领导同登天安门城楼。巨法师实为中国佛教界的骄傲，修行者之楷模。

历史的长河记载着那辉煌的时代。巨法师逝世转眼已二十多年，然而，巨赞法师的音容笑貌在无数苍生的脑海中影响愈加深刻。今天，在改革开放、共创二十一世纪现代化、建设新秩序的关键时刻，再次回顾历史，展望未来，我们更加信心百倍。巨赞法师的不朽著作重新面世，必将使我们更加深刻地感受到老和尚那多劫行善、苦心修行、慈悲喜舍的大无畏气魄。法师那提笔成章、心谛成文、开口渡有缘众生的事迹，不胜枚举。大师知久远十方的文献统合成章，约五百万字。其贤文妙谛，上弘不可说不可说之深义，其法力实施之创举，妙德下化良霖。如是如宝功德，实非常人所想、常人所识、常人所做、常人所著的不朽杰作。因此，将法师的传世之作重新汇编出版流通，使这一利国利民利教的事业得以持续发展，与天下芸芸苍生永结长久之善缘，实属功德无量的盛举。

弘云 2007 年 12 月

在家居士宗明奉吾师弘云法旨抄录于北京

序 五

巨赞法师（1908~1984）爱国爱教，资深望重，为当代博通今古，驰誉海内外的奇才，佛教革新运动的先驱。他精研三藏，解行并重；文通六国，识见高远。青少年时期，就具有强烈的进步思想，在上海大夏大学读书，与田汉相识，参加地下工作。抗战初期，高举义旗，揭竿南岳；转辗西南，主编《狮子吼》，宣传抗日，鼓吹救亡。湘桂告急，避难瑶山，协助瑶王李荣保伏击日军，歼敌百余，取得重大战果。胜利后多次赴港，蹈危履险，投身民主运动。国民党杭州站图谋加害法师，幸得南怀瑾先生相助，方免于难。解放前夕，满怀革新的壮志雄心，毅然北上，奔走呼号，首创《现代佛学》，力挽狂澜。几经艰辛，大雄麻袋厂终于开工，振新印刷厂的技工亦从沪上聘来。一时佛门朝气蓬勃，充满生机。成立佛教协会、佛学院，参加抗美援朝等等，法师苦心孤诣，殚精竭思，鞠躬尽瘁，作出了卓有成效的重大贡献。

1949年10月1日，登上天安门，参加开国大典，历任全国政协委员、常委、中国佛教协会副会长兼副秘书长、中国佛学院副院长、《中国大百科全书·佛教卷》主编等职。"三反"、"五反"运动，麻袋厂倒闭，印刷厂停办，随着现代佛学社的改组，革新声浪就此偃旗息鼓。"文化大革命"遽起，蒙受不白，身陷囹圄，七易寒暑，而丹心碧血，一以爱国爱教为己任，光风霁月，晚节弥坚。

巨法师笃志好学，知识广博，不论读经、读史，总是覃思精研，有触于怀，随笔札记，或作眉批，或参注行间，字梳句笺，钩玄撮要，斐然成章。法师天赋既高，思路又捷，他的读经笔记和艺苑遗珍中的文章，大都一挥而就，很少改动。很多人赞叹法师所以能下笔成文，得力于勤读、勤思、勤记和超凡的悟性，方能得心应手，触类旁通。

前几年，笔者网罗散佚，搜抉残蠹，不自量力编成了《巨赞法师文集》及《巨赞法师文集续编》。出版流通后，深受诸山长老、广大信众和学者的欢迎，几年来不少读者反映：影印的读经笔记，字体有行有草，不易辨认，且不少文章无断句，阅读为难。爰循读者要求，将影印的三册读经笔记全部改为印刷体，繁体改为简体，没有断句的加上标点。并补充了《禅宗》、《论道德休假与文化脱节》、《论目前文化之趋势》、《论自得》、《般若波罗蜜多心经诵释序》、《能断金刚般若波罗蜜多经了义疏》序、《乐观法师奋迅集》序、《士行法师》、《先自度论》、《从禁止南岳进香说起》、《一支有力的笔部队》、《僧青年二三事》、《华南佛教二三事》、《把握着时代的青春》、《佛教在新中国》、《是人天师、得无量寿》、《西山吟啸集序》、《参礼祖庭记》、《人间何世》、《佛家之救亡抗战论》、《雁·燕·蝉》、《敬祝李重毅先生八十大寿》、《寄怀杜宣同志》等七十多篇诗文。还补齐了巨法师应竺摩法师之请刊登在澳门《觉音》上的《瑜伽师地论本地分中菩萨地第十五初持瑜伽处真实义品第四述记》及《如是斋斅启录》两篇文章。

去岁，中国佛教图书文物馆圆持法师，将私藏二十多年的巨法师的八十多万字的手稿和不少名人给法师的亲笔书信提供出来，得以编进这次的新版，使《全集》内容更充实，更广泛，更丰富。新版在《文集》原有的基础上，增加了"艺苑遗珍"和"禅修摄生"两大类。"艺苑遗珍"就是这次新发现的文章，内有《对于解决中医基本原埋问题的芹曝之献》、《保存在峨眉山佛教寺院里面的祖国医药遗产》、《试论王叔和》、《扬弃集》、《孔孟荀哲学研究》、《周易研究》、《五家学案》、《饶云杂录》、《潜夫论》札记、《老子》札记、《荀子》札记、《周易王韩注》札记、《周子通书》札记、对《中国哲学概论》之批注等等。"禅修摄生"内有《天罡指穴二十八法》、《峨眉指穴三十六式》、《四季摄生法》等等。为了便于读者识别，谨将这次改版本易名为《巨赞法师全集》。遗憾的是在"文化大革命"浩劫中，再加上其他的因素，巨法师的遗物荡然无存，被洗劫一空。成箱累箧的遗稿也散佚殆尽。如这次发现的《周易研究》、《饶云杂录》都只有第一册，《周易王韩注》只有第三册，《如是集》只剩第四册。尤其可惜的是巨法师革新佛教的代表作——二十多万字的《新佛教概论》，仍是石沉大海，没有下落。很多书画墨宝，如毛主席的亲笔复信、徐悲鸿、关山月、齐白石、陈半丁等的画也都渺无影踪，难以复睹！

由于年深月久，又乏保管，不少文字已被虫蚁侵袭，字迹漫漶，编者驽骀，学力不足，不无鲁鱼亥豕之失，又难免分类欠妥，或次第失序。更要郑重声明的是"读经笔记"和"艺苑遗珍"所有文章或札记及"禅修摄生"中除《关于藏密的气功》和《禅修的医疗作用及其可能发生的生理现象和心理现象》外，全都是法师没有发表过的手稿和自习用的原始资料，是编者擅自搜集出版的，如有什么问题或不妥之处，绝非法师之责也，诸祈鉴谅。

佛法重在实行，而实行贵有正知正见，巨法师深入经藏，直达禅源，洞察时代机宜，不但善于承袭传统正解，抑亦善于开展未来新意。他笃信力行，锐意改革。

所提出的"生产化"、"学术化"两句口号，确是革新佛教的真知灼见，指路明灯。法师常说：佛陀教理，博大精深，宗教里面保存了许多文化遗产，可以整理研究，发掘其中有用的东西利益人民。在政协第二届三次全会发言时曾指出："就宗教徒来说，学习马列主义的目的，就是要通过马列主义研究方法，把保存在宗教里面的宝贵材料发掘出来，使它成为推动人类文化进步的一种力量。"在有些文章中，直言不讳："佛学是个人人都可以成佛的平等真理，是解放人类理性的重要学说之一。"并说："对佛教知道得越多，就更能体会佛理的正确。"一再断言："在新中国，新文化高潮已经来临的今天，佛教，尤其是大乘佛学的真精神，还是对人类、对社会有所贡献的。"

法师思深虑远，内无所隐，外无所饰，佛协成立不久，随即隐退，自甘淡泊，除主管《现代佛学》，负责国内来信外，谢绝尘事，埋头书斋，专心作研究工作，希望能悟出"开展第三期大乘利国利民的理论"，进一步报效祖国。可惜的是风风雨雨，世路崎岖，难以建树，且又天不假年，赍志以殁。今天，人们怀念巨法师，仍不免有"出师未捷身先死，常使英雄泪满襟"，要为他老人家一掬同情之泪！

太虚寥廓，不少人揆情度理慨叹：法师才思俊逸，襟怀洒落，却总未能充分发挥他的智慧，一展他的才华。法师一生坎坷，事多拂逆，这与他的真心论道，不避忌讳，宁可直言取祸，决不阿谀取容；不诱于誉，不恐于诽的个性也是分不开的。众目睽睽，这确非揣测之词。不管环境顺逆，不管对人对事，法师始终坚持"敬守志，贵自立"的处世原则，反对亦步亦趋，随声附和，他认为这会损害事实真相，影响真诚团结。他经常提醒同仁：做人必定要以信市人，出家人慈悲为怀，更要设身处地常为人家着想。讲信义，重然诺，别人有困难，不管相识不相识，法师总是解囊相助，仗义执言，甚至不顾个人安危。

昌明佛法，端赖人才。巨法师一向重视人才的培养，他曾任教重庆汉藏教理院，厦门闽南佛学院，在南岳讲学时想开办华严大学，于桂平授课浔州高中，在北流执教无锡国专，在杭州接掌武林佛学院，无不循循善诱，因材施教，获得一致好评。对中国佛学院，法师关心更切，期望更大，他常说：新中国的佛学院，应该朝气蓬勃，有新的面貌，新的气概，能培养出与新社会、新时代相适应的知识分子。为此，提出四点建议："不要有门户之见，要有比较考证的方法；要有新的工具——学习外文；要有新的观点——历史观点，发展观点；要痛下功夫，真参实学"。

功崇惟志，业广惟勤，巨法师所提的四点，开人正智，启人正信，切中时弊，深孚众望。五十年来，中国佛学院的历届师生，宗教信仰、政治觉悟、文化水平，都在稳步前进，在理论上、修持上务本力穑，振振日上，各有成就，没有辜负他老人家筚路蓝缕，艰苦创业的一番心血。

巨法师纵横翰墨，淹贯古今，很多人都惊叹法师闻见博，识断精。法师对中医、对气功，也很有研究，有独到的见解，很深的造诣，这也常为人们所乐道。他曾写过《禅修的医疗作用及其可能发生的生理和心理现象》、《保存在峨眉山佛教寺院里面的祖国医学遗产》、《对于解决中医基本原理问题的芹曝之献》、《试论王叔和》、《关于藏密的气功》、《峨眉十二庄》、《指穴三十六式》等等，这些著作，提高了我们对祖国中医中药的重视，丰富了我们中医中药的知识。

法师研究气功，不仅是为了锻炼身体，他认为气功也是一门生命科学，说"要从佛经研究中研究生命科学，生命科学的研究成绩，会提高人类的认识和智慧，有益于社会。"法师体格健壮，两目炯炯有神，三九严寒从不穿棉的，耄耋之年，耳不聋，眼不花，齿不掉，红光满面，容颜焕发，这不能不说是得力于他的修炼之功，养生之道。

法师是1931年出家的，时年二十三岁。出家前他没有接触过佛经，在杭州出家后才开始阅读，1933年任教汉藏教理院，边教边学，旋回支那内学院，继续研究，夙兴夜寐，淬励奋发，短短三四年间，读经七千多卷，写下三百多万字的读经笔记，毅力何等惊人！与法师共事多年、深知法师为人的黄心川教授一再称赞法师："忧国忧民，有胆有识；博闻强记，空前绝后。"

巨赞法师一向认为：只有有了新的社会制度，有了新的社会经济基础，佛教的改革才有可能，才有希望，否则只是空谈，只是缘木求鱼！大陆解放前夕，不少僧人不明党的宗教政策，怀着疑虑不安的情绪，纷纷出走。法难当头，惟独见高识远，悯时忧世念念不忘改革的巨法师，慨当以慷，甘冒不韪，毅然北上。因为他老人家一向坚信党的统一战线、宗教政策，深信佛教的真理契合中国现代化历史进程。当时很多人对巨法师此举很不理解，有辱骂他的，有嘲笑他的，也有同情他担心他的。对此，巨法师在《一年来工作的自白》中坦言："我为佛教在新社会中，争取一个合理的立场与正当的工作岗位而来北京。"在1949年9月20日致法舫、印顺和道安法师的信中，更语重心长道出了他的苦衷："二千年佛教之生死存亡在此一举，忍置身事外任其生灭乎？"护教之热诚，溢于言表！

又在法师读经笔记《觉海遗珠集》乙，续华严之部五十五条后面（见原《文集》中编P.1317）有这样一段引人深思的话：

"阅此土华严著述竟，不禁涕泗盈睫，哀哉长夜，岂将尽为此等庸妄所障蔽耶？杜顺、法藏、清凉之遗绪笼统乃尔，吾将何以启发后人耶！倭奴淫暴，中原危迫，人理几希，吾复何所措施耶！哀哉！"

从寥寥数笔的这段无限哀叹的按语中，我们也不难想见法师研读之精，参透之深。"倭奴淫暴，中原危迫"法师此时心情又何等悲愤沉痛。读经不忘救国，出于内心，发自肺腑，法师不愧为旷世龙象，爱国爱教的典范。

沧海桑田，世事多变；国际风云，起伏不定，环顾世界还不太平。居安思危，"闻鼓鼙而思将帅之臣"。今当大师诞辰一百周年之际，缅怀先贤，追思遗泽，我们能不更加想念大智大勇舍身为法的这位老人家！

《全集》得以出版，全仗无锡无相法师、四川弘云法师、天津敬守存、杨秀珍居士及各界善信的大力赞助。陈林峰、李国强、李作辉、李千、管谦、刘盛荣、郇艳、时涛、张文风、叶祝华、隆藏暨江阴市佛协亦给予了多方面的帮助。难忘旧雨情！香港佛教联合会会长觉光长老殷殷垂爱，不辞辛劳，慨任总顾问。黄心川教授字斟句酌，推本穷源，精心校勘梵文。惟善法师亦为校此梵文，尽心尽力。中国佛教协会会长一诚长老惠赐墨宝，副会长学诚法师为本书作序。当代著名书法家、楷书泰斗张瑞龄老先生卓荦不羁，推诚相与，慨为巨赞法师纪念馆暨《巨赞法师全集》题字，藉此一并表示由衷的感谢。

朱哲
2008 年元旦谨序于北京

原《巨赞法师文集》序

巨赞法师1908年出生于江苏江阴，俗姓潘，名楚桐，字琴樸。1927年毕业于江阴师范，同年入上海大夏大学，于校中结识田汉，秘密参加革命。1929年，任江阴金童桥小学校长，以此作为掩护，积极开展地下工作，翌年，遭国民党江苏省党部通缉，被迫隐姓埋名于青阳中学代课。

1931年，由太虚大师介绍至杭州灵隐寺依却非老和尚出家，法名传戒，字定慧，后改名巨赞。是年于宝华山受具足戒。1933年，任教重庆汉藏教理院，边教边学，苦心参究。旋回南京支那内学院，继续研究，三四年间，读经七千多卷，写下三百多万字的读经笔记。1936年，执教厦门闽南佛学院。抗战军兴，辗转至湖南，因反对国民党消极抗日，为常德警备司令部沈醉拘捕，险被枪毙。1938年讲学南岳，与田汉、冯乃超、鹿地亘等逅遇，由田汉引荐，见到时任南岳游击干训班副教育长的叶剑英同志，在叶帅支持下，成立南岳佛道救难协会，未几率领佛教青年服务团开赴长沙，宣传抗战救亡。这期间，徐特立老先生在八路军驻湘办事处多次与巨赞法师会谈，徐老爱才若渴，手抄元代名臣刘秉忠《朝中措·书怀》一词，敦劝巨赞法师还俗夫延安，又为国民党军警传讯。1940年至桂林，任广西省佛教会秘书长，痛国运衰微，悲人民陷溺，创办《狮子吼》月刊，宣传抗日救亡与佛教革新运动，提出"生产化"、"学术化"两个改革的口号。此时，与夏衍、田汉、柳亚子、郭沫若、朱蕴山、廖沫沙、关山月、尹瘦石、欧阳予倩、端木蕻良、聂绀弩、万仲文昆仲、盛成等过从甚密，共商救国救民，匡济时艰大计，并经常参加《漓江雅集》爱国诗社的活动，得以深入了解社会各阶层的底蕴，从而也坚定了他彻底改革佛教的决心，撰成了二十多万字的《新佛教概论》，广西师院教授万仲文写了序言。今在台北的华岗佛学苑苑长晓云法师，非常赞赏此书。巨赞法师并以缁哉、育之、万均、古徽、鉴安、胜音、饶云、毓之、唯中、如是斋主等二十多个笔名，在各报刊发表了大量论文。在桂林近三年，后去桂平西山龙华寺，曾任港事顾问的香港佛教联合会会长觉光法师，也同在该寺。1944年8月，日寇疯狂挣扎，柳州、梧州、桂平相继失守。巨法师避难瑶山，曾协助瑶王李荣保策划伏击日军，歼敌百余，取得重大战果。日寇震怒，四处搜捕巨法师，尝于梧州北山，拘禁西竺园方丈清凉法师，拷问巨法师行踪。旋应聘至北流，任教无锡国学专修学校（该校同事有向达、饶宗颐等）。

抗战胜利后回灵隐寺，任浙江省佛教会秘书长，兼武林佛学院院长。浙江省长沈鸿烈暨民政厅长杜伟，曾一再邀请法师整顿全省佛教，法师以在旧制度下侈谈改革，无异缘木求鱼，婉言拒绝。1947年赴港，蹈危履险，参与新民主革命活动，尝冒生命危险为李济深传递密信交给遭国民党软禁的陈铭枢、郭椿涛。次年又至香港，再次会见李济深、沈钧儒、郭沫若、章伯钧等，大家认为全国即将解放，佛教怎么办，都很关心，法师遂去台湾考察。淮海战役一结束，法师又去香港，会见陈劭先、吕集义、夏衍、廖沫沙等。后受中共华南局负责人潘汉年委托，起草了《新中国佛教改革草案》，由潘老派专人送往石家庄党中央。

1949年4月3日毅然应邀北上，13日抵北京，经一个多月考察，认为新中国新制度的诞生，也给佛教一个荡污涤垢的良机，遂会同周叔迦等用北京市佛教同仁名义，为改革全国佛教上书毛主席及各民主党派。是年当选全国政协委员，登上天安门参加开国大典。

建国初期，为了使佛教徒能适应新的形势，新的社会制度，组织全市佛教徒参加学习班，开办大雄麻袋厂，筹建振新印刷厂，与陈铭枢等成立《现代佛学》月刊社等等。积极协助政府宣传宗教政策，这对稳定当时佛教界的情绪和稍后的抗美援朝工作，起到了重要作用。并与李济深、叶恭绰、陈铭枢、赵朴初等筹建中国佛教协会，任筹备处副主任。佛协成立后，当选副秘书长。1957年，当选副会长兼副秘书长。反右运动中，法师的一些挚交好友，如陈铭枢、向达等，不少被打成右派，法师受到牵连，检查了十次，几乎被划为右派。"文化大革命"初期，被以现行反革命的莫须有罪名，关进监狱，长达七年。1980年平反，旋当选为全国政协常委，未几，兼任《中国大百科全书·佛教卷》主编。1984年，因积劳过度，抱着改革的遗愿，赍志以没。

对于这位博学高行、把毕生精力奉献于国家、奉献于佛教的高僧大德，党和人民给予了充分的肯定。法师圆寂后，党和国家领导人邓颖超、李维汉、帕巴拉·格列朗杰、叶圣陶等送了花圈；习仲勋、班禅额尔德尼·确吉坚赞、刘澜涛、杨静仁、屈武等参加了隆重的追悼大会。

巨法师的爱国主义思想和献身佛教改革的精神，为海内外所推重。思其功，念其德，怀其人。1994年，由彭冲、孙毅、刘志坚、夏衍、王蒙、朱穆之、任继愈、饶宗颐、觉光、明旸、真禅、茗山、一诚、慈舟、明开、昌明、妙湛、清定、云峰、佛源、印德、广平、宗怀德、宛耀宾、周绍良、孙轶青、骆宾基、丁中江、张岳轩、关山月、尹瘦石、沈鹏等大陆、港、台、新的二百多位各界知名人士发起，在巨赞法师的故乡江苏省江阴市，建成"巨赞纪念堂"。巨赞法师以其高尚品德、杰出贡献和崇高威望，为后人竖起了一座丰碑。在1994年4月9日巨赞法师圆寂十周年纪念会上，中共江阴市委副书记李云峰指出："凡有功于中华民族振兴和家乡昌隆的人士，人民是不会忘记的；凡有杰出贡献于中国佛教，顺应时代、爱国爱教、促进团结的人士，佛教界也是不会忘记的。我们隆重纪念巨赞法师，正是出于这样一种感情。"追思遗泽，今天我们整理出版《巨赞法师全集》，同样也是出于这样一种感情。

巨赞法师精研三藏，博通二乘，他的佛学成就，突出表现在：（一）印度佛教的研究。他对印度佛教的护法者阿育王作了较深入的探索，指出佛教能够"提高印度人民的物质生活和文化生活"，因之佛教既对个人的生死解脱有作用，还影响到印度社会的政治等方面。他对印度大乘佛教的空宗（中观派）和有宗（瑜伽派）的理论焦点作了区别，认为二宗所诤的"自性"差别是根本矛盾。同时还考证了空、有二宗创始人的生平事迹。（二）中国佛教的研究。诸如中国佛教史上的著名人物、宗派、思想、经典等等，都作了广泛的研究。例如他介绍了安世高、道安、慧远、法显、吉藏、玄奘、一行、鉴真等佛教史上的一代大师；讨论了汉地般若思想、禅宗、华严宗等宗风；分条析理，注疏了许多佛教典籍。（三）佛教现代化的研究。改革旧佛教，振兴新佛教，这是巨赞法师的夙愿，为此，他撰述了《新佛教概论》等一批与现代佛教改革有关的文章，提出了"生产化"、"学术化"的口号，主张佛教是"无神"、实践"无我"的宗教，并且身休力行，走在时代潮流的前面。这些改革思想和主张，曾经受到党和国家领导人及有关方面和教内同道的重视，毛泽东主席也予以亲笔回信。（四）佛学问题的争鸣。他对佛教诸宗派的撰集都曾研习过，读经七千多卷，记笔记三百万字。他对佛学的见解一直表现出自己的独立性，经论注释，教理阐述，历史考证，绝不盲从冥搜，人云亦云。为了把握纯正的佛法，他从佛典中去探求本源，从史实中去探讨抉择，以摆脱传统的桎梏，而独树一帜，言前人所未言，发前人所未发，拭翳指迷，振聋发聩，狮吼当代。汤用彤、吕澂、熊十力等当代著名佛学大家的佛学观点，都受到过巨赞法师的"商榷"，这在中国佛学界是罕见的，足以表明他对学术的挚爱和深厚的学术功底。（五）佛教实践的研究。他出自于佛门，精于佛学理论，更重於佛教实践，以自己实修的感受和验证，清佛法之源，正流变之异，明递嬗之理，知正期之事，使之做到理论与实践的结合，弥补了学术界的不足。

佛教传统之积弊，千疮百孔，变态丛生，欲使平等大悲之佛法，普及於社会，有益於人类，首要真正弘法人才。巨法师一生从事于佛学研究和佛教实践，尤致力於佛教教育和佛教读物出版事业。创办《狮子吼》、《现代佛学》、《法音》，主编《华藏世界》、《中国大百科全书·佛教卷》等等，建树显赫。法师曾先后在重庆汉藏教理院、厦门闽南佛学院、湖南南岳华严研究社、广西桂平浔州高中、广西北流无锡国学专修学校、杭州武林佛学院、北京中国佛学院执教，以自己精湛的佛教义理、丰厚的理论知识、渊博的学术造诣，教授于一代又一代莘莘学子，桃李满天下。现健在的诸山长老，有相当一部分都曾经聆听过他的教诲，获得过他给予的知识的润泽和滋养。法师灵根凤具，早在1937年，就在《论学》杂志发表《评熊十力所著书》，熊教授阅后赞叹："是用心人语，非浮士口气"，意欲推荐法师去浙江大学任教授。1936年，法师在《佛教公论》创刊号发表《先自度论》，翌年又发表《为僧教育进一言》。这两篇论文一经发表，立即引起佛教界的普遍重视和关注，乃至於有不少佛门高僧、佛学专家认为出自弘一大师之手。弘一大师对巨文备加赞扬，即集《华严经》"开示众生见正道，犹如净眼观明珠"，亲笔书写馈赠巨法师，并加题记："去岁万均法师（注：巨赞法师笔名）著《先自度论》，友人坚执谓是余作，余心异之，而未及览其文。今岁法师复制《为僧教育进一言》，乃获披见，叹为希有，不胜忭跃。求诸当代，未有匹者。岂余暗识所可及耶？因呈拙书，以志景仰。丁丑三月，集《华严经》句，沙门演音。"1937年，巨赞法师在《微妙声》发表《如是斋琐议》，因论证精确，考据翔实，再次获得佛教界、学术界好评，并受到史学大家陈垣先生的注意，多方打听作者为何人。

巨赞法师深游法海，识悟超凡，躬践力行，矢志振兴中国佛教，为挽人心，敦世道，启迪智慧，保持法门胜幢，发扬佛教优良传统，使佛教更好地与社会主义相适应，他任劳任怨，殚思竭虑，力主改革。对于佛教的形式或制度的改革，他总是抱着乐观的态度，认为并不是一桩多大的难事，他常说某些佛教问题，其实并不是佛教本身的问题，而是社会问题，如佛化之所以不振，讲席之所以消沉，寺庙之所以凌乱，僧尼之所以庞杂，戒律与清规之所以废弛等等，主要是由于过去寺庙经济过于宽裕的缘故，佛教界内有这样一句话："天下丛林饭似山，钵盂到处任君餐。"饭如山，任君餐，这样富足，这样自由，怎能不乱！为了推动改革，他昕思夕筹，不管是讲学、写文章或是与僚属交谈，总是极力主张农禅结合，强调寺庙收入要自给自足，不靠布施，不靠经忏，每所寺庙，应该既是宗教活动场所，又是生产单位；每个僧尼，应该既是劳动生产者，又是如法如律的佛教徒。积极提倡"生产化"、"学术化"，要"寓修持于劳动中"，他一再指出，只有这样，佛教徒才能在社会上受到人们的尊重，才有自己安身立命之所。为此，在加强佛教自身建设，大力培养佛教人才，提高佛教四众素质，协助政府贯彻宗教政策，维护佛教合法权益，开展佛教文化研究，发展对外友好和海外联谊等等方面，他都全力以赴，作出了重大贡献。巨法师还始终关注着宗教信仰自由政策的落实，关注着佛教的健康发展，且总是以一分为二的观点来看待面临的问题，在政协的历次发言中，他总是推心置腹，开诚布公地直言，既肯定解放后政府贯彻宗教政策取得的很多成绩，也具体说明在某些方面，在若干地区，还有不足之处，还存在一些有待改进的问题，甚至，为此向毛主席写了信。法师之所以敢于面折廷争，这也表明是由于他深信党是坚持"长期共存，互相监督，肝胆相照，荣辱与共"的爱国统一战线的。

巨赞法师博闻强记，敏而好学，明于经，优于史，妙于文，工于诗，弘法之勤，著述之丰，为当代佛教界所罕有，嘉言懿行，楷模一代。《文集》共分佛学论著、佛教史传、教制改革、法海春秋、时事经纬、读经笔记、书信、诗词、年谱等九大类、熔历史、文学、教义、禅机、修行、证悟、考据於一炉，文辞畅达，理义精深，气韵飘逸，蔚为大观。阅读这部《文集》，可以尽情欣赏法师在佛学研究、教制改革、诗词、气功等等方面的卓越才华；可以领略法师超尘拔俗的胸襟，济世匡时的抱负，和他那无比忠贞的爱国爱教的内心世界。

"不积跬步，无以致千里；不积细流，无以成江河。"佛教经典浩繁，文义深奥，难以卒读，其中积极意义，尤非一般人所能理解，法师乃能锲而不舍，寝馈其中，冰冻三尺，非一日之寒，三百余万字的读经笔记，充分说明了法师之所以能在佛学上出类拔萃，成为卓越超群的一代宗师，这决不是偶然的。《文集》是国内首次出版的唯一版本，佛法深广，研究綦难，特精装扫描的读经笔记不仅是弥足珍贵的法师手迹，具有很高的学术价值和收藏价值，并为我们研习三藏宝库，提供了丰富的、宝贵的线索、思路和方便，诚法海之南针，秘藏之宝钥，有志佛乘者，按图索骥，事半功倍，既免仰高弥坚之叹，且有旁搜远绍之益。

巨法师是位佛学修养很深的一代高僧，他才华横溢，著作等身，为我们留下了大量的宝贵的精神财富，由于战争和"文化大革命"等种种原因，要收集齐全很不容易，还有些文章是用笔名发表的，不免遗漏，尚请读者提供讯息，以便再版时补进，不胜感祷。由于编者学识浅陋，《文集》编得不尽如人意，深感愧疚，亦祈多多鉴谅、指正。

本文集名誉主编两位：觉光法师和戴文葆先生。德高望重的觉光法师，为我们佛教界所熟悉的、尊敬的香港宗教领袖，香港佛教联合会会长。戴文葆先生学识渊博，为中国第一届韬奋出版奖获得者，人民出版社、生活·读书·新知三联书店编审，中国编辑学会顾问，中日关系史研究学会顾问，曾任教南开大学、北京大学。"文化大革命"后究心释典，七十年代末，在北京广济寺"挂单"，立雪程门三年，亲近巨法师，师事巨法师，攻研《大般若波罗密多经》、《大方广佛华严经》等。此次，为出版故人文集，挺身而出，揄扬汲引，多方奔走，古道热肠，感人至深。

《文集》深蒙诸山长老、各界善信题词，觉光法师、黄心川教授百忙中为写前言，觉光法师且献出了珍藏多年的巨赞法师的读经笔记手稿，季羡林老教授为写书名；无锡祥符寺无相法师、灵山发展有限公司吴国平居士热心赞助出版费九万，广州六榕寺云峰法师、四川智念法师各赞助二万，《法音》编辑部、香港麦居士各赞助一万；复承阎明复会长、周铁农副主席暨团结出版社慨当以慷，大力支持，得以付梓；叶祝华、王耀珩等同志及樊申炎处长、李筱松贤伉俪、翟孟先生也给予了多方面帮助，藉此一并表示衷心感谢。

朱哲谨序

2000 年 8 月于北京

原《巨赞法师文集续编》前言

一九三三至三五年间，巨赞法师执教于重庆汉藏教理院及在南京支那内学院研修时，焚膏继晷，苦心参究，读经七千多卷，写下三百多万字的读经笔记，笔记共分三集：一曰"绀珠集甲"，二曰"绀珠集乙"，三曰"觉海遗珠集"。这三集佛门瑰宝，稀世之珍，阐微发隐，知见超特，堪为入道之要门，初学之津梁，抑为我们学习研究巨赞法师早期佛学思想的重要资料。遗憾的是北京团结出版社出版的《巨赞法师文集》，竟未将读经笔记中的"绀珠集甲"收进《文集》，《文集》发行流通后，我才发现此事，深感有负先师，愧对读者。世路崎岖，机缘不顺，正忧叹间，适智念法师驾临，闻悉此事，至为不平，慨许集资，赞助出版《巨赞法师文集续编》，绀珠集甲得以面世，读经笔记始能重归完整，读者方能得窥巨赞法师读经笔记全豹。

又《巨赞法师文集》，前承各界名流、善信竞相题词，惠赠墨宝，热烈支持《文集》出版，编委同仁实为感谢，讵料出版社以制版费用过高，未能将所有题词全部收入文集，今趁《续编》之出，一一补版印制，以报隆情，用减内疚。

又本编读经笔记"绀珠集甲"，为巨赞法师在汉藏教理院用八开毛边纸最早写成，字体特小，每行字数甚多（远远超过其它两种笔记），行距又密，每页七十多行，每行七八十字，一页约五千多字，图表亦特多。以纸质较次，已发黄变脆，不便翻检，有些字迹漫漶不清。为此，编者不得不将本书读经笔记的字体放大，行距拉宽，一行改成二行，一页分成五至九页不等，同时仍将巨师原稿的一七七页附于全书后面，以便读者对照。在操作过程中，困难不少，限于人力，水平，失误之处，敬请读者鉴谅指正，不胜感祷。

智念法师戒行高峻，为众仰止，成此胜缘，功德无量。中国佛教协会会长一诚法师在百忙中为写书名、香港佛教联合会会长觉光法师、广州六榕寺方丈云峰法师殷殷勖勉，马小琳居士辛勤校稿，出力最多，魏宏居士、车俊有大夫为法奔走，不辞劳累，在此一并表示衷心感谢。

朱　哲　谨序于北京法源寺

二〇〇二年九月

目　录

图　影

佛　学　论　著

佛教史传

教制改革

法 海 春 秋

时事经纬

书 信 摘 录

诗　词

艺苑遗珍

禅 修 摄 生

读 经 笔 记

年　谱

图

影

（1908~1984）

■编者按：以下图片及相关史料，谨以年代先后排列

■巨师法相

■巨法师1941年于桂林　尹瘦石画

■巨师法相

■巨师法相

■巨师法相

■1980年12月巨法师在第四届佛代会上致闭幕词

■与赵朴初居士合影

■与周叔迦居士合影

■与石鸣珂、林子青居士合影

■与济广法师合影

■出狱当天与观空法师合影

■宝华山隆昌寺，巨师受戒处　　　　■杭州灵隐寺，巨师出家处

圖書室之一部

第一講堂之外觀

學僧宿舍之一部

汉藏教理院

■重庆汉藏教理院　巨师教学处

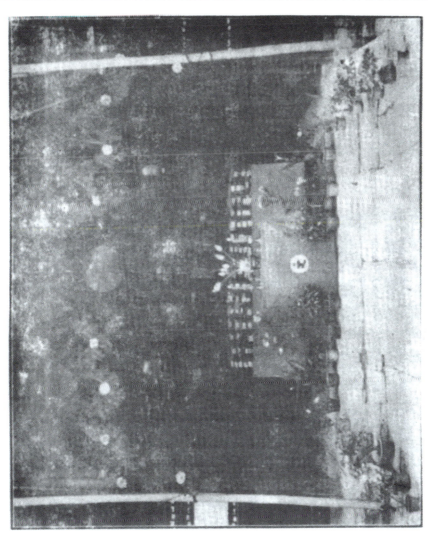

支 那 内 學 院 聖 典 度 藏 處

■巨法师早年尝于此研修数载

■厦门闽南佛学院　巨师教学处

■南岳大庙　　■南岳华严寺，巨师讲学处

■南岳祝圣寺　　　　　　　　　　　　　　　　　■南岳上封寺

　　1938 年, 巨法师于此再次会见好友田汉, 并在叶剑英支持下, 成立南岳佛道救难协会, 积极投身抗战救亡运动, 获得周恩来好评。2005 年 10 月 25 日晚中央 10 台曾播出此壮举

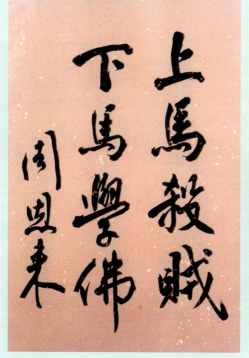

■周恩来总理亲笔题赠巨赞法师领导的佛教青年服务团

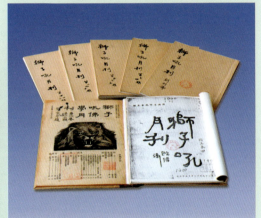

■桂林月牙山，巨赞法师在此主编《狮子吼》月刊，由柳亚子、郭沫若、夏衍等七十多
　著名人士组成的漓江雅集诗友常于此集会

■桂平西山龙华寺，巨师与香港觉光法师均曾卓锡于此。"揽胜"为巨师亲书

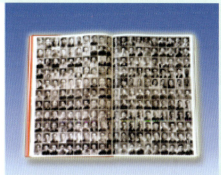

■登上天安门城楼参加开国大典的六百六十位开国元勋，宗教界人士合影

（自前排左起为邓裕志、巨赞、吴耀宗、赵紫宸，后排左起为刘良模、张雪岩、赵朴初、马坚）

■1951年6月18日，巨法师参加上海土改时与上海分会全体合影
（前排右三为巨法师）

■1953年参加佛协成立大会的代表在广济寺举行浴佛节，巨法师在法会上讲话

■1953年，中国佛教协会第一次常务理事会议摄影纪念
（前排左一为巨法师）

■前排右二为巨法师　　1954年3月14日

■ 1954 年 3 月巨法师在空军汽车学校慰问大会上致词

■ 巨法师与老友畅谈（左一为巨法师）

■1954年巨法师在空军汽车学校

■1954年3月慰问解放军

前排左一：巨法师　　　　　　　　　　右二：巨法师

■1955年5月陪同周总理参观广济寺（右二为巨法师）

■1954年佛诞留影（前排左六为巨法师）

■1956 年 11 月中国佛教文化代表团访问印度

■1956年11月中国佛教
文化代表团访问印度

■1956年11月中国佛教文化代表团访问印度

■1956年11月中国佛教文化代表团访问印度

■ 1956 年 11 月中国佛教文化代表团访问印度

■1956年11月中国佛教文化代表团访问印度

■1956年11月中国佛教文化代表团访问印度

■ 1957 年 3 月巨法师（二排中）出席中国佛教协会第二届全国代表会议

■ 1957 年巨法师（前排左三）接待锡兰钱达难陀来访

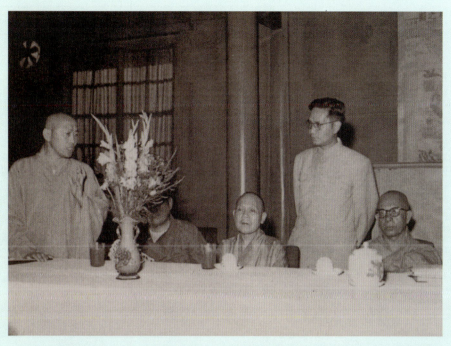

■1957年7月巨法师（左一）在接待锡兰钠罗达法师来访时致词

■1957年7月巨法师（主席台左二）接待锡兰钠罗达法师来访

■1957年9月19日巨法师（前三）陪同日本佛教访华亲善使节团在玄中寺

■1956年12月巨法师与蒙古人民共和国佛教理事会副会长高万保德等合影（惜已残损）

■1957年9月28日陈毅副总理接见竹村教智代理团长为首的日本佛教访华亲善使团全体成员（前排右二为巨法师）

■1958年4月2日中国佛教协会在灵光寺举行佛牙舍利奠基典礼（奠基台上左三为喜饶会长、左五为巨法师、左四为翻译）

■1959年9月巨法师（前排右一）接待锡兰马拉拉塞克拉来访

■1959年9月巨法师（左二）参加接待锡兰马拉拉塞克拉。右二为翻译

■1959 年 9 月巨法师（左一）与喜饶会长（右二）等接待锡兰马拉拉塞克拉来访

■1959 年 9 月 10 日巨法师（二排左七）与喜饶嘉措、周叔迦、正果法师佛学院第一期结业典礼合影

■1960 年 8 月 10 日中国佛学院第二期学习班毕业典礼合影（二排右八为巨法师）

■1961 年 6 月巨法师在锡兰代表团来京迎接佛牙法会上致词

■1961 年锡兰代表团前来迎接佛牙（队前者为巨法师）

■ 1961 年 11 月巨法师（前排右二）出席在金边举行的世佛联大会

■ 1961 年 11 月于金边世佛联大会（前排右四为巨法师）

■中为巨法师

■1961年11月摄于金边

■1961 年 11 月巨法师出席在金边举行的世佛联大会

■1961 年 11 月摄于金边

■1961年11月出席在金边举行的第六届世佛联大会

■1961年摄于金边

■ 1963 年 3 月 7 日巨法师陪同喜饶大师接待老挝国王

■1963年8月参加祈祷越南南方佛教徒和人民反对
迫害争取自由胜利祝愿世界和平法会（巨法师主持法会）

■1963年10月巨法师（右一）在机场迎接出席亚佛联会议代表

■ 1963 年 10 月巨法师（左一）在机场迎接出席亚佛联会议代表

■ 1963 年 10 月巨法师（右二）出席在京召开的亚佛联会议

■1963年10月4日郭沫若副委员长接见来我国参加鉴真和尚逝世一千二百周年纪念活动的代表团（后排左五为巨法师、左六为赵朴初）

■1963年10月巨法师（右一）出席亚佛联会议

■ 1963 年 10 月巨法师（右三）出席在京召开的亚佛联会议

■1963年10月巨法师（二排中）陪同出席亚佛联代表在南京参观

■陪同出席亚佛联代表在南京

■ 1963年10月巨法师等陪同亚佛联代表在杭州

■ 1963 年 10 月巨法师陪同
亚佛联代表在杭州

■陪同亚佛联代表在杭州

■陪同亚佛联代表在杭州参观

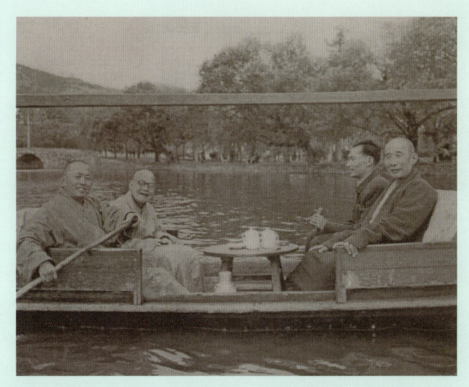

■陪同亚佛联代表在杭州

■1963年巨法师（左五）与日本大谷滢润等合影

■ 1963 年巨赞法师陪同日本大谷莹润等参观

■1964年3月18日中日两国佛教界在法源寺举行纪念玄奘法师一千三百周年法会（右一为巨法师）

■1964年3月巨法师（右一）与喜饶嘉措会长

■ 1964 年巨法师（右四）陪同日本菅原夫妇访问山西

■ 1964 年巨法师（右三）在广济寺接待日本龟井胜一郎和白士武夫

■前排左三为巨法师

■1964 年巨法师（右一）接待锡兰钱达难陀法师来访

■ 1964年11月19日在日本第九次护送中国在日殉难遗骨法会上

■左一为巨法师

■1965年4月巨法师接待日本天台宗来访

■ 1980 年 12 月 24 日乌兰夫、阿沛阿旺晋美、班禅额尔德尼副委员长、帕巴拉·格列朗杰副主席接见中国佛教协会第四届全国代表会议全体代表合影（前排左起第十五为巨法师）

■1982 年 4 月 10 日班禅大师会见日本日莲宗（前排左七为巨法师）

■1982 年 5 月 21 日班禅大师与中国佛教协会第四届常务理事会第二次扩大会议合影（前排左四为巨法师）

■1982 年，中国佛学院本科班开学纪念（前排右八为巨法师）

■1982 年 6 月 23 日～7 月 2 日巨法师（前排左四）率中国佛教代表团访问日本

■前排右三为巨法师

■1982年6月23日~7月2日巨法师（前排左五）率中国佛教代表团访问日本

■代表团在京都同日中友好佛教协会、净土宗佛教大学等单位的负责人合影。

　　第一排左起第二人道端良秀会长、第四人武田宗务总长、第五人为巨法师、第六人水谷幸正校长。

■日中友好佛教协会在东京举行欢迎宴会

■日中佛教友好协会隆重接待中国佛教代表团

■1982年6月23日~7月2日巨法师（前排左五）率中国佛教代表团访问日本

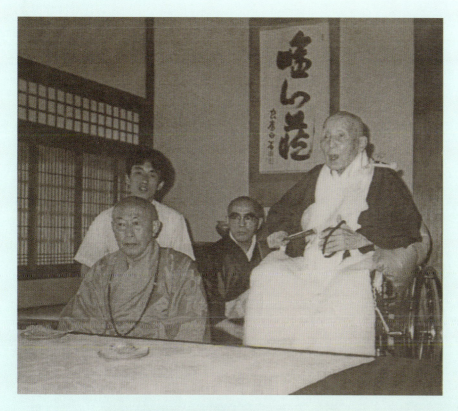

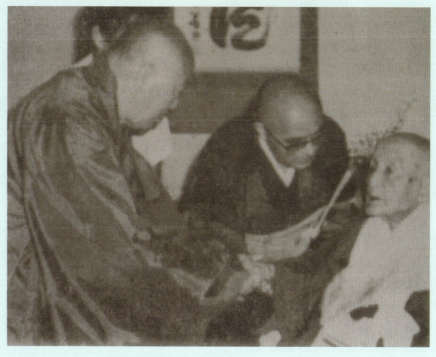

■代表团团长巨赞法师同108高龄的大西良庆长老交谈

■ 1982 年 6 月香港各界热烈欢迎巨法师率领的护送龙藏代表团

■ 1982 年 6 月香港宝莲寺举行迎请大藏经

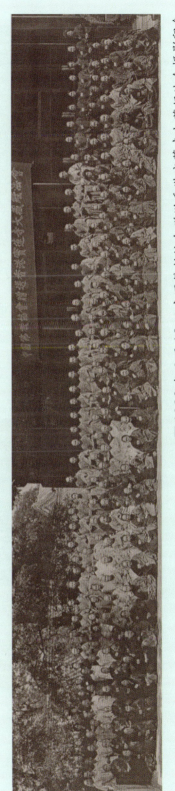

■ 1982 年 6 月 10 日中国佛教协会赠送香港宝莲寺大藏经法会摄影留念

■香港佛教联合会会长觉光法师致欢迎词

■巨法师致答词

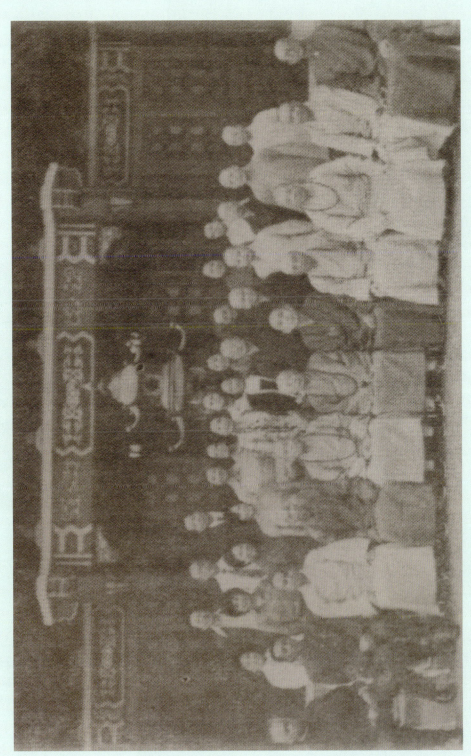

■ 代表团访问香港正觉莲社与觉光法师等合影

■香港民政司黎敦义
司宪为龙藏展览开幕剪彩

■黎敦义司宪、觉
光法师、慧泉法师、黄
允畋居士在龙藏展览会
上

■代表团团长巨赞
法师与香港《大公报》
主笔费彝民先生交谈

■ 1982 年 6 月于香港

■1982年6月于香港

■1982年6月于香港

■ 1982 年 6 月于香港

■1982年6月于香港

■ 1982 年 6 月于香港

■厚貌深情、蔼然可亲，香港信众永远怀念您！

1984年5月

6

星期日

甲子年四月初六

北京地区天气预报

白天 晴转多云
风向 北转南
风力 二、三级
间四级

夜间 多云间晴
风向 南转北
风力 一、二级

温度 最高 25℃
最低 12℃

中国佛教协会副会长巨赞法师逝世

新华社北京电 中国佛教协会副会长、中国佛学院副院长、全国政协常委巨赞法师因病于4月9日晚在北京逝世,终年七十六岁。巨赞法师的追悼会4月27日下午在八宝山革命公墓礼堂举行。

邓颖超、李维汉、帕巴拉·格列朗杰、叶圣陶等送了花圈。习仲勋、班禅额尔德尼·确吉坚赞、刘澜涛、杨静仁、屈武参加了追悼会。

中国佛教协会会长、全国政协副主席赵朴初主持追悼会。中国佛教协会副会长、中国佛学院副院长、全国政协常委正果法师致悼词。

悼词说,巨赞法师生于1908年,原籍江苏省江阴县,原姓潘,名楚桐,字琴朴,1931年在杭州灵隐寺剃发出家,法名传戒,字定慧,后改名巨赞。

悼词说,巨赞法师早在青少年时代就参加爱国进步活动。"七·七"事变后,在中国共产党团结抗战政策的影响下,他在湖南南岳和长沙等地组织佛教徒参加抗战救国工作。他主编的《狮子吼》月刊对推动广大佛教徒投身抗日救国活动起了积极作用。新中国成立前夕,他从香港毅然北上,决心为新中国的社会主义建设事业贡献力量。解放三十多年来,巨赞法师始终爱国爱教,坚决跟共产党走社会主义道路,即使是在十年动乱、身陷囹圄的逆境中,他也没有动摇热爱祖国和拥护共产党、拥护社会主义的信念。巨赞法师生前十分怀念居住在台湾、香港的同参旧谊,关心统一祖国的大业。

悼词说,巨赞法师在他半个多世纪的佛法实践中,撰写了大量的佛学论文。他长期参与中国佛教协会的领导工作,在推动会务,协助党和政府贯彻落实宗教政策,增进各民族佛教徒的团结,开展佛学学术研究,出版佛学书刊,创办佛教院校,组织佛教徒参加社会主义建设,团结海外佛教界同胞,促进国际佛教界友好交流等方面都发挥了积极作用,作出了许多有益的贡献。

全国政协、中央统战部、国务院宗教事务局、各兄弟宗教团体的负责人以及佛学院教师和巨赞法师生前友好等三百多人参加了追悼会。

新华社北京电 中国佛教协会副会长、中国佛学院副院长、全国政协常委巨赞法师追悼法会4月28日上午在北京广济寺举行。

追悼法会由中国佛教协会副会长、全国政协常委正果法师主持。全国政协副主席、中国佛教协会会长赵朴初,中国佛教协会副会长李荣熙,专程前来参加巨赞法师追悼活动的香港佛教联合会特派代表元果法师、何全忠居士,香港宝莲寺特派代表智慧法师、健钊法师,以及首都佛教界僧、尼、喇嘛、居士等二百多人,参加了追悼法会。

■巨赞法师灵骨塔

筹建巨赞法师纪念堂发起人签名

巨赞法师诞辰八十六周年暨纪念堂开堂纪念封

巨赞（1908.10.6－1984.4.9），俗姓潘，名楚桐，字琴朴，江苏江阴要塞贯庄人。1931年在杭州灵隐寺削发出家，法名传戒，字定慧，后改名巨赞。法师青少年时代就怀有强烈的改造人类社会的思想。出家后精研佛学，博通三藏，对中西学问均有很深的造诣，通英、日、德、俄诸国语言，著述宏富。

抗战期间，在西南主编《狮子吼》月刊，组织佛教徒参加抗日救亡运动。解放后，致力于佛教改革，创办中国佛学院，主编《现代佛学》月刊，努力推行其"生产化"、"学术化"的主张，十年动乱，法师身陷囹圄，不以荣辱介怀，奋然自持。出狱后继续致力创新发展佛教事业，从事《大百科全书》佛教 编的编纂，筹办《法音》刊物 1982年6月，率领中国佛教代表团访问日本，同年10月20日又带领护送大藏经代表团访问香港，为增进中国佛教与国际佛教的交流与合作作出了贡献。

巨赞法师是我国当代著名高僧，佛学家，佛教育家，文化名人，曾任全国政协常委、中国佛协副会长佛学院副院长等职。生前受到毛泽东等老一辈革命家的器重。

值此巨赞法师诞辰八十六周年暨纪念堂开堂之际，特印此封，以为纪念。

题字：徐海峰	发行：巨赞纪念堂筹建委员会
设计：瞿百顺	江阴市邮票公司
撰文：朱 哲	印刷：江阴市美术印刷厂
编号：JYF－16	

■彭冲题字

■巨赞法师纪念堂

■关山月题字

■瞻礼纪念堂

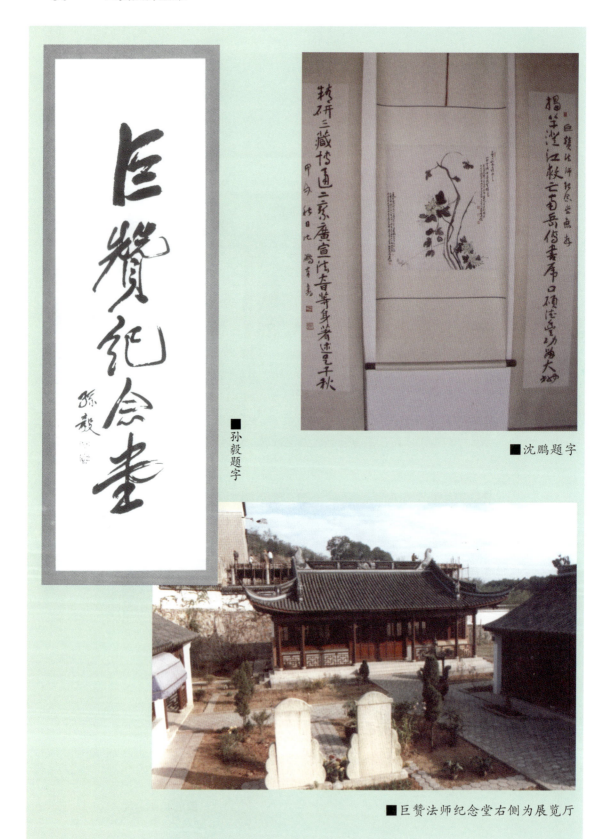

■孙毅题字

■沈鹏题字

■巨赞法师纪念堂右侧为展览厅

一燈永照淮水
百衲未負如來

巨贊法師紀念室落成
歲在甲戌饒宗頤敬題

纪念堂巨法师遗物

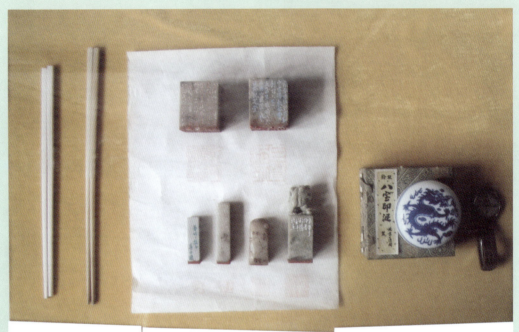

| 巨法师用的筷子 | 巨法师常用图章，其中一颗为陈半丁所刻。 | 巨法师的印合和手表 |

■饮水不忘开井人，归还遗物的佛协同仁：

1994 年 2 月 2 日	任有群	塑料筷	一双
1994 年 3 月 15 日	刘峰	印章	一颗
1994 年 3 月 29 日	宽忍	帽子	一顶
1994 年 4 月 2 日	任有群	大衣一件、中山服二件	
1994 年 4 月 16 日	宽忍	裤子	一条
1994 年 5 月 20 日	净慧	毛毯一条、短僧衣一件	
1994 年 6 月 27 日	任杰	字帖	二本
1994 年 9 月 30 日	罗晓东	象牙筷一双、帖一本、图章二颗	
1994 年 9 月 30 日	王新	印盒	一个
2005 年	圆持	大的空籐箱	一只
2008 年 1 月 30 日	邬玉川	塑料筷	一双

昔日名人字画，盈箱累箧；笔记手稿，琳琅满目；中西藏书，汗牛充栋。

灵山寂寂，云海茫茫，

俯仰之间，一代大师的遗物仅此而已！

■纪念堂正中巨法师像

■左：杭州市佛协题词　　右：杭州灵隐寺题字词

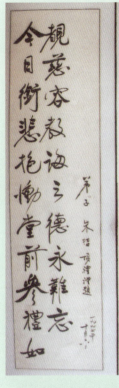

■朱哲题词　　　　　　　　　　　　　　■灵隐寺题词

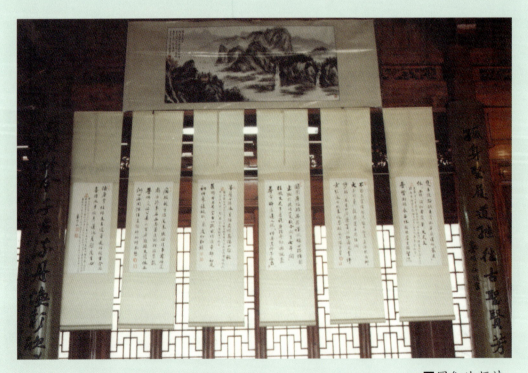

■圆彻法师诗

■ 奠基典礼座谈会
前排右一为明学法师

■ 茗山法师（右一）、
根源法师（左一）

■巨赞法师纪念堂奠基典礼仪式　致词者为江阴市副市长徐海锋

■1996年3月江阴君山乾明广福寺大雄宝殿奠基典礼

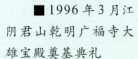

■纪念堂奠基。致词者为安上法师

■祝贺巨赞法师纪念堂奠基典礼的座谈会

■茗山法师在奠基典礼大会上致贺词

■本书主编朱哲在会上发言

■右二：上海市佛协
副会长吴企尧

■北京与江阴信众合影

■中：松纯法师

■右三：江阴市佛协林华会长；
左三：故居管理会季洪度主任

■巨赞法师故居

■纪念堂一角

■编者摄于巨赞法师故居内（左上为巨法师亲笔所书）

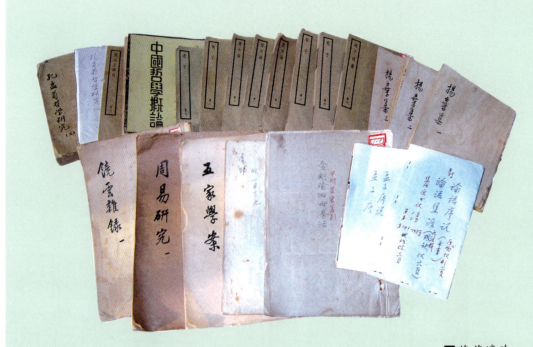

■艺苑遗珍

■巨赞法师主编之期刊、图书

■觉海遗珠集

■绀珠集乙

■江阴市委统战部部长张时宪、常州天宁寺方丈松纯在上海机场欢迎觉光长老

■右一：江苏省宗教局翁振进局长；左二：国务院宗教局徐远杰司长；左一：江阴市统战部蔡澄副部长

■翁振进局长与编者

■中：江苏省
宗教局翁振进局长；
左：江苏省宗教局
沈祖荣副局长

■右二：香港佛
教联合会觉光会长；
左二：黄心川教授

■ 左起：
（女）马冬青、无
锡市 宗教局副
局长华迅、江阴
澄江镇副书记
李宁、达诚、林
华、蔡澄

■一诚、觉光两
位会长与本书主编商
讨《巨赞法师全集》
出版事宜

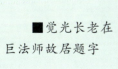

■觉光长老在
巨法师故居题字

■左起：江苏省宗教局副局长沈祖荣、江阴市委宣传部部长孙小虎 江苏省佛协副会长兼秘书长宏法、朱哲、松纯、无锡市宗教局局长孙洪、黄心川、圆持

■右二：黄心川教授；右一：黄明泉

■明学法师与编者

■觉光长老在江阴
右二　江阴市委副书记黄满忠
右一　江阴市委统战部部长张时宪
左一　编者

■在香港正觉莲社
右二　觉光长老
右一　江阴市统战部部长张时宪
左一　江阴市统战部副部长蔡澄
左二　编者

■一城会长亲切接见筹备纪念巨赞
法师圆寂二十周年的江阴来宾。
左二　江阴市委统战部副部长蔡澄
右一　江阴市佛教协会会长林华
右二　编者朱哲

■编者向本书总顾问觉光长老汇报工作

■觉光长老与编者亲切叙旧　　右：为李济深副主席女公子李筱松

■一诚会长在纪念二十周年大会上发言

■觉光会长在发言

■国家宗教事务局宗教一司司长徐远杰在发言

■江苏省宗教事务局副局长沈祖荣在发言

■江阴市委副书记黄满忠在发言

■江阴市委统战部部长张时献部长在发言

■明学法师在发言

■松纯法师在发言

■黄心川教授
在会上发言

■本书编者朱哲发言

■中国佛教文化所杨曾文所长发言

■顾秀莲副委员长与本书顾问无相法师

■星云法师与无相法师

■本书编委部分工作人员留影

前右：顾问弘云法师　　　前左：朱哲

后右：大护法杨秀珍居士　　　中：刘瑞新居士

后左：魏宏居士

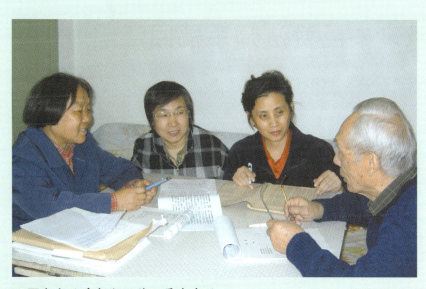

■本书编委部分工作人员在审稿

右一：朱　哲　　　右二：马小琳

左一：张文风　　　左二：时　涛

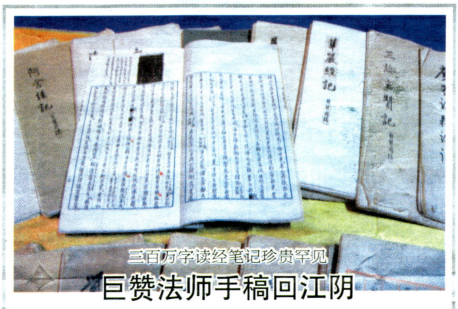

江南晚报　无锡·综合　2007年10月26日 星期五　责编/于成　组版/弘桂　A20

三百万字读经笔记珍贵罕见

巨赞法师手稿回江阴

本报讯 我国"现代新佛学"奠基人，新中国佛教事业开拓者之一的巨赞法师的读经笔记手稿，昨天由著名佛教学者朱哲先生捐赠给江阴。昨天上午，江阴君山寺内香火缭绕，江阴举行了隆重而简朴的珍贵文物捐献仪式。

巨赞（1908—1984），江阴市人，俗姓潘，名楚桐，字琴朴。生前曾担任全国政协常委、中国佛教协会副会长兼副秘书长、中国佛学院副院长等职，1984年4月9日病逝于北京。昨天，被捐赠的巨赞法师的手稿，共三大部19本，长年由香港的著名佛学专家、高僧觉光先生珍藏，后由朱哲先生托人从香港转到北京，朱先生两天前又亲自将这些珍贵的文化遗产背到江阴。昨天记者看到，巨赞法师读经笔记全部是毛笔书写，共三百多万字，是巨赞法师在1934年到1936年间在南京攻读大藏经书时所作。小如蝇头的笔记，夹杂大量的梵文和英文，十分罕见。

巨赞法师精通内外诸学，且对西方哲学也多有涉猎；语言方面则通英、日、俄、德和梵文，晚年又攻习法文，堪称是中国现代佛教界的一大奇才。许多著名的文人学者与之过从甚密，唱和酬答。昨天，巨赞法师的皈依弟子87岁的朱哲老先生还将巨赞法师与田汉、郭沫若等之间的信件的复印件捐赠给了江阴。　（宋超）

图为昨天捐赠的佛学宝典。　（宋超 摄）

■2007年10月25日在江阴巨赞法师纪念堂隆重举行
本书主编朱哲将巨法师读经笔记手稿奉献纪念堂仪式

■巨赞法师读经笔记手稿

■右二：江阴市政协副主席兼市委统战部张时宪部长亲临主持捐赠仪式
右一：朱哲在点交

■右一：监交人江阴市宗教局冯正兴局长在登记册上签字
左一：接收人江阴市佛教协会林华会长在登记册上签字

■右一：张时宪部长与朱哲亲切握手

■右一：江阴市委统战部蔡澄副部长与朱哲亲切握手

■右一：蔡澄副部长致词

■江阴市佛教协会工作人员与朱哲学合影

右二：林　华　　右一：陆振华

左二：陈　喜　　左一：刘耀长

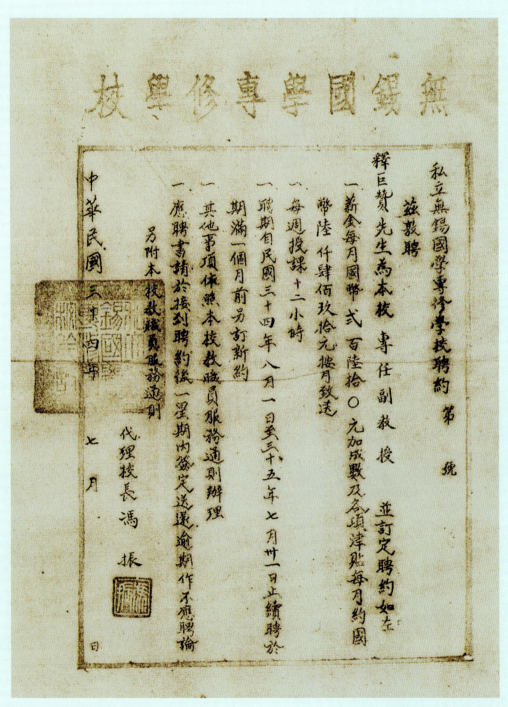

私立無錫國學專修學校聘約 第　號

茲敦聘

釋巨贊先生為本校專任副教授 並訂定聘約如左

一、薪金每月國幣式百陸拾〇元加成數及名頭津貼每月約國幣陸仟肆佰玖恰元按月致送

一、每週授課十二小時

一、聘期自民國三十四年八月一日至三十五年七月廿一日止續聘於期滿一個月前另訂新約

一、其他事項俱照本校教職員服務通則辦理

一、應聘書請於接到聘約後一星期內簽定送還逾期作不應聘論

另附本校教職員服務通則

中華民國三十四年　七月

代理校長　馮振　〔印〕

日

■无锡国学专修学校聘书

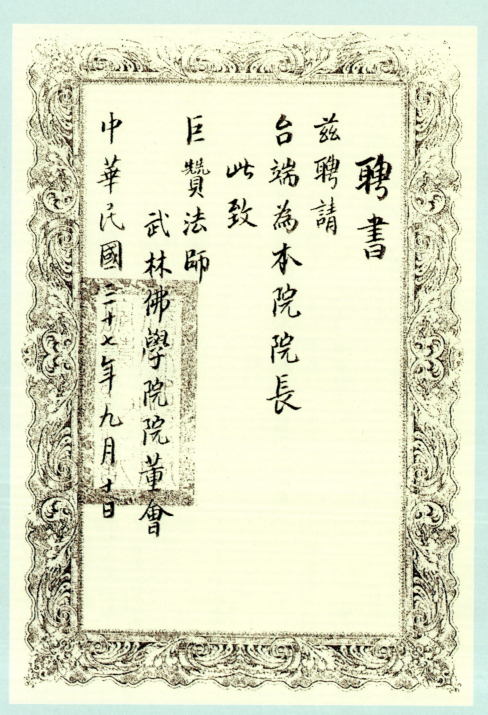

聘書

茲聘請

台端為本院院長

此致

巨贊法師

武林佛學院董會

中華民國三十七年九月十日

■杭州武林佛学院聘书

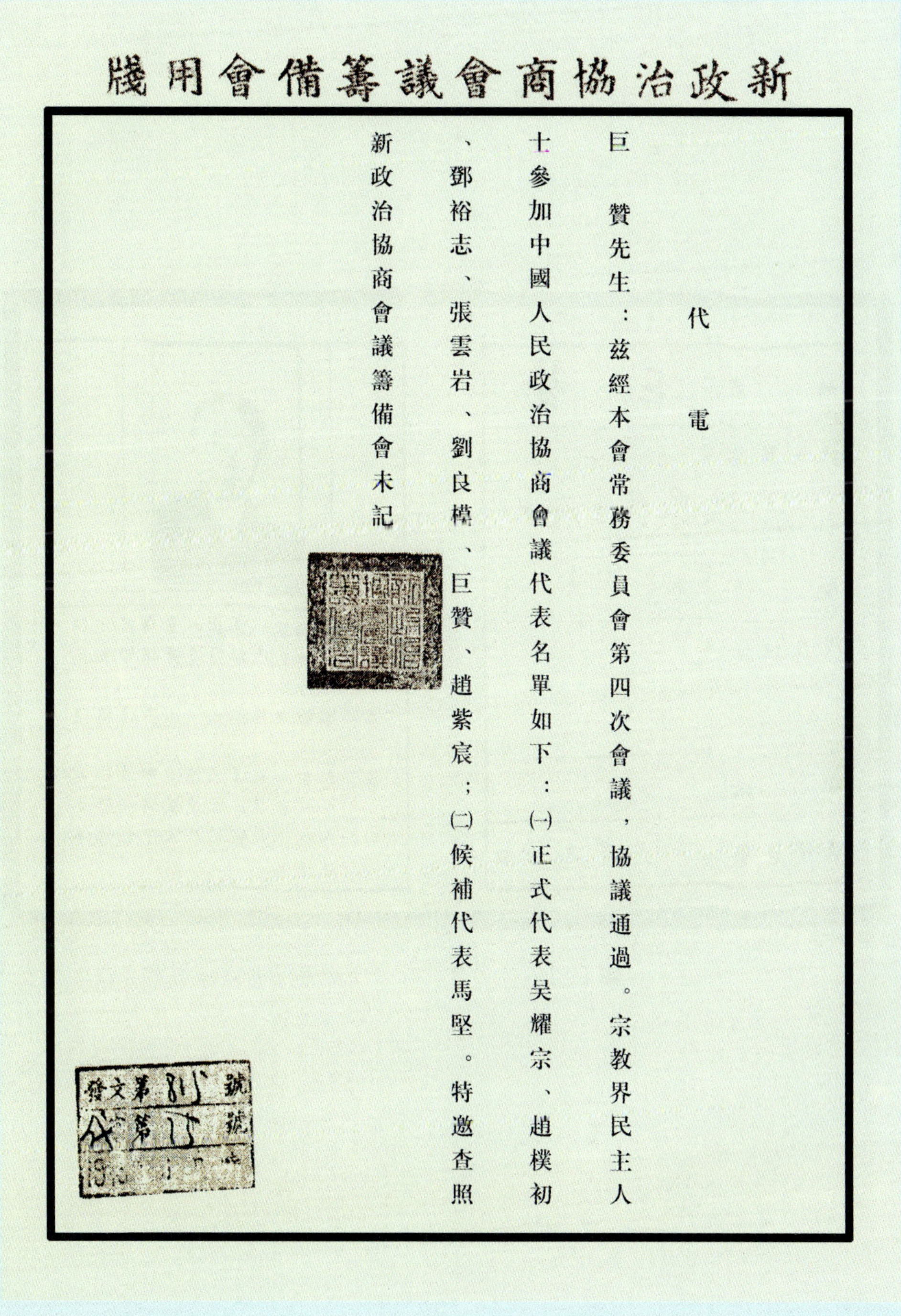

牋用會備籌議會商協治政新

巨

贊先生：茲經本會常務委員會第四次會議，協議通過。宗教界民主人

代 電

士參加中國人民政治協商會議代表名單如下：㈠正式代表吳耀宗、趙樸初

、鄧裕志、張雲岩、劉良模、巨贊、趙紫宸；㈡候補代表馬堅。特邀查照

新政治協商會議籌備會未記

■ 新政协会议筹备会有关宗教代表名单通知

■1949年9月，巨赞法师参加新政治协商会议之代表证

北京市报刊通讯社登记申请书附表

名　称	现代佛学月刊	经营性质	私营
创刊年月日	大约九月十五日创刊	出刊日期	每月十五日出刊
主编人	巨赞	发行人	陈铭枢
主要撰稿人	张东荪 吕澂 叶恭绰 陈铭枢 周太玄 巨赞 周叔迦 林志钧 虞愚 林子青 喜饶嘉措等		
开本	十六开本	基本定价	二千五百元
每期页数	十页二十面	每期篇数	大约论文通讯等十篇
每期定户	现尚不能估计	工作人员总数	四人
发行对象	全国佛教徒		
沿革	由各地区在京佛教各宗派各团体有代表性的人士如巨赞 赵朴初 李济深　　　 陈铭枢 喜饶嘉措 周太玄 林志钧 叶恭绰 张东荪 李一平 周叔迦 方子蕃 唐生智 李明扬等共同发起		
备考			

注意：1、经营性质栏须注明公营公私合营或私营；
　　　2、出刊日期栏须注明每期发行日期
　　　（如：每月十五日 每月五日等）
　　　3、如系内部刊物须在备考栏特别注明。

（北京市新闻出版处印发）

■1950 年，巨赞法师主编的《现代佛学》月刊登记申请书附表，表中发行人陈铭枢曾任原国民政府行政院代院长、京沪警备总司令、广东省政府主席。解放后任政协常委

■1950年，巨赞法师主编的《现代佛学》月刊登记申请表

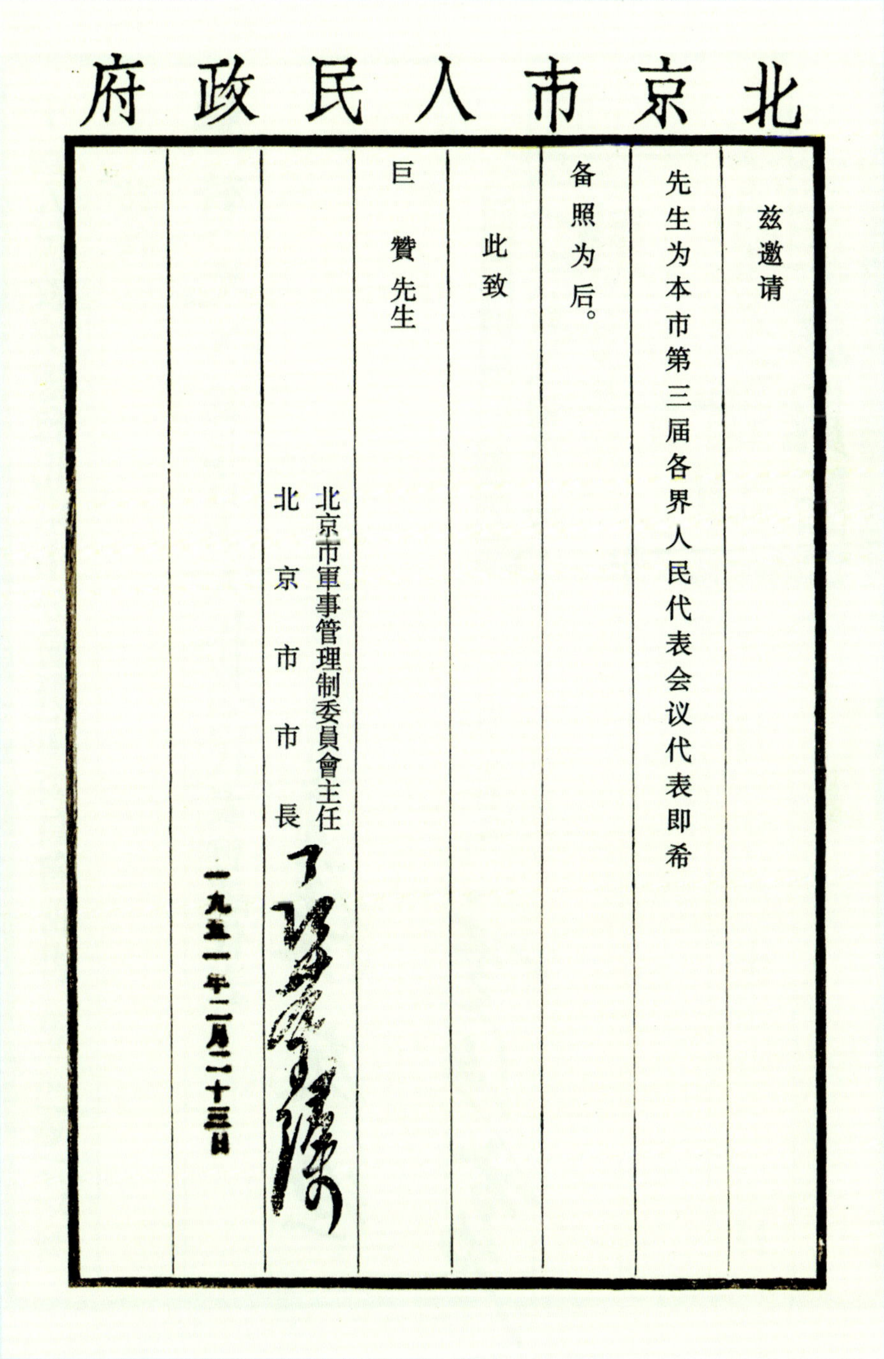

現代佛學社緣起

在人類文化史上，宗教的出現最早，這是誰也不能否認的事實。而在宗教之中，已經有不知若干低級的崇拜，和無稽的迷信，隨着文化的進展而被淘汰，被消滅，這又是無可加以否認的。到現在爲止，全世界信仰宗教的人，雖然還佔所有人口的最大多數，而具有國際性的偉大宗教，除耶教，回教，和佛教以外，其餘大有趨向於衰微之勢。從這裏，我們可以深深的知道，這三大宗教的能够屹然不動，存在至今，決不是偶然的事情。

佛教的開創，早於耶教五百年，回教一千年，其能存在，當然更不是偶然的了。我們認爲佛教的本質是革命的，而且是反封建，反迷信的。釋迦牟尼拋棄了王位，以一個乞士的身份，倡導一切衆生皆有佛性，個個人都可以成佛的平等眞理，以與嚴格主張階級制度的婆羅門教戰鬥，又擯棄了印度傳統信仰中多神的存在，及種種祭祀的儀式以解放人類的理性，這是事實。又據歷史家的研究，亞歷山大東征印度之所以失敗，完全由於佛教鼓吹四民平等，團結印度人民，採取遊擊戰術，堅強地予以抵抗與反擊的原因。所以印度歷史上國力最強大，文物最興盛的時期，也就是佛教最流行的時期。後來印度全境重又陷於分崩離析的局面，至被異族統治了近千年，那正是佛教受摧殘壓迫，日趨衰微的時期，這也是事實。我國佛教史上許多崇高偉大的人格，如法顯，玄奘，惠能，百丈，或者就是本着釋迦牟尼革命的，反封建反迷信的精神，建立起來的。從這種精神出發，經過幾次結集與歷代大師的闡發，而組成的經律論三藏，大小乘各宗派教理，通常稱之爲佛學。

目前佛學的面目，因爲在世界各地傳播之廣，發展的各異其趣，而呈現着五顏六色。其中的確有許多足以招致世人詬病的地方。但大乘佛學的眞精神，在於破除執着，實踐無我，從六度（布施，持戒，忍辱，精進，禪定，智慧，）四攝（布施，愛語，利行，同事，）四無量（慈，悲，喜，捨，）以加強生活的深度，廣度，與密度，而爭取全人類心靈的聖潔，與整個世界澈底的改造。這恐怕是在這個新文化建設的高潮已經開始，馬，恩，列，斯，毛，的學說，成爲全體人民學說的時代，還是有重新提出來發明之必要的。

同時我們認爲「人類眞正的文化是一元的。隨着歷史的推移，舊有學術思想之契合于眞理的地方，在人類生活實踐當中，必然會被吸收融和，以豐富着本在開展中的文化。」這幾句話係引自內學院研究工作的標語，日丹諾夫說：「[illegible]否定並不是簡單說個不字，否定本身也包括有繼承性，就是吸收人類思想歷史上所有一切進步的東西，加以批判改造，並統一爲新的更高的綜合。」正是辯證地說明了這一個道理。從這一點上着眼，佛學對于新文化的建設，應該有其重要的意義，而我們佛教徒有責任提出來講解明白，乃是無可非議的事。因此，我們組織這個「現代佛學社」，編輯並發行「現代佛學月刊」。我們將用這個刊物，爲下列六項的任務而工作：

一、傳達政府的宗教政策，和處理佛教問題的方針。

二、用科學的歷史觀點，重行批判，並確定佛學的眞實價值之所在。

三、調查佛教文物，整理佛教史實，並說明佛學在我國兩千年的歷史過程中，和我國文化各方面所發生的密切關係，以備學術界的參考與採擇。

四、糾正我國佛教界內一向因襲訛傳，穿鑿附會的謬誤思想以便進而改革佛教現行的制度。

五、和國內外的進步學者們，討論有關佛學的各項問題。

六、連繫國內外佛教徒，爲爭取持久和平，人民民主而努力。

我們將憑實地，實事求是地努力從事於我們的工作，以求對現代的中國，現代的人世間有所供獻。惠能大師說：「佛法在世間，不離世間覺。離世覓菩提，恰如求兎角。」這是千百年來我國佛教界所傳誦所遵循的格言。倘使我們的努力，能夠有助於歷史文教的整理，有助於新中國文化的建設，有助於世界的和平，那也就可以說，我們不離世間，走上菩提之道。全國各地信願深切，研究有素，而又認清時代，熱心改革的佛教同志們，請在這樣的意義下，伸出同情之手，給我們合作與指教！

發起人

巨贊　喜饒嘉措　張東蓀　唐孟瀟

李濟深　周太玄　李一平　李明揚

陳銘樞　林志鈞　方子藩　沙詠滄

趙樸初　葉恭綽　周叔迦　陳蓮生

李書城　查安蓀

北京市人民政府

兹邀请

先生为本市第三届各界人民代表会议代表即希

备照为后。

此致

巨赞先生

北京市军事管理制委员會主任
北京市市長

一九五一年二月二十三日

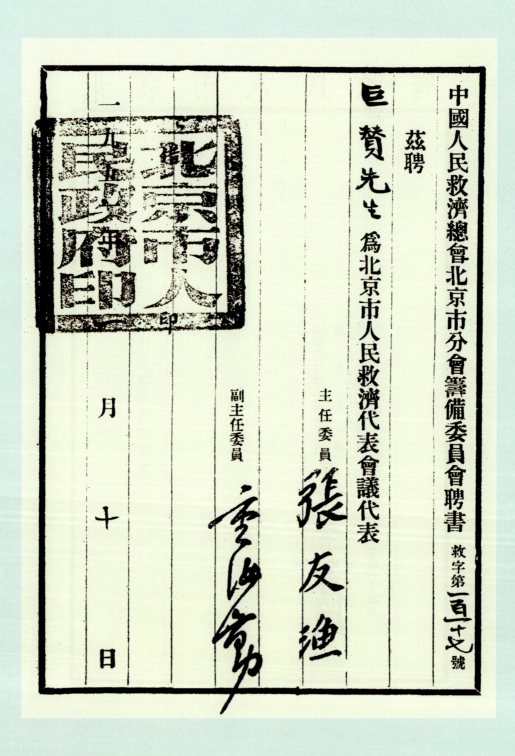

中國人民救濟總會北京市分會籌備委員會聘書　救字第一百十之號

茲聘

巨赞先毛 為北京市人民救濟代表會議代表

主任委員　張友漁

副主任委員

一九五五年　月　十　日

北京市人民政府印

秘字第　二　號

逕啓者：華北抗美援朝首屆代表會議已於四月二十三日在京舉行，經會議選出八十三人爲委員，組成中國人民抗美援朝華北總分會委員會，同時並由其中選出二十七人爲常務委員，組成常務委員會。

台端：已應選爲常務委員。謹此奉達，並希今後多加注意與推動各該地區抗美援朝運動之開展爲荷

此致

巨贊先生

抗美援朝華北總分會啓

月十日

抗美援朝華北總分會

■1951年4月抗美援朝华北总分会选举巨赞法师为常委函

華北抗美援朝代表會議決定於本月廿二日上午十時在青年宮召開決定北京出代表廿五名不會於十六日舉行常委會推選吳晗、李樂光、廖沫沙、劉英源、胡泉桂、李鴻祺、楊禄俊、楊伯箴、王亞平、王之相、陳文瀾、倪禍祥、巨贊、陳銘佳、吳蕖昌勞、君展、樓邦彥、陳岱孫、何森葆、劉昭謙、浦潔修、古奇踪、馬玉槐、林葆駱、蘇民廿五人為代表吳晗為代表團長希於廿二日上午九時前集本會以便一同前往。此致

巨 贊 先生

啟四月十九日

■中国人民保卫世界和平反对美国侵略委员会北京市分会
推选巨赞法师为代表函

毛澤東思想研究小組名單

胡繩　陳瓈如　苻若愚　傅鈞　黃效洵　張恒壽　鄭昕　任繼愈　金岳霖　沈有鼎　恩允貞　碍天麟

張志義　王子野　李達　巨贊　鄭等男　楊一之　賀麟　鋒學昭　馮友蘭　張代年　汪□　邱□焱

沈志遠　楊獻珍　魏明經　劉□曉　陳世夫　陳潛九　容肇祖　王太慶　任華　張東蓀　馬特　馮子熙

蕭秋忻　艾思奇　林志鈞　蔡儀　王錦第　湯用形　王維形　王維誠　李方濟　王壽鈞　洪謙　朱啟賢

■中国哲学会馆有关召开第一次会议的安排，其中安排巨赞法师为毛泽东思想研究小组人员

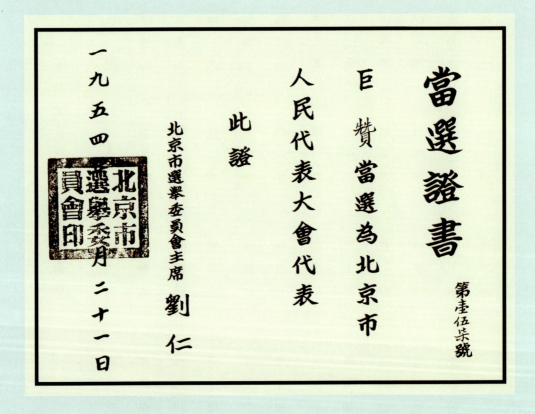

中國人民政治協商會議全國委員會

巨贊 委員

（一）中國人民政治協商會議第一屆全國委員會常務委員會第六十二次會議協商決定：您爲中國人民政治協商會議第二屆全國委員會委員

（二）第二屆全國委員會第一次全體會議定於一九五四年十二月二十日在北京召開，請您出席。並請於十二月十五日，携帶小一寸（長三公分，寬二公分）半身免冠像片兩張（全國人民代表大會代表可不繳像片），憑此通知，到北京飯店本會報到處報到。

此致

中國人民政治協商會議全國委員會秘書處
一九五四年十二月六日

■1954年全国政协确定巨赞法师为第二届委员的通知

北京市选举委员会

巨赞 同志：

根据 西单 区人民委员会的报告，经

区第二届人民代表大会第一次会议选举

你为北京市第二届人民代表大会代表。

现送上代表当选证书一份，请查收。另

附「北京市第二届人民代表大会代表登

记表」一份，请填写后，在 12 月 31 日

前退回本会。此致

敬礼

1956年12月28日

地址：西单西长安街3号民政局内

电话：3局6996号

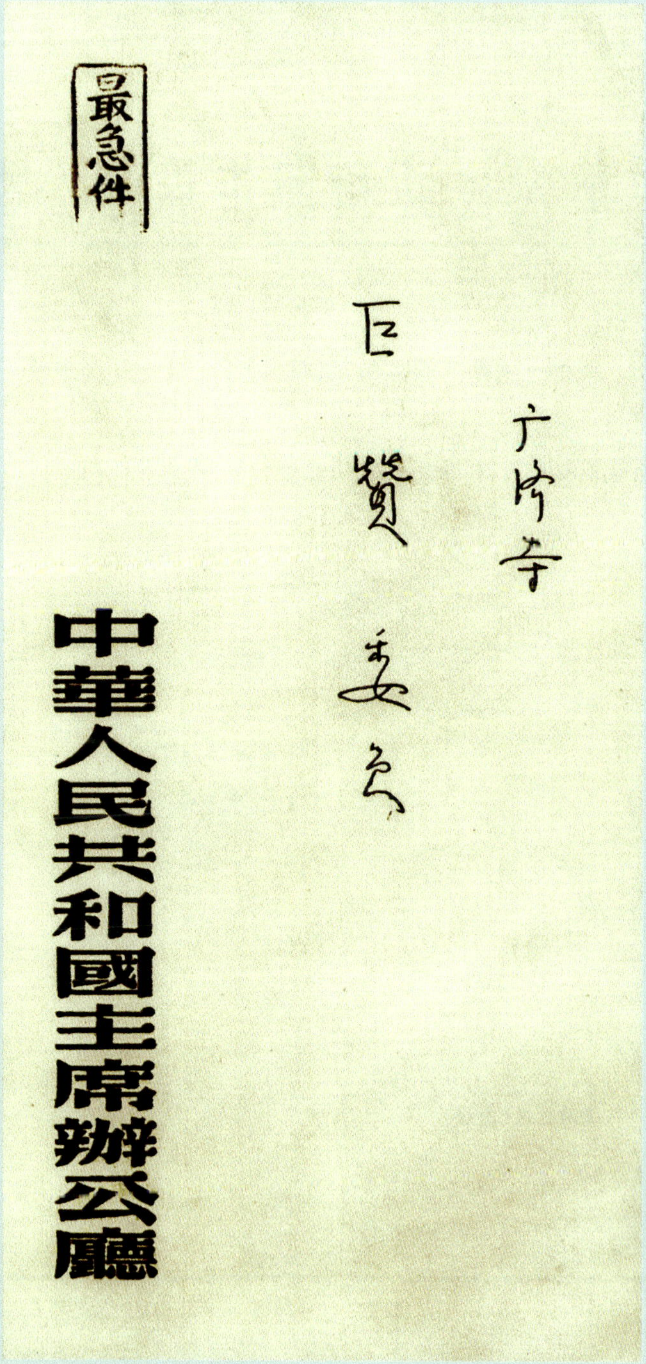

最急件

巨赞法师

广济寺

中華人民共和國主席辦公廳

■中华人民共和国主席办公厅有关出席第十一次
最高国务会议的通知

中華人民共和國主席辦公廳

第十一次最高國務會議（擴大）于三月一日（星期五）

下午四时在中南海怀仁堂繼續舉行，請出席。

中華人民共和國主席辦公廳

一九五七年二月二十八日

（憑通知進入會場）

■请巨赞法师出席第十一次最高国务会议的通知

中国人民政治协商会议全国委员会

巨赞 委員:

中国人民政治协商会議第二届全国委員会常务委員会第五十二

次会議（扩大）协商决定：你为中国人民政治协商会議第三届全国

委員会委員。特此通知。

中国人民政治协商会議全国委員会秘書處

一九五九年十二月二十一日

■ 1959 年全国政协确定巨赞法师为第三届委员通知

1949——1959

为庆祝中华人民共和国成立十周年定于
一九五九年九月二十八日下午三时半和二十
九日下午二时半在人民大会堂举行庆祝大会
敬　请
光　临

毛澤东　刘少奇　宋庆龄
董必武　朱　德　周恩来

■ 1959 年庆祝中华人民共和国成立十周年请柬

中国人民政治协商会議全国委員会

巨　赞　委員：

　　中国人民政治协商会議第三届全国委員会常务委員会第四十四

次会議协商决定：你为中国人民政治协商会議第四届全国委員会委

員。特此通知。

1　4　日

■1964 年全国政协确定巨赞法师为第四届委员的通知

辛亥革命七十周年纪念大会

1911—1981

北　京

　　订于一九八一年十月九日上午九时
三十分在人民大会堂举行辛亥革命七十
周年纪念大会
　　　敬请光临

请　进　东　门　　　　　辛亥革命七十周年纪念筹备委员会

■1981 年辛亥革命七十周年纪念大会请柬

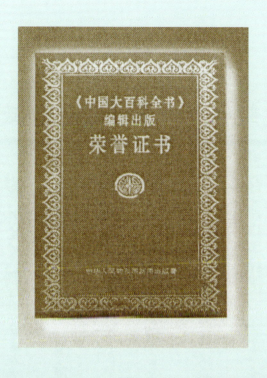

■巨赞法师为《中国大百科全书》佛教卷主编荣誉证书

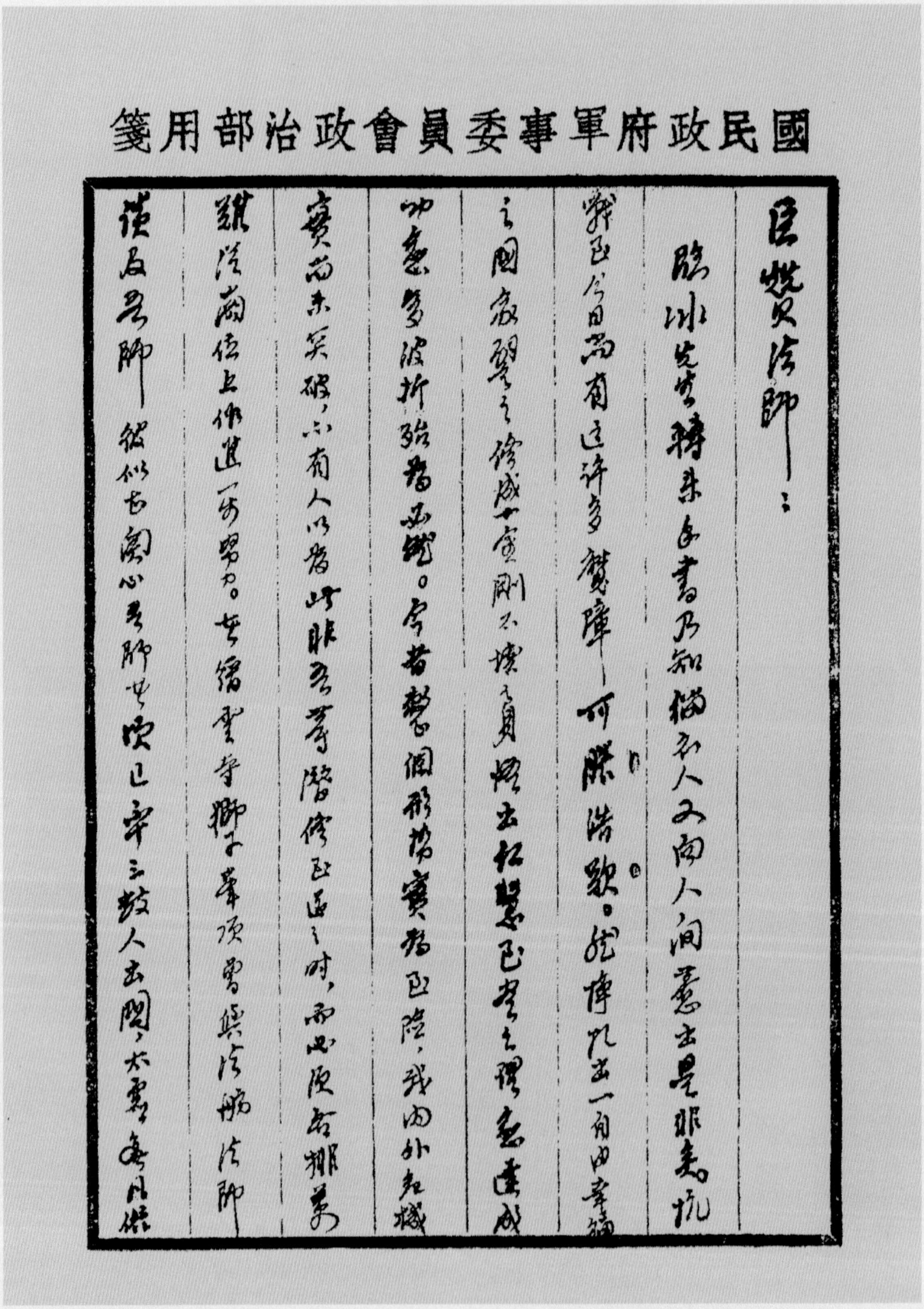

巨赞法师：

临川先生转来尊书乃知猫和人又为人间惹出是非来。

战区今日尚有这许多灾障，可胜浩歎。吾传九五一月由章贡

之间旅览之修成生实刚不坏，负贩玉杠暨已考之禅，自连成

帅悉多波折着者血魄。宁昔慧偶形诸宾客巨险，我内外知机

实而未足硖，六有人仍旧此非为吾暗修正区之时，而此段各那甚

绝清尚但上佛逆一分努力。专馆云季狮子华项要暨淩脑决师

谨复名师，绍似名岛心考所世唉已幸三敖人去阎，大妻屯月供

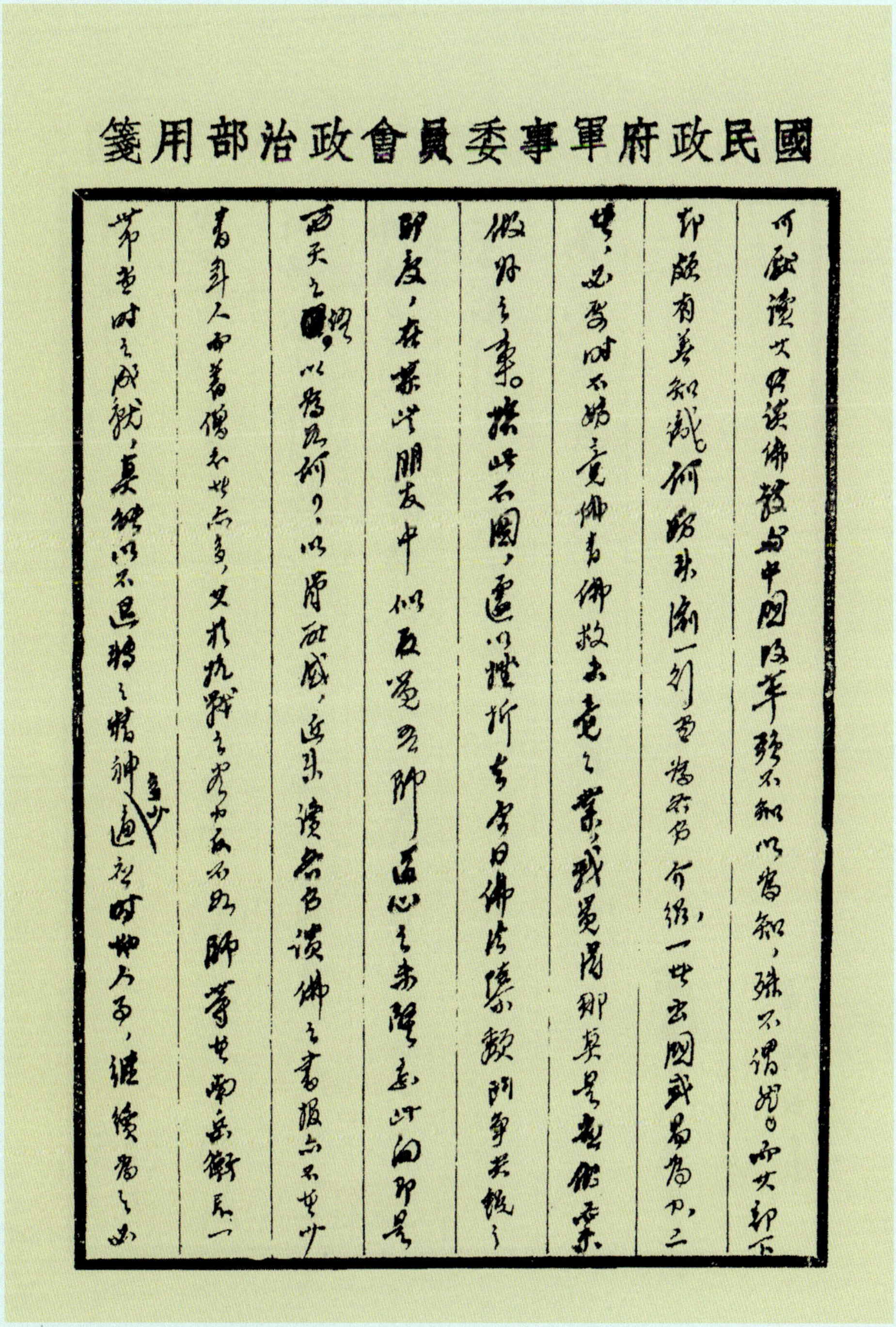

國民政府軍事委員會政治部用箋

可藉讀文字以讀佛說與中國改革精神不相以為知，殊不謂然。而文部下……

卻頗有善知識，何路未渐一到，甚為求名，介紹一世出國或易為力，二……

等，必當时不妨受佛書佛教出意之業，或覺得那英爱好館素……

做好之事，據此云固，運以禮折去等日佛傳陳頗聞爭其般之……

朋友，在葉此朋友中，似五覺之師區心之来陰去此向即答……

西天之圖，以為為何？以謂研成，近来讀名名讀佛之書服六不甚少……

青身人而著�ğ和世志多，文材九戰之意而為故師等世需兵衛民一……

世苦何之成就，真鴥個不退鵝之精神通型时地入手，繼續為之以……

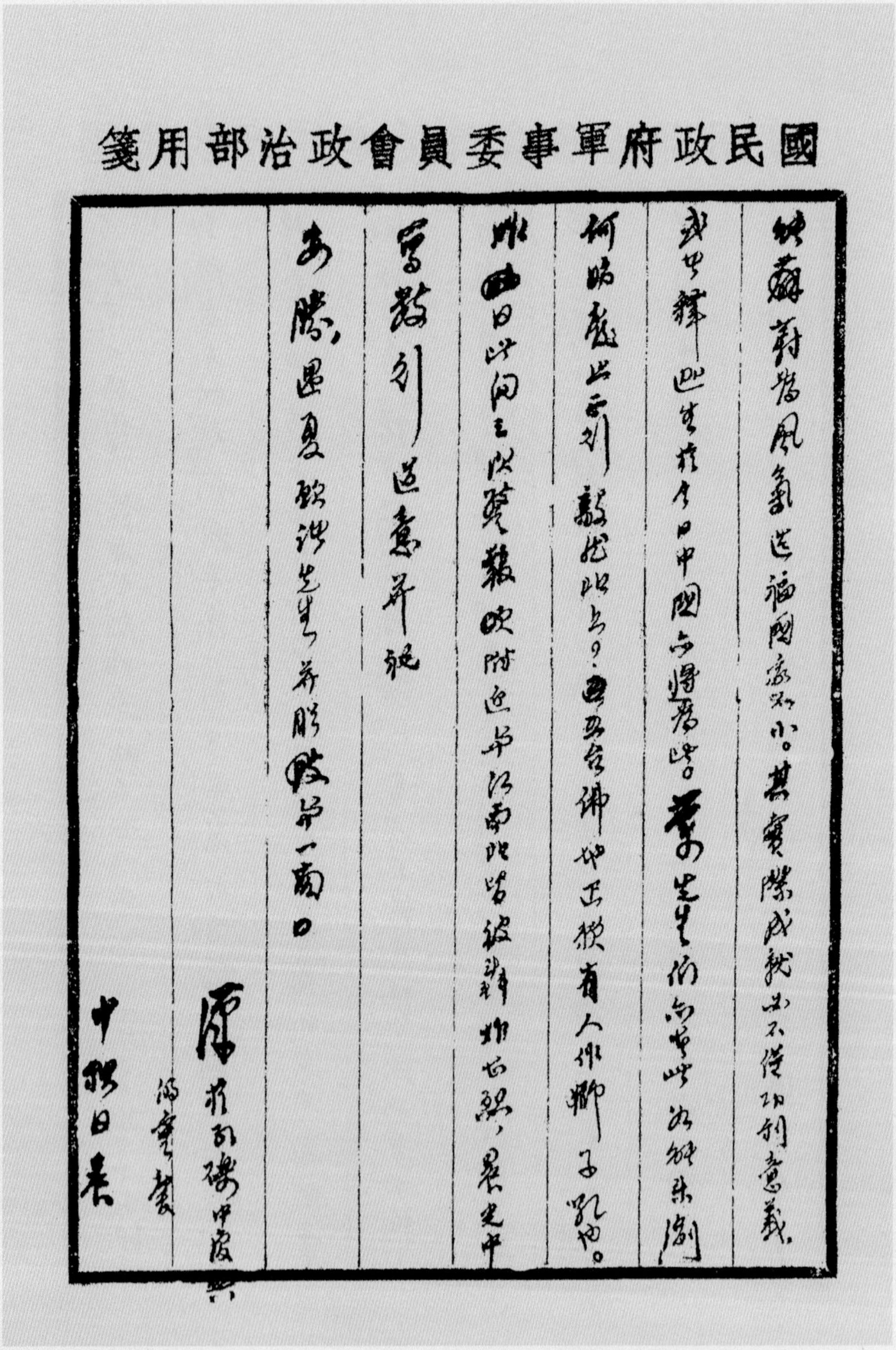

国民政府军事委员会政治部用笺

快斋辞发风气迟福国家如小，其实际成就出不得功利意义。

武生释此生捉今日中国之情形也□□□先生的自己些改雑未删

何晓庵此言引□说此去？□□□念佛地正掷有人作狮子吼也。

昨西日此间之以赞叹映附近年江南此皆彼辞拜为悦，晨晃平

写数引送意开说

安腾遇夏欲渺先生并朋赐弟一面口

汉在南磁中庞笔

沟拿笔

中秋日岳

■田汉在重庆给巨赞法师信

巨赞我兄吟览：

寄也滞中读风自偶书珠代伯画

柱平牵写因接怀绵不及成人不

胜怅然。少年未尝咏情书画郑当

巨杼辈爱呆栖殊愿，岂见久华

其盼深奉。

月日为盲盲去四程新事

虽然，衔颂欧之接之榜潮高中也常

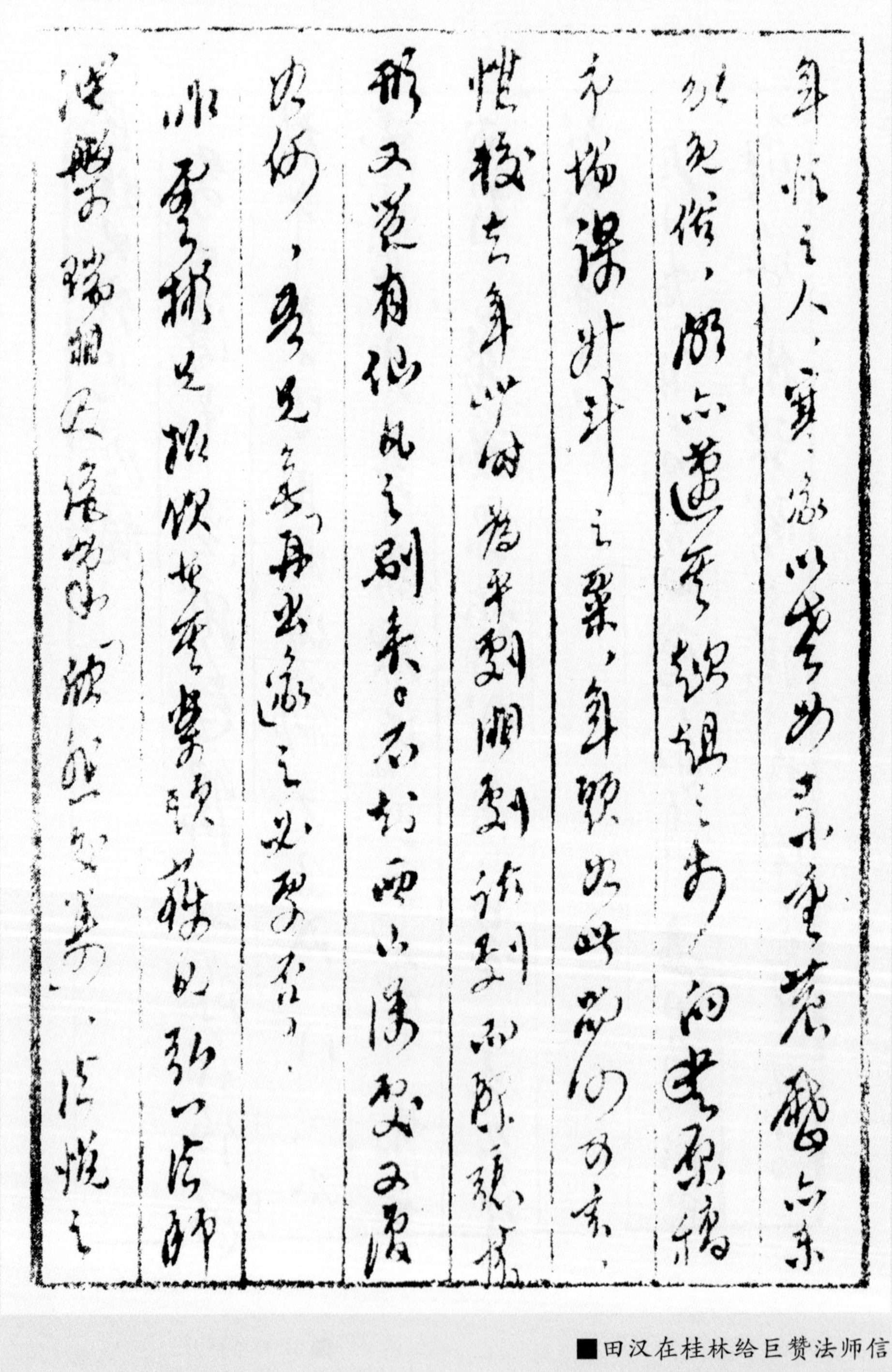

■田汉在桂林给巨赞法师信

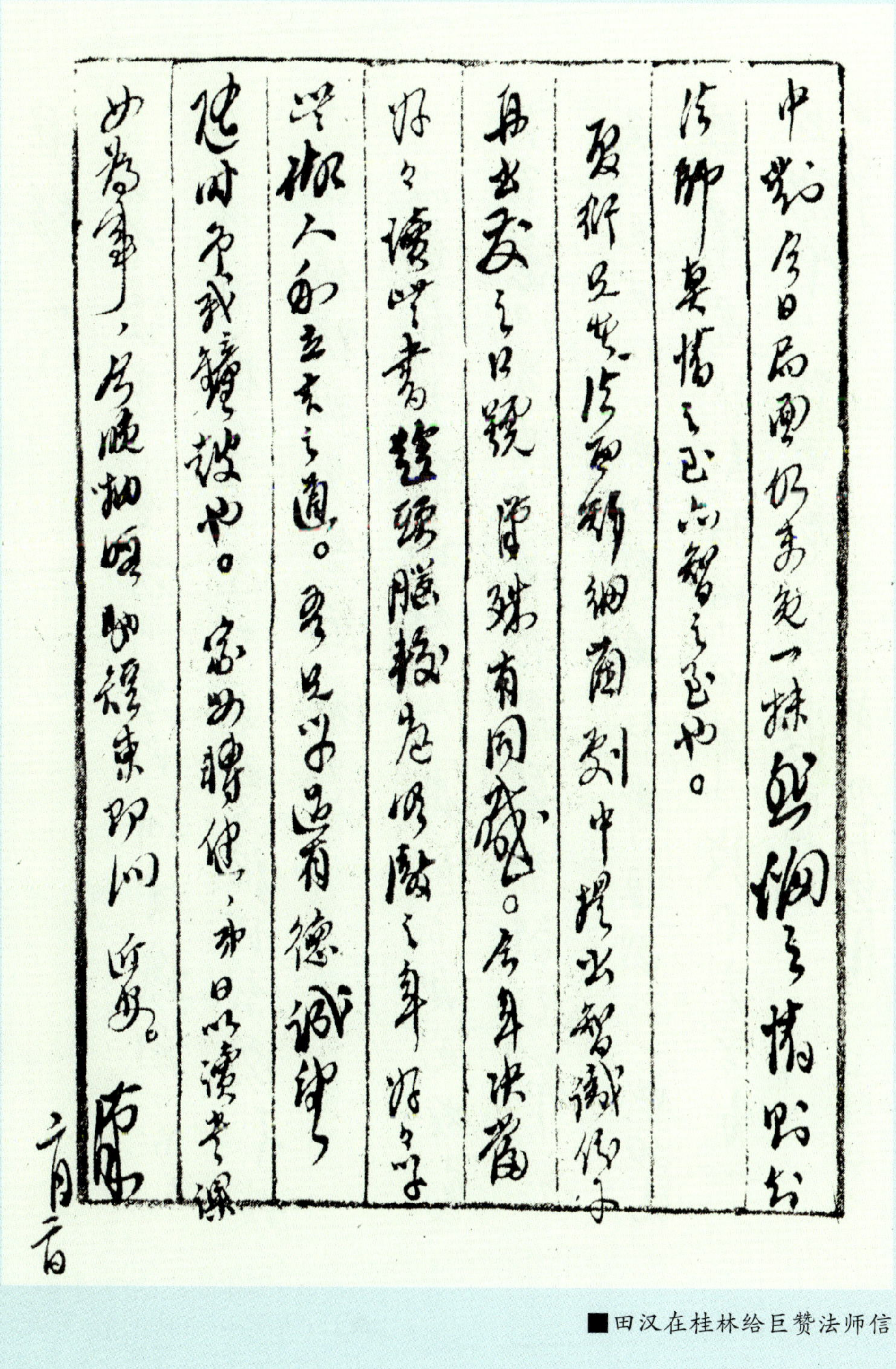

巨赞兄：

■1949 年田汉在桂林给巨赞法师信

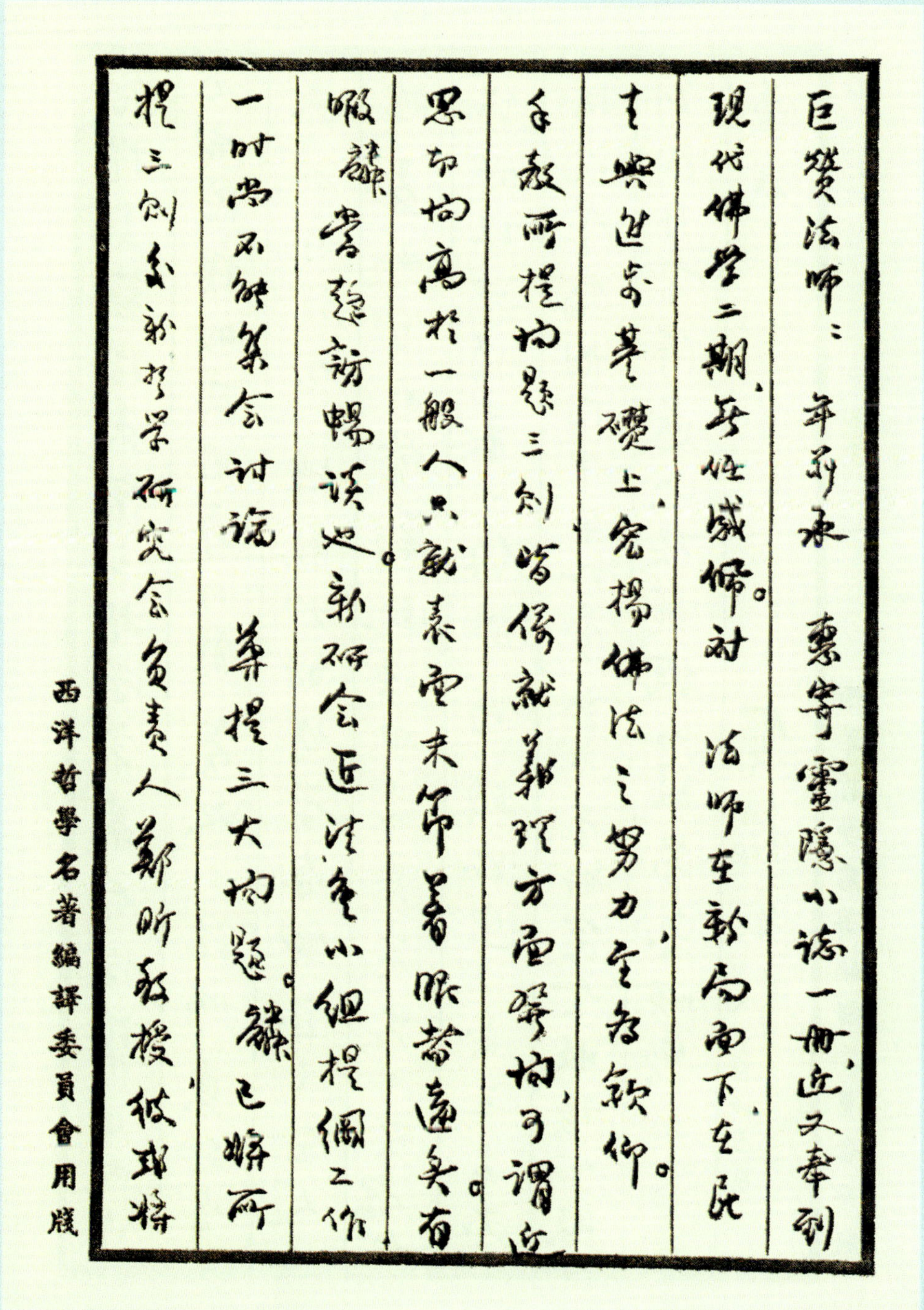

巨赞法师：

年前承 惠寄靈隱小誌一冊，近又奉到

現代佛學二期，本性成佛，對

法師至新局勢下之民

主與進步基礎上宏揚佛法之努力，至為欽仰。

手教兩提揭三刹，皆係就某理方面縷析，可謂近

思而高於一般人。此就某畢竟眈着遠矣有

嘅歟，容諸詳暢談處，新研會近洙濟意小組揭儞之作

一时尚不能集會討論，等揭三大問題纔已辦所

揭三刹今新哲學研究会負責人鄭昕教授敬覆將

西洋哲學名著編譯委員會用牋

■1949 年 10 月 28 号中国新哲学研究会贺麟致巨法师信

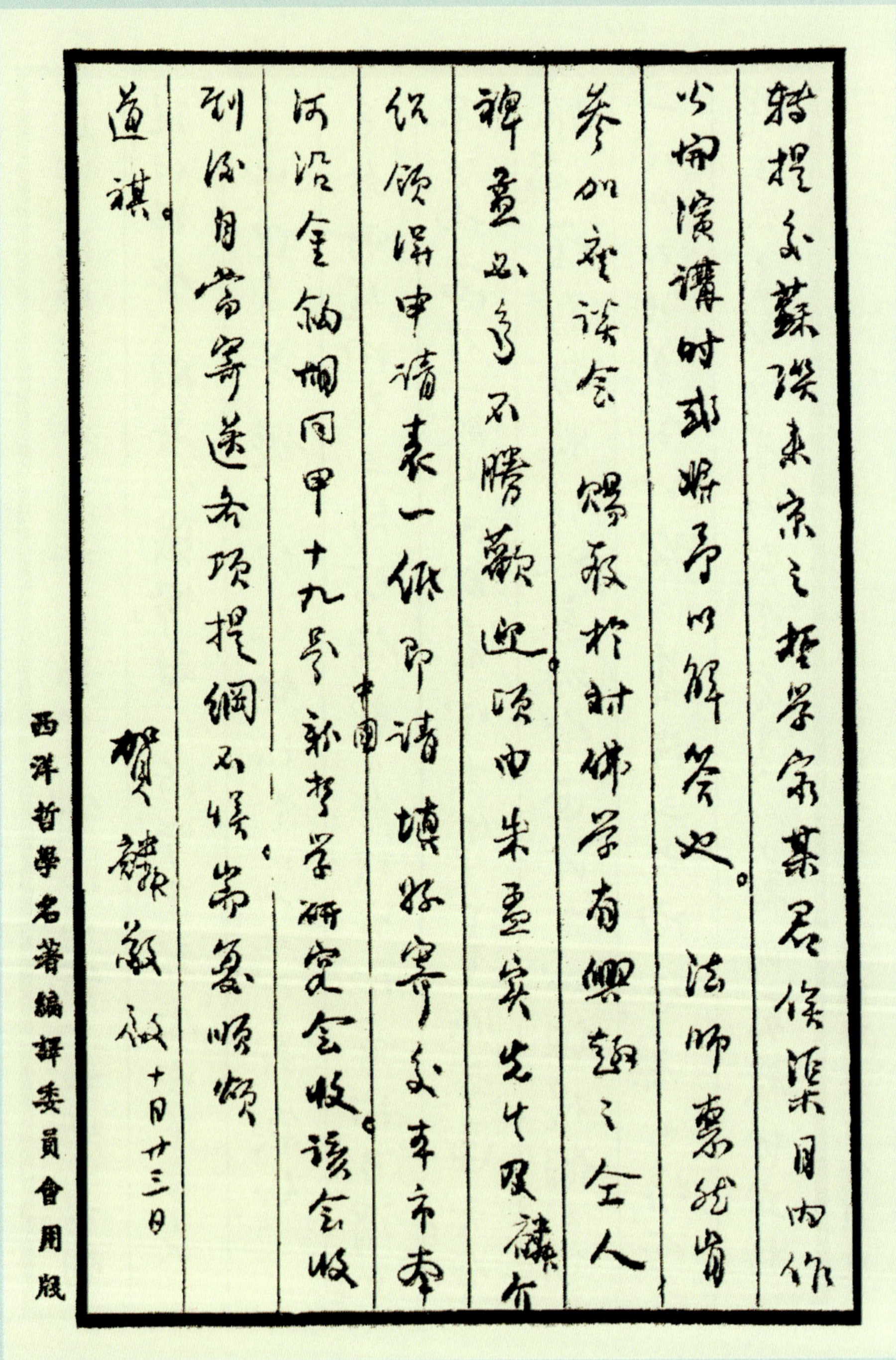

辞提念苏联东来之哲学家某君侯将来日内你

必开演讲时或将予以解答处。法师素饶学养

参加座谈会 赐教于对佛学有兴趣之全人

禅意必多不胜欢迎顷由朱孟实先生及徽介

欣颂得申请表一纸即请填好寄交本市本

中国 寄交该会收该会收

河沿金钢桐同甲十九号新哲学研究会收

到时自当寄送去项提纲不误 耑此顺颂

道祺。

贺麟敬启 十月十三日

西洋哲学名著编译委员会用笺

■中国新哲学研究会贺麟致巨法师信

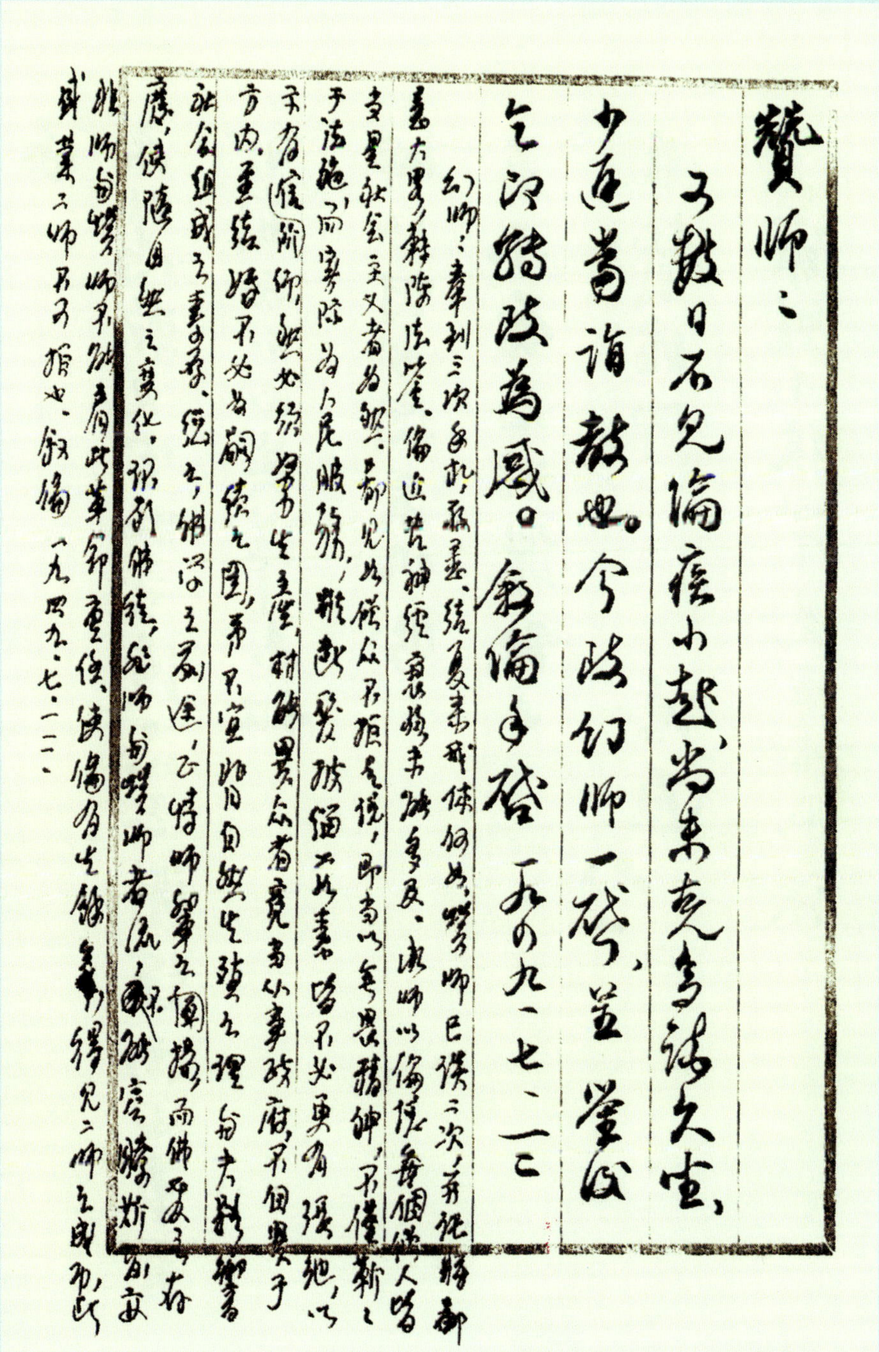

赞师：

不数日不见，偷疴小起，尚未克与谈，久甚，少迟当诣教也。今致幻师一笺，并望改定，即转致为感。叙伦手启 一九四九、七、一二

幻师：奉到三次手札，敬悉。读及来教，体例如此，赞师已读二次，并请转部意大略，静候法驾。伦近于禅经虽稍涉多义，敢谓师以伦怀无个体人皆安置于社会主义者为贤。至如见此俄众不须受洗，即当以无畏精神，不仅新之于法施，而实际为人民服务，惟此发起佛不如素旨，不必更有强拖，以示有信仰。然如能努力生产，精神界众者既当以本政府，不但要予方面，重结婚不如为嗣续之图，事不宜断，自然生殖之理，当于大斟酌社会组成之重要。总之，佛学之前途，正待师努力之开拓，而佛教之存废，俱随自然之变化。现有佛徒，若师与赞师者流，又或能容接，斯为妥。非师与赞师不能肩此革命重任，伦偶为生馀，只得见二师之成功，此或业二师不可推也。叙伦 一九四九、七、一二

■1949 年马叙伦致巨赞法师信

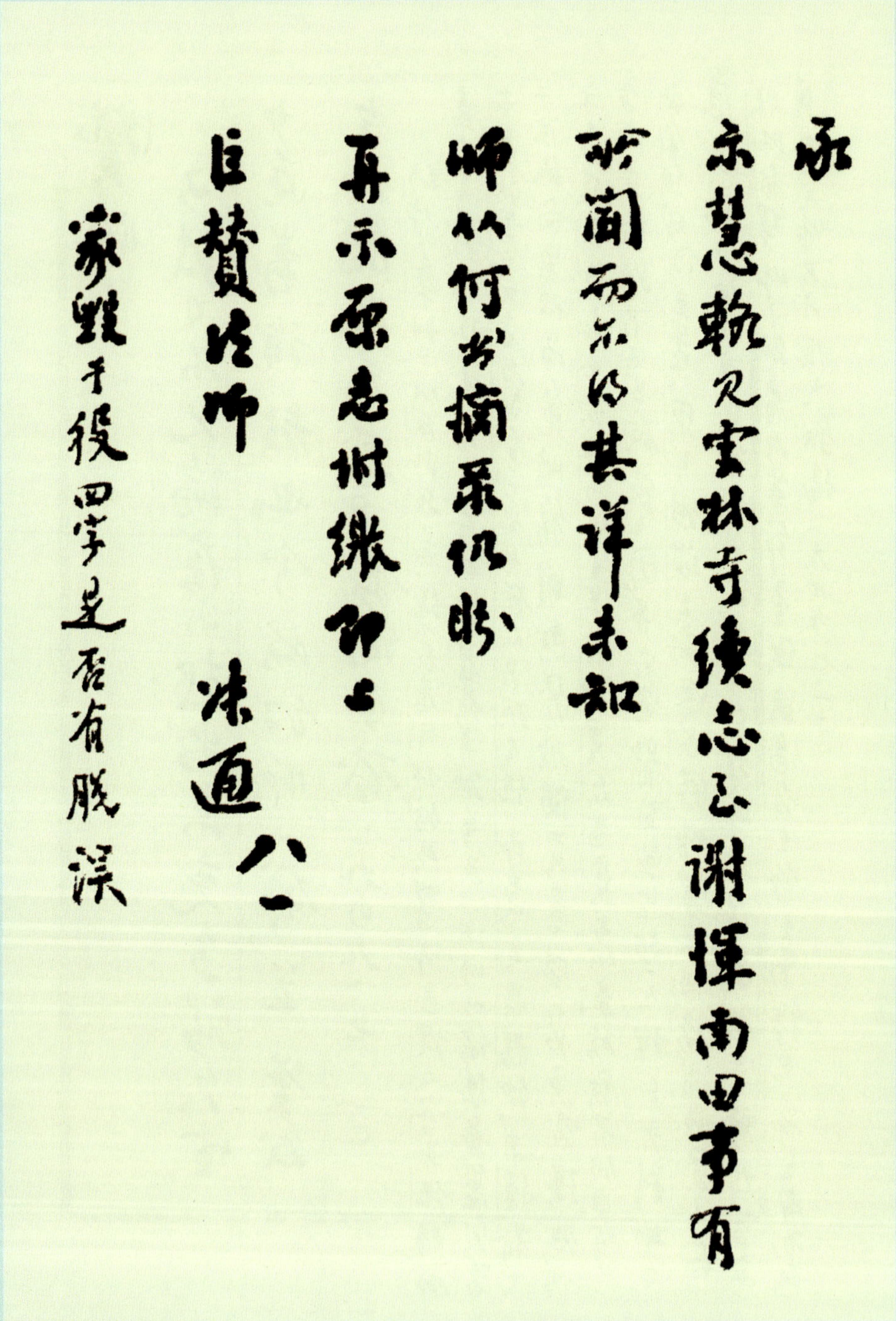

承

承慧轍見雲林寺績志云謝惲南田事有

於聞而亦以其詳未知

師以何書摘采仍盼

再示原志附繼初上

巨贊法師

　　　　冰道八一

家馭于役四字是否有脱　漢

■陈叔通致巨赞法师信

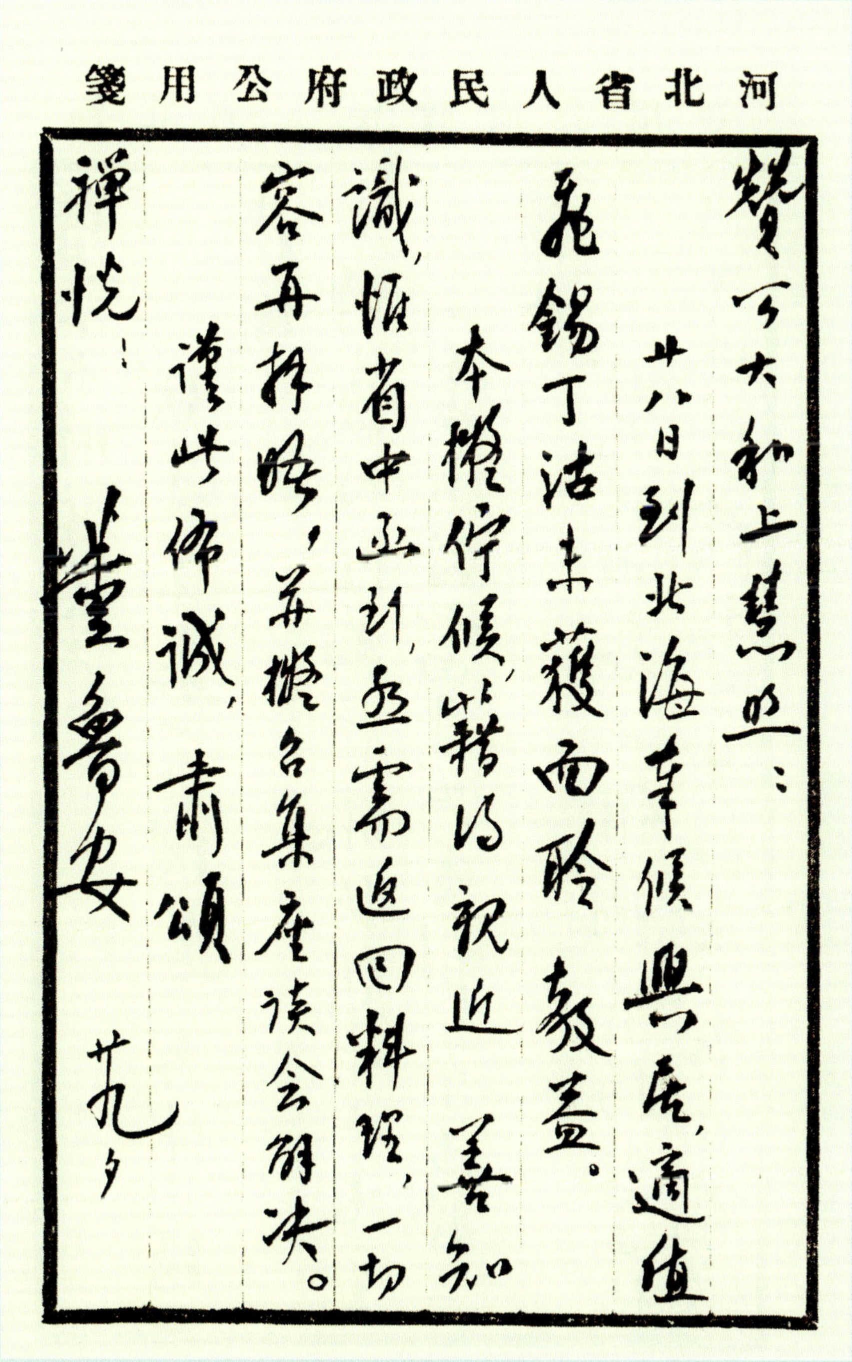

河北省人民政府公用箋

赞可大和上慧鑒：

廿六日到北海幸傾興居適值

飛錫丁沽未獲西聆教益。

本擬佇候藉仍祝近善知

識悚省中函到亟需返回料理一切

容再拜晤，並擬名集座談会解决。

謹此佈誠，肅頌

禪悅！

董魯安

九夕

■河北省人民政府董鲁安致巨赞法师信

河北省人民政府公用笺

赞公大师法座：

伏拜来教，并附寄之件，均已拜诵。

大师护持法轮，极佩弘愿，唯上毛主席一书未得寓目，以有副本否？一读也。

览讯内容，正确翔实，揭蘖正信，以出迷途，朴初先生掉广长舌，现徽

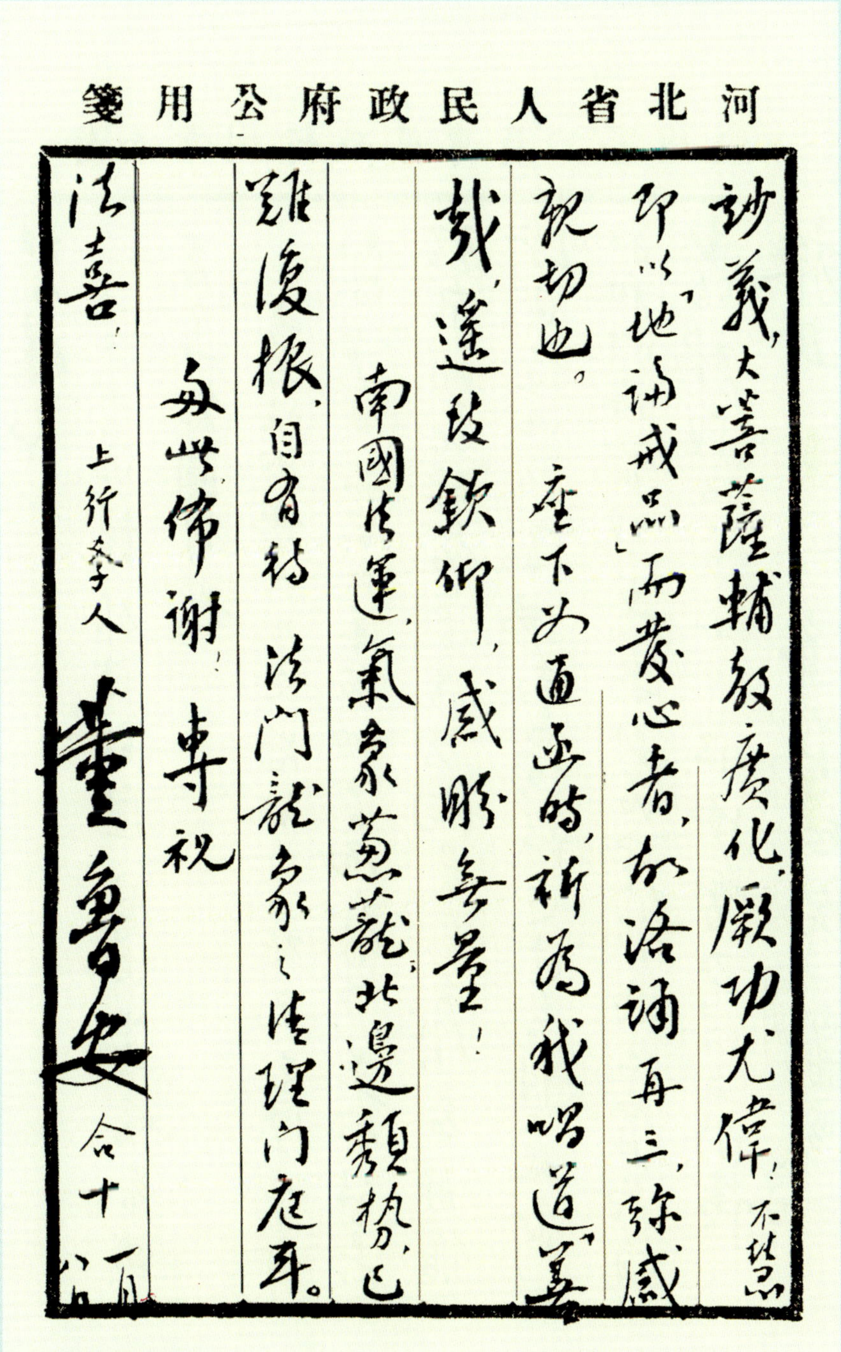

河北省人民政府公用箋

妙義，大菩薩輔教廣化，厥功尤偉！不勝

印以地誦戒品，而發心者，故諷誦再三，弥感

祝切也。座下为遇亞时，祈為我唱道善

戏，蓬玆欽仰，感服无量！

南國传運氣象蓊蔚，北邊頗蕭枨已

雅邊根，自有待 法門龍象之传理門庭年。

每此伸谢，专祝

法喜！

上行季人　董鲁安　合十頓首

■河北省人民政府董鲁安致巨赞法师信

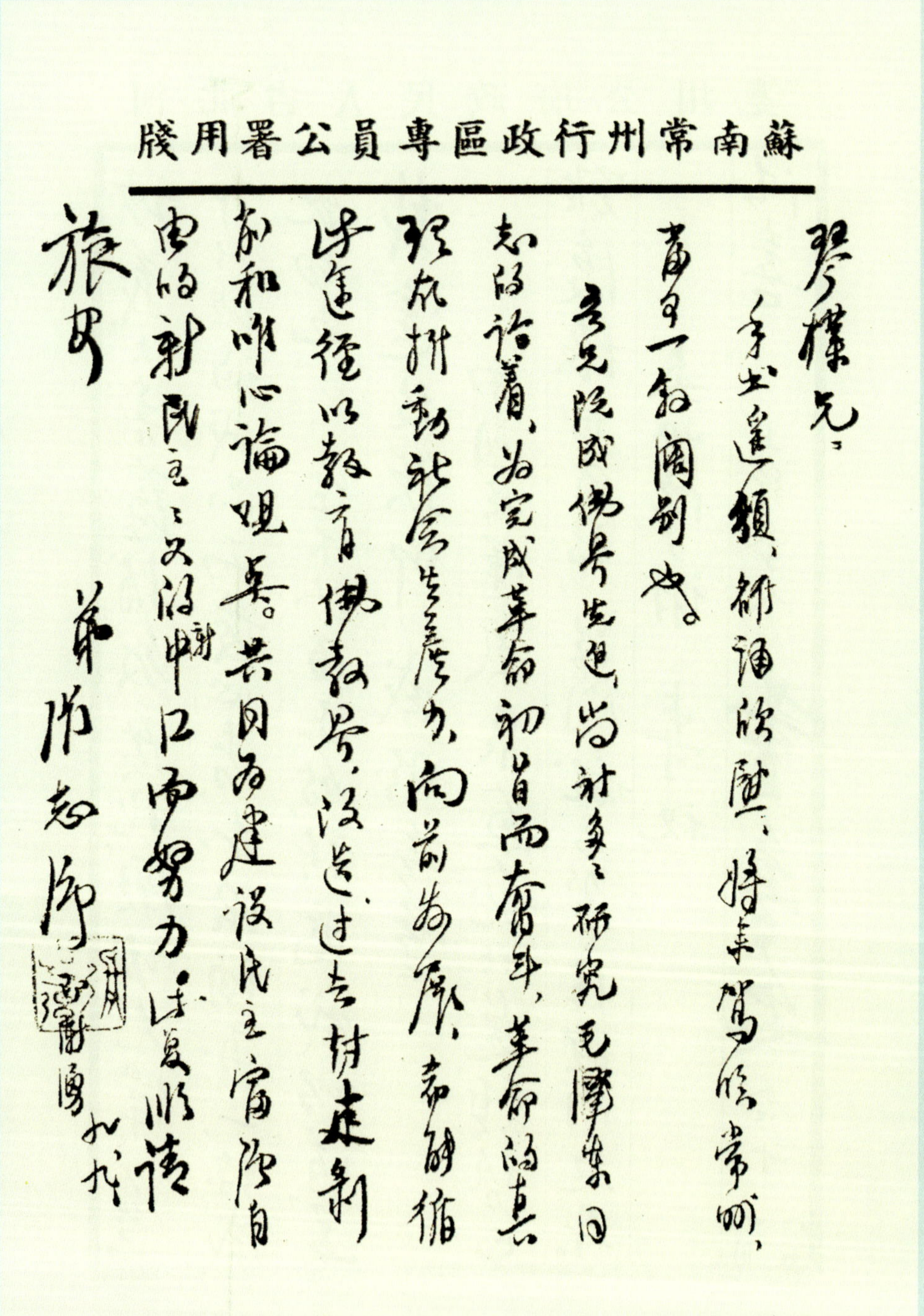
蘇南常州行政區專員公署用牋

琴樸兄：

手書迭頒，敬誦欣慰，將來駕臨常州，當可一敘闊別也。

主張既成佛果之道，尚望多多研究毛澤東同志的論著，為完成革命初步而奮斗，革命的主張依推動社會生產力向前發展，希能循此途徑以教育佛教界，將這過去封建剝削和唯心論觀點，共同為建設民主富強自由的新民主主義的新中國而努力，此復順請

旅安

弟 張志強

■苏南常州行政区专员公署张志强致巨法师信

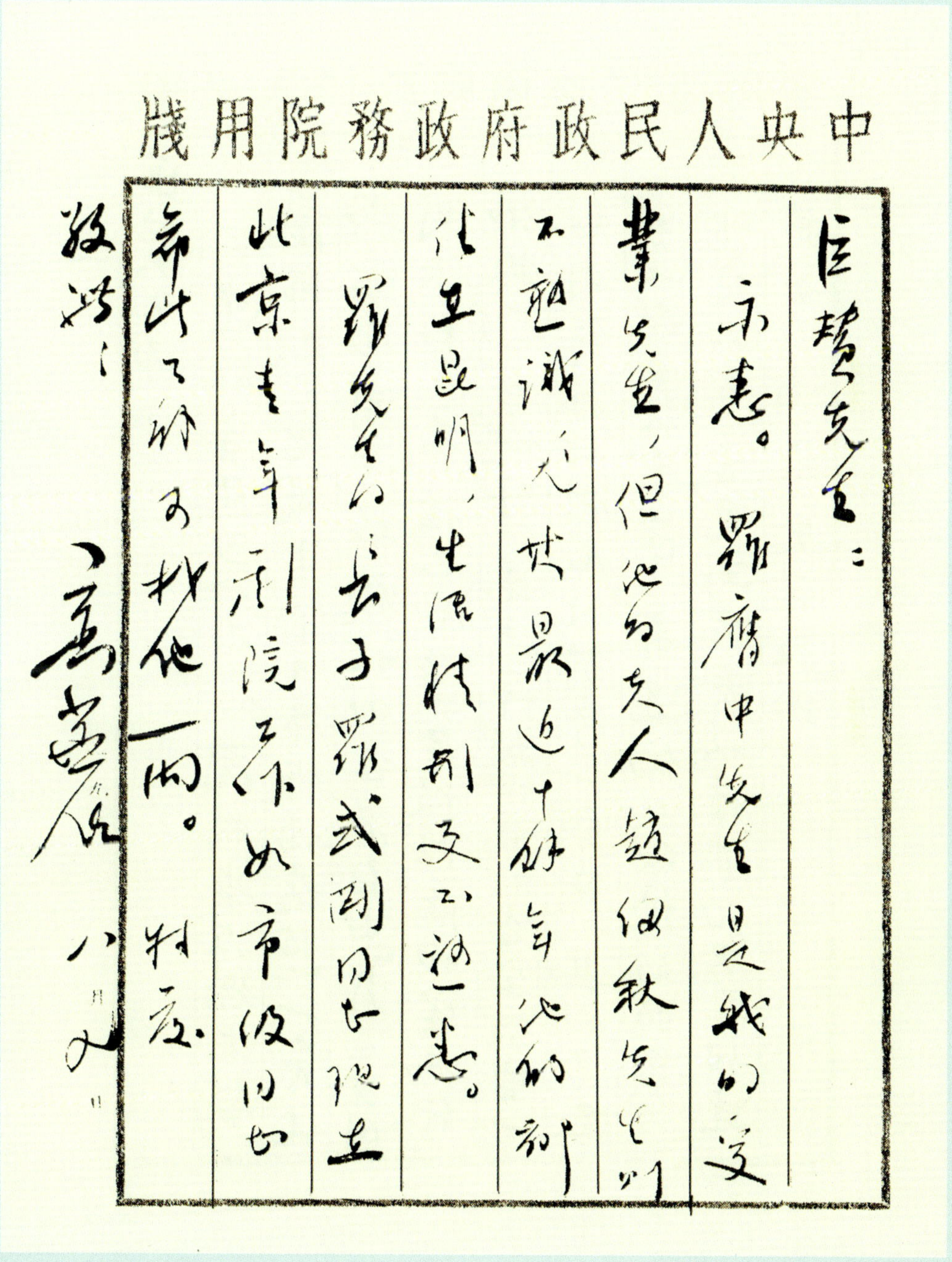

中央人民政府政務院用牋

巨赞先生：

示悉。罗广中先生是我的爱业先生，但他为夫人题句秋先生已不甚诚心于此最近又听气不的初於五昆明，生活按刻又不恼悉。罗先生出于罗武刚内在北京考年刑院存如市收回此京考年刑院存如市收回岁此之外另有枚他一两。特庭。

敬礼！

高巍
八月八日

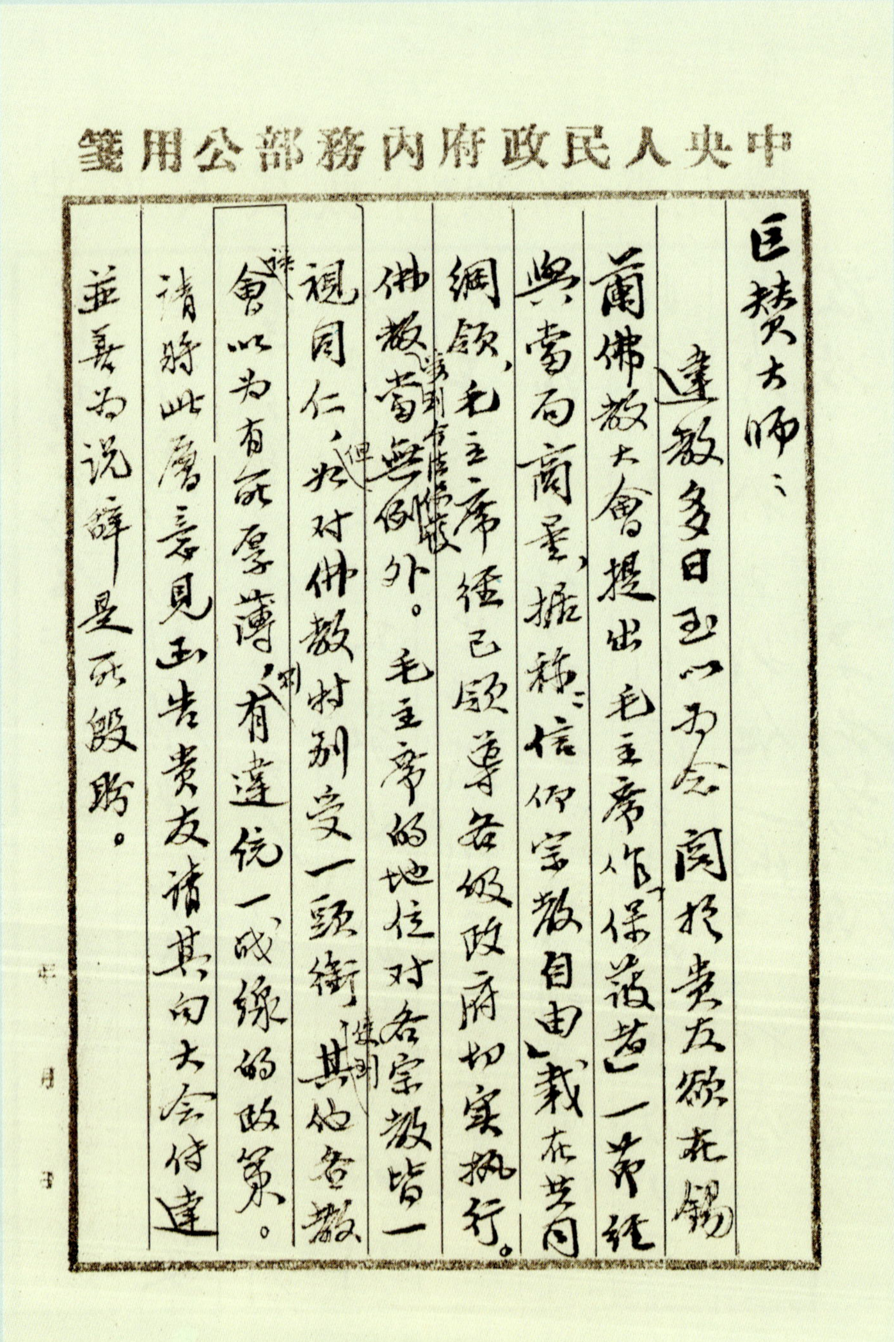

中央人民政府内务部公用笺

巨赞法师：

达教多日至以为念，闻於贵友锡兰法锡

兰佛教大会提出毛主席作保护者一节经

与当局商量据称信仰宗教自由载在共同

纲领，毛主席经已领导各级政府切实执行。

佛教当无例外。毛主席的地位对各宗教皆一

视同仁，故对佛教并别受一头衔其他各教

会以为有所厚薄，有违统一的政策。

请将此层意见玉告贵友请其向大会传达

並善为说辞是所盼盼。

年 月 日

■ 1950年10月中央人民政府内务部副部长陈其瑗致巨法师的信

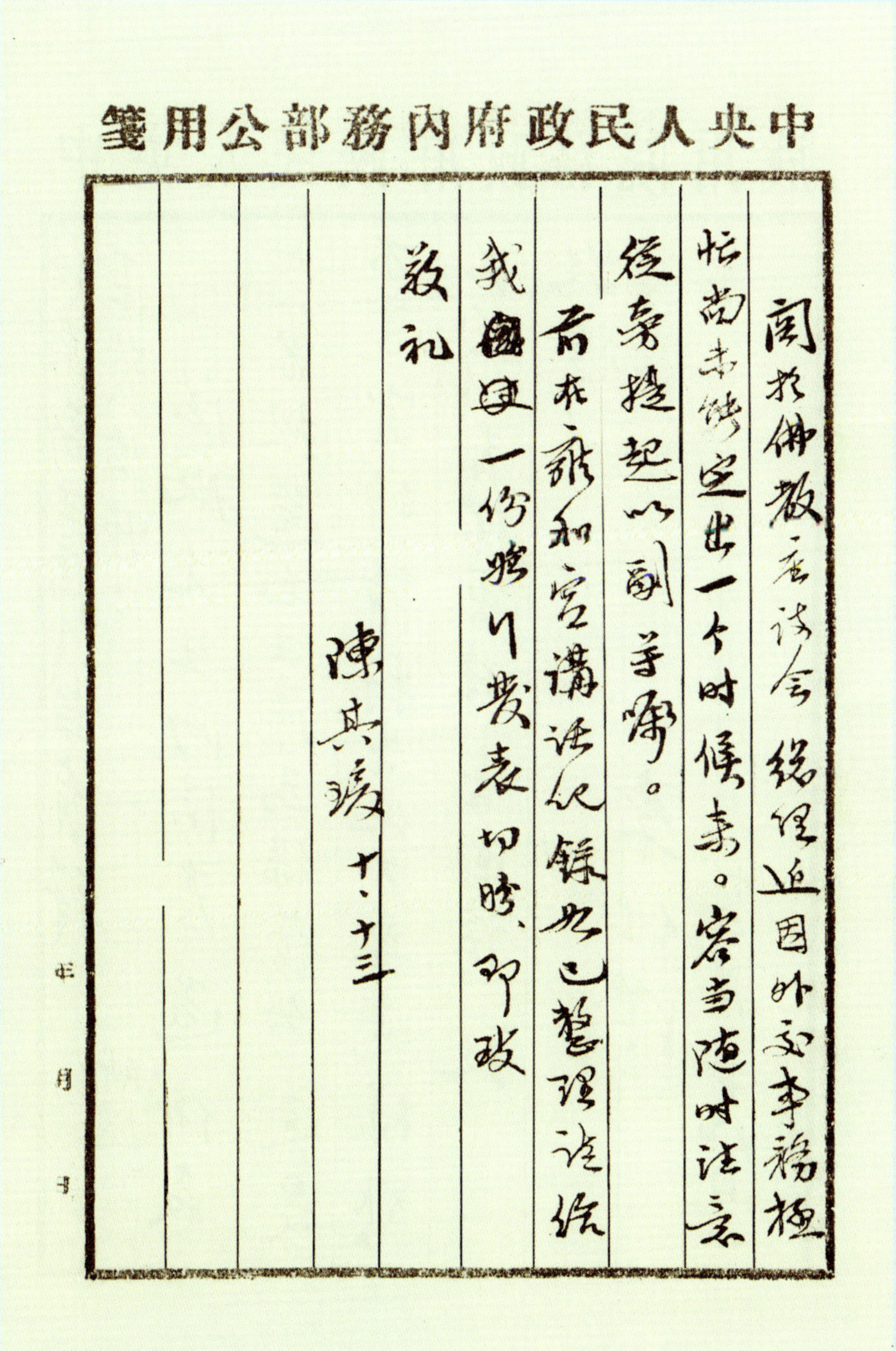

中央人民政府内务部公用笺

问我佛教一善谈会 经理还因外交事务极
忙尚未储定 出一个时候来。容当随时注意

径旁提起以副手筹。

昔在飞机场讲话记录如已整理请统

我国史一份钞り发表切盼、即致

敬礼

陈其瑷 十·十三

■中央人民政府内务部副部长陈其瑷致巨法师的信

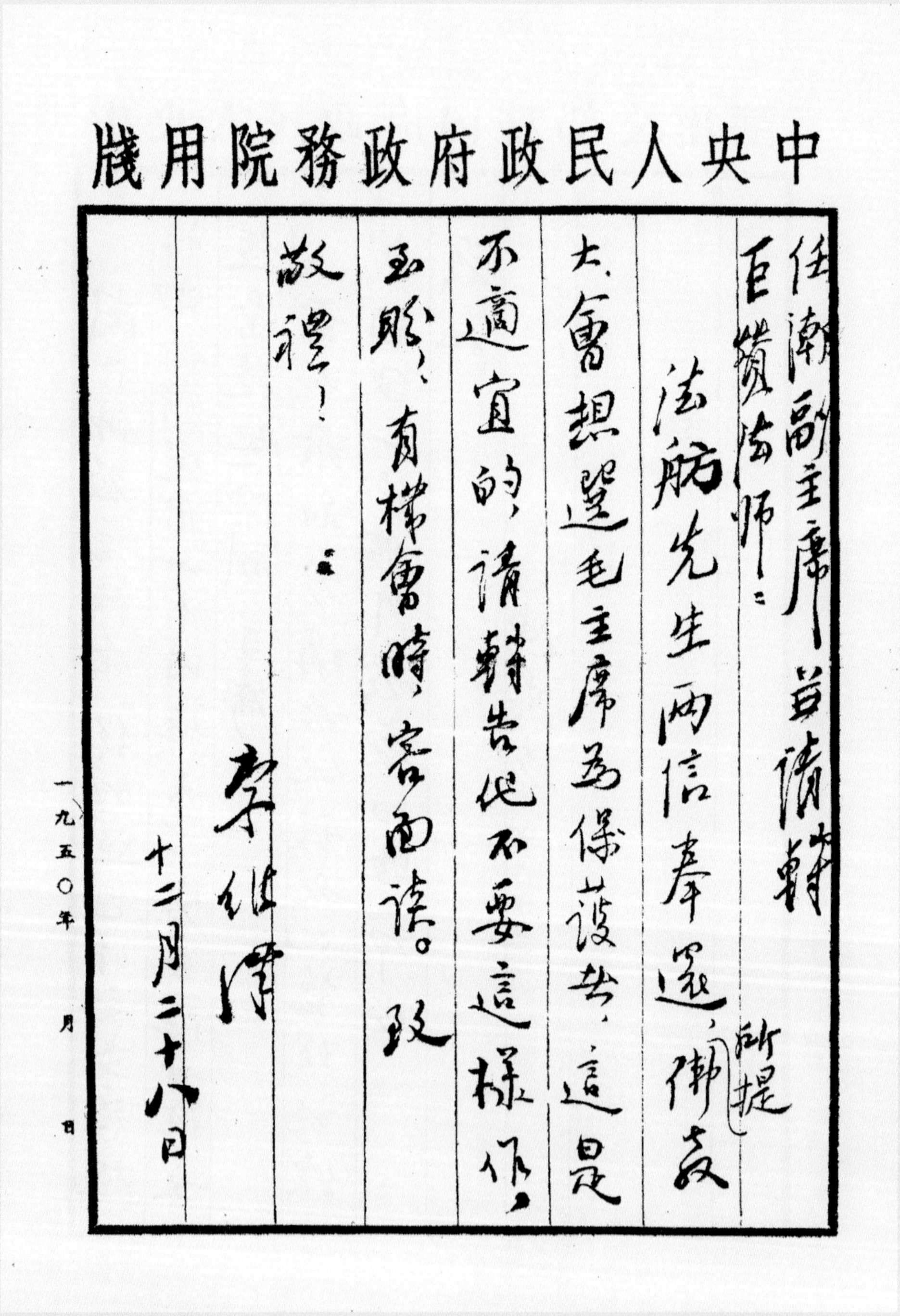
中央人民政府政務院用箋

任潮副主席：並請轉
巨贊法師：
法舫先生兩信奉還，所提佛教大會擬選毛主席為保護者，這是不適宜的，請轉告他不要這樣作，至盼。有機會時，容面談。致
敬禮！
李維漢
十二月二十八日

一九五〇年 月 日

李维汉秘书长给李济深转巨法师的信

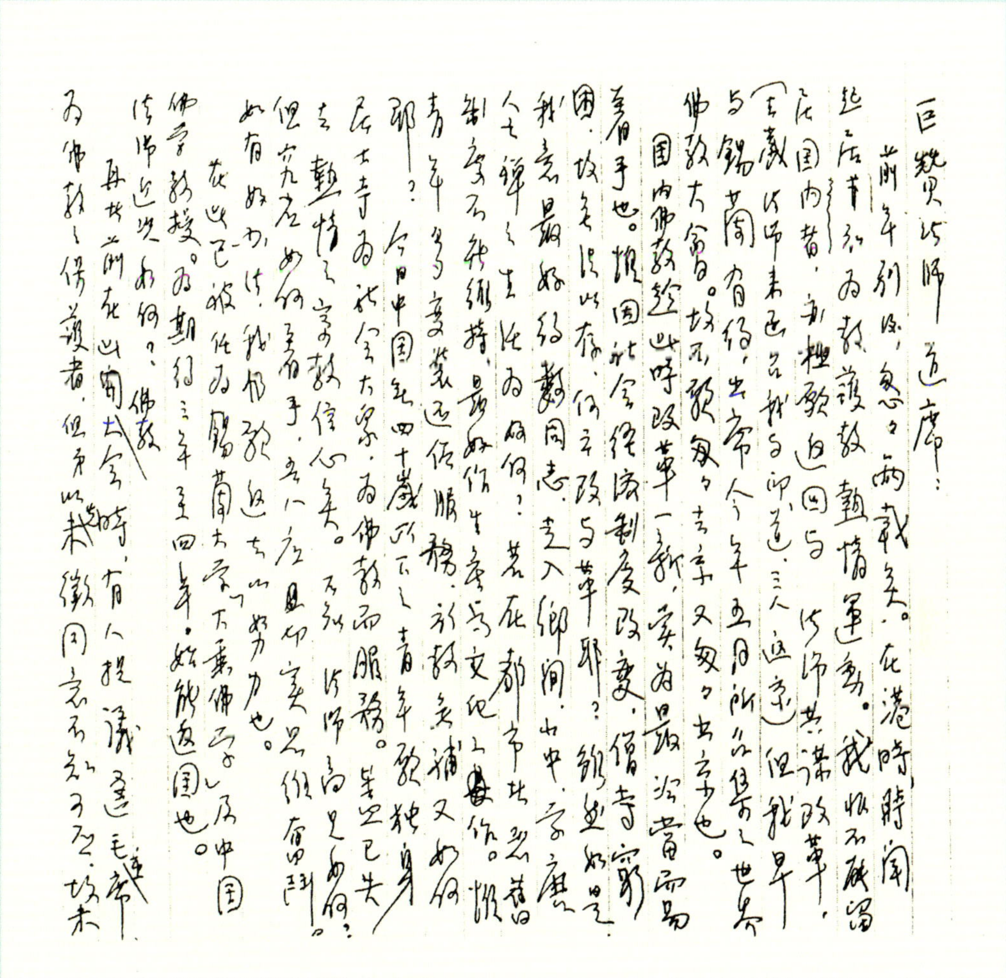

■锡兰大学教授法舫法师给巨赞法师建议请毛主席为佛教保护人的信

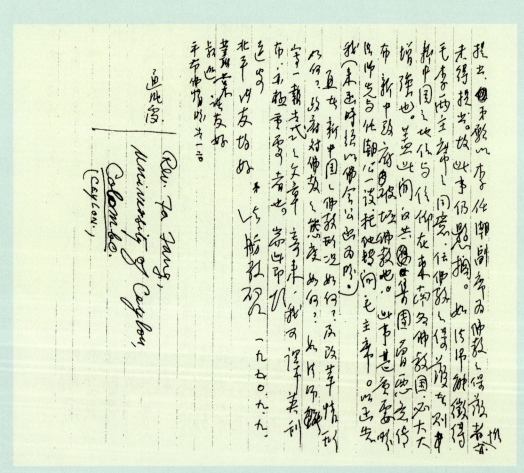

■法舫法师给巨赞法师建议请毛主席为佛教保护人的信

馬列學院用箋

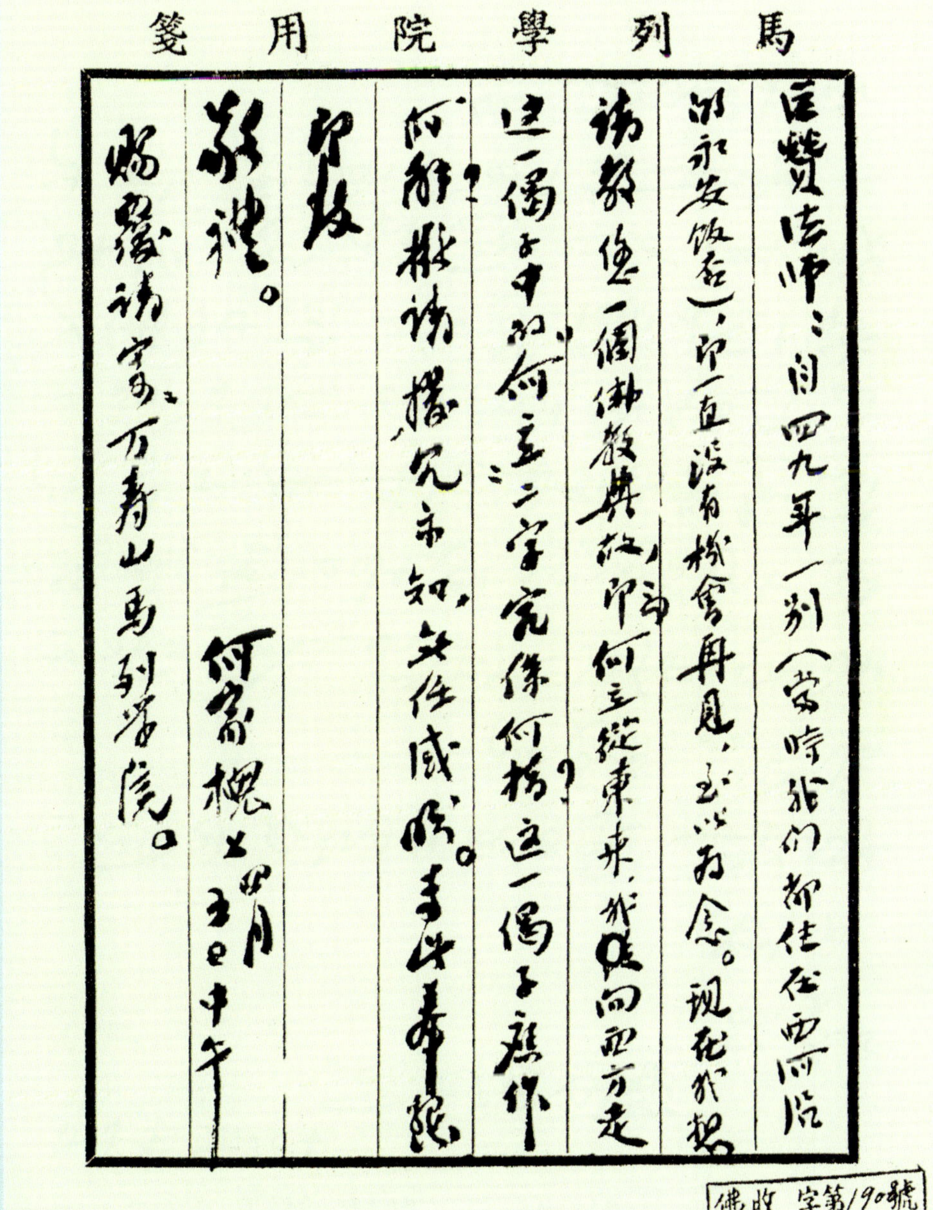

巨赞法师：自四九年一别（当时我们都住在西河沿永安饭店），即一直没有机会再见，至以为念。现在我想请教您一个佛教典故，即何立從東來，我從西方走这一偈子中的"何立"二字究係何指？这一偈子應作何解？敬请援笔示知，无任感激。专此奉懇，即致

敬禮。

何家槐 四月十五日中午

赐覆请寄：万寿山马列学院。

佛收 字第190號

■1953 年 4 月 15 日北京马列学院院长何家槐致巨法师的信

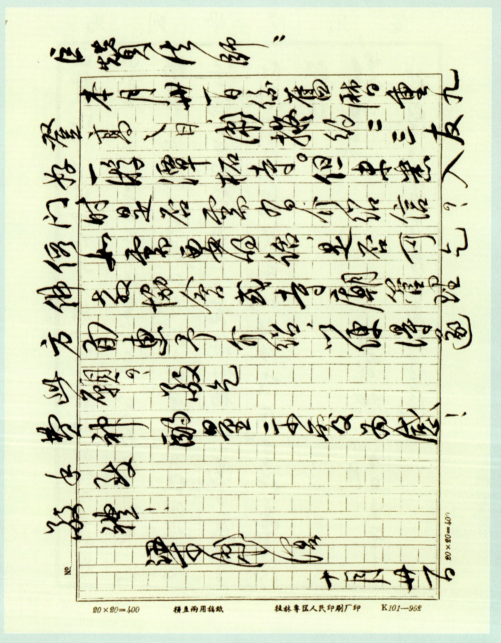

■ 1953 年 10 月 33 号梁漱溟致巨赞法师的信

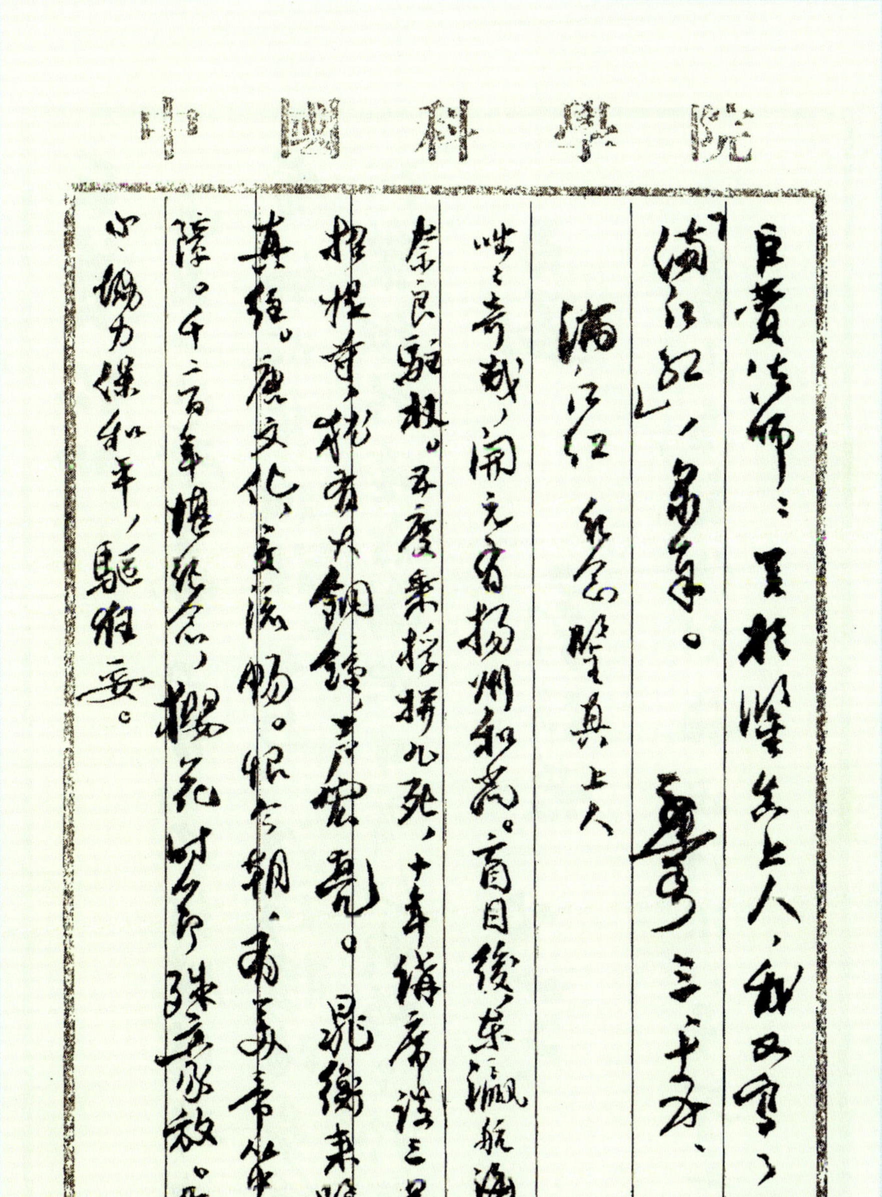

中國科學院

巨赞法師：王杰隆先上人、和尚雪之一手、

滿江紅、萬事。

滿江紅 為隆真上人 書三年前

此之奇哉、開元古揚州和尚。盲目後東瀛航海、

奈良駝載。五度乘桴搏九死、十年備席證三鑑。

撐悍者花有大銅鐘聲宏亮。晶瑩事鑑。

真绝应文化交流畅。恨奈朝、扶桑帝佥阻。

降三百二十年悵惜居、櫻花叶岁陳亡永放。普

心倜力保和平、驅侵要。

■郭沫若院长致巨赞法师信

巨赞法师：

近见一此齐文物、上有「沙河楼随碎波身

首如阿黎树枝」文句。沙河楼随是何神？

阿黎树枝是否即典中有此典故？顷不知。

兹请文什刹梅西行法八荣于三季和

专此，即颂

百益。

郭沫若

火廿二、

■郭沫若院长致巨赞法师信

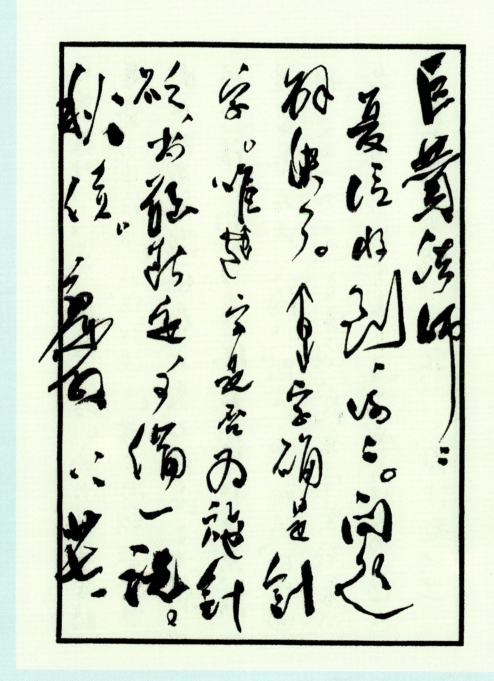

■郭沫若院长致巨赞法师信

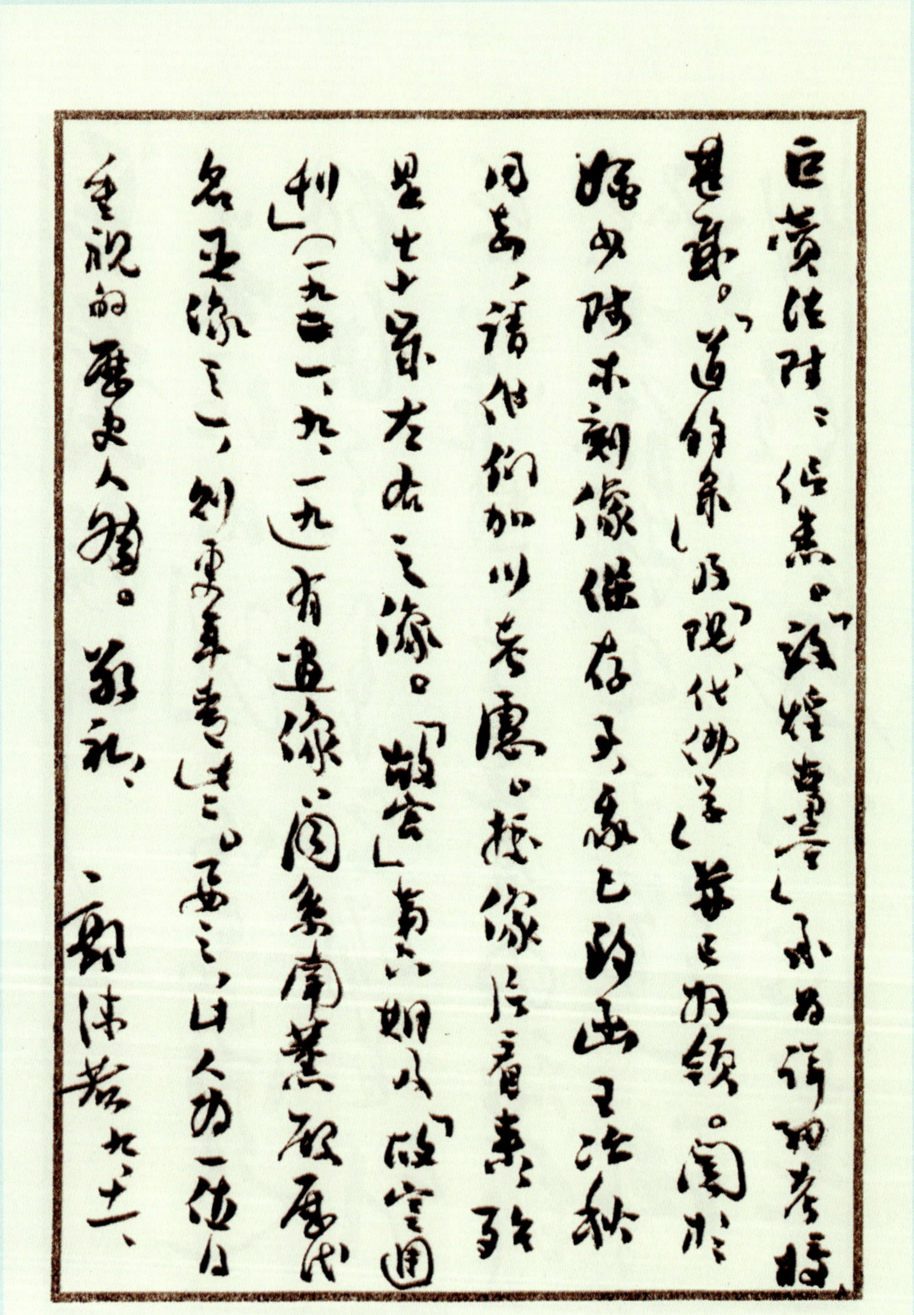

巨赞法师：

来信及诗词，谢谢。所示不能行押考据，道理深，乃现代神话，甚至对木刻像借存，未之所似以及诸所加以考虑，振像后看表明是七军是尚之像。「般若」等时期以破空间「刊」（一九二、九、二九）有造像，阎条南燕破麋氏，名王像之一刻更不多，又之，此人为一作，重视的历史人物。

敬礼。

郭沫若 九、廿六、

■郭沫若院长致巨赞法师信

Prof. Dr. Raghu Vira
MEMBER OF PARLIAMENT
(RAJYA SABHA)

International Academy of Indian Culture,
Old Assembly Rest House,
NAGPUR. (India)
17.6.56

Dear Rev. Chu Tsan,

I have received your letters and your article in Chinese. I am glad you are able to devote your time to these studies.

There are four schools of yoga in India: (1) Hathayoga, (2) Rājayoga, (3) Bhaktiyoga, (4) Jñānayoga. They are all supplementary to each other. The books which I have already sent to you will give you a general idea of the developments in each.

In Hathayoga the most important work is Hathayoga-pradīpikā. On Rājayoga there is the work of Patañjali by the name of Yogasūtra; On this there is the famous commentary of Vyāsa. There are further sub-commentaries by Bhoja and Vācaspati-miśra. There are also upaniṣads dealing with yoga. Their names are: Maitrāyaṇa, Śāṇḍilya,

■印度文化国际学院教授、著名佛学者罗睺罗给巨法师的信

- 2 -

MEMBER OF PARLIAMENT
(RAJYA SABHA)

Dhyānabindu, Hamsa, and nādabindu.
If you so desire I can send the above
books to you.

The influence of yoga on European
and American thinkers has been immense.
There are dozens of books by European and
American authors on the subject.

Let me express my great joy at
having to come to know you and other
friends in China. The historical friendship
of our two countries is more important now
than ever for the peaceful advancement of
the human race.

Kindly convey my greetings to all
friends and devotees.

I look forward to receiving more of your
articles and books on Yoga.

I understand from newspapers that the
Buddhist Assoc. of China is making complete

■印度文化国际学院教授、著名佛学者罗睺罗给巨法师的信

MEMBER OF PARLIAMENT
(RAJYA SABHA)

– 3 –

ink-impressions from ancient stone-slabs which have been recently discovered and which contain the complete Chinese..Tripiṭaka. Kindly give me complete information about this.

　　You would be happy to know that we are preparing to publish the five-language dictionary of Sanskrit, Chinese, mongolian, manchu and Tibetan containing Buddhist terms.

　　With kind regards,

Yours Very Sincerely

Raghuvira

■印度文化国际学院教授、著名佛学者罗睺罗给巨法师的信

中國科學院

巨赞先生：

六月廿日來信收悉。

我們正在找人為一行做一小傳記，尚未決定人選，等決定後告訴你。

舞請他和你取得連系。

一行著起測量子午線，是不可置疑的，不過那時用子午線這名詞，測量结果也只精确到...

電報掛號：中文 二二三三
英文 SINACADEMY

地址：北京文津街三號

■1956 年 7 月中国科学院副院长竺可桢致巨法师信

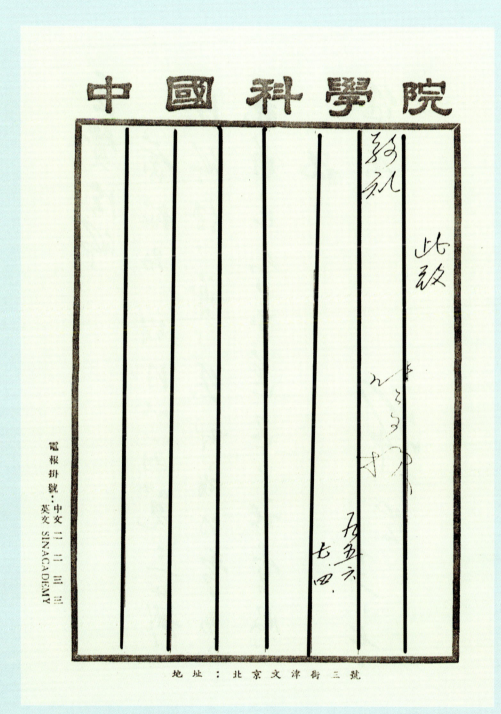

■中国科学院副院长竺可桢致巨法师信

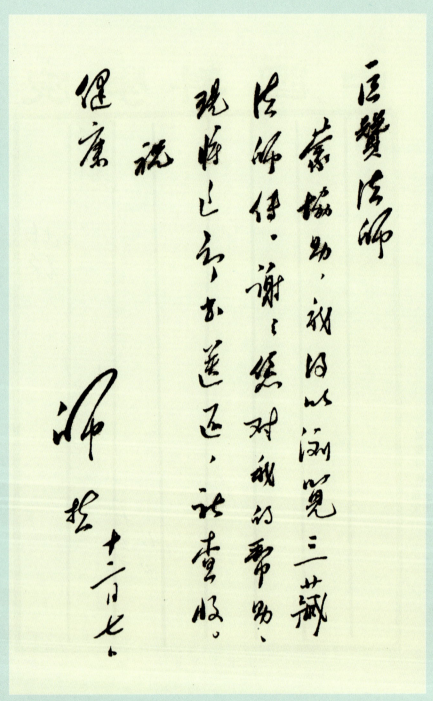

巨赞法师

蒙协助，祝日以浏览三世藏

法师伴，谢！俟对我的帮助，

现将已印出者送还，请查收。

祝

健康

师哲 十二月七日

■1956年师哲（毛主席首访莫斯科时的翻译，后为马列主义学院首任院长）致巨法师信

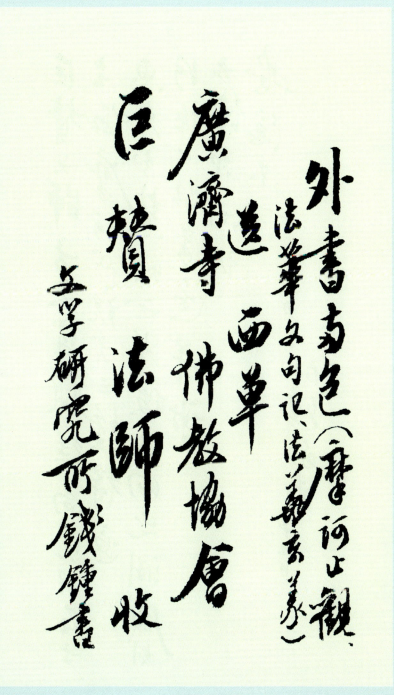

外書高色（學阿止觀、法華文句記、法華義高義疏）送西草佛教協會

廣濟寺

巨贊 法師 收

立学研究所 錢鍾書

■文学研究所所长钱锺书致巨法师信

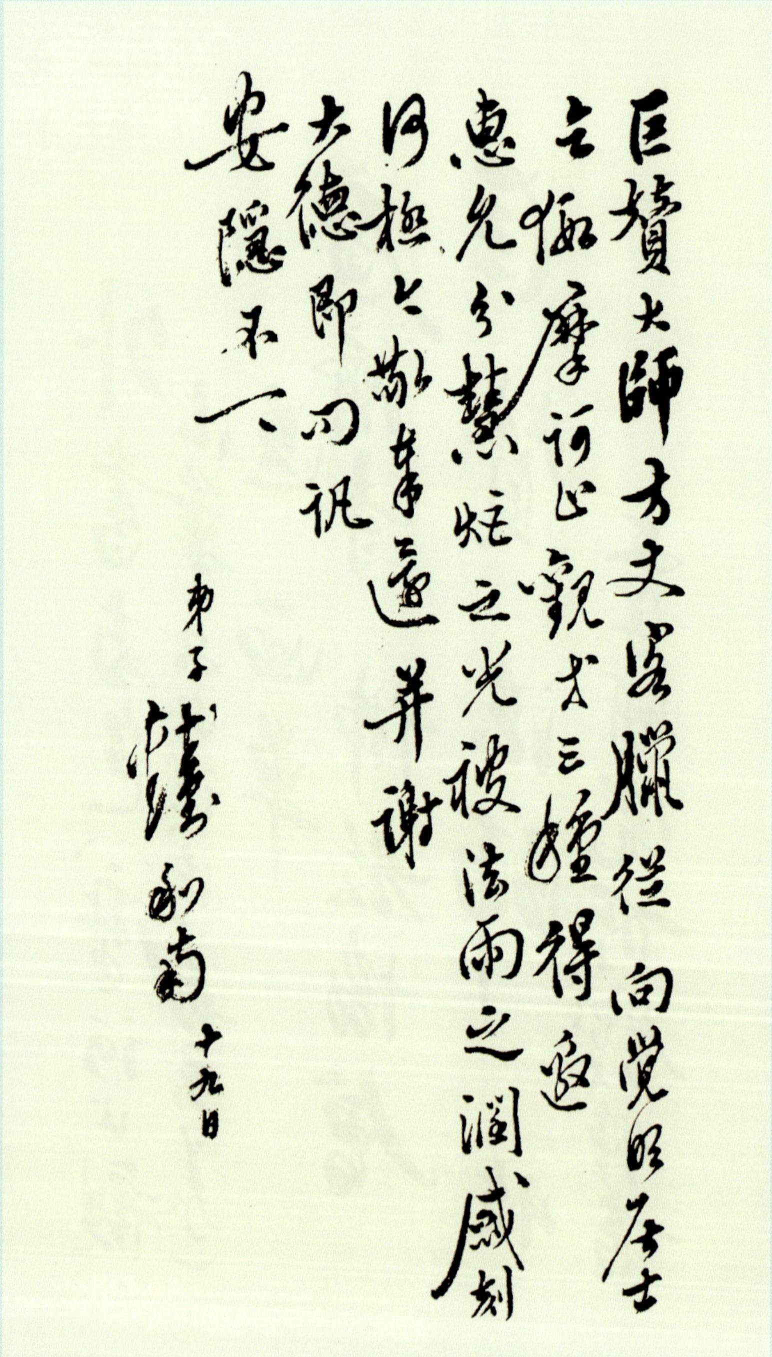

巨赞大师方丈道席：顷从向觉明居士言，悟摩诃衍观书三种，得逸惠允分慧炬之光，被法雨之润，感刻同极，敬申谢忱，并谢大德即叩祝

安隐不一

丙子 钱锺书 十九日

■文学研究所所长钱锺书致巨法师信

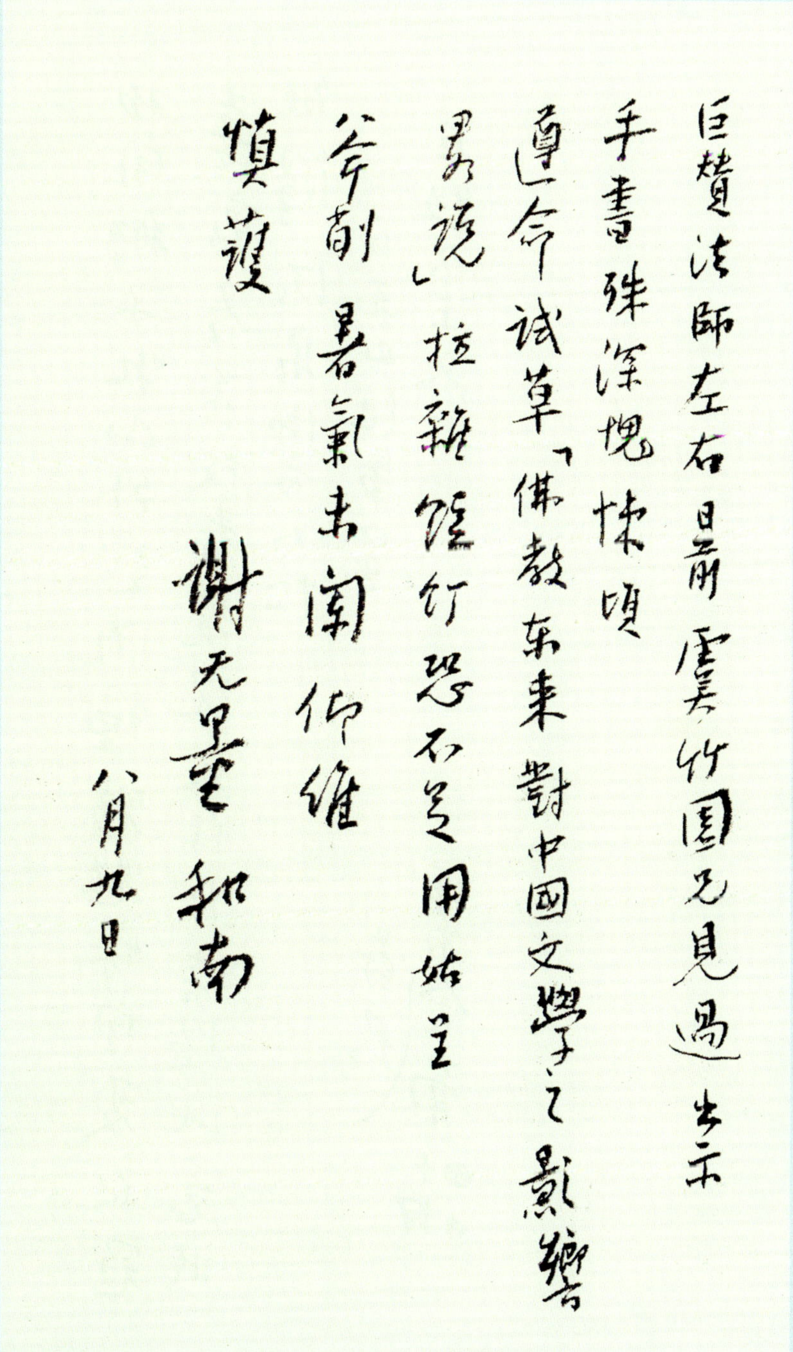

巨赞法师左右 日前 雲竹圓無見過 出示

手書 殊深愧悚頃

遵命試草 佛教東來 對中國文學之影響

異說拉雜 饍訌恐不足用 姑呈

斧削 暑氣未闌 仰維

慎護

謝无量 和南

八月九日

■1963 年著名学者谢无量致巨法师信

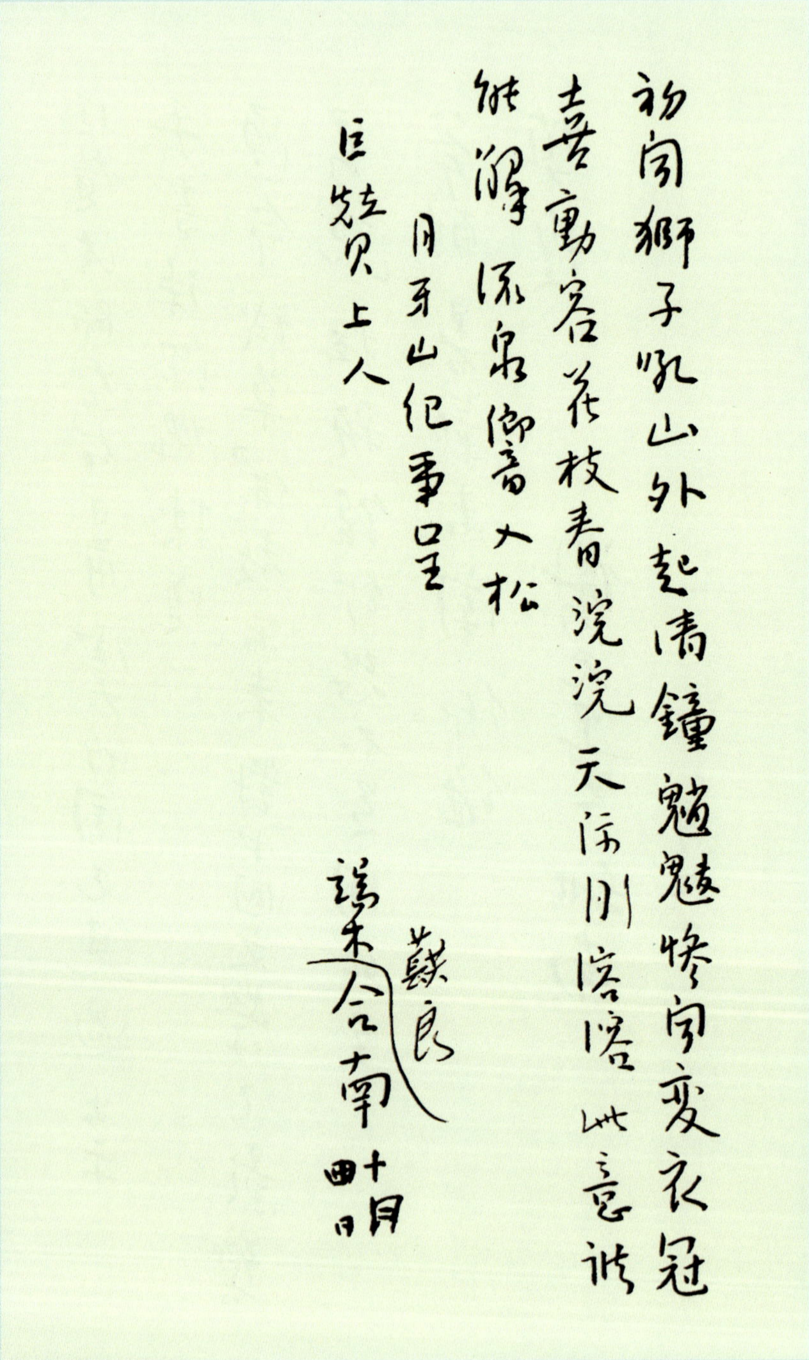

初闻狮子吼山外起清钟魑魅惨守变衣冠
喜动客花枝香浣浣天涯川峪峪此意讹
维澄涨泉御音大松
月牙山纪事呈
巨赞上人
端木蕻良
合南十月日

■1941年10月《羊城晚报》总编、著名作家、红学专家端木蕻良致巨法师信

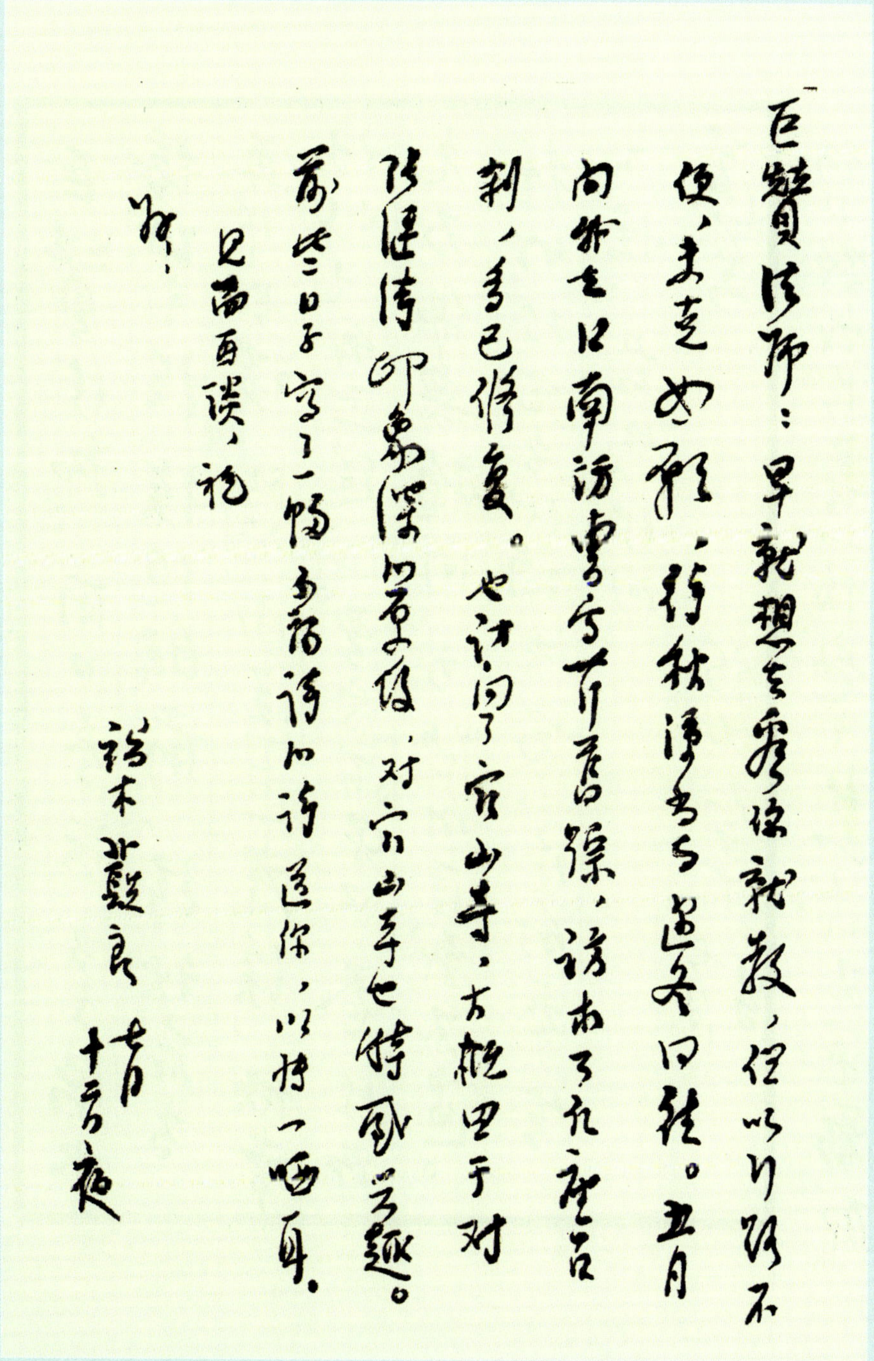

巨赞法师：早就想去零陵就教，但以□路不
便，未克如愿。行秋净慈寺□□回杭。五月
向师处已南访雪□晋□慧皎，访南□□慧皎
荆□，多已修复。也计问了云山寺，方极□于对
张庭清□即象深山幕后。对云山寺也特感兴趣。
蒙写□幅字二帧多将诗加诗送你，以特一晒耳。
巳画西谈一视
　　　诺木蕻良 谨启
　　　十二夜

■端木蕻良致巨法师信

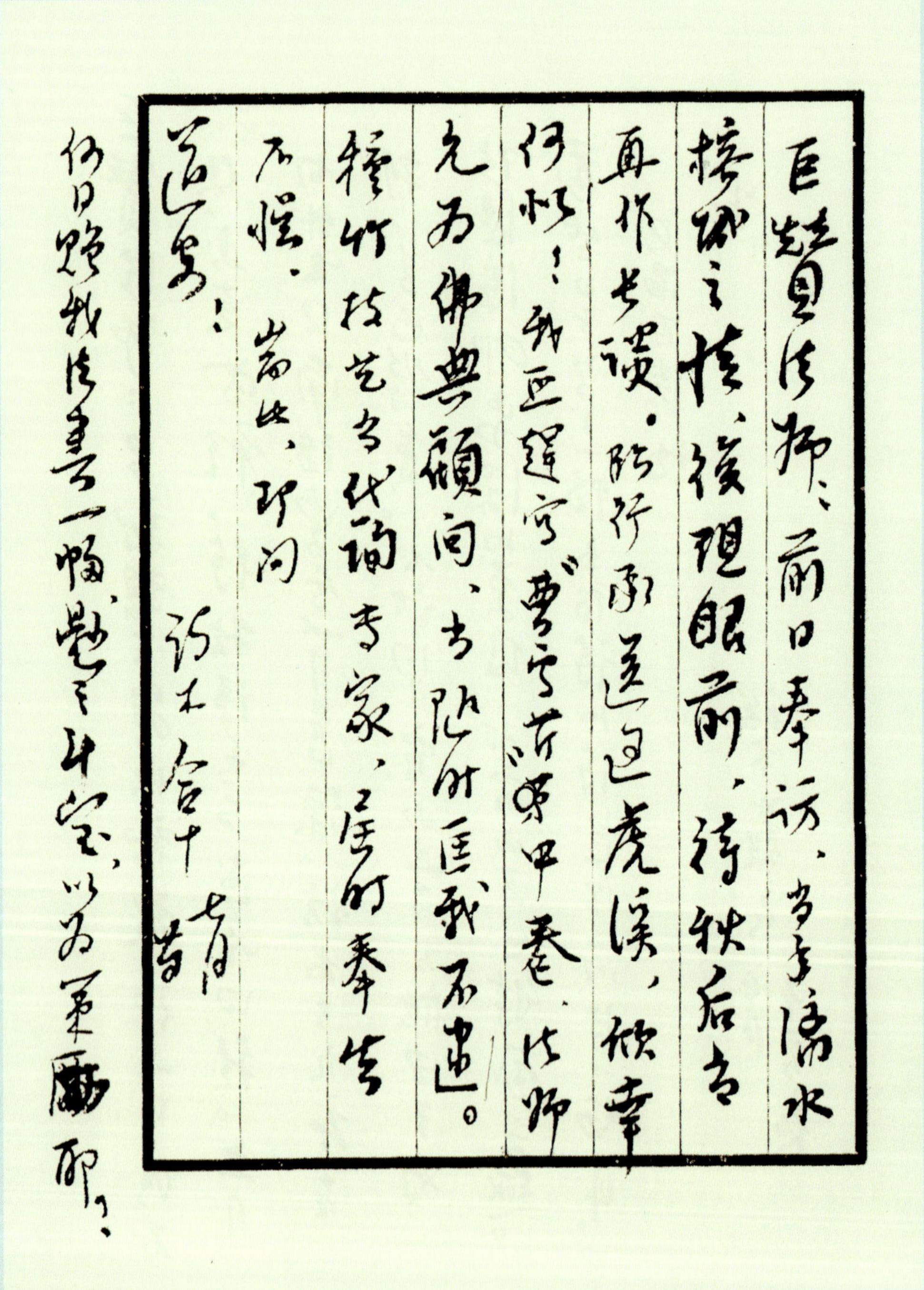

巨赞法师、前日奉访，当奉偈水
接奉之後，现眼前，待秋后当
再作苦读。骑行承送过虎溪，顿觉
行怀！我匹逻字哥宁芳苦第甲卷，此师
元为佛典顾问，古陀所匡我不违。
稚竹於艺名代诵寺家，屋的奉告
不慎。尚此、切问
道安！

访木台十七日 苦

何日路我有书一幅，藐之4空，以为乘厕耶。

■端木蕻良致巨法师信

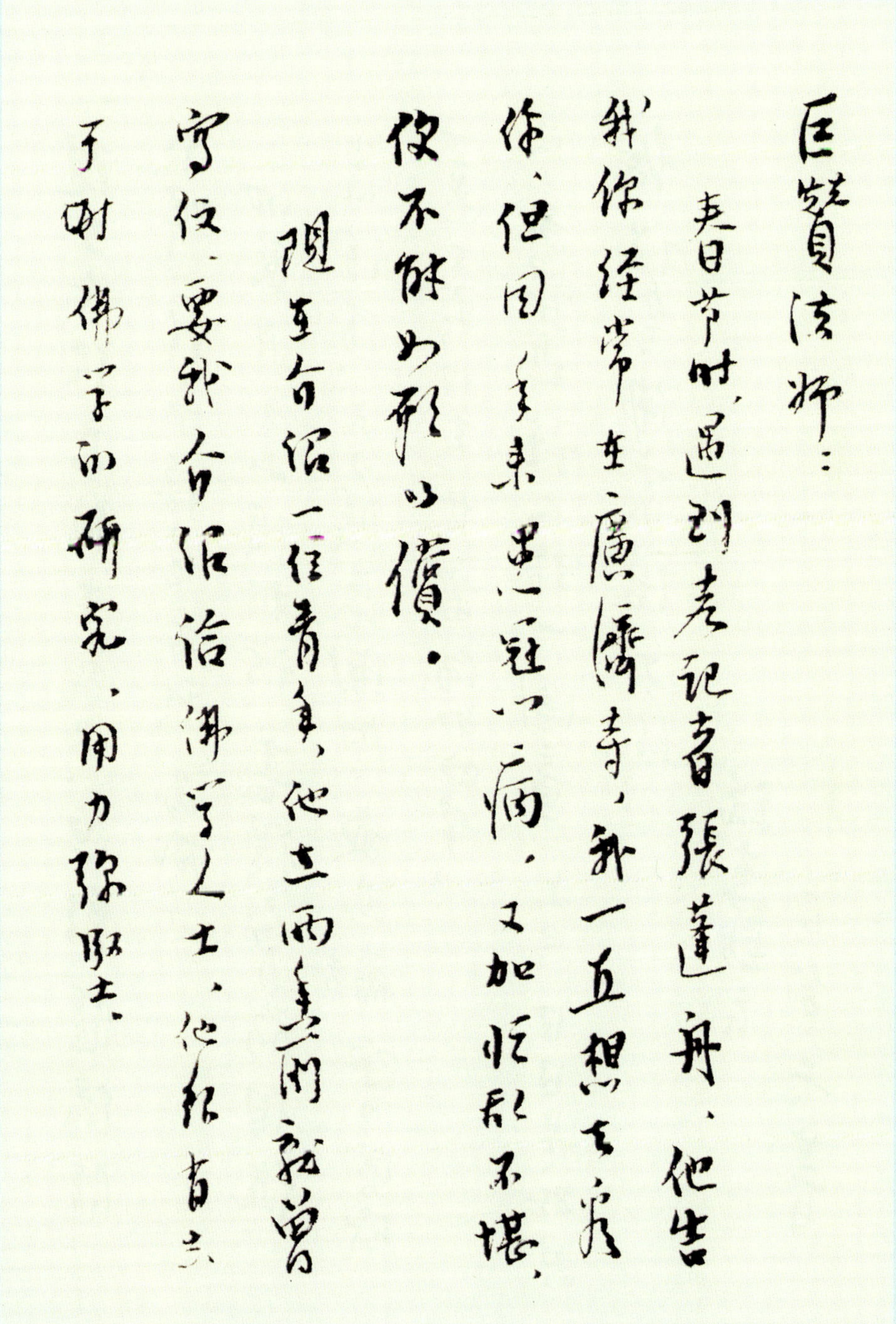

巨赞法师：

　　春节时，遇到老记者张蓬舟，他告

诉我你经常在广济寺，我一直想去看

你，但因多来患一病，又加怕别不堪，

役不能如形以偿。

　　阻至台北一住青春，他立而多门诚曾

守役，要我今台治佛学人士，他知有当

于时佛学而研究，用力弥驾士。

■端木蕻良致巨法师信

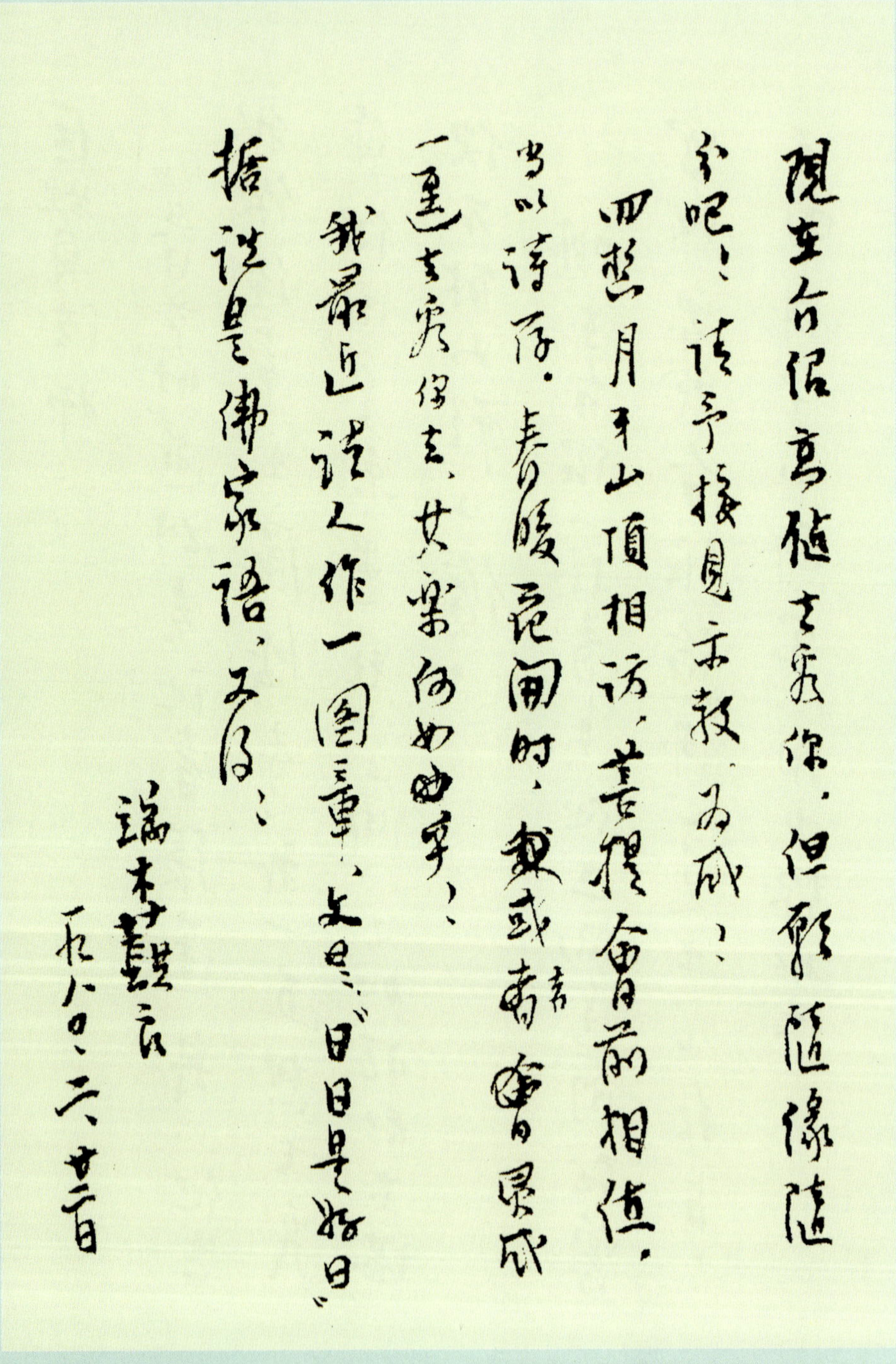

阅在合侣高僧去来俗，但能随缘随
命吧！请予接见示教，而成。
四哲月于山顶相访，菩提会前相值，
当以诗存。春暖花开时，我或南曾贤成
一道去寮佰去，女棠仍如幽事、
我最近诗人作一圖三军，又曰：日日是好日、
据说是佛家语，不尽、

端木蕻良
一九八〇、二、廿三首

■端木蕻良致巨法师信

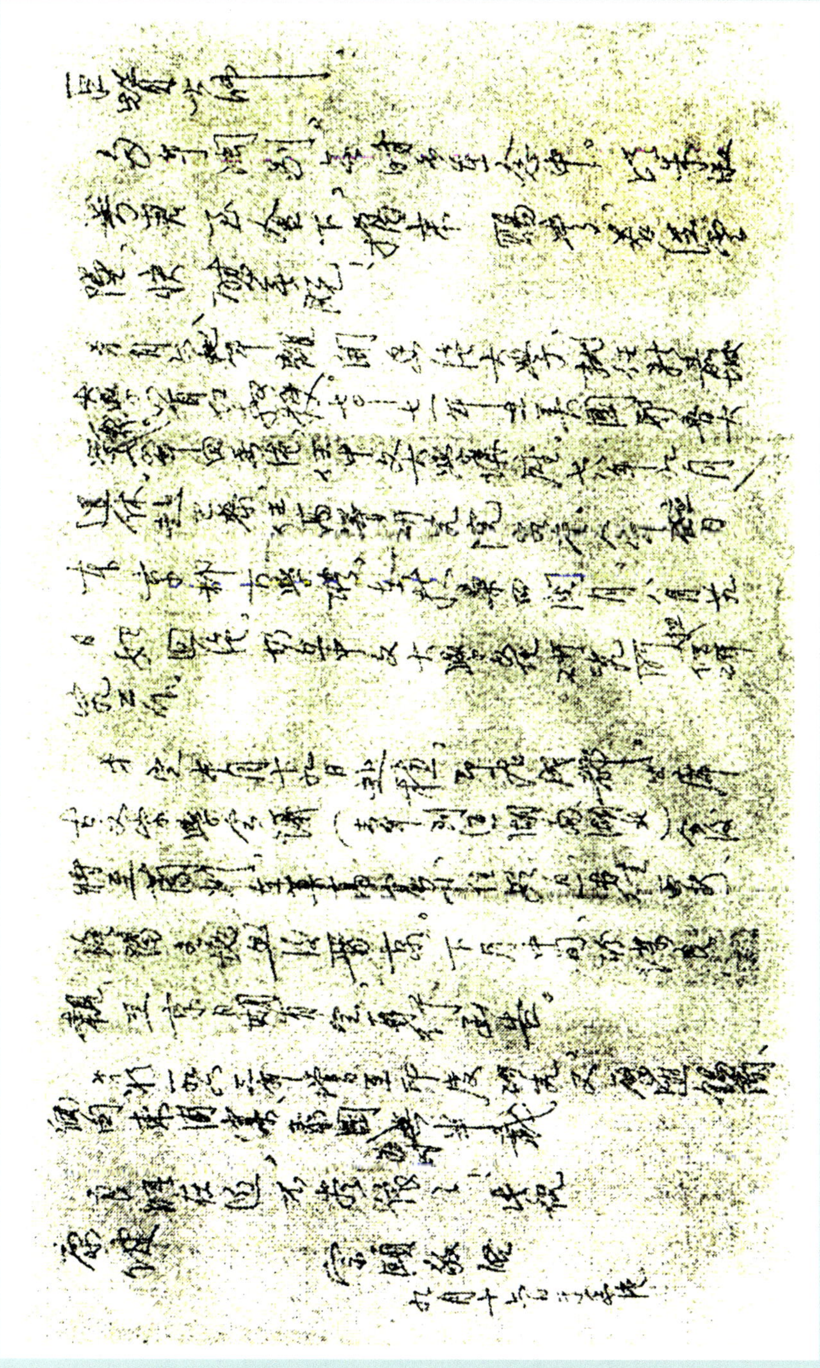

■香港大学中文系系主任饶宗颐教授致巨法师信

■香港大学中文系系主任饶宗颐
教授致巨法师信

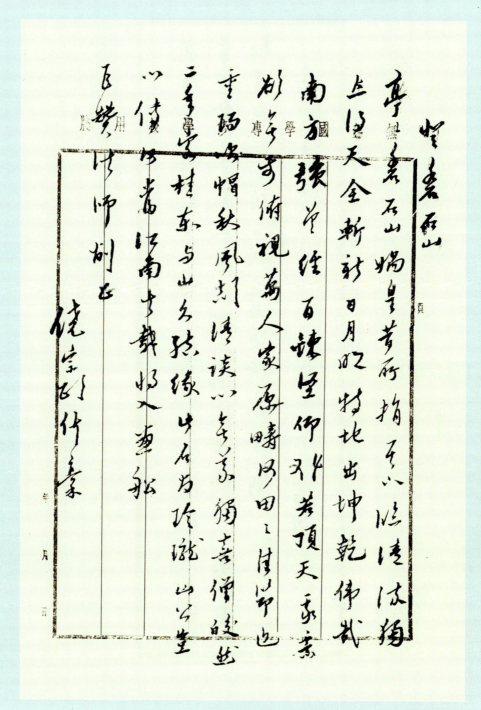

■香港大学中文系系主任饶宗颐教授诗

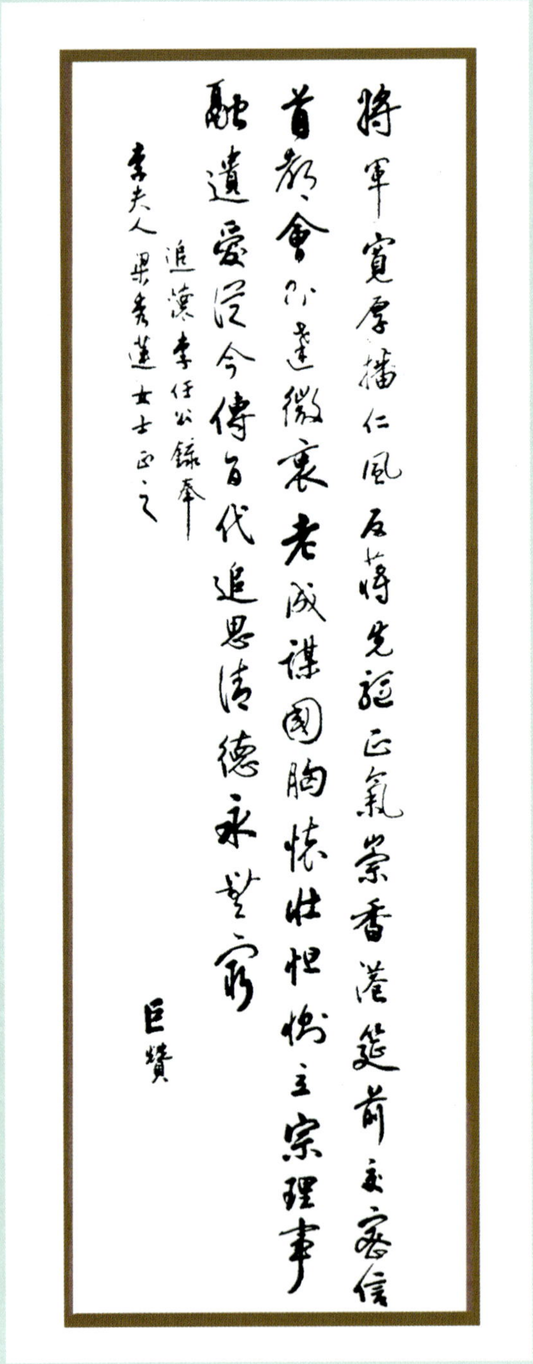

将军宽厚播仁风 在蒋先生施正气崇香港遽前交密信
首教会仍远微衷 老成谋国胸怀壮悒怅主宗理事
配遗爱泛今传百代 追思清德永荸穷

追薦李任公錄奉
李夫人梁务莲女士正之

巨赞

编者注：李任公即李济深副主席

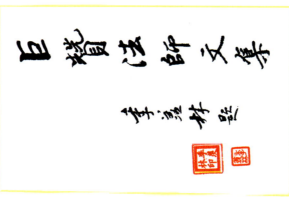

为巨赞法师文集出版誌喜

道契真如

丁丑年孟春 雲居一诚题

巨赞法师文集

教眼圆明

补怛妙善 书

演说於妙義

智慧不可量

大九华山 仁德

巨赞法师

佛门龍象

茗山

爱国爱教

川学 书

题巨赞法师文集

不俗即仙骨　多情真佛心

玉佛寺道人

定慧双修教禅互融　学贯中西文通六国　心地仁慈光明磊落拥护革命　热爱祖国献身佛教一代高僧是我良师无限缅怀　故为巨赞法师文集出版志庆

佛源和南
九七年春节

闻思修证

丁丑年正月斋天日

苏州寒山寺性空书

爱国爱教

丁丑年正月廿一日

江苏常州天宁禅寺松纯题

师德永光辉

巨赞老师文集出版志喜

羊城弟子云峰

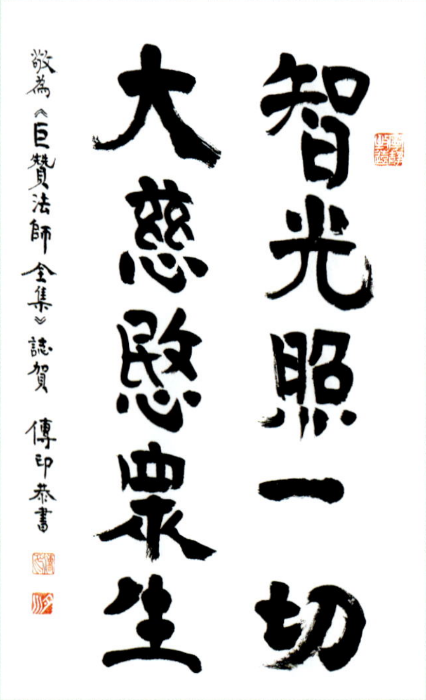

大慈愍众生
智光照一切

敬为《巨赞法师全集》志贺 傅印恭书

巨大圣德万古传
赞诸佛祖智慧开

巨赞法师文集五版志庆

丁丑春九华山 仁德

法门龙象

真慈

巨赞法师文集再版 纪念

妙手著文章
铁肩担道义

后学 白光敬书

闻示众生见正道
猫如净眼观明珠

巨赞法师文集

佛历二五四二年丁丑春谨书
南京狮头光孝寺如心作

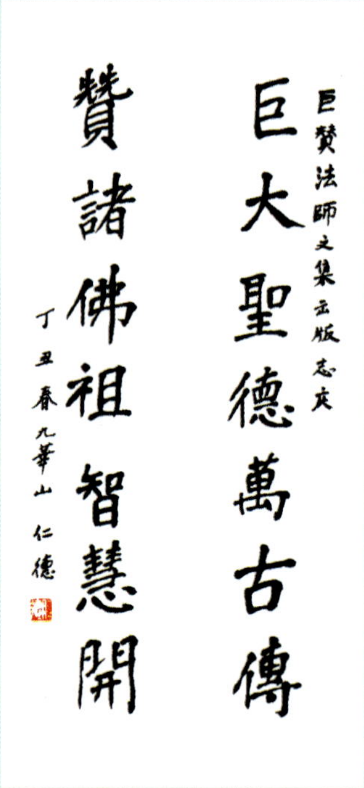

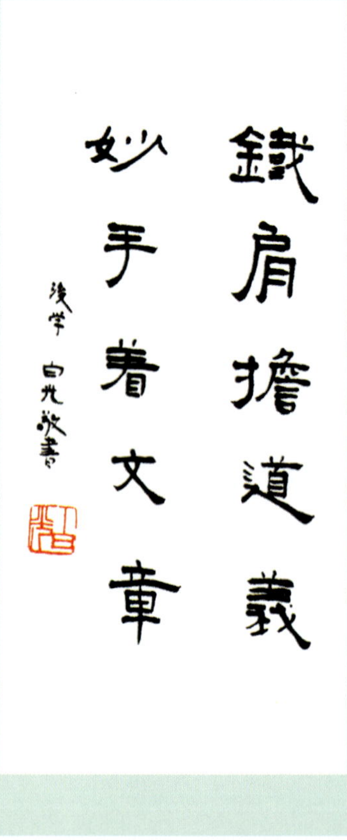

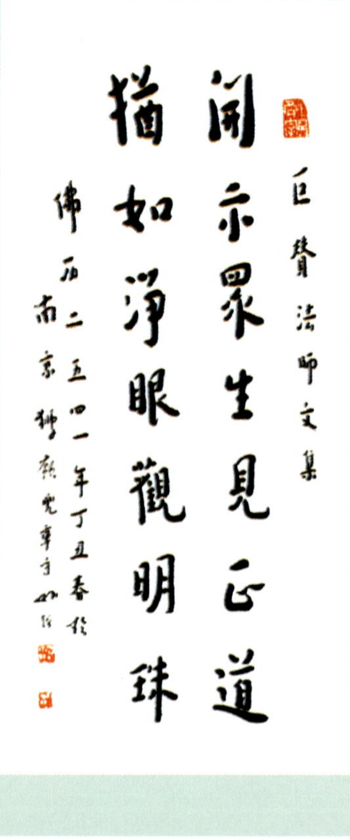

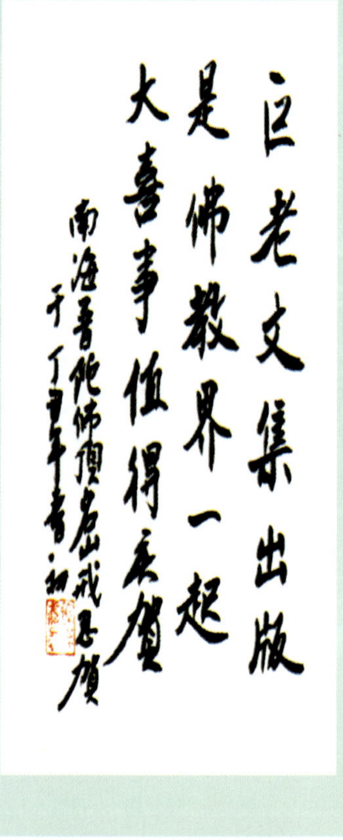

巨老文集出版
是佛教界一起
大喜事值得庆贺
南海喜饶佛愿启山戒道庆
于丁丑年春初

文字般若

丁丑年正月廿一

常州天宁佛学院

德範常存世未忘
遺篇奉讀道心光
音容不見豐功在
慧炬輝煌萬古長
巨贊老師文集出版謹錄舊作
一首以誌喜
羊城 弟子 雲峰敬題

人天師表

巨贊上人文集

晚學 根源

一九九〇年三月書於常熟寺

巨贊法師 文集

續佛慧命

廣護有情

南屏沙門雪相

丁丑新春時
年八有六

賀巨贊法師文集出版

道範常存

丁丑年正月
蘇州戒幢律寺安上書

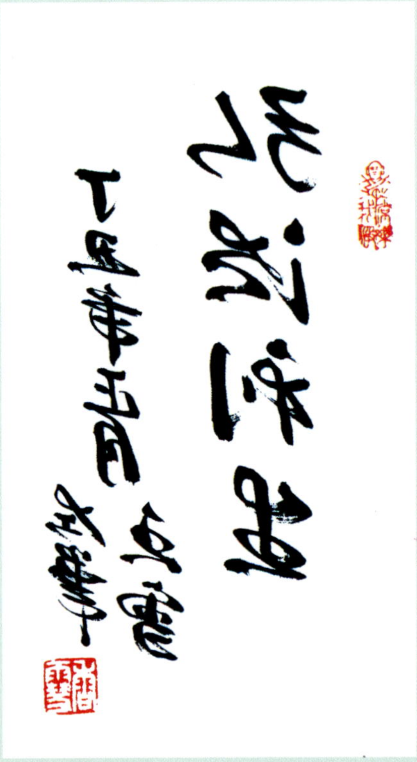

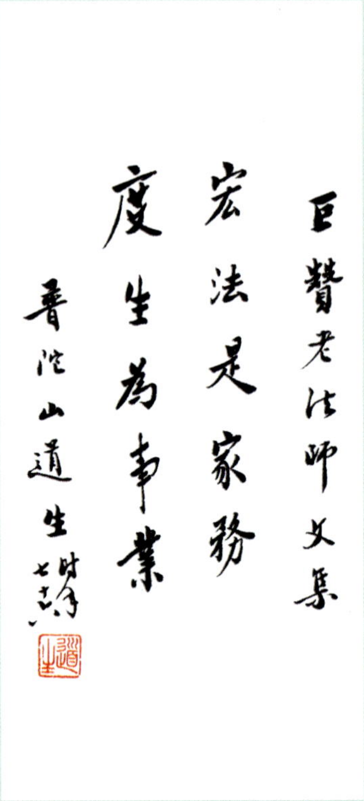

宏法是家务
度生为事业

晋陀山通生时蒋

巨赞老法师文集

佛法巨匠
人天赞仰

巨赞老法师　文集

上海宝山净寺受达题

佛教泰斗
法门龙象

一代宗巨匠
人间楷模

晋陀山佛学院性欲敬书

巨赞法师文集

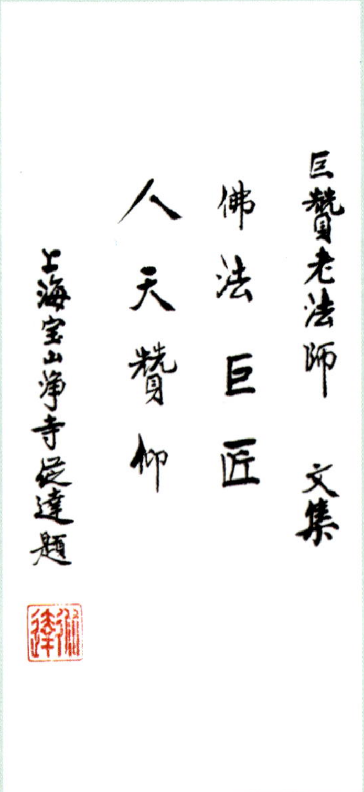

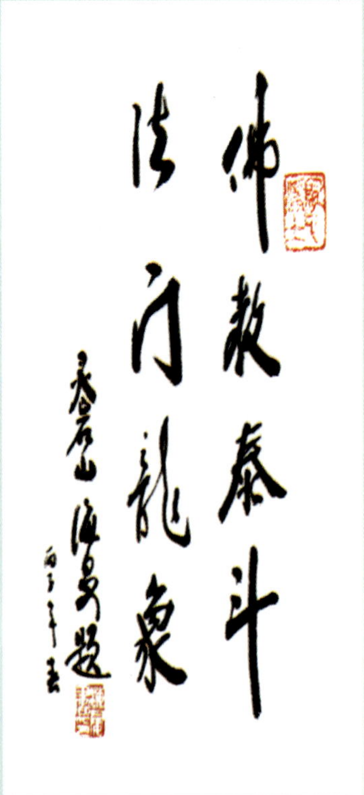

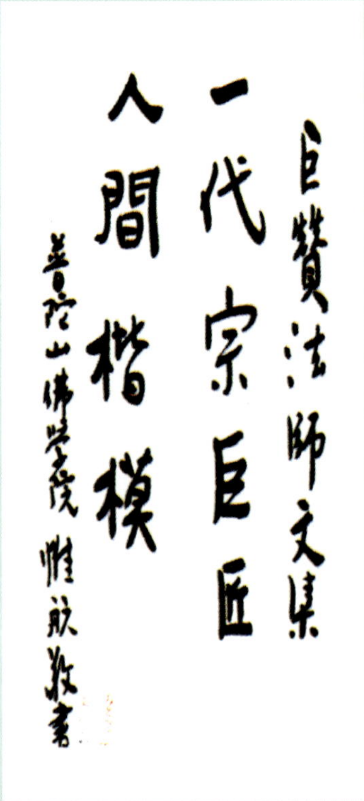

得意忘言

巨赞法师文集

人天巨师

赞巨法师

文明

人天师表

丁丑年四月　吴湘书

悟修禅

法赞巨师大师

巨赞大言同悲

慈悲一心济修多罗
宽闲假寿民理世樽
发心云融服看临师
不退宽地一忘承喜

菩萨居学弘云

二〇〇年阳五月二十日于法旦

心如物如

丙子冬 来修之

高步华嵩读贝叶
神游霄汉忆昙花
乙卯北京王遐举

爱编集《的
是，文义
师僧师意
法高意
师法有
赞很
巨赞法师
国爱的
辑教一件
是的事情。

任继愈
1997.1.28

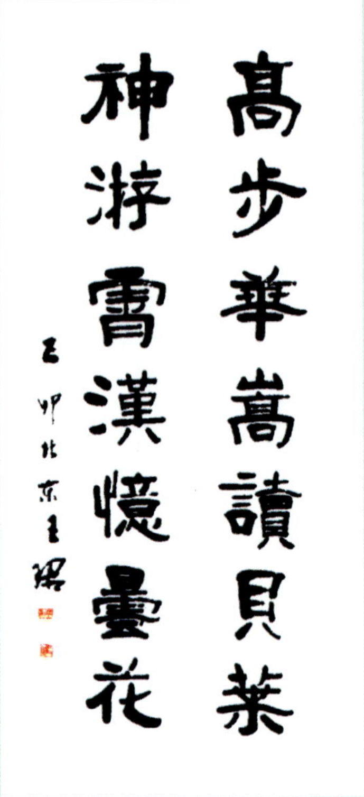

慈悲为怀
广结善缘
为巨赞法师文集题
已卯夏 茅洋民

佛教奇才
天之骄子
为巨赞法师文集出版题
北京大学 杨辛

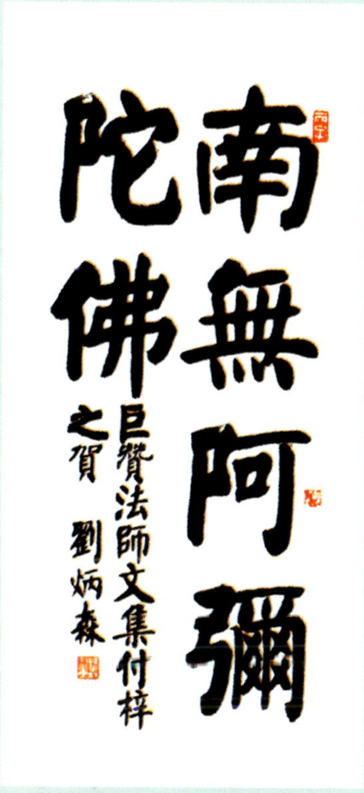

南无阿弥陀佛

巨赞法师文集付梓之贺

刘炳森

芥子中藏须弥是握

巨赞法师文集同心隆荃敬撰

法轮常转

启功敬题

改通人和

巨赞法师文集出版

柳斌题

妙谛六如超泉
善根三籁福荤

朱家溍题

华机之华改革之机
妙像妙枘教敕改佛
万钧万佛启莲

苏晋仁
2000.4.6.

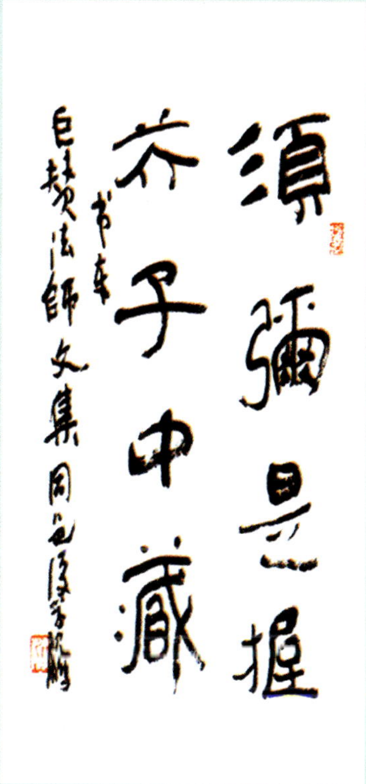

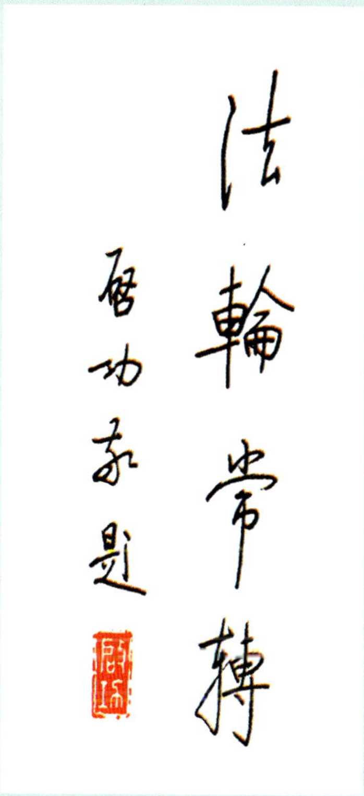

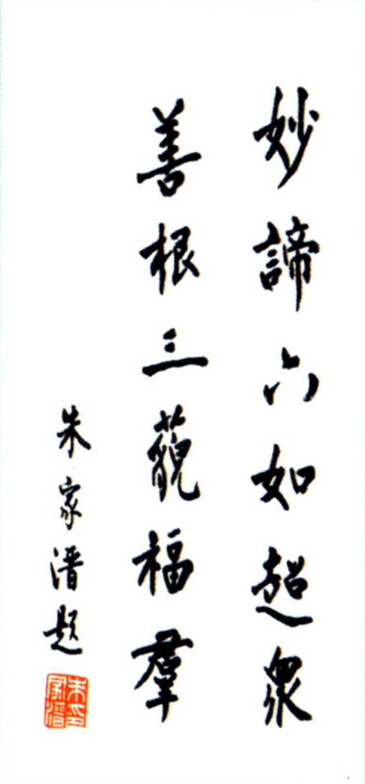

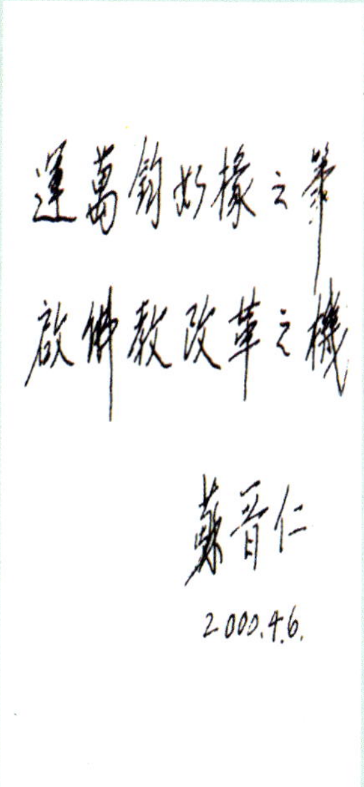

庄严国土
奉献人生

为巨赞法师文集题
谢稚柳

巨赞法师
精神永辉
冰石

爱国高僧
张�

集华严句
戆心求正觉
忘己济群生
六十一时年 孙大石老士思禅室

世出世间
无法自在
罗华庆

道德造诣
一代宗师
为巨赞法师文集题
一九九七年元月
杨新

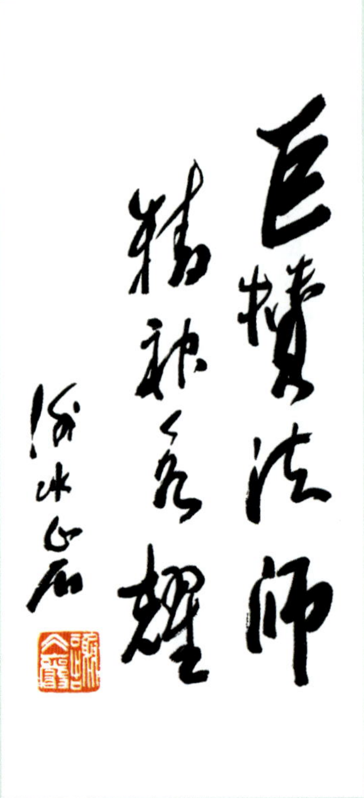

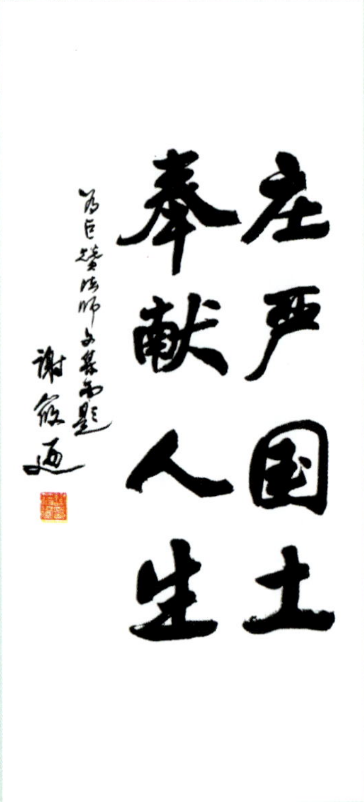

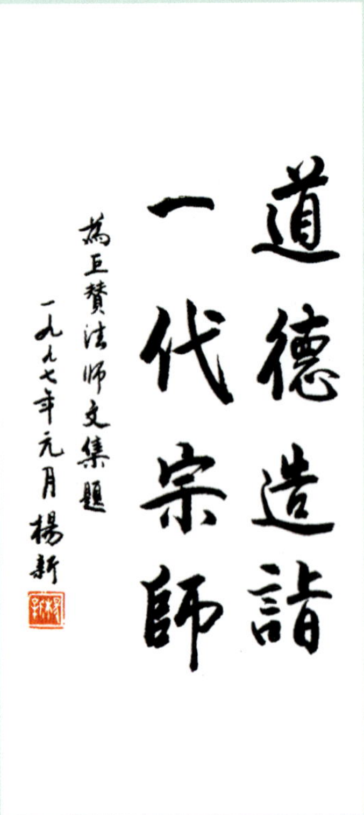

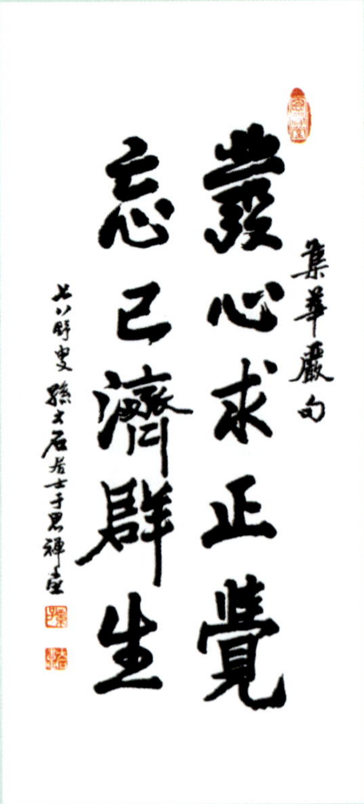

巨赞上人上集文敬志颂
孔子二千卯年张爱福
林仲珏

善法
唯微

巨赞法师文集

金绳开觉路
宝筏渡迷津

丁丑年人日
台湾淡水 黄含敦题

颂甘茉朱蒣疆日
遟天子�命�器
永宝用

巨赞法师文集出版
誌庆 徐超枝窝

普渡众生
常随佛学

岁庙公元一九九七年春海上载水来书

贺巨赞法师文集问世

磊落仁厚
民主革命

一九九七年秋国东孙長局

佛
巨赞法集
丁丑新春
十二义
金字

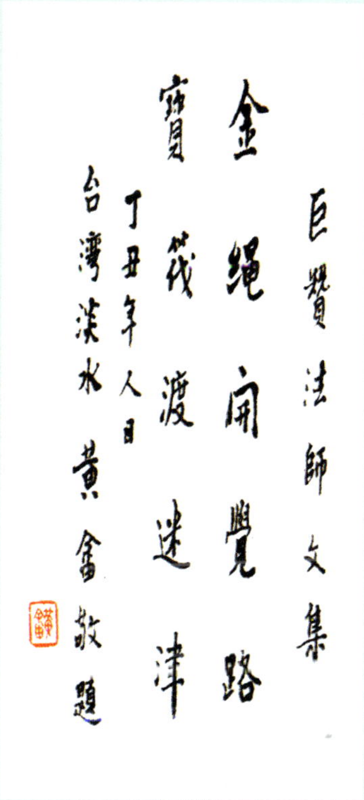

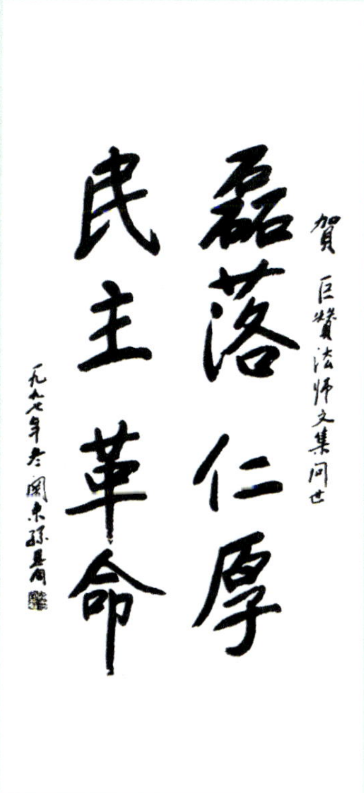

巨赞佛学大师永远主我们的
良师益友，永远流在我们心中。

中国社会科学院
世界宗教研究所 李云贵

一九九九年十二月于北京

熟誓苦精
爱顾乐道
正宏荣不
法深拓息

勤学爱四川藏青
巨赞法师文集出版

爱国爱教楷模

质《巨赞法师文集》出版

左辰白生完敬贺

深入经藏
智慧如海

喜阅巨赞上人读经笔记

佛历二五四三
公元一九九九年岁次己卯佛诞日

吴立民敬题

宏扬佛教优
良传统．

刀述仁

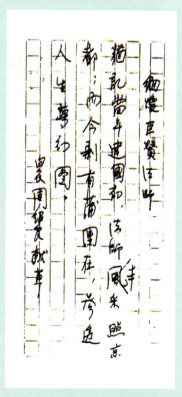

佛光普照

巨赞法师文集

一九九七年一月廿五日 孙天牧

如如不二无为

贺巨赞法师文集
出版 戊寅庚金秋
靳晓棠敬书

驾鹤云遊

纪念巨赞法师仙逝暨文集出版

乙卯年吴守垠敬书

我心即佛

即佛心也 存菩心

丁丑八十三岁虎闇

佛及师之子

巨赞法师精求为凡

涤波名人八十岁时墨

道高法重

为巨赞法师文集题

吕养光

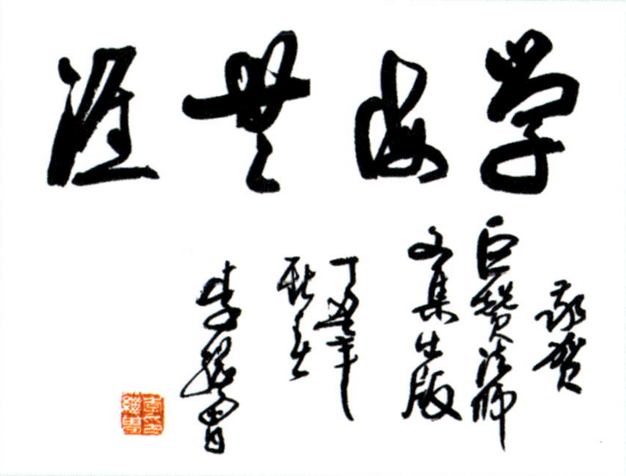

弘法利生

袁濱三藏

巨赞法师文集

敬愿

丙子春月杨晓庵

学问世经

咏赞

巨赞法师
文集严

丁丑年
秋月
李铎

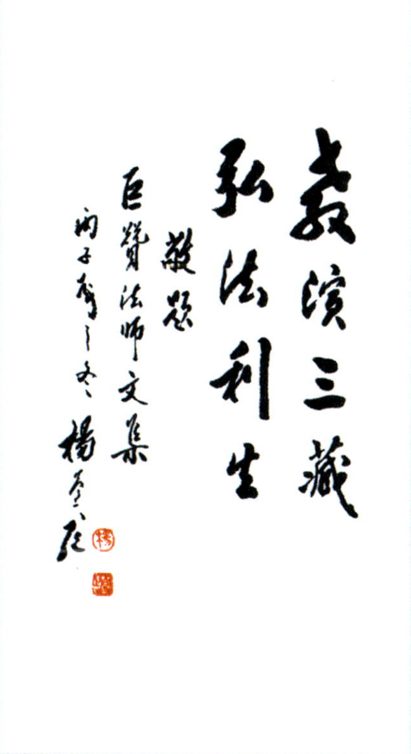

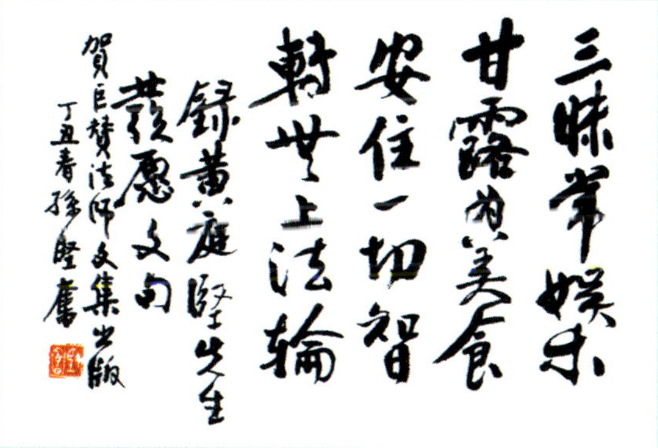

三昧常娱乐

甘露为美食

安住一切智

转世上法轮

舒黄旋腾先生

菩愿文句

贺巨赞法师文集出版

丁丑春孙墨庵

明镜莲台

巨赞大师文集

佛教协会

吴丈蜀

启迪智慧

净化人生

辛小末敬题

澄瀣轮

常转

志贺巨赞法师文集出版

戊寅姊丹衡琪

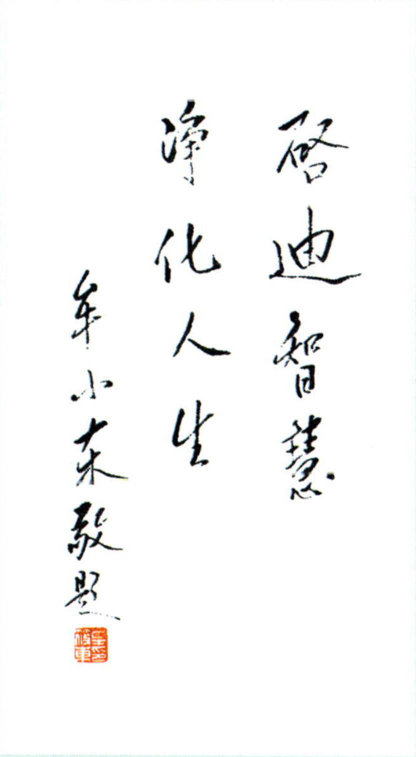

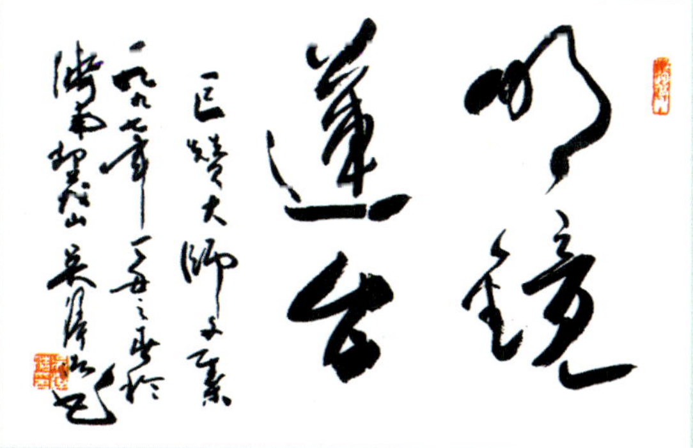

净域宏开

贺巨赞法师文集出版
丁丑季孟春玉樱

六根清净一片佛心
巨赞法师文集出版纪念

贺巨赞法师文集再版
天羽草
刘昀庐

佛教师尊

慧圆最上

巨赞法师文集　刘

谨贺巨赞法师文集
丁丑杨春青题

佛法无边

一尘不染
贺巨赞法师
文集出版
丁丑年
春月
李骏昌
敬贺

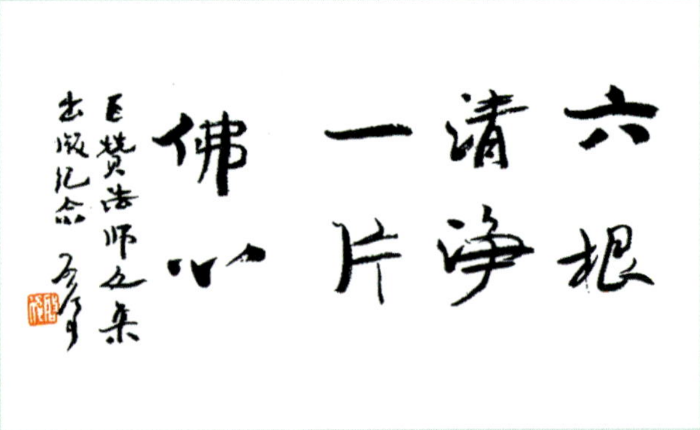

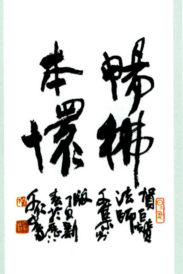

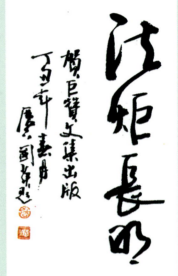

大慈大悲

巨赞法师
文集出版
诚喜

丁丑年
春月
王企华
敬贺

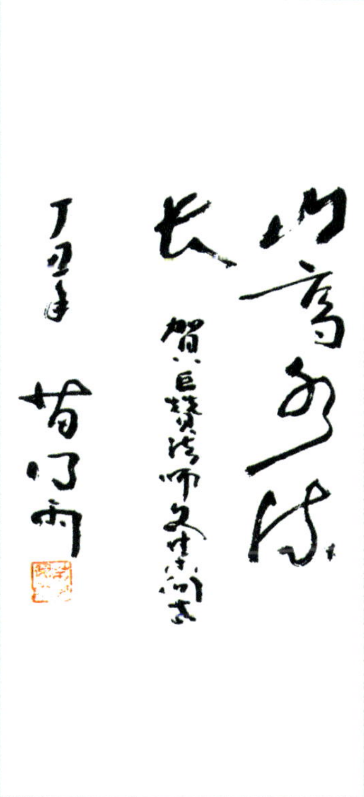

以音为体长

贺巨赞法师文集出版

丁丑年
苟印雨

佛光普照

巨赞
法师
文集
出版志喜

彤桓

无量寿轮

贺巨赞文集出版

王龙

人间净土

丙子冬

京华印呈书

德大自在

为巨赞法师文集题

丙子冬
麦新觉耀
毓盈

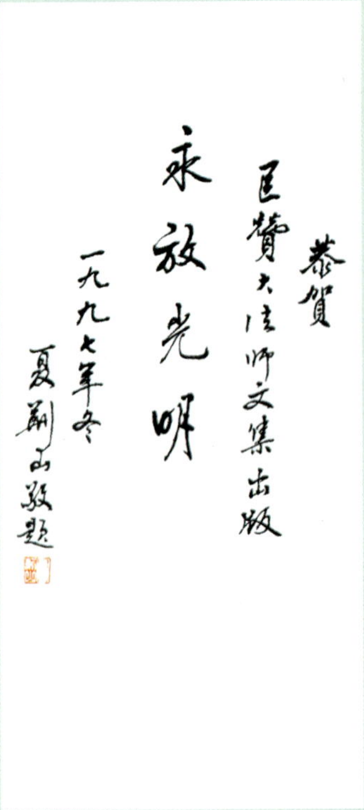

静妙国土

贺巨赞法师文集出版

本寺长人焦龙敬书

积功累法

圆萧人生

巨赞法师文集

丁丑

恭贺

巨赞大法师文集出版

永放光明

一九九七年冬

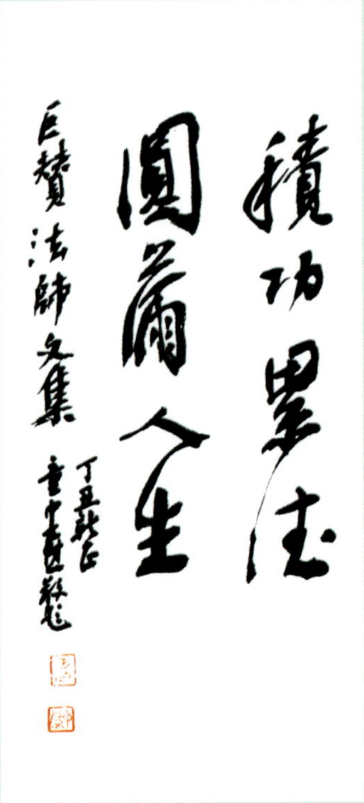

夏荆山敬题

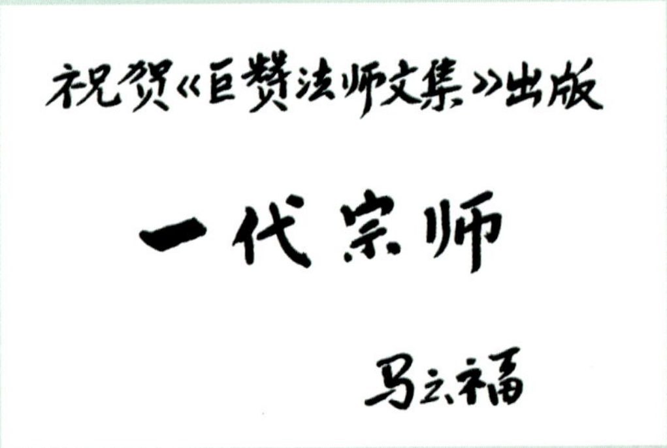

祝贺《巨赞法师文集》出版

一代宗师

马云福

慈悲为怀

为庆贺巨赞法师文集

巨燮田民作

爱国爱教

济世度人

袁炳栋

巨赞法师文集 出版
弘扬正法
利益人天
上海居士林 郁颂英

法门
巨匠
桃李青青
丁丑春日

年轻长技育桃李
顿入空门宪大千
著作等身弘正法
如来家业担双肩
恭贺
巨赞法师文集闽宪大法门
九王新 拜题
二〇一三年六月

爱国爱教高僧
魏广洲题

编校《巨赞法师文集》及《续编》有感

巨 制 鸿 篇 释 三 藏
赞 笔 微 书 铭 九 州

马常慧 敬题 壬午仲夏

佛学论著

《中论》探玄记

《中论》，为显示真实般若波罗蜜，对治相似般若波罗蜜而作。相似般若波罗蜜者，上座僧祇之徒，巧于释名，陋于知意，谓十二因缘、五阴、十二入、十八界等有决定相，不足以尽佛之微旨；然已超越邪流，不同魔说，故无著菩萨贬之为相似，已而又称之为般若波罗蜜。今从其意，叙相似般若波罗蜜中，先列小乘所斥邪见，次叙其计执：（表见次页）

凡此计执，皆属智障。徘徊不二之门，跋涉无生之国，徒劳工力，莫知其乡者也，故必以真实般若波罗蜜开示之。真实般若波罗蜜者，大乘中道义也，兹分两番释之：一、分别二谛；二、究竟推求世间涅槃实际无毫厘差别。

分别二谛者，凡夫贪著，不见诸法实相，爱见因缘故，见法生时谓之为有，取相言有；见法灭时谓之为断，取相言无，种种戏论生起诸业烦恼，流转无穷。诸圣悲悯，欲止其倒，说诸行虚诳妄取相，但以世俗言说故有；第一义中，所谓诸法不自生，不他生，不共不无因，但众缘具足和合而生。生属众缘，无有自性，而众缘未生果时，不名为缘，但眼见从缘生果，名之为缘，亦无自性。无自性者无法，无法何能生？是故果不从缘生则实无果，果实无故，缘亦实无，是故缘果俱空。去时之与去法，生法之与生时，乃至如来之与五阴，四果四向之与见断证修四行，亦皆如缘果之相因相待，无有自性。故曰诸法从本已来，毕竟空性：非生非灭，非去非来，非一非异，非离非即，非前非后，非合非散，非有非无，非常非断，非缚非解，非净非染，非圣非凡，浩然大均，而一归于不可得。

或曰：《观业品》云："业虽无实而眼可见，如是生死身作者及作业，亦应如是知。"是则一切法非全不可得。解曰：非生，非是生，非有非生也，不住于生，不住于非生。非灭，非是灭，非有非灭也，不住于灭，不住于非灭。余一切亦尔，则实无法足以当情。生死身作者作业何物，而犹可得？论主之喻梦幻，为愚顽设方便，非谓实有梦幻法也。梦幻法实，说法性空为邪论也。若谓遍计所执空，如幻依他实有者，则依他，圆成是一，而依他为诸法实性矣。方便者，凡夫不了众缘生法自性空，而知梦幻依他非实有，觉者就其所许，立以为喻，先使等观万法，如幻非实，次使了知，非实性空，心无所住也。是故《观三相品》云："问曰：若是生住灭毕竟无者，云何

小乘斥邪所见 {
　有言万物从大自在天，或韦纽天，或世性，微尘等生。（观因缘品）——生见
　我于过去世为有，为无，为有无，为非有非无。（观邪见品）——常等四见
　我于未来世作，为不作，为作不作，为非作非不作。（观邪见品）——边等四见
}

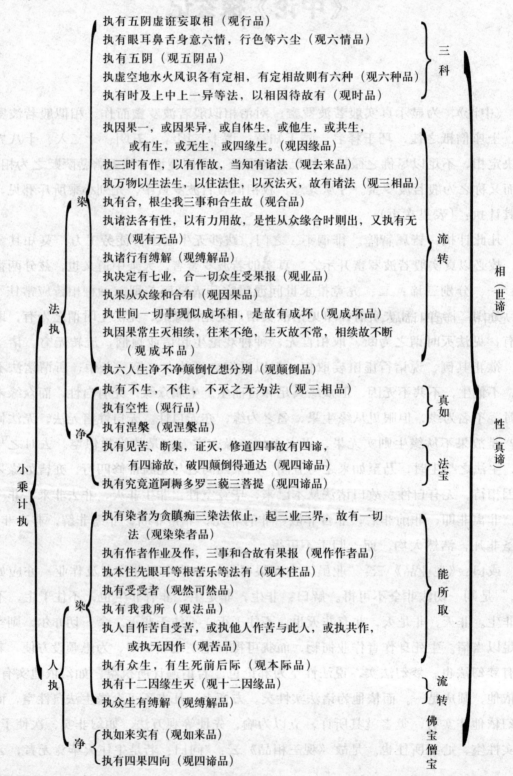

论中得论名字？答曰：生住灭相，无有决定，凡人贪著谓有决定。诸贤圣怜悯，欲止其倒，还以其所著名字为说。语言虽同，其心则异。如是说生住灭相不应有难，如幻化所作不应责其所由，不应于中有忧喜想，但应眼见而已。如梦中所见不应求实，如乾闼婆城日出时现而无有实，但假为名字，不久则灭，生住灭亦如是。凡夫分别为有，智者推求则不可得。"

又梦幻喻者，菩萨入世救生之观境也。菩萨乘如而来，应物如镜，故虽悉见一切诸法而无住无碍，则其所现，如梦幻而已。是故《观六种品》云："智者见诸法生即灭无见，见诸法灭即灭有见。是故于一切法虽有所见，皆如幻如梦，乃至无漏道见尚灭，何况余见。"然而众生多执，或有见破自性求他性，见破他性求有性，见破有性求无性，见破无性则迷惑者，是其取舍如猕猴，终难与把臂入林矣。

究竟推求世间涅槃实际无毫厘差别者，于中复二：一、世间实际与涅槃实际无毫厘差别；二、涅槃实际与世间实际无毫厘差别。

世间实际与涅槃实际无毫厘差别者，以有空义故，一切法得成，若无空义者，一切则不成。何以故？若无空义，一切法各各应有自性，世间种种相皆应常住不坏则无四谛；无四谛故，无有四果，无四果故，亦无如来。如是则一切果皆无作无因，又不作不因，又一切作者不应有所作，又离作者应有业，有果报，有受者，但是事不然。故《观五阴品》云："若人有问者，离空而欲答，是则不成答，俱同于彼疑。若人有难问，离空说其过，是不成难问，俱同于彼疑。"夫难问解答，离空而即同于疑，则无生中生，无灭中灭，即刀山剑树地狱火坑是寂静相，即畜生饿鬼阐提修罗是庄严身，复何真妄染净世间涅槃之可隔截为二耶？

涅槃实际与世间实际无毫厘差别者，以有有为故，得见无为；有为既空，无为更何可得。如论中说无明息故诸行亦不集，诸行不集故，见谛所断身见疑戒取等断，思惟所断贪恚色染无色染调戏无明亦断。以是断故，一一分断，无明诸行识名色六入触受爱取有生老死，忧悲苦恼，恩爱别苦，怨憎会苦等皆灭，以是灭故，五阴烦恼之身亦毕竟灭，更无有余，定有空等亦不可说。不然，清净本然，云何忽生山河大地？先于根法，以何可说可知？是故《观行品》云："若有不空法，则应有空法，实无不空法，何得有空法？大圣说空法，为离诸见故，若复见有空，诸佛所不化。"此处迥绝言思，冲汉无朕，是诸佛取证之心源，是万法建立之根本，（《维摩经》言依无住本立一切法）如如不二，穆穆恒真，盖三界之极则也。是故《观四谛品》说颂云："众因缘生法，我说即是空，亦为是假名，亦是中道义。"（《藏要》本注云："番梵作即此是中道，结上文也。但月称释云：缘起法不自生为空，即此空离二边为中道云"。)《释》云："众因缘生法，我说即是空，何以故？众缘具足和合而物生，是物属众因缘故无自性，无自性故空。空亦复空，但为引导众生故以假名说。离有无二边故名为中道。是法无性故不得言有，亦无空故不得言无。"夫如是而后诸执尽遣，一法不立，救弊正偏，，差有所托。然最易为颠顸者之所承当，亦最难辨其正似。蛙声紫色，充塞耳目，盖龙树之罪人，犹不足以相似般若波罗蜜贬之矣。智者大师《观心论》中有云："问观自生心，云何无文字？一切言语断，寂然无所说？若不能于观一念自生心，一一念答此问者，即是天魔外道眷属。"斯言也，凡学佛者，允宜书之于绅，念念勿忘。

（原载《狮子吼月刊》1940 年第 1 卷第 1 期，署名万均）

如是斋琐议

一、韩愈排佛晚犹未变初衷

《佛学半月刊》第一、二、三期载子培君《儒者学佛考》一文，有谓：韩愈贬逐岭南，气已沮矣，又与禅之高明者游，宜乎屡为所屈改变初衷云云，似失征考。

盖《指月录》所载韩愈失对于大颠事引《韩公外传》，而《韩公外传》，陆游《老学庵笔记》因已考证其为佛徒伪造者也。即引以为改变初衷之证，实难取信。或曰李冶《敬斋古今黈》谓：

"韩愈辟佛而送惠师、灵师、文畅、无本、澄观、盈上人、颖师、广宣上人、高闲、大颠诸僧诗文，皆情分绸缪，密于昆弟云云，得非改变初衷之言亦有所本乎？"答曰李冶逐声似未究诗文之内容也。

赵德麟《侯鲭录》卷八云："韩退之不喜僧，每为僧作诗，必随其浅深侮之。如送灵师诗云：'围棋斗白黑，生死随机权。六博在一掷，枭卢叱回旋。战诗谁与敌，法汗横戈锤。饮酒尽百斛，嘲谐思逾鲜。有时醉花月，高唱清且绵。'言僧之事乃云围棋、饮酒、六博、醉花、唱曲，良为不雅，可谓出丑矣。又《送澄观诗》乃清凉国师者，虽不敢如此深诋，亦有"向风长叹不可见，我欲收敛加冠巾"，亦欲令其还俗，是终不喜僧也。"

则韩愈排佛，终不得谓为改变初衷矣。

二、陆象山学禅有确据

《儒者学佛考》之续，载于《佛学半月刊》第130期者谓："陆九渊先生与佛学之关系，颇不易得其确据，惟《陈北溪答赵季仁书》，谓先生尝问道于宗杲弟子育王寺德光禅师，见《宋元学案》，及方东澍《汉学商兑》"云云，是不知有宋叶绍翁之《四朝闻见录》也。次举《来瞿塘目录》之说，及智通禅师诗，疑似之言，仍不可为"先生学佛之一据"。按《四朝闻见录》甲集云：

"尝闻陆象山门人彭谓予曰，告子不是孟子弟子，是与孟子同时著书之人。象山于告子之说亦未尝深非之而或有省处。象山之学杂乎禅，考亭谓陆子静满腔子都是禅，盖以此。"又，乙集云："孝宗晚年慕达磨学，尝召问住静寺僧光曰：佛入山修道六年所成何事？光对曰：臣将谓陛下忘却，颇称旨。光意盖以孝宗即佛，又焉用问禅门葛藤，亦有可笑者。东坡尝谓其徒善设坑阱以陷人，当其欲设即先与他塞了，此语最得其要。陆象山兄弟早亦与光老游，故考亭先生谓象山满肚皮是禅。陆将以删定面对，为王信所格而去，使遇孝宗必起见晚之叹。"此以同时人记当时事，可信者一。象山早年实寓于杭，以迫切求真而问天之心，与知名机活之光老游，亦意中事，可信者二。叶绍翁熟于掌故，不谈义理，则非党朱伐陆者，可信者三。有三可信，将谓"不易得其确据"乎。

三、《释氏小学类著录考》补

杨毓芬君《释氏小学著录考》，纲举目张，具见博识，而百密一疏，犹有遗漏。兹就手头书便，先补小学类著录之所未备者。按清钱曾《述古堂藏书目》卷一韵学类有《性德贯珠集》一卷、《若愚直指捷径门法》一卷、《启蒙捷径门法》一卷。余如焦竑《国史经籍志》，笔乘卷六之《字书目》，陈第《世善堂书目》，叶盛荄《竹堂书目》，钱谦益《绛云楼书目》等遍检皆无，尤袤《遂初堂书目》，季振宜《季沧苇藏书目》，孙星衍《孙氏祠堂书目》，汪士钟《艺芸书舍宋元本书目》等，则未及检录，犹待再补。

四、我思古人

道要玄微，众生多执，是故莫不曰道在是，道在是。以是为道，则释迦牟尼侪于牧竖樵苏已耳。临生死利害之际，不变其平日所言，是之为兑现，虽曰未学，吾必谓之学已。然而吾亲见号称大师、导师者之捏造传单，诬人私德已。又亲见号称老居士者之接贵显则战栗伺颜，对常人则任意斥辱已。假法事以谋生，执脉望而谈玄者不与焉。哀哉，我思古人。

五、再论韩愈排佛晚犹未变初衷

前论《韩愈排佛晚犹未变初衷》，尚有不尽，兹复补正之如次。宋陈善《扪虱新话》卷七云：

　　退之送惠师、灵师、文畅、澄观等诗，语皆排斥，独于灵似褒惜而意实微显，如围棋、六博、醉花月、罗婵娟之句，此岂道人所宜为者。其卒章云，方欲敛之道，且欲冠其颠；于澄观诗亦云：我欲收敛加冠巾，此便是劝令还俗也。

　　又清张尔岐《嵩庵闲话》卷一云：

　　韩文公《送文畅北游诗》，大以富贵相夸诱，至云"酒场舞闺妹，猎骑围边月"，与此俗惑溺人何异。《送高闲序》，亦以利害必明，无遗锱铢，情炎于中，利欲斗进，为胜于一死生解外胶，皆不类儒者。窃计文畅辈亦只是抽丰诗僧，不然必心轻之矣。

　　或皆踵赵德麟之说而申论也，张尔岐且以此而摒韩愈于儒者之外，未免过当。惟《韩公外传》虽系伪托之书，而《老学庵笔记》则仅云：

　　欧阳文忠公立论《易·系辞》当为《大传》，盖古人已有此名不始于公也。有黠僧遂投其好，伪作《韩退之与僧大颠书》，引《系辞》谓之《易大传》以示文忠公，公以合其论遂为之跋曰，此宜为退之之言。予尝得此书石刻，语甚鄙，不尽信也。

　　前说失检。至于《韩公外传》之为伪托，及韩愈是否因大颠而改变初衷，陈善于《扪虱新话》卷十一已详为评述，兹亦录之于次：

　　韩文公在潮州与僧大颠往还，今《集》中有《与大颠书》三首，世以为非是。予读《宗门统要》，初宪宗迎佛舍利入大内供养，夜放光明，早朝宣示，群臣皆贺陛下圣德所感，惟文公不贺。上问：群臣皆贺，惟卿不贺，何也。文公奏：微臣尝看佛书，见佛光非青、黄、赤、白等相，此是神龙护卫之光。上问公如何是佛光？文公无对，因以罪谪出。至潮州遇大颠，公问和尚春秋多少？颠乃提起数珠示之，云会么？……弟子于侍者边得个入处。观与大颠往还事迹如此，今史传但载公论佛骨而不知其始对佛光已自不合上意，其实未知佛法大义，既见颠师遂有入处。而世复以公《答孟简书》为疑，以公与大颠游，是与文畅意义等无异，非信其道也。今此传韩退之《别传》，乃一切掎摭《昌黎集》中文义长短以为问答，如市侩稽较。然彼欲以伸大颠之辩而抑文公，不知公于大颠所以相与开示悟入盖如此。虽然《答孟简书》，公应不妄作，必有能辩之者。

　　均按：陈善所言，犹应抉择：夫既知神龙护卫而放光，复何用人其人而火其书，此《宗门统要》所叙之可疑者也。既于颠师处有个入处，复何谓不尽解其语。此陈善所言，未可以为定论者也。韩愈之于大颠，虽不敢以侮文畅、澄观等者侮之，要非因改变初衷而与之游。邵雍亦尝赞颂某僧已（名待考）而妄斥佛教如故。或者韩愈之与大颠游，亦若其不信方士而服硫黄乎？博识者当更能辨之。

六、洪觉范考略

释门深广，易托虫蛇，秽乱之情，更仆难数，是故《涅槃》悬秃人之记，《智论》揭无羞之名，而黄巢事败，称大禅师，（周密《志雅堂杂钞》谓即雪窦禅师，又有说其为翠微禅师者）马明儿、李重进二贼亦得为名刹之主。其余如石浪得法于废隐之后而为隆武之相（事见李介《天香阁随笔》），卓嵒明戒检清洁因李义之推戴而自立为王（事见《十六国春秋》及文莹《玉壶清话》等），则又数见不鲜。唐宣宗、明太祖、蔡京、张策、刘秉忠、姚广孝、李云摩之俦，为僧伽时，未闻得法持戒之说，还俗而称王称帝、作将作相，更不足怪矣。作《传灯录》、《高僧传》者，或为显扬圣教，或为标榜门户，因陋就简，不求完备，自《续高僧传》而后，几乎无不生有异征乘愿而来者。且以道宣之谨严，传玄奘西行之事，而与《西域记》有不合，《景德传灯录》、《宋高僧传》未言天王有二人，而《五灯会元》以后至于《续略》、《严统》、《全书》、《存稿》诸书争之不已，于是醉菩提可以为《道济禅师语录》，洪觉范驰骛俗情可以为古今来少有之大德，毁誉难凭，绝他学路，未始非有意于显扬标榜者，疏略讹陋之过也。

虽然，此犹未足以为病也。赵德麟有言曰："前世之事无不可考者，特学者观书少而未见尔"，是则拣魔辨异，存正闲邪，乃我辈责矣。昔于参学之余，披览内外典籍，遇有足以补正释门事实者，辄记之。日久积稿多，几可重订各《高僧传》。而一人之精力有限，所见不广，迄未敢以告人。近有所感，颇思辍置，而又惧夫是非之终不能明也，爰述《洪觉范考略》等以见端倪。所冀博雅君子，乐闻其绪，共输所长，而为此土佛教史科之大结集，则嘤鸣之声，或亦有当于饮光楗椎之一击。

慧洪觉范，即寂音尊者，又号甘露灭，著有《法华合论》、《石门文字禅》、《林间录》、《禅林僧宝传》、《冷斋夜话》、《天厨禁脔》等书。当时名士颇有与之过从甚密，交口称誉者。昔读祖琇《僧宝正续传》卷七，代古塔主与洪觉范书而疑之。书略曰：

尝闻足下有撰次僧传之志，某喜为之折屐。及足下成书，获阅之，方一过目，烂然华丽，若云翔电发，遇之骇然。及再三伸卷，考核事实，则知足下树志浅矣。夫文所以纪实也，苟忽事实而高下其心，唯骋歆艳之文，此杨子所谓从而绣其盘悦，君子所以不取也。足下以无理而赴来机为活句，标为宗门绝唱，则从上宗师答话，俱无准的，第临时乱道，使人谓之语则无理，谓之非语则赴来机含糊模棱而已，于戏其以宗门事当儿戏乎。且吾教经论，大义粲然，史氏就以为华人好谲者，攘庄列之语，佐其高层累驾，腾直出其表而不信，况足下自判宗门旨趣如此，使彼见之，能不重增轻薄，足下略不念此何耶？足下所举《首楞严》偈，盖《解深密经》偈耳。足下不究前后五时之异，妄谓圣人恐惧立言之难。且世尊曰：我为法王，于法自在。讵有自在法王不敢决断真妄，揶揄其事，首鼠两端，而贻惑后人乎？承高论曰，以第八识言，其为真耶则虑无自性；言其非真耶，则虑迷为断灭。故曰我常不开演。噫，予每读至此，未尝不废卷而痛惜也。何则？世尊云性识真空，性空真识，清净本然，周遍法界，湛然常住；足下则谓圣人亦不敢以为真，又不敢以为非真，使世尊果颠顶如此，则三界群生安所归仰乎？足下平生蹈伪，至此败露尽矣。予闻之，昔吾宗盛时，人人以道德实行，光明于世，未始贵于立言。及德之衰，于是始立僧传，凡足下之书，既谬圣人之道，又乖世典，安狂行褒贬乎？自述宝镜三昧，则托言朱世英得于老僧；自解《法华》辅成宝镜之辞，置之境峰传，则曰石碑断坏有木碑，书其略如此。噫，兹可与合眼拿金，而谓市人不见者併按也。

凡此种种，皆不得更为觉范讳，而以承古为争闲气者。然犹未足以尽觉范之情，宋干明清《玉照新志》卷三云：

雷轰荐福碑事，见楚僧惠洪《冷斋夜话》。去岁娄彦发机自饶州通判归。询之，云：荐福寺虽号鄱阳巨刹，元无此碑，乃惠洪伪为是说。然东坡已有诗曰，'有客打碑来荐福，无人骑鹤上扬州'之句。按惠洪初名德洪，政和元年张天觉罢相，坐通关节，窜海外。又数年回，始易名惠洪，字觉范。考此书距坡下世已逾一纪，洪与坡盖未尝相接，恐是先已有妄及之者，则非洪之凿空矣。洪本筠州高安人，尝为县小吏，黄山谷喜其聪慧，教令读书，为浮屠氏。其后海内推为名僧，韩驹作《寂音尊者塔铭》，即其人也。

又宋叶少蕴《避暑录话》卷下云：

道潜初无能，但从文士往来，窃其绪馀，并缘以见当世名士，遂以口舌论说时事、讥评人物，因见推称。近岁江西有祖可诗学韦苏优此数人，祖可、惠洪二人传黄鲁直法，亦有可喜，而不能无道潜之过……道潜、惠洪皆坐累编置，风俗之变，虽此曹亦然。

又宋吴曾《能改斋漫录》卷三云：

洪觉范《冷斋夜话》谓山谷谪宜州殊坦夷，作诗曰：老色日上面，欢悰日去心，今既不如昔，后当不如今。又云：轻纱一幅巾，短簟六尺床，无客白日静，有风终夜凉。且曰：山谷学道休歇，故其闲暇若此。以上皆冷斋语也。予以冷斋不读书之过，上八句皆乐天诗，盖是编者之误，致令渠以为山谷所为。前四句"老色日上面"，乃乐天《东城寻春诗》；后四句"轻纱一幅巾"，乃乐天《竹窗诗》。

又前书卷十一云：

洪觉范有《上元宿岳麓寺》诗，蔡元度夫人王氏，荆公女也，读至"十分春瘦缘何事，一搊乡心未到家"，曰，浪子和尚耳。

又前书卷十二云：

洪觉范本名德洪，俗姓彭，筠州人，始在峡州以医刘养娘识张天觉。大观四年八月，觉范入京，而天觉已为右揆，因乞得祠部一道为僧。又因叔彭几在郭天信家作门客，遂识天信，因往来于张、郭二公之门。政和元年，张、郭得罪，而觉范决脊杖二十刺配朱崖军牢，后改名惠洪。

又宋陈善《扪虱新话》卷八云：

予尝疑山谷小词中有《和僧惠洪西江月》一首："日侧金般堕影"云云，意非山谷作，后人见洪载于《冷斋夜话》，遂编入《山谷集》中。据《夜话》载，洪与山谷往返诸话甚详，而《集》中不应不见，此词亦不类山谷辞，真赝作也。后读鲁公所编《皇宋百家诗选》，乃云惠洪多诞，《夜话》中数事皆洪尝诈学山谷作赠洪诗云，韵胜不减乘少观，气爽绝类徐师川。师川见其体制绝似山谷，喜曰：此真舅氏诗也，遂增置《豫章集》中。然予观此诗全篇亦不似山谷体制，以此益知其妄。

据此可知洪觉范之窜配朱崖，为坐关节与否虽未可必，而其阿附贵显，作伪干誉之迹则无可辩，即此已非本色衲僧，复何谓高人大德？俞文豹《吹剑外录》所云：《护法论》系惠供假张商英之名而作，或亦可信。承古慈悲，犹未尽暴其丑也。是非终有所定，伪妄徒造苦因。今日名僧，应深思也。余论尚繁，兹略。

七、宗本圆照禅师事迹补

宋龚明之《中吴纪闻》卷三云：

宗本圆照禅师，乃福昌一饭头（福昌寺，承天寺下院），懵无所知。每饭熟，必数十礼拜，然后持此供僧。一日忽大悟，恣口所言皆经中语，自此见道甚明。后往灵岩，近山之人过夜则面其寝室拜之。侍僧以告，遂置大士像于前。人有饭僧者心告之曰：汝先养父母，次办官租；如欲供僧以有馀及之。徒众在此，岂无望檀那之施，须先为其大者。其他率以是劝人。旧传宗本至京师，有一贵戚欲试之，因以猎倡荐寝，本登榻鼻息如雷。其倡为般若光所烁，通夕不寝，翌旦炷香拜之曰："不意今日得见古佛。"

是皆光显圣教之重要史实，而明河《补续高僧传》卷八略不及之，此应为补正者之又一例也。又《中吴纪闻》卷四云：

圆照在灵岩时，有一蓝缕道人，自号同水客，往造其室中，守门者莫能过，既而圆照屏侍者与语。有窃听之者，闻圆照末后一语云："汝今几甲子矣"？答曰："八万四千恒河沙数甲子。"圆照云："八万四千恒河沙数甲子以前又作么生"？道人拂袖而出，云："钱大钱大，又待瞒人也。"当时疑圆照为吴越后身，道人为洞宾。

此事少怪，实在与否未可知。然既有其说已，亦不得不备录之。

八、参寥还俗考

参寥为人，叶少蕴于《避暑录话》中讥之。然而平心论之，较洪觉范犹高一筹也。《补续高僧传》卷二十三云：

东坡南迁，当路亦摭师诗语，谓有讥刺，得罪返初服。建中靖国初，曾肇在翰苑言非其辜，诏复为僧，赐号妙总大师。崇宁末归老于潜山。

此似据宋朱弁之说，而有不尽，兹为补之。按《风月堂诗话》卷下云：

东坡南迁，参寥居西湖智果院，交游无复曩时之盛者。尝作湖上十绝句，其间一首云：去岁春风上苑行，烂窥红紫厌平生。如今眼底无姚魏，浪蕊浮花懒问名。又一首曰：城根野水缘透沱，飐飐轻帆掠岸过。日暮蕙兰无处采，诸花汀草占春多。此诗既出，遂有反初之祸。建中靖国间，曾子开为明其非辜，乃始还其故服。

据此可知叶少蕴之讥评，非无所中。明河疏略，或出有意，《高僧传》之未可尽信，此亦一例也。又陆放翁《老学庵笔记》卷七有谓："参寥，政和中老矣，亦还俗而死，然不知其故"云云，则甚可异。政和中后于建中靖国初者十余年，后于崇宁末者六七年，岂又因诗祸而反初服耶。诗祸之牵涉者大，而此云不知其故，未可即以为第一次反初之传闻失实，而放翁误记之也。在未见他种证据以前，此论且置。然参寥之得罪反初，似不尽因于诗。苏东坡作《参寥子真赞》云：

唯参寥子身贫而道富，辩于文而讷于口，外尫羸而中健武，与人无竞而好讥刺朋友之过，枯形灰心而喜为感时玩物，不能忘情之语。此余所谓参寥子有不可晓者五也。

又苏过《斜川集》卷五《送参寥道人南归》叙云：

凡平日务为可喜之论，揣所乐闻，惟恐色忤人者，此必临利害相离如路人，当面折人，攻其所短若可憎者，此必与人同休戚誓死而不去。浮屠中有参寥子者，年六十，性刚狷不能容物，又善触忌讳，取憎于世，然亦未尝以一毫自挫也。余始见之于黄，今二十年，发白形瘦而志不少变。其徒语参寥子者，必曰是难与处；士大夫语参寥子者，必曰是难与游。然参寥子之名益高，岂非所谓有君子之病者夫。使参寥子善俯仰与世浮沉，虽人人誉之，余安用哉？壬午岁秋八月，来自香山，见余上端曰：吾将南归，何以赠我？且吾前日得奇祸，几死。今未知所创，丐一言，余曰：子知屠牛坦之刀乎？十九年若新发于硎，措刀于可游之地而以婴不折之所也，此为善用刚矣。子行游天下，批大却，导大窾，愿俟知者，不汝疵也。不然，则善刀而藏之；若又能灰心槁形，淡然遗世以从东郭顺子之游，则余他日察之，必曰此非昔之参寥子也。

是则，参寥虽非有道之士，而实性情中人，得祸不足以为其罪。吾故曰：高于觉范一等也。滔滔今世，莫不习于俯仰而与世浮沉，廉隅刚劲之风，扫地尽已，安得参寥子者而与之游。

九、仲殊之生平

古来诗僧，类皆不修边幅，且竟有弃其所学为黄冠者，求如贯休之不屈于钱镠，清顺之蔬茹亦不常有，未易得也。因乘文便，略述仲殊生平，以见诗僧之不可为训，或亦针砭时俗所应有之举乎。

宋黄昇《唐宋诸贤绝妙词选》中录仲殊之词若干首，附注有云：

名挥，姓张氏，安州进士，离家为僧，居杭州吴山宝月寺，东坡所称密殊者是也。有词七卷，沈注为序。

又吴曾《能改斋漫录》卷十一云：

瑞麟香暖玉芙蓉，画蜡凝辉到晓红，数点漏移衡仗北，一番雨滴甲楼东。梦游黄阙鸾巢外，身卧形怀虎帐中，报道谯门日初上，起来檐幔杏花风。此僧仲殊诗也。王左丞安中守平江口会客，仲殊亦与焉，继以疲倦，先起熟寐于黄堂中，不知客散，及觉日已瞳胧矣。左丞罚作此诗始放去。瑞鳞香者，安中家所造香也。

名士风流，英奇旖旎，未尝不令人咏叹低徊，而其末路则殊可悲。宋龚明之《中吴纪闻》卷四云：

仲殊，字师利，承天寺僧也。初为士人，尝与乡荐，其妻以药毒之，遂弃家为僧。工于长短句，东坡先生与之往来甚厚。时时食蜜解其药，人号曰蜜殊，有《宝月集》行于世。慧聚寺诗僧孚草堂以其喜作艳词，尝以诗箴之（诗略）。老孚之言虽苦口，殊竟莫之改。一日，造郡中，接坐之间，见庭下有一妇人投牒立于雨中，守命殊咏之，口就一词云：浓润侵衣，暗香飘砌，雨中花香添憔悴，风鞋湿透立多时，不言不语厌厌地；眉上新愁，手中文字，因何不倩鳞鸿寄，想伊只诉薄情人，官中谁管闲公事。后殊自缢于枇杷树下，轻薄子更之曰：枇杷树下立多时，不言不语厌厌地。

又《老学庵笔记》卷七云：

族伯父彦远言，少时识仲殊长老，东坡为作安州老人食蜜歌者。崇宁中忽上堂辞众，是夕闭方丈门自缢死，及火化舍利五色，不可胜计。

二说颇有出入，一以为通常名士，一以为混俗真人。予则是龚明之之说，盖真人混俗，不变随缘，举心动念，待人接物之际，无不为众生者。"想伊只诉薄情人，官中谁管闲公事"云云，直以苦难为笑乐，为众生者何有？舍利五色虽不足为道人荣，仲殊犹不能有也。取涅槃而自杀，《阿含》中罗汉有其事，此土则无，更不能以之附会。第恐老去无聊，厌世自杀耳。司空图诗云："解吟僧亦俗，爱舞鹤终卑"，信然。

十、"一钵歌"与"三伤颂"

《景德传灯录》卷三十所录《一钵歌》，未标作者之名，书中亦无一钵其人者之机缘语录乃至名讳。古德幽光，任其沉晦，不可谓非道原寡学之过。兹掇后蜀何光还《鉴诫录》卷十（《知不足斋丛书》原刻本）补正之，因及伏牛上人之《三伤颂》，如次：

伏牛上人、一钵和尚，皆悟达之士也。一居岩岫，永离嚣尘，著述《三伤》指谕。一钵广开法席，大扇迷徒，聋瞽闻之，往往解悟。

王蜀乾德初，有小军使陈（失名），妻高氏，即高骈相公诸院之孙，先于法门寺受持不杀戒二十余年。后届蜀，因与男娶妇，亲族劝令屠宰，高亦从之。旬日之中得疾颇异，不录人事，口但荒言，既而三宿还魂，备述幽适之事。初遇黑衣使者追入岐府城隍庙，神峨冠大袖，与一金甲武士对坐。使者领高见神，武士言语纷纭，诉高破戒，仍扼腕骂高曰：吾护戒鬼将也，为汝二十余年食不受美，寝不遑安，岂期一起杀心，顿堕戒行，命虽未尽，罪亦颇深，须送冥司惩其愆罪。城隍神迴问高曰：汝更修何善，赎此过尤。高平生常念《上生经》，至此蔑然遗忘，只记得《三伤颂》、《一钵歌》，合掌向神厉声而念。神与武士聋尔立听，颜色渐怡，诵至了终，悉皆涕泪。谓高曰：且归人世，宜复善心。高氏拜辞未终，飒然起坐，乃知大善知识所著句义，与佛齐功。今并录其全篇，仍亦书其灵验，采之真识，非取伽谈。

伏牛上人《三伤颂》，其一曰：

伤嗟垒巢燕，虽巧无深见，修营一个窠，往复几千转。双飞碧水头，对语虹梁畔，身缘觅食疲，口为衔泥烂，驱驰入夏初，方产巢中卵。停腾怕饥渴，抚养知寒暖，怜惜过于人，衔虫喂皆遍，父为理毛衣，母来将食馔。一旦翅翼成，飞分不相管。世有少智人，垦力忧家眷，男女未成长，颜色已衰变。燕子燕子听吾语，随时且过休辛苦，纵使窠中千个儿，秋风才动终须去。世人世人不要贪，此言是药思量取，饶你平生男女多，谁能伴尔归泉路。

其二曰：

伤嗟鹧刀鸟，夜夜啼天晓，坠翼柳攀枝，垂头血沾草。身随露叶低，影逐风枝袅，一种情相生，尔独何枯槁。驱驱饮啄稀，役役飞腾少，不是官所差，都缘业所造。亦似世间人，贪生不觉老，吃着能几多，强自萦烦恼。咄哉无眼人，织络何时了，只为一六迷，遂成十二到。鹧刀鹧刀林里叫，山僧山僧床上笑，有人会意解推寻，不假三祇便成道。

其三曰：

伤嗟造蜜蜂，忙忙采花蕊，接翼入芳丛，分头傍烟水，抱蕊接香滋，寻花恋春饵，驱驰如有萦，盘旋若遭魅，蹭蹬遇丝罗，飘零喂蝼蚁。才能翅翼成，方始窠巢备，恶人把火烧，哀鸣树中死。蜜是他人将，美是他人美，虚忙百草头，于身有何利？此有少智人，与此恰相似，只缘贪爱牵，几度虚沉坠，百岁处浮生，十年作童稚，一半悲与愁，一半病与悴，除折算将来，能得几多子。更将有漏身，自翳无生理，永不见如来，都缘开眼睡。蜜蜂蜜蜂休役役，空哉终是他人吃，世人世人不要贪，留富他人有何益。

《一钵和尚歌》曰：

阿（影宋本《灯录》作"遏"）刺刺，闹聒聒，总是悠悠造末（《灯录》作"抹"）挞。如饥吃盐加得渴，枉却一生头戛戛（《灯录》作"栿栿"），究竟不能知本（《灯录》作"始"）末，抛却死尸何处脱。（此下《灯录》有"劝君努力求解脱"一句）闲事到头须结撮，火落身上当头拨，莫待临时叫菩萨，大丈夫儿（《灯录》作"丈夫语话"）须豁豁，莫学痴人受摩抟。也系里也摆拨（《灯录》作"趁时结里学摆拨"），也学柔和也粗粝，亦解剃头亦披褐（《灯录》作"也剃头也披褐"），也学凡夫作生活。直言（《灯录》作"语"）向君君未达，更作长歌歌一钵。多中少少（二"少"《灯录》皆作"一"）中多，莫笑野人一钵歌（《灯录》作"歌一钵"）。缘持此（《灯录》作"曾将一"）钵度婆娑，青天寥寥月初上，此时境（《灯录》作"影"）空含万像，几处浮生自是非，一源清净无来往，莫谭将心学（《灯录》作"更莫将心造"）水泡。百毛流火无事交（《灯录》作"血是谁教"），不如静坐真如地，头上从他鹊作巢。万代金轮圣王子，只这（《灯录》作"遮"）真如灵觉是，菩提树下度众生，度尽众生不生死。大丈夫，无形无相大毗卢，尘劳灭尽真如在，一颗圆明无价珠。眼不见，耳不闻，无见无闻无不闻（《灯录》作"不见不闻真见闻"）。从来一钵无言说，今日千言强为分。

强为分，须谛听。人人总（《灯录》作"尽"）有真如性，恰似黄金在矿中，炼去金砂（《灯录》作"炼去炼来"）全体净。真是妄，妄是真，为求真妄更无人，将心不用（《灯录》作"真心莫谩"）生烦恼，衣食随时养色身。好也著，恶（《灯录》作"弱"）也著，一切不贪（《灯录》作"无心"）无染著。亦无恶，亦无好，一（《灯录》作"二"）际坦然平等道。粗亦餐，细亦（二"亦"《灯录》皆作"也"）餐，莫学凡夫相上看（《灯录》作"观"）。亦无粗，亦（二"亦"《灯录》作"也"）无细，上方香积无根蒂。坐亦行，行亦坐，生死树是（《灯录》作"下"）菩提果。亦无生，亦无死，三世如来总如此。离即著，著即（二"即"《灯录》作"则"）离，实相（《灯录》作"幻化"）门中无实义。不可离，不（二"不"《灯录》作"无"）可著，何处更求治（《灯录》作"无"）病药。语时默，默时语，语默寻纵无定所（《灯录》作"纵横无处所"）。亦无语，亦无默，莫唤东西作南北。嗔时喜，喜时（二"时"《灯录》作"即"）嗔，我自降魔转法轮。亦无嗔，亦无喜，水不离波波是（《灯录》作"即"）水。悭时舍，舍时悭，不离内外与（《灯录》作"及"）中间。亦无悭，亦无舍，寂寂寥寥无可把。苦时乐，乐时苦，只个（《灯录》作"遮"）修行断门户。亦无苦，亦无乐，本来自性无缠缚（《灯录》作"无绳索"）。垢即净，净即垢，两边恶境（《灯录》作"毕竟"）无前后。亦无垢，亦无净，大千同一真如性。药是病，病是药，到头两事浑捻（《灯录》作"须拈"）却。亦无药，亦无病，正是真如灵觉性。魔是佛，佛是（二"是"《灯录》作"作"）魔，如影随形（《灯录》作"镜里寻形"）水上波。亦无魔，亦无佛，三界比（《灯录》作"世本"）来无一物。凡即圣，圣即凡，色里胶清水里咸。亦无凡，亦无圣，万行扫除（《灯录》作"持揔"）无一行。真中假，假中真，自是凡夫起悲（《灯录》作"妄"）尘。亦无真，亦无假，若不呼时谁应者（《灯录》作"唤时何应喏"）。本无姓，本无名（二句《灯录》"本来无姓亦无名"），只么腾腾信脚行，有时市廛并屠肆，一叶（《灯录》作"朵"）红莲火上生。也曾策杖游京洛，身似浮云无住（《灯录》作"定"）著，究竟从（《灯录》作"幻化由"）来是（《灯录》作"似"）寄居，他方处（《灯录》作"家触"）处无缠缚（《灯录》作"更清虚"）。若觅戒三毒，药病（《灯录》作"疮痍"）何时痒。若觅禅，我自纵横大可怜（《灯录》"大"上有"泪碜眠"三字）。不是狂（此三字《灯录》缺），不是颠，在世间中出世间（《灯录》作"世间出世天中天"）。时人不会此中意，打著南边与（《灯录》作"动"）北边。若觅法，鸡足山头（《灯录》作"中"）问迦叶。见说传（《灯录》作"大士持"）衣在彼（《灯录》作"此"）中，无心不用求某甲（《灯录》作"本来不用求专甲"）。若觅修，八万浮图何处求。只知黄叶上（《灯录》作"止"）啼哭，不觉黑云遮日头。莫怪狂言无次第，筛罗渐入粗中细，只这（《灯录》作"遮"）粗中细也无，即是圆明真实谛。

（此下《灯录》有"真实谛"一语）亦无（《灯录》作"本非"）真，但有（《灯录》作"是"）名闻即是尘，若向尘中解真实，便是当来（《灯录》作"堂堂"）出世人。（此下《灯录》有"出世人"一语）无（《灯录》作"莫"）造作，独行独坐（《灯录》作"步"）空索索。无涅槃（《灯录》"无"上有"无生无死"四字），本来生死不相干。直须省（《灯录》作"无是非、无动静"二语），莫谩将身入空井。无（此上《灯录》有"无善恶"一语）去来，也（《灯录》作"亦"）无明镜挂高台。侬家（《灯录》作"山僧"）见解只如此，不用将心算（《灯录》作"信从他造"）劫灰。

十一、关于末山尼

《景德传灯录》卷十一，记末山尼了然为高安大愚禅师法嗣，亦尝升座说法，凑轹诸方。兹考五代孙光宪《北梦琐言》卷四，知其未可尽信。《北梦琐言》卷四云：

> 末山尼开堂说法。禅师邓隐峰有道者也。试其所守，中夜挟刃入禅室，欲行强暴，尼惮死失志。隐峰取去禅衣，集众僧以晓之，其徒立散。

> 按：孙光宪前于《道原》，记唐代事，当少传闻失实之讹，则末山尼实乃"银样蜡枪头"耳。列于《灯录》，终为有识者所不取，此又《道原》之过也。然而此事绝趣，古人为法之真，乃至不惜破戒试验伪妄，以视今之同流合污，互相标榜而邀誉一时者，又不禁慨然兴怀古之思。

十二、悼肇安禅师

弘法利生，非惟先求自度而已，亦必稍尽人事，授手聋盲焉。其事愈陋，其心愈苦，未可以俗情衡之。历览前修，莫不如此。然最易为奸黠者之所假借。奸黠者揣摩人情之向背，智干术驭，不择手段以曲徇风尚，往往得一时之名，务实者反因之不能尽人称善。凤高翔于千仞，桐孤生于百寻，知其寡和无偶，而不能屈折以从众者，势也。是以君子暗然自修，不复求为世用，而世亦卒莫知之。于今乃得二人。一为省元禅师，茶毗舍利无数，已有人为之表彰矣。一为肇安禅师，犹未为世所深知。

肇安禅师，讳传煦，俗姓杨氏，四川犍为人。年十七，弃家入峨嵋，披剃於九老洞，受具足戒于内江圣水寺。出川后，行脚遍大江南北，爱西湖秀丽，乃定居焉。尝继慧明禅师为湖墅香积寺方丈，是以为其法子。香积寺无庙产，经常开支，皆恃经忏应酬，肇公不能维持，乃告退，至今犹有咎之者。民二十，余谒肇公于湖墅观音站之东天目下院，时已六十岁矣，病喘疲惫而谈论殊活泼警策，时杂谐语，似不知其有病者，可见其修养之深。

翌年春，因重庆大佛寺请其讲《华严经》入川，有留别西湖诗云："我爱西湖水，青光发籁音。双峰争拥髻，一塔废颓吟。钟鼓吞河岳，云天回地阴。登舟歌浩渺，终注故人心。"亦殊清隽绝俗。马一浮先生有和作，余已忘却。

大佛寺本有华严学院，然不成章法，是故肇公虽已抵渝而未能开讲。重庆佛学社乃请其讲《金刚经》，敷辞玄畅，群伦赞扬。忽感微病，移居郊外，嗣迎归爱道佛学社。病日增，延绵数月，至不能饮食。11月29日晚，忽起坐索盥洗具，侍者为之沐浴毕，跏趺于床，额有微汗。侍者即曰：法师提起正念。颔首。有为之念佛者，摇手示勿须。某君在旁请曰：愿法师复返娑婆，救度苦难。亦颔首。继索文具。侍者将纸笔进，甫执笔，旁一僧曰：无说即说。颔首掷笔而化。世寿六十一，僧腊四十四。入缸数日后，有启而视之者，见其面色红润，光泽如常人，以是为全渝人士所尊仰，重庆市长捐五百元为建塔于涂山。执绋者数千人，亦时有远往礼拜者。

比闻马一浮先生处所藏肇公遗稿甚多，或有为之编集印行者。兹录其在渝病中复某上人函于次，以见盛德：

（上略）山野卧疾乡居，远承明问，既为宗教所系，强支病体，勉为裁答，愿加谅察。宗门既为教外别传，自然不能与诸宗合为一致。后起之秀，往往引为殊途同归，混合其说。其意虽美，转增后学迷闷，又恶乎可。至于诸祖深明佛旨，著述传经，均皆意在言外，有若抛砖引玉。学者不察，甚至执方成病。饶尔精察披拣，亦难免执药为病之差，又况从门入者，不是自己之家珍乎。就如来函真如二字，山野敢道座下认得亦变成两个，认不得亦成两个。况真如岂是一种食物，由尔口中乱嚼者哉。诚能默契此旨、开口和盘托出，纵使横答、竖答、离间答，成世间一种游戏成言，自然函盖相称，铢两分明。盖其句下有分身之路，有把定乾坤之手段在矣。山野老矣，丁此慧命悬丝之日，报答佛恩，深有望于后贤。又愿座下毋矜代，毋施劳，时时以此为进。得能心同槁木，呆若木鸡，自然识智枯竭，方得谓之偷心死尽，默契此旨，其庶几乎。至於古德一句便了，盖其平日涵养功深，行业纯一，世界身心，早已付之度外，故能忘缘直下承当耳。再者所引论传，均是指斥后人，非是呵诸前辈。盖古人处世不同，机感一异。只虽如此，良马见鞭即行，今人死于句下，又不能甘领痛棒，甚至望崖不前，于故纸堆中讨个分晓。古人出其手眼，与前贤分疏，直为今人解缚，岂得已哉。（下略）

十三、印度教之一斑

佛教之于印度，近来颇有复兴之势。以余所知，恐非有豪杰之士挺生其间，不足以有为也。其故非他，邪教之势盛也。J·N·Farquhar 所著之 A Primer of Hinduism 第 17 章有云（节译大意）："请注意印度教异乎寻常之势力。一、如中国之拜祖先，数千年来，其风不替。二、彼常遭遇足以致命之攻击，而皆能得最后胜利。于佛教、耆那教、回教亦然。至其势力之所以如此庞大者，约有三端。（一）、宗族之制度，（二）、城堡之制度，（三）、宗教之制度。"是则印度教已与其社会组织打成一片，根深蒂固，势难动摇，对于佛教之复兴，实绝大之障碍也。且置此议，更一论其最近之趋向。Farquhar 氏又云："吾人深信古印度之思想，决不能存在，则必别求一新宗教。除耶稣教外，无有可以为印度教之代替者。吾人虽不能以短期间预言此甚大之改变，而考诸事实，则知其日渐趋向于耶稣教矣。"（A Primer of Hinduism P·202）余昔亦尝涉印度教之藩，故知 Farquhar 氏之说，颇属可信，请略叙之。

有所谓 Healing Group 者，为证道学会（Tleosophical Society）之一派，而证道学会则印度教之支裔也。会址设于上海南京路外滩某银行三楼。（据 Healig group 说，银行之名已忘却）。民十八，余由某外籍牧师介绍加入。会员中除余为中国人外，余皆外人。犹记会长为英国驻军之副司令，副会长为美国商人。此外有挪威之船长、法国之教授、丹麦之教士等，共 89 人。每星期二下午开会一次。开会时正、副会长坐于长方形桌之两端，余等围坐其旁。正会长乃取一粗长之银丝，系其两端于左右手，副会长执其环中，余等亦各以两手握定当前之银丝。然后起立共诵赞词，词已忘却，似非耶教所用者，又似为 A Primer of Hinduism 第一四一页所录之 Krishna's Saring Pouer。诵完之时，不结以 Amen 而蔓衍其声以诵。o，u，m 三字母，颇觉庄严神秘。某牧师谓是印度教祈祷时所用者。诵毕坐下，会长即慎重其辞色而发言曰：某人有病，非常痛苦，愿以我等之精神助其痊愈。言毕，各闭目静坐二十分钟。然后去银丝起立共诵赞词。继则散坐讨论，大都关于印度教方面之问题。至其所谓愿以我等之精神助其痊愈者，则彼等俱信当各人闭目静坐之时，各人之精神团结一致，天使即以此团结之精神，举予所指定之病人，病即能愈，此 Healing group 之所以命名也。

然会员皆须严守秘密，不得为外人道。余故甚疑其有政治作用。后因介绍友人加入，与某牧师发生龃龉，即与 Healing group 脱离关系。其中底蕴，今犹未能完全明了也。尝以此医病问题，询诸印度之证道学会会长 Krishnamnti 氏，所答殊不类，故即置之。民二十，余出家受戒于宝华山时，与欧僧照空及其薙度师寂云、师兄照心四人共处一室，蒙常住优待，一切皆甚方便，故得任意谈论，亦尝议及Krishnamnti。照空谓，彼在印度教中说印度教好，在耶稣教中说耶稣教好，实流氓耳。

同时又有Sadbu Sunda Sin者，著有The Boality and Beligion一书。又其行述，不知是否为其自传，或他人所述，亦已忘却。人略谓其本为印度教徒，后得圣灵之启示而为基督教徒。尝至西藏传教，为土人所逐，逃入一豹窟中，豹则徘徊窟外，为其警卫。凡此神话，固为宗教徒之常谈，而印度教之渐化于耶稣教，则为事实。Farquhar氏之言，可信也。报载有募集巨款重建那烂陀寺之举，事固甚美，然不可不先了解印度之情形。冒昧出之，或恐徒劳无功，幸鉴之。

十四、西藏所缺之经典

西藏佛教之源流及其价值，吕秋逸先生之《西藏佛教原论》中言之已悉。惟于此土所有，西藏所无者，未能备举，兹为补之。

一、小乘经缺：《长阿含经》二十二卷（卷数依此土译本，下同），《中阿含经》六十卷，《杂阿含经》五十卷，《增一阿含经》五十一卷等。

二、小乘论缺：《四阿含暮抄解》二卷，舍利子造《阿毗达磨集异门足论》二十卷，目犍连造《阿毗达磨法蕴足论》十二卷，世友造《阿毗达磨界身足论》三卷、《阿毗达磨品类足论》十八卷，提婆设摩造《阿毗达磨识身足论》十六卷，迦旃延尼子造《阿毗达磨发智论》二十卷，五百罗汉造《阿毗达磨大毗婆沙论》二百卷、《舍利弗阿毗昙论》三十卷、《尊婆须蜜所集论》十卷，法胜造《阿毗昙心论》四卷，法救造《杂阿毗昙心论》十一卷，优波扇多造《阿毗昙心论经》六卷，妙音造《阿毗昙甘露味论》二卷，法救造《五事毗婆沙论》二卷，众贤造《阿毗达磨顺正理论》八十卷，诃梨跋摩造《成实论》十六卷等。

三、小乘律缺：《弥沙塞部和醯五分律》三十卷，《摩诃僧祇律》四十卷，《四分律》六十卷，《十诵律》六十一卷，《萨婆多毗尼毗婆沙》九卷，《萨婆多部毗尼摩得勒伽》十卷，《根本说一切有部百一羯磨》十卷，《根本说一切有部尼陀那目得迦》十卷，《善见律毗婆沙》十八卷，《解脱戒经》一卷，《律二十二明了论》一卷等。

四、大乘经除缺：《大佛顶如来密因修证了义诸菩萨万行首楞严经》十卷（西藏仅有《首楞严三昧经》二卷，非此书也，有谓即其异译者，谬）、《大方广圆觉修多罗了义经》一卷外，又缺：《大乘理趣六波罗密多经》十卷，《无量义经》一卷，《最胜问菩萨十住除垢断结经》十卷，《大般涅槃经后分》二卷，《地藏菩萨本愿经》二卷，《大方等大集经菩萨念佛三昧分》十卷，《佛说佛名经》十二卷，《佛说弥勒下生成佛经》一卷，《菩萨璎络经》十四卷，《大乘同性经》二卷，《四十二章经》一卷，《占察善恶业报经》二卷等。

五、大乘论除缺：《大乘起信论》二卷，《释摩诃衍论》十卷外，又缺：龙树造《大智度论》一百卷，无著造《金刚般若波罗密经论》二卷，世亲造《能断金刚般若波罗密多经论释》三卷，功德施造《金刚般若波罗密经破取著不坏假名论》二卷，世亲造《妙法莲花经论优波提舍》一卷，龙树造《十住毗婆沙论》十七卷、《弥勒所问经论》九卷，天亲造《宝髻四法优波提舍》一卷、又《涅槃论》一卷、又《涅槃经本有今无偈论》一卷、又《遗教经论》一卷，亲光造《佛地经论》七卷，无著造《顺中论》二卷，安慧造《大乘中观释论》九卷，龙树造《十二门论》一卷，护法造《大乘广百论释论》十卷，龙树造《壹输卢迦论》一卷，清辩造《大乘掌珍论》二卷，提婆罗造《大丈夫论》二卷，最胜子等造《瑜伽师地论释》一卷，护法造《成唯法宝生论》五卷，无著造《显扬圣教论》二十卷，世亲造《佛性论》四卷，龙树造《十八空论》一卷，陈那造《观所缘缘论》一卷，护法造《观所缘论释》一卷，陈那造《因明正理门论》一卷，坚意造《入大乘论》二卷，提婆造《破楞伽经中外道小乘四宗论》一卷、又《释楞伽经中外道小乘涅槃论》一卷，龙树造《菩提心离相论》一卷，马鸣造《大宗地玄文本论》二十卷等。

六、大乘律：缺《菩萨璎珞本业经》二卷，《优婆塞戒经》七卷，《佛说大乘戒经》一卷等。

以上六类所缺，择要举之，共得1196卷，次要者犹未举也。我国所传，最为完备，内学者应知。近得友人自锡兰来函，略谓："锡兰佛教，就形式论之，堪称完善。以其无财产制度，生活单纯，大多数出家人，生息于佛律之下而弗之违。处今日复杂情形之下，犹能保持此种原始生活于一隅，可谓特例。但禅定般若，吸精用宏，胸襟磅礴，毗卢顶上行，彼辈犹未梦见在。"是则南传佛教，亦可知矣。其实锡兰所保持之律仪，已非佛制。虽有五《阿含》而缺《般若》、《华严》、《智论》、《瑜伽》等大部经论，及诸部律藏，是何足以语天地之大乎，当更为文详论之。

（原载《微妙声》1940年第3至6期，署名万均）

论道德休假与文化脱节

——地藏诞日讲于香港海莲社

今天是地藏王菩萨的圣诞，趁着这纪念的日子，来和各位谈谈佛法。

我们放开目光留意地向社会四周的环境打量一下吧，就会觉得现在正是道德休假与文化脱节的时期。为什么要这样说呢？我记得在广州的时候，遇到一位居士，他对我说："我愿入地狱"。这不是很奇怪的一句话吗？任何学佛的人，对于三途八难，都是要极力回避的。说得直接一点，许多人正是为怕堕地狱而学佛修行。何以这位居士偏偏愿入地狱呢？他解释道："地狱虽然是受苦的处所，可是有大愿的地藏菩萨常住在那里面说法教化，还有大悲的观世音菩萨时时到那里面去洒杨枝甘露。同时传说中的阎罗包老也是铁面无私的法官，他是裁决公平，赏罚严明的。回头看我们现在的世界吧，受苦是受够了，但总未遇到地藏菩萨来救度，也没有观音菩萨来洒杨枝甘露。至于政治方面，像包丞相这样的人物，正不知和这世界绝缘了多久。为要得见地藏王菩萨和观世音菩萨，更想看到公平和严明的政治，所以愿入地狱去。"我听了他的话，不禁慨叹系之，生在人间真不如在地狱的好！但是为什么人间会弄到这么糟的呢？说起来还不是为了道德休假的缘故。道德休假了，世界就无所谓正义和公道，更分不出是非黑白，人人都怀着自私自利的心，只要有"利"就以为是"功"。于是作奸犯科的人，可以受社会的崇拜，而洁身自好者，反被人们所奚落，所藐视。这样一来，世界秩序焉得不紊乱？人民焉得不陷入痛苦的深渊之中？道德休假，由于文化脱节。说到文化，范围太大了。我在这里只能简略的先说一说中国文化脱节的状态，然后以佛教徒的身份，观察佛教的状况，再说佛教的文化脱节。

举凡某一件事的成败盛衰，决不会是偶然的，其中定有许多因缘，假如要细心考察，必先追寻它的历史源流。文化是思想的产物，想探讨中国的文化，自然要研究中国人的思想。中国人的思想，向来是注重现实，不注重理想。所谓现实，并不是将理想实现的意思，而是只顾现前的事实，没有远大目标的意思。例如孔子说："未知生焉知死"就是教我们在生存期间，仅可以谈现在生存的事情，不必顾虑到死后的将来。佛教净土宗求生西方这种教理，在孔子看来，他一定会说：这问题在生存的人是不能谈得到，而且也不须要谈到，因为生西方是死后的事，关系于未来的。他的目光既然侧重现实，所以对于君臣、父子、兄弟、夫妇、朋友五伦，最视为重要。我们可以这样说，中国数千年来的文化特点，不出人伦道德的现实思想。讲到此地，使我联想起一件事，由这事件的提起到结论，对于了解我国所以注重仁义道德的谜，有很大帮助。去年当我在无锡国学专修学校授课的时候，同事中有一位冯介民教授，是美国留学生。他毕业后在美国任职十几年才回国，对于美国人情风俗，很有认识。有一次，他很感慨的对我说："中国人口口不离仁义道德，而其实行为上最不讲仁义道德。美国人虽然没有声声说仁义道德，可是他们的行为，却很注重仁义道德。"这些论调，我当时没有承认也没有否认，只当它是一个值得讨论的问题。此次经过广州，在中山大学和几个教授谈到这回事，吕逸卿教授（地理系主任）说："譬如立法，是以犯罪为对象的。假若有一些地方，从来没有小偷，则当地的法律上决不会有惩治小偷的条例。反之，若某地惩治小偷的法律愈严，则其地之小偷必多，手段亦必厉害。由这个做比喻，可知中国圣贤，所以不得不高唱仁义道德者，或者因为我国人不道德的根性太深之故。"这样讲法，我以为很有价值，能发前人之所未发。至于不道德根性之养成，我则以为由于"现实思想"。但孔孟以及理学心学家的著述当中，都很吃紧地、认真地指出仁义道德都是从心地里做出来的。也就是说，每个人都可以完成道德，每个人都可以做像一个人，所以几千年来社会上尚能维持秩序。可是现在就不然了。在广州的时候，我又遇到浙江大学哲学系主任谢幼伟教授，他说：孔子不语怪力乱神，所以我国的士大夫历来都不信神不信鬼的。有许多人因此说我国没有宗教，但还总相信"人"。现在则不独不信神不信鬼，更不相信自己是一个人。既然不相信自己是人，作出来的事，自然一任兽性冲动，还谈得上什么仁义道德？我所以说道德休假由于文化脱节。现在有许多真有思想学问的人，想把文化改变，使道德消假，以改造中国。在这种运动当中，我以为需要佛法。现在再谈佛教的文化脱节与道德休假。

我国佛教，自唐末以来，即受到严重的创伤，所以目前文化脱节的现象也非常可悲。原因有数种。第一、禅宗的不立文字。禅宗本来是为上根利智的人说的，高深的程度达到如画龙点睛的最后阶段。画龙点睛的典故是这样的：从前有一位名画家张僧繇，他在一间庙里画下了四条龙，画得像活的一般，但都是没有点睛的。欣赏的人问他为什么留下这一些工作不去完成？他说："我若把龙的眼睛点好，龙就会飞去了。"那些人听着，不免觉得他说的话近于夸大和荒诞。僧繇为要表演他的真艺术，当场点了一条龙的眼睛，龙果然飞去了。这里引用画龙点睛的譬喻来比禅宗，意思是说，点睛的工作固然是轻而易举的事，但在没有画龙之前，或在已画龙而又画得不像的时候，而去点睛，这点上去的眼睛就不知是犬眼睛还是蛇眼睛，决没有用处。所以龙的飞起，并不单是点睛的作用，重要的还是首先要把龙的模型画得像，点睛不过是最后完成的工作。禅宗参禅，不立文字，也不必研经习论，从表面看来，和点睛一般也是一件容易不过的事。但叫没有教理或宿世积累的慧根作根底的人去参禅，参来参去也是瞎盲禅，愚痴禅，犹如未画龙而先去点睛，点出来不知是什么眼睛，哪有用处？然而参禅的工作又是不可少的，那些对于教理有相当了解而未得真实受用，即疑情未断的人，是要等待参禅单刀直入，实地破除最后一分执着，犹如龙画好了，不点睛是不会飞似的。到此地步，敢说"六经注我"、"即心即佛"，自然用不着文字。可见不立文字的话，不是随便什么人可以拿来用得的。唐末的禅师，不明白参禅是要有甚深的教理作基础的，横执着不立文字一句话，而轻视教乘，三藏十二部几成废纸。自唐而宋，而元明清，一代不如一代。现在佛教界普遍的愚痴或无知无识，实在吃了禅宗的亏。

　　其次，有一种致使佛教变质的思想，就是那句常常引用来作警策语的"了生死"这句话头。我记得朱光潜教授在给青年的十二封信一书里说过："佛教绝我而不绝世，故释迦牟尼一生都是以出世精神，做入世事业。佛教到了末流，只能绝世而不能绝我，与释迦所走的路，恰恰背驰，这是释迦始料不及的。"朱氏虽非佛学专家，此论则非常中肯。原来"了生死"的话通常是指临终预知时至，或坐亡立化这种种现象而言的。这样就非摒弃一切而专门为自己的死后打算不可了。"生死"两字这样讲法，了生死这样了法，实在不合佛理。试看四十二章经里面有一章，佛陀问他的弟子："人命在几许间？"弟子中有的答："在一日间。"有的答："在饭食间。"佛陀都说他们不得道。最后有一个说："在呼吸间。"佛陀才印可说他已得道。人命在呼吸间这句话，我们若单把他当警策语看，未免估低了价值。它的语意是要人知道生命既然在呼吸间，那么我们无论举足下足处，举心动念处都是生死。要了生死就要在每一举足下足和举心动念处去着手。请问各位，在举足下足，举心动念的生死处如何"了"？如何"了"我敢说：惟有从举足下足处举心动念处去了生死，才是真了生死。能坐亡立化的人不一定是真了生死，真了生死的人决定可以坐亡立化。由于人们把了生死的真义糊涂了，致使佛教变质——绝世而不绝我——佛教文化愈加脱节，道德自然也就休假了。

　　我们看看现时佛教界中所谓宗师吧，他们的出身，大都从无知无识的阶层来的，禅宗的不立文字刚好替他们"藏拙"。佛教真理，当然与他们绝缘，也就无可弘化，乃别开生面，炫弄神通，或装点苦行，以资号召。有的甚至拨无因果，胡说乱道。佛教的慧命，不能不说是断送在这许多人手里。总括起来，还是不出误解"不立文字"和"了生死"两句话的祸根。做中国的佛教徒，眼看中国的文化脱节道德休假，连佛教也是文化脱节道德休假，无怪那位居士不愿在人间而愿入地狱了！但我们现在看清楚了，应该起悲痛心，时时存着要走上光明的正轨这个念头，去改造社会，重兴佛教，这就需要地藏菩萨的精神。

提起地藏菩萨，当然要讨论到地狱。地狱是轮回果报中的事实，然非佛教的殊胜义，因为佛教以前，印度的许多学派当中，也有这样讲的。佛教的殊胜义，只有常住地狱中教化众生的地藏菩萨可以代表。为因地狱是苦的处所，是一切有情都害怕和畏避的，惟有这位菩萨用慈悲愿力庄严，却安住在里面。为什么他有慈悲和愿力呢？这可以用"至理发真情"五个字来解答。慈悲和愿力，完全是真情的流露，何以真情会流露呢？不外由于至理的陶融开发。现在略把至理发真情这句话说一说。真情是真的同情心。各种生物中，凡是愈高等的，他的同情心就愈大。人类是高等动物，他看见他的同类受苦的时候，就会发出同情心要想去拯救他。鸡犬是低能的动物，他虽然看见了他的父母兄弟被杀死亡，也不会发出同情的感动。在这里有人会反问，你说人类有同情心，这句话也不大可靠，因为国内每一大都市上，每日都见有不少横在路边的饿殍，然而达官贵人，富商大贾仍然是尽情享乐，从不见他们投一瞥可怜的眼光和动一下救济的念头。可知同情心不一定是人人具有的，有时可以泯没的。这也是事实，可见同情虽是人类道德的精华，若无至理的启发，不一定会发生神圣底作用的。

"至理发真情"这句话，在教理上即是理事不二和悲智双运。理事本体——真如——圆成；事是现象——缘生——依他。事理两方圆融无碍，所以悲智双运。悲是真情，智是正理，两者必须互相关涉然后方起作用。又有另一种配释，理事不二是指至理，是境；悲智双运是指真情，是行。行必须要明境然后才算得是正行，所以至理和真情都是相依互起的。

从至理发真情的意义去参详，可知佛教并不是枯寂和消极的，佛教徒的生活，应该是伟大庄严，生龙活虎的。地藏菩萨在地狱里教化众生，就是表扬佛教的一殊胜义。那么我们每一个佛教徒都应当明至理，发真情，在社会上起模范的作用。纵使文化脱节也可以把它持续，就是道德休假，也要教它消假。我们能用这种精神来纪念地藏菩萨，或者才不是虚应故事，照搬文章。

（原载《海潮音》27 卷第 10 期）

论 自 得

——重阳前五日讲于武林佛学院

各位法师！各位同学！本人此次十载归来，湖山与师友俱各无恙，心里已经非常高兴。灵峰寺我以前也住过几个月，可是朝夕相共的只有三两个人。现在办了佛学院，弦诵之声洋洋盈耳，这就杭州的佛教界说，是一个良好的进步的现象，所以本人更觉畅快。刚才院长会觉法师要本人向各位同学讲几句话，就不揣冒昧答应了。不过才答应就登台，实在没有很好的贡献，急忙中想起了南宋灵隐寺住持瞎堂慧远禅师的一首词：

来往烟波，十年自号西湖长。秋风五雨，吹出芦花港。得意高歌，夜静声初朗。无人赏，自家拍掌，唱彻千山响。

瞎堂慧远禅师是佛果圆悟的高足，也就是济颠僧的师父。初住苏州虎丘，天台国清等处，后奉诏住灵隐。孝宗乾道年间入对内廷，有"愿陛下早复中原"之语，可见是一个热心肠和尚。他的法语，集成广录四卷，收于续藏。可是这一首词并不在内，是我以前翻丛书发见的，见于何书，现在也想不起来了。就这首词的字面上看，可以说是"语语警句"。而意境的高超，可用"清绝"两个字称赞他。我们读了，真有四顾苍茫，遗世独立之慨。实在是词中的上乘。不过我又感觉到，此词非"见道"人不能作。就这个观点上看这首词，又可以说是"语语从自心流出"，"语重心长"，又实在值得我们细心体会的。

头上两句叙他与西湖的关系，第三、第四句叙当时的景物，而现在就是这个时节。我们闭目一想，西溪的芦花、正在摇摆他的斑斑皓首，迎着瑟瑟的秋风，荡漾着白蒙蒙一片"秋雪"（西溪有秋雪庵）。人们都因此感到凉意侵肤血，警戒有玄冬的将至。朋友们给我们的信上，也都写着"秋风多厉，诸维珍摄"的客套话。各位同学再想想，这不也就是说明了佛教的现状。佛教在这种状态下面，而我们和他发生了这么久的关系，究竟作何感想呢？悲伤，痛哭，或者找温暖的地方去吗？慧远禅师却不要我们那样的做，要我们"得意高歌"。

"得意高歌"四个字是这一首词的眼，也就是我们学佛的人人所应该用力的地方。提起"得意"，我又想到孔子说的"古之学者为己，今之学者为人"两句话。程子解释道："为己，欲得之于己也；为人，欲见知于人也"。这样讲法我以为还是隔靴搔痒。所谓"学者为己"，应该解释为：学是为了自己的切身大事。也就是为了自己的切身大事才学。什么是自己的切身大事呢？我们的眼睛能见青黄赤白，耳朵能分清浊高低，肚子饿了要吃饭，疲倦了要睡觉，为什么的呢？怎么会的呢？春至百花开，秋来黄叶落，还有风云雷雨，日月星辰，以及广大无垠的宇宙究竟与我有什么关系？关系在何处？否则我又何以能见到他？秦皇汉武，不可一世的人物去了，去得无影无踪。秦桧张邦昌，遗臭万年的家伙也去了，去得无影无踪。而我自己由婴孩而成童，而青年，壮年，而老，而也要去，去得无影无踪。这又为什么？怎么样的？还有像这样的许多许多，无一不是我们自己切身的大问题，要不要解决？如果不要解决，懵懵懂懂过一生，像猪狗一样，与草木同朽腐，那又何以称之为人？否则又从何处解决起？想到此地，真会像热锅上的蚂蚁一样，没办法停得住脚。又好像身上生了碗大的疔疮，时时刻刻叫唤着。所以释迦牟尼舍弃了王位，丢弃了妻儿出家，去追求彻底解决这许多问题的道理与方法。后来他说："诸佛世尊唯以一大事因缘故出现于世"。所谓大事因缘，即开示悟入佛之知见，其实就是这一回事，要人家赤裸裸地，打开心胸，认识自己，还他一个所以然的道理出来。这样子求学，才可以说是"为己之学"，才是"发菩提心"。

蚂蚁上了热锅，非拼命奔驰，找到生路不可。身上生了碗大的疔疮，把一切身外的统统丢弃了，一心一意护念着疼痛，期望着医生。这个叫做"欲罢不能。"所以我觉得各位同学如果发了上面所说的"菩提心"，一定会把恭敬利养、毁誉荣辱、苦乐劳逸等等念头丢在脑后的。老实说，就是弘法利生，乃至成佛作祖的念头，也要把它暂时抛开。为什么呢？那我先要问大家，蚂蚁在热锅上奔驰的时候，是否有时间容许他想到离了热锅以后和同伴们诉苦的事情？疔疮疼痛得要命的时候，是否还会让他考虑请朋友们吃饭的安排？决不会的，因为救命要紧。那末我要大家把弘法利生，乃至成佛作祖的这念头暂时丢掉，非惟不是荒谬的论调，而且还是最重要的事情。宗门大德教人家用功，有"魔来亦打，佛来亦打"一语。这个在普通人看起来，打魔固不妨，连佛也打在一起，使魔佛不分，实在荒唐，何况又自称是佛弟子！实则宗门大德说这句话的意思，就是要人家认清楚"学佛是自家切身大事"。学佛既然是自家的切身大事，与魔固不相干，与佛又何尝有什么交涉？要他们来何用？所以说"打"。佛既然可以"打"，弘法利生、成佛作祖的念头当然可以暂时丢开。这个叫做"脚跟点地"，"大死一番"。

宗门大德又说：非大死不能大活。这也是的确的。颜回用功到"欲罢不能"，所以才能"如有所立，卓尔"。蚂蚁在热锅上奔驰，总可以走到热锅的边缘。俗语也有"皇天不负苦心人"一句话。其实能够这样发心，已经是入了佛门，所谓初发心时，便入佛地。又如所谓狮子儿生下来，即能据地咆哮，都是指这回事说的。那末我们学佛如能以此下手，一定会开拓我们自己的"万古心胸"，与诸佛"一鼻孔出气"。这就是慧远禅师所说的"得意"，亦即题目的"自得"。得意者纵横自在，无施不可。如像蚂蚁从热锅上跑下来，到处都是仙境。又好像疗疮好了的人，依旧可以酒食征逐。俗话说"有病方知健是仙。"如仙之健，称之为大活。大活的人开口闭口，横说竖说，都是佛法。自然高歌震古今，浩唱入云衢了。

照这样讲起来，大死一番，而又大活的人，的确可以称得起大善知识，荷得起如来家业，应该受千万人的亲近供养了。可是慧远禅师在"得意高歌，夜静声初朗"两句下面，又幽默似地安着"无人赏"三个字，使人啼笑皆非。究竟又是什么道理？其实我们再把佛教的现状仔细看看，三个字简直是为现代佛教写出的。因为谈到赏识，必有知音。当今之世，几百千万佛教信徒，究竟谁是"此事"的知音？不妨把佛教现状分析分析。

先看出家的同道吧。十之七八是赖佛逃生。吃了佛的饭，穿了佛的衣，天天做佛的事，讲佛的话，可是根本对于佛法没有信仰。岂惟没有信仰而已，简直没有兴趣。你向他提到佛法，他就对你指东划西。问他为什么出家？坦白的人，告诉你是"生活"两字。所以丛林小庙都是他们的衣食饭碗，生活的地盘。掌柜的自然花天酒地，无所不为。没有地盘的也一样偷鸡摸狗，摇尾乞怜。对这许多人讲切身大事，向你动动白眼的已经是算客气的了，怎会赏识？

此外有少数比较老实的人，晓得通常所谓"了生死"这一回事。为怕死后的堕落，整天照顾着死死死，死以外的事情他们是不管的，一般人都称之为"老修心"。对老修心讲切身大事，他会发起无明火，提起门闩打你出去。因为认为像他那样才是"脚跟点地"，才能解决切身大事。我则以为这班老修心的了生死，和道士的求长生不老差不多。这班和尚简直是道士。道士和尚从来讲不拢的，怎会赏识？

话又要讲到有知识的头上来，我想先从我国过去教育的失败说起。我国的新教育制度推行了三四十年。到现在大家一致承认没有收到多大效果。有的人甚至以目前社会腐败的原因，归罪于过去之主持教育者，这当然是不对的。我们说句公道话，新教育制度之所以产生，实由于旧教育制度，科举私塾制度的不良。不良的原因有三：1、不明教育原理，2、不知学术源流，3、不识时代环境。是以在旧教育制度下面，再不能造就"修齐治平"的英才，新教育制度乃起而代之。新教育制度大都从外国学来的，一方面又因为时代潮流的不断冲激，不免病急乱投医，一味把我们不知道的技术知识拼命向学生口里塞，而把主要的中心思想忘掉了。也就是说，他们只教人家吃饭赚钱，乃至治国平天下的知识或技术，而没有教人家自己做人的道理。所以现在社会上会找饭吃，会赚钱的人很多，而真正做像一个人的人反不多见。就有，也是他的天性本来好，而非由于教育的熏陶。这就是我国过去的教育失败之处。拿这个观点来看佛教知识界中之新旧的"诤"，似乎有多少相似之处。所以要在此中找知音也不多。当然中国佛教的命运，我们是寄希望于新僧的。

讲完出家的同道，再谈在家的"护法"。其实顾名思义，既称护法，应先知孰者是法，孰者非法。法与非法分别得清楚，然后才谈得上护。否则牛鬼蛇神也去护持他，那"法"只有愈护愈糟，不会好起来的。目前佛教界有许多护法，真有这种现象。这有几种原因：1、信佛的太太小姐们大都是感情用事。拜了师父，不管师父的德学究竟如何，总是师父好。而布施出钱的是她们，拉拢她们的又多。久而久之，她们忘记了自己的学佛并未进门，居然有所主张起来。是以真正要建立法幢，反得不到她们的青睐。2、富商大贾，达官贵人们，酒酣耳热之余，偶然羡慕起山林的"清福"来。带着金钱和势力，大摇大摆走进山门。和尚们当然请上坐，泡好茶，欢迎之至，临走远送他们几本佛经结结缘。他们带回去，在声色货利之暇，偶尔翻翻，觉得蛮有味道。遇着法师们谈谈，法师们当然只有恭维，外加上各方面有事要求托他们，于是他们就成了"护法长者"，"信心居士"了。这样的"机缘"，又替少数"野心家"（广州某居士用语）开了一条"终南捷径"，锣鼓也就响起来了，有许多大德反受他们的凌辱，实非佛教前途之福。不过这也只好怪佛门大德的领导无方。3、若干有学问的大居士，因为本来学植很深，一入佛门，造诣非常深奥，确可佩服，无可非议。惟大多数总喜欢把自己的学问和一般和尚比较，显显他们的高明。于是以轻视和尚的心思去研究佛法也略带轻忽之意，纵使遍阅三藏，著作等身，仍不免"一知半解"，尤其以有考据癖者为甚。社会上的人士，因他们本有学问和地位，人也是一本正经的，就以他们的是非为是非，而正法反少人理睬。所以"大事因缘"要希望一般护法们的信受赏识，"戞戞乎其难哉"！

"难难难，十担油麻树上摊"。庞居士用这句话慨叹见道之难。我现在则用来慨叹赏识大事因缘者之难遇。所以许多有为的僧青年，毅然决然，改装还俗，有的甚至和佛教绝缘。已故的满智法师就是这样做的。他没有还俗以前，我在四川嘉定遇到他，劝他不要操之太急。他向我诉说了许多许多。他虽不见得明白"此事"，我也只能寄以无限的同情。他还俗不到一年就死了，现在回想起来，也不禁感慨系之。但慧远禅师训示我们说：真正学佛的人遇到这种难关，非但不宜神经过敏，自寻烦恼，还要鼓起勇气来，"自家拍掌"。因为人家不能赏识，自己总能赏识自己的。假定因人家不能赏识就退失了自己的信心，那么你的勇往直前追求"此事"，不是为自己的"理得心安"，而是为了要人家赏识。如要人家赏识而追求"此事"，根本是"缘木求鱼"、"水中捞月"，算不得菩提心，算不得为己之学。其实真有所得的人，决不因无人赏识而消极灰心的。相反地，他只有愈加凿深他的悲怀，扩大他的心量。譬如一个高明的医生去医一个疯人，疯人定要骂他打他，甚至用刀剑逼逐他。这时的医生难道就不相信自己的医术，丢了药囊开步向后转，或者仇视疯人，发誓不再医他？这样子的医生，恐怕是不会有的，否则他就不是高明的医生。各位同学！这是千真万确的事，值得我们竖起脊梁，追求到底的。但能得意，自会高歌，即使无人赏识，而曲调将愈唱愈高，震撼三千大千世界。因为这事是天下第一等事，这种人是天下第一等人。没有他，天会倒下来，地会沉下去，岂惟"千山响应"而已。以此而言"弘法利生"，以此而言"为人"，岂不大哉！

末了再说一说与道德的关系。最近熊十力先生在四川五通桥黄海化学社主办哲学研究部，其八月望日的开学讲词中有云：

"人类"一切道德行为，皆发于吾人内在固有之真源。(此真源即所谓本体。但以其主乎吾身而言，则名之曰心。以之别于私欲，则曰本心。易之乾卦，则谓之仁，亦谓之知。孟子阳明谓之良知。宋儒谓之天理，新论谓之性智)道德律之异乎法律，即法律纯依人与人之关系而制定，是从外面立的约束。道德律，则纯由自我最高无上之抉择力，随其所感通，而应之自然有则。道德律恒不受个体生存的条件之限制(如杀身成仁之类)。由其发自真源，自超脱小己之私也。

熊先生的思想系统，本人并不赞成，以前曾作"评熊十力所著书"一长文评之，最近或将更为文驳之，此不谈。不过这几句话是非常正确的。所谓"真源"，即前所说的"脚跟下大事"。讲到此地又想起了朱熹的一首诗：

> 半亩方塘一鉴开，天光云影共徘徊。
>
> 问渠那得清如许，为有源头活水来。

　　源头活水亦即真源。所以称之为"活"为"真"者，因其剿绝依傍，纯从自家心田流出故无枯竭、腐化之患，故能"清"。清即道德的表现。所以一个人，一个佛教徒，就算是年高德劭，被一般人尊敬为行持最好，道德最高的大德，假使不能开发自家的真源，站稳脚跟，纵在外表上装得非常之像，也做了许多有为功德，实际还是假的。结果是自救不了，自害害人。那么我们在这个国难未已、教难未舒的动荡时代，提倡道德以谋补亡羊之牢，究应何去何从，自然知所抉择了。

　　三十五年（1946 年）10 月 26 日追记于灵隐寺。

　　　　　　　　　　　　　　　　　　　　（原载《海潮音》第 28 卷第 1 期）

论目前文化之趋势

文化指学术思想而言，属于精神方面的；文明是学术思想之表现于外者，偏重于物质方面，所以文化与文明是一件东西的两面，不能相提并论。

通常一般人士的观念，认为"权势"是无上权威，更认为握有"权势"便能左右一切。其实这是非常错误的。因为人类真正的命脉，实操纵于学术思想先进者之手。我们大概都知道孔子作春秋而乱臣贼子惧的话。又法国大革命之所以成功，据法王路易十四的咒诅，完全是卢梭和伏尔泰的关系。还有陈独秀在去世前几个月做了一首诗，当中有两句是："乱离身世谁斩福，残字分明凿太平。"这固然不免发牢骚，但分明的残字，居然可以凿破太平，即此也可见书呆子们的力量了。

中国文化自五四运动以后，由胡适之、陈独秀等领导，步入另一新文化阶段，可以说：五四运动是中国文化的转折点。他们当时请出西洋的德先生与赛先生，为中国所取法。德先生即民主，现在正值民主政治伊始之际，所以同时还有许多人要求赛先生临台。赛先生是科学家，与德先生同为西洋文化的至宝，固然是人所共知的。但西洋为什么有民主与科学的呢？我们中国发明了罗盘、火药、印刷术而始终没有科学，这又是什么道理？

我们先来谈谈西洋科学发达的由来。西洋科学，实发源于西洋宗教，此在表面上看，好像是非常冲突的，其实不然。因为科学的真谛，为求取宇宙之真理而向无限追求。基督教则要它的教徒以精神寄托于遥远之上帝而求取永生，也是向无限追求。由此看来，宗教与科学的理论基础根本相同，所以近来有很多学者都说，西洋科学实根基于西洋的宗教。西洋文化因为有向外无限追求这一个特点，所以逐渐发展为纯粹理性，而忽略了向内求实践，因此科学愈发达而战争愈残酷。换一句话说，西洋文化发达的结果，只控制了物，而没有能够控制心，这是它的缺点。西洋有许多哲学者如德国的许喷雷等，均已有见及此。与西洋文化相对照的，是我们的东方文化。打开《大学》，就是正心、诚意、修身、齐家、治国、平天下的大道理，的确儒家是特别注重实践理性一方面的。但因此缺乏宗教的虔信热情，缺乏纯粹理性，所以从前中国人的著作，大都没有精密底条理的。目前社会如此紊乱，未始不是渊源于此。综上所讲，东西文化，各有所长，而亦有所短。我们要想求得世界永久的和平与人类无上的幸福，实有把东西文化截长补短互相调和之必要。两三月前美国康乃尔大学教授柏特来华讲学，盛倡综合哲学之说。据说在美国学术界，这种思想非常流行。而我们国内，也早已有新儒家运动，所谓新儒家运动。就是想把西洋文化当中纯粹理性的长处，加到实践理性里面去，结成另外一个儒家的理论系统。这种运动，目前还在启蒙时期，很合乎时代的需要，将来必有成就。

讲到此地，我又要提到佛教。佛教的真精神，本来面目，在国内掩蔽已久，可是具有东西文化之长。易言之，它有纯粹理性，也有实践理性。如果讲到沟通与调和东西文化，它应该是其中的桥梁媒介。不过限于时间，不能讲得明白。最后我希望各位了解，文化教育人员对于国家民族所负的责任是非常重的。从此担当起来，把人类的命运，操纵在自家手内。多多注意讨论文化问题的书籍，同时也不要漠视了佛教。（三十六年（1947 年）八月在杭县小教讲习班讲学员全如著记）

（原载《海潮音》第 28 卷第 10 期）

略论空有之诤

凡一学术之成，其始必含浑简要，其末必复杂繁衍。古今中外，莫不皆然。其故有二：一、研究者多，问题之范围，不得不因事实之引证而渐渐扩充。二、攻难者多，不得不改变立论之方式，以曲达人情。环境所驱，虽欲抱残守阙而不可得，是之为应机。历时既久，历地既广，于是有拉杂附会者窜入其间，儒家之有谶纬，道家之有符箓，达摩之有胎息等等皆是也，则不可以应机之说掩饰之。应机者，真解实践于宇宙间之真理而超然自得，迫于环境之要求而为之解惑定宗，胡来胡现，汉来汉现（《雪峰语录》），莫不俾之满足而共趋于 真法界者也。如对人论佛学，有可以深谈玄旨者，有仅可以略言大概者。为仅可以略言大概者谈玄旨，茫然不知所措；为可以深谈玄旨者略言大概，憾然若有所不慊。故必分别论之，而后各当其情，此涉世稍深者之所共喻。然又应知大概云云，其义固无背于深谈之玄旨，不过演绎其词而浅出之耳。酌于海者，不辨其所酌之为海水而别求焉，终无海水可得。是故《阿含》对小乘人说而实非小乘法，《般若》、《华严》对大乘人说亦非大乘法，法一而已，何有大小之殊。状其溥博高明而强名之曰大，则以《阿含》为唯被小机者，非法之小，被自小耳。此义紧要，明达者幸深思之，次即本此以论空有。

《四阿含》中之言结生相续，器世构造，常徒所知，盖即所谓人生论及宇宙论也。至其所以言结生相续，器世构造者，则亦无非欲借以说明宇宙间之真理而已。此真理者，泊尔至微，渊兮无待，为三时之所本，体万物而不遗。《增一阿含经》云："色无常，无常者苦，苦是无我，无我即空，空者非有非不有，亦复无我，受想行识亦尔，此时智者所觉"。（《善聚品》）"一切诸法，皆悉空寂，无造无作"。（《听法品》）"若如来出世，若不出世，此法界恒住如故，而不朽败有丧灭之声，生老病死，若生若逝，皆归于本"。（《等见品》）又《杂阿含经》卷三十四云："如来法律，离诸枝条柯叶，唯空干坚固独立，如城唯一门，周匝绕城求第二门都不可得，都无猫狸出入之处，况第二门"，皆此义也。佛涅槃后，部执竞兴，四百年间由上座大众二部分为二十部，且其所争，类皆琐琐于人生论宇宙论之范围中，少有涉及本体论者，去《阿含》之说空理者犹甚远，阿难愤而入灭，为校正僧徒之误读生灭法为水潦涸，而被斥为老朽衰劣，可见尔时学佛者之根器已甚陋劣，是故习于细碎之纷争而莫能自振。其间有迦旃延尼子者出，造《发智论》，谓一切法皆实有自性，颇与《阿含》之理乖。胁比丘等五百论师宗之，共集《大毗婆沙论》二百卷为之解释，则已至第六百年顷，可见其影响之大[1]。即于此时，有号称空宗始祖之龙树出。

龙树两大论，"一、《大无畏论》，宗经，有十万偈，《中论》从彼略出大纲。二、《大智度论》，释经，亦十万偈，罗什所译，唯是初品备释广义，二品以下，但取了文，以视全篇，十唯得一"[2]，而其体例宗旨，则皆可见。青目《释中论》初两颂中有云："问曰，何故造此论？答曰，佛灭度后后五百岁，像法中人根器转钝，深著诸法，求十二因缘、五阴、十二入、十八界等决定相，不知佛意，但著文字；闻大乘法中说毕竟空，不知何因缘故空，即生见疑：若都毕竟空，云何分别有罪福报应等，如是则无世谛第一义谛？取是空相而起贪著，于毕竟空中生种种过。龙树菩萨为是等故，造此《中论》。"又《大智度论》卷二十六云："迦旃延尼子何以言十力、四无所畏、大悲、三不共意止名为十八不共法？答：以是故名迦旃延尼子，若释子则不作是说。"又卷三十九云："问：若凡夫人不能入灭尽定，云何菩萨从初禅起入灭尽定？答：《毗婆沙》中小乘如是说，非佛三藏。"此外破斥之词甚多，几皆为迦旃延尼子、《毗婆沙》而发。龙树谈空，盖亦迫于环境之要求而不得不然者耳。

其所谈空，虽曰依据《大般若经》等，而实渊源于《阿含》，细考上文，或亦可见。是故其间只有量的不同，而无质的殊异。依量的不同，说广大者为大乘菩萨法，狭小者为小乘声闻法，或亦可通，实则言说上之方便，未许作骂会者[3]。空非毁灭之谓，谈空为显诸法实性。诸法者，山河大地，人禽草木皆是也。宛尔似有，称之曰相，相既成形，必有其所以为组成之定理及方式。佛告人以器世间之组织，有香海、须弥、地狱、天界等等；情世间之组织，有结生相续、四生六道等等，而唯识之所变，皆就相说，亦称俗谛。识所变者，无有实物，才生即灭，究竟空寂；而成境之识，对境立名，境若空寂，识何所取？是故浩然大均，而一归于无住无得。至此已离生灭变幻，更无虚妄颠倒，称之曰实性，亦称自性清净心，亦称涅槃，亦称真谛，前谓泊尔至微，乃至体万物而不遗者此也。是则说有[4]所以成空，谈空即已摄有，空有相须，理善成立，未有乖空而能说有，遗有而能谈空者。龙树亦既已全部禀承《阿含》结生相续器世构造之说，而略为阐发扩充之矣，尚何空有乖诤之足云。至于龙树承禀《阿含》所说之有，而不似无著、世亲组织成有系统之《唯识论》者，则是尔时机感之故。禹稷颜子，易地则皆然。

龙树之后，印度佛教思想，始由纷歧浅率而渐进于醇正深密，观于提婆、坚意、青目、罗睺跋陀罗等大乘师所著之书，以及经部师诃梨跋摩之《成实论》

可知；而执有者，则犹牢不可破，是故此时期中未见沉空之迹[5]。或者乃谓："无著、世亲诞生龙树、提婆之后，力矫沉空，独标有义[6]。"又谓："空王为龙树菩萨，无著亦精研龙树学，但立义颇与之反，矫空之弊，不能不谈有故[7]"。臆测单证，语非极成，余已于《评熊十力所著书》文中痛驳之[8]。无著、世亲组成有系统之《唯识论》，盖非为矫正空病而发。

按《顺正理论》卷二云："彼上座（经部师）言，造有为者，谓思能造，本无有为。如织者言，我持此缕织作裳服，此亦应尔。如是所说理必不然。彼意谓思如能织者，本无有为，谓如裳服，裳服所依，缕无所喻。对法诸师[9]说假有法本无今有，可为此喻，若执实体亦是本无，彼定不应立如是喻"。此中所谓实体者，指色声香味三世等说，执为本有，益违佛旨。是故《俱舍论》卷二十叙有部师论三世实有已，出经部师破云："应显成雨众外道（数论）所党邪论。彼作是说，有必常有，无必常无，无必不生，有必不灭。"据此可知当时执有之徒，盖已渐变婆沙之说，而益趋于顽固，即所谓新萨婆多。顽固者不可以理喻，经部之说，乃为其破斥之目标[10]，且又议及龙树。《俱舍论》卷十四解近住律仪具八支中，叙余师说已，即难破之。法宝疏云："有余师说者，叙异说也。泰法师云：是龙树说，论主出其违经过。"勘神泰法师疏，立说皆有所本，龙树云云，定非捏造。尔时世亲犹是一切有部师，破龙树义，当不必为之掩饰，且必有所授受[11]。即此一斑，可以推测当时佛教思想之趋势矣。

于此有真解实践之士，不忍真理之蒙混于无知而进谋显扬圣教，审情度势，宁能不先从破斥有执下手？破斥之时，倘复应用龙树之方法，则既为其所轻视矣，宁能发生效力？执有者之顽固不化，非真大愚不灵也。眩于现象界[12]之森罗并列，而不知其构造之原理，逐块寻声，不得不出于自用耳。则当破斥之时，必须详细说明现象界构造之原理，而后可以塞其迷惑比附之源。此源既塞，更无可以为其借口者矣，"枝条剥落尽，惟有一真实"，即欲拒之于空门之外而不可得。龙树之后，小乘犹有著作，无著、世亲之后无闻焉，非此故耶？是则无著、世亲之说有，初未异于龙树、提婆之谈空，环境不同，各有详略，未容纷争长短于其间者也。

虽然，此犹未可以为定论，更举实证。《成唯识论》破法执中，破斥萨婆多部之说，不遗余力，破斥余部者略。证一。破斥之后，必申正义，如破命根实有已，即谓："依亲生此识种子，由业所引功能差别，住时决定，假立命根"，使被破者了然于现见之命根之所以立，不致更生迷惑，证二。世亲《辨中边论》卷一云："唯识生时，现似种种虚妄境故，名有所得。以所得境无实性故，能得实性亦不成。由能得识无所得故，所取能取二有所得，平等俱成无所得性。由是方便得入所取能取无相。"此中明文说识究竟无相，符顺《般若》

等经。故窥基法师云："初观名等假有实无，以依他觉除遣所执；后观依他（即能取识）空无所有，圆成实觉除遣依他。世亲释论（《摄大乘论释》）多与本论（无著《摄大乘论本》）同[13]"。则无著、世亲之说，适足以补龙树、提婆之所未详。证三。略举三证，足示方隅，余论尚繁，且待后述。

至于清辩、护法之争，千余年来，迄未能息，恐亦终无息时。然不能于《成唯识论》中求之。《成唯识论》糅合十家之说而成，作述记者好缀琐议，难尽玄旨。其中《述记》所叙护法、清辩之争，未可尽信。故今先从护法之《广百论释论》及清辩之《掌珍论》，《般若灯论》三书，明定两家宗旨，然后再论后来之传说与批评。则本末得失，一目了然矣。列表于下：（见次页）

夫分别真俗二谛，最为佛法要着，二家之说，绝对相同，则何抵迕之有。基师云："清辩说一切俗谛，随情可说名有，依真智境，一切皆无。空无之理，不生不灭，性非虚妄。如虚空故，说名真如。故一切法于真谛中皆真如也（按即一相之谓）。然说真如但随俗谛，胜义非有。弥勒、无著及护法等说，法与法性，虽不相离，然不得言依他诸法即其如性，常与无常等有差别故，若言胜义诸法即如，一切皆应成颠倒故，故不得说唯有其如。[14]"测师云："清辩遍遣一切有无为，曰真妄俱遣宗，护法存二谛三性义，曰真妄俱存宗。[15]"不知何所据而云然？愚恐玄奘口传，颇多西方末学之执。小知闲闲，不别真膺，即以为古德（护、清二公）之说耳。后人疏忽，不读《广百论释论》、《掌珍论》二书，即读亦不勘辨其同异，徒摘前人谬说，互攻短长皆与护法清辩不相干，千余年来，莫之能定，亦可怪矣。法藏云："清辩破违空之有，令荡尽归空，方显即空之有，因果不失。护法等破灭有之空，令因果确立，方显即有之空，真性不隐。此一大士，各破一边，共显中道，乃相成非相破也。[16]"其言甚善。

《般若灯论》之说，大同安慧《中观释论》，及青目《中论释》，不必再论。书末有云："造此释中论长行讫，而发愿言：愿以一念善，随喜回向等，与一切众生，命终见弥勒。"奘门传说，有谓清辩升兜率天，见弥勒作俗人装而不拜者，对此则无可"矫乱"矣。奘门传说之不足信，清辩之非沉空，护法之非执有，殆无可疑。空有相须，始终一贯，惟憎嫉真理者始能分割之。至于小问题上之分歧出入，未始不有，则由于各人知识环境（内及外）之差别，不足为异。依此而就其文词上之轻重详略，善巧不善巧以分空有，吾亦许之，要无关于大旨。

或曰：清辩比量，犯因明过，何可许之？答曰：因明者，诡辩之工具也。显示玄旨，因明无功焉。自佛世尊以至于龙树、无著，经论之中，皆未应用因明，（非无因明应用）俱无损于玄旨，因明何用哉？因明本身，颇难成立[17]。奘

护法宗旨（有宗）	《广百论释论》卷十云："世俗谛者，谓从缘生世出世间色心等法。亲证离说，展转可言。亲证为先，后方起说。此世俗谛，亦有亦生，假令所成，犹诸幻事，从分别起，如梦所为，有相可言，名世俗谛。"又卷八云："揽缘成果，顺世俗言，胜义理中，无如是事。故诸圣者，了达皆无。所以者何？能诠所诠，皆自心变。诸心所变，情有理无，圣者于中如实知见，谓知见彼法，皆是愚夫虚妄识心分别所作，假而非实，俗有真无，随顺世间，权说为有。"又卷五云："一切善恶苦乐因果，并世俗有，胜义中无。我依胜义言不可得，不拨世俗，非是邪见。略说诸法俗有真无成立远离二边中道实义。"
	又卷三云："真如涅槃，虽可显了，然依世俗，非据胜义，非胜义中有常无常，了不了等分别戏论。"又卷六云："又此空言，是遮非表，非唯空有，亦复空空，遍遣执心，令契诸法，非有非空，究竟真实。"
	又卷六云："随顺空理，无倒勤修众善，庄严成无上果，于此应生决定信解，唯空是实，余并非真，但是如来方便显示。又佛所言唯有二种，谓空不空。若于不空有疑者，可依空理比度，应知诸法皆空。无示无对，皆同一相，所谓无相。诸法性相，非言所行，言不能诠，故名无示；非心心法所行境故，非缘对之所能对，故名无对；非超二种所行相外别有余相，故名无相。又真空理，离有无等一切法相，故名无相。无相无二，故说为一。即以如是无相为相，故名为相，非别有相。"
清辩宗旨（空宗）	《掌珍论》卷上云："真性有为空，如幻缘生故。真义自体，说名真性，即胜义谛。就胜义谛，立有为空，非就世俗。众缘合成有所造作，故名有为。若因缘力所生眼等，一切世间共许实有，是诸愚夫觉慧所行，世俗似有自性显现，以胜义谛觉慧寻求，犹如幻士，都无实性，是故说言由彼故空，彼实是无，为欲遮堕常边过故。如为弃舍堕常边过，说彼为无，亦为弃舍堕断边过，说此为有，谓因缘力所生眼等，此俗谛摄，自性是有，不同空花全无有物，但就真性立之为空，是故说言依此故空，此实是有。若就此义说依他起自性是有，则为善说，如是自性，我亦许有。"
	又卷下云："无为无有实，不起似空花。就有真性故，立无为空，非谓世俗。非有为故，说名无为，即是虚空、择灭、非择灭及其如性。所立宗言，无为无实，此言正遣执实有性，亦复傍遣执实无性。"
	又卷下云："若于此中随有一种为无为相，有何无间复现行时，即应如理观彼性空。遣除彼空，令不显现，悟入诸法离自性故，其性本空，由从空故，相不成实，则是可无。由无相故，能以无相一相之行，观一切法，悟入无二。"
备注	两家宗旨，绝对相向，清辩于中破瑜伽论师执遍计所执自性空，依他起自性有，护法亦云："有余师曰：分别所执法体是无，因缘所生法体是有。为证此义引经言，遍计所执无，依他性有。此中一类言不可引此证有依他。（此下多文互争空有）如是等类，随见不同，分隔圣言，各执一边，自是非他，深可怖畏。应各舍著空有两边，领悟大乘不二中道。"所破之词又复相同。不可引此证有依他者，沉空之执，拨世俗谛亦无相状可见者也。
	两家宗旨，亦绝对相同。

师真唯识量，除顺憬所出之不定过外[18]，犹有他过。基师述记中所立比量，大半有过[19]，因明何用哉？清辩应用因明，成立有为无为一切皆空之宗，亦不过俯顺时尚，聊资破斥而已，即有千百万过，何所损乎？为此难者，亦可为不知言矣。

附注：

(1) 其实婆沙之说有，犹未若外道之定执为坚实恒常，即亦有其高明处，兹不具论。

(2) 欧阳竟无:《藏要》本《大智度论叙》。

(3) 大乘斥小乘为焦种败芽，是之为骂，然指行解偏执之人说，非谓佛所说法。

(4) 即说器世间情世间之组织及唯识变。

(5) 《三论玄义》云：有人言《成实论》明于灭谛，与大乘均致。罗什闻而叹曰，秦人之无深识何乃至于此乎？或者将据此以比附《成实论》于沉空。不知沉空者过分之谓也。罗什薄《成实》够不上说空，故叹秦会无识，细考三论家之破成实师可知。

(6) 熊十力:《佛家名相通释》第 1 页。

(7) 《佛家名相通释》第 2 页。

(8) 载《论学月刊》第 5 至第 8 期。

(9) 此指一切有部师，即萨婆多师，迦旃延尼子乃至《大毗婆沙论》之说也。

(10) 《顺正理论》破经部说，多是意气。

(11) 其实尔时世亲之思想，犹在徘徊不定之期，细读《俱舍》可知，明别。

(12) 即器世间情世间。

(13) 《成唯识论料简》卷三。

(14) 《成唯识论料简》卷三。

(15) 圆测:《解深密经疏》卷一。

(16) 法藏:《楞伽玄义》。

(17) 成立绝对相反之宗，而皆无过，无可奈何，列于不定。判是非时，仍恃现量，则因明无用矣。即此可以击破其一切理论。别明。

(18) 基师未能破顺憬师，别明。

(19) 成都徐季广先生，一一勘过而为此说。

关于空与有的问题

　　三性空有即真俗二谛空有的问题，是佛教教理上关键性的问题，也是性、相两宗争论不休的焦点所在。所谓关键性的问题，其中包括两个问题，一个是客观世界是否存在的问题；另一是是否符合佛教基本原理的问题，如《成唯识论》卷三云：

　　有执大乘遣相空理为究竟者，依似比量拨无此识及一切法。彼特违害前所引经，智断证修染净因果皆执非实，成大邪见。外净毁谤染净因果亦不谓全无，但执非实故。若一切法皆非实有，菩萨不应为舍生死精勤修集菩提资粮。谁有智者为除幻敌，求石女儿用为军旅。

　　这里所说的"拨"含有否定的意义。照《成唯识论》说，如果把阿赖耶识和一切事物都认为空无所有，完全否定了，那末世出世间的一切染净因果就不存在，我们每一个人的修菩萨行，证成佛果，就等于征用石女（不会生儿女的女人叫石女）的儿子去破幻想中的敌人一样，完全落空了。这是从客观世界是否存在的一个问题上来谈的。但如《菩提道次第广论》卷十八云：

　　《解深密经》立三自性是不了义。……唯识诸师除遍计执，不许依他及圆成实相无自性，故许彼二是有自相或有自性。正依《解深密经》，故许彼二是胜义有。佛护论师、月称论师，谓若有自相所成实体，则是实有，清辩论师等，唯尔不许是胜义有。

　　"不了义"就是不符合佛教基本原理的意思。因为佛教主张缘生性空，胜义谛中不应该实有自相或自性，所以依照中观派的眼光来看，唯识论师说依他起上离遍计执即圆成实，并许为胜义有，是不符合佛陀说法的本意的。这都是佛教教理上的根本问题，自然就引起不断的争论了。

　　亲光《佛地经论》卷四云：

　　声闻藏虽佛去世百年以后，即分多部，而菩萨藏千载以前，清净一味，无有乖诤，千载以后乃兴空有二种异论。又慧沼《成唯识论了义灯》卷一云：护法菩萨千一百年后方始出世，造此论释（按即《唯识三十颂释》。清辩菩萨亦同时出，造《掌珍论》。此时大乘方诤空有。

　　这都说明大乘佛教史上是有争执的，而且起于护法和清辩的空有之争。历来对于这个空有之争，有五种不同的看法。第一种看法认为这个争论要到弥勒菩萨下生成

佛才能解决。如《大唐西域记》卷十云：

> 婆毗吠伽（唐言清辩）论师，雅量弘远，至德深邃，外示僧佉之服，内弘龙猛之学，闻摩揭陀国护法菩萨宣扬法教，学徒数千，有怀谈议，杖锡而往。至波吒厘城，知护法菩萨在菩提树，论师乃命门人曰，汝行诣菩提树护法菩萨所，如我辞曰：菩萨宣扬遗教，导诱迷徒，仰德虚心，为日已久，然以宿愿未果，遂乖礼谒。菩提树者，誓不空见，见当有证，称人天师。护法菩萨谓其使曰：人世如幻，身命若浮，渴日勤诚，未遑谈议。人信往复，竟不会见。论师既还本土，静而思曰：非慈氏成佛，谁决我疑。于观自在菩萨像前诵随心陀罗尼，绝粒饮水，时历三载。……论师受命，专精持诵，复历三岁，初无异念，咒芥子以击石壁，豁而洞开。……论师跨其户而告众曰：吾久祈请，待见慈氏，圣灵警佑，大愿斯遂。……论师顾谢时众，从容而入，入之既已，石壁还合。

这当然是印度的一种传说，不能当作信史，而玄奘法师门下有用以指斥中观派的。

第二种看法是认为不可调和的。如《成唯识论学记》卷一云：

> 有说此二实有诤论，其诤云何？且有为中，《唯识》云：我法非有，空识非无，离有离无，契于中道，此遣所执（遍计所执性），存余二性（依他起性，圆成实性）。《掌珍论》云：……因缘力所生眼等，世俗谛摄，自性是有，不同空华全无有物，但就真性，立之为空。此存世俗，胜义皆宜。又无为中二说不同。……如《唯识》云：此识若无，便无俗谛。俗谛无故，真谛亦无。拨无二谛，是恶取空。《掌珍论》云：佛就世俗说有涅槃，如佛说有化生有情，许此有故，无违宗失，但就真性遮破择灭。以此为证，测等（按即圆测法师）传说实有诤论。

这种看法相当普遍，在西藏方面几乎成为一种传统的看法，而且以中观见为了义正宗。

第三种看法，如贤首法师《楞伽玄义》云：

> 清辩破违空之有，令荡尽归空，方显即空之有，因果不失。护法等破灭有之空，令因果确立，方显即有之空，真性不隐。此二大士，各破一边，共显中道，乃相成非相破也。"又义净法师《南海寄归内法传·序》云："所云大乘，无过二种，一则中观，二乃瑜伽。中观则俗有真空，体虚如幻；瑜伽则外无内有，事皆唯识。斯并咸遵圣教，孰是孰非？同契涅槃，何真何伪。意在断除烦惑，拔济众生，岂欲广致纷纭，重增沈结。依行则俱升彼岸，弃背则并溺生津。西国双行，理无乖竞。

都认为相反相成，异而无诤。

第四种看法则以为"语诤意同"，如《成唯识论学记》卷一云：

> 护法宗必举所执无，表离四句，空有等性，皆所执故。二性妙有，不全无故。由此说言，二空非真。……清辩菩萨举世俗有，离诸无，简诸真无，俗亦无故。二性妙

无，无所得故。……无所得者，离四句义。无著《般若论》云，四句皆是法执摄故。由此正理，元晓师等，语谛意同，为末代钝根之徒，依此诤论，巧生解故。

也是一种和会的意思。

第五种认为没有诤论。《学记》又云：

……《掌珍》所破相应论师（即瑜伽师）非为护法，护法菩萨《广百释》中破相应师亦同彼故。以此为证，顺憬师等传无诤论。

这种看法比以上四种近于实际。现在把护法《广百论释论》和清辩《掌珍论》中有关二谛空有的议论列表对照如下，借作说明。（原文此处有对照表，参见《略论空有之诤》，现略。——编者）

护法菩萨和清辩菩萨在二谛的空有问题上丝毫没有什么不同的地方，根本不会发生争论，更用不着和会。就是玄奘法师门下，对于二谛或三性空有的问题，在理论上其实也是没有什么偏执的地方。如窥基法师《成唯识论料简》卷三云：

比见学者所传，皆道真谛三藏所翻释论除依他性，失论所宗，隋朝、唐朝无此言故，世亲不无依他起故。此等评人非真，于义不融，亦未识其谛意。遣依他言，自论观境，非是法相，说依他无故。……又七十四（《瑜伽师地论》）复说云：若观行者随入圆成实自性时，当言除遣何等自性？答，依他起自性。……观本论（《摄大乘论》）意旨，皆于依他定心所行二觉渐次，除所能取。初观名等假有实无，以依他觉除遣所执；后观依他空无所有，圆成实觉除遣依他。

其次，中观家也并没有否定客观世界，如《中论颂》云："虽空亦不断，虽有亦不常，业果报不失，是名佛所说。"又《大智度论》卷三十七云："如佛此中自说诸法无有破坏者，不坏诸法相故。"又，卷三十八云："涅槃世间无别，小异不可得，是为毕竟空。毕竟空不遮生死业因缘。"从这许多论文可以知道唯识家说有，并没有违反佛教的基本原理；中观家谈空，也在于说明客观世界存在的原因。《中论》卷四云：

汝若破众因缘法第一空义者，则破一切世俗。何以故？若破空义，则一切果皆无作无因，又不作而作，又一切作者不应有所作，又离作者应有业，有果报，有受者。但是事皆不然，是故不应破空。复次，若诸法有定性，则世间种种相，天人畜生万物，皆应不生不灭常住不坏。何以故？有实性不可变异故，而现见万物各有变异相生灭变易，是故不应有定性。

这说明因为空故，客观世界才能形成，否则世界上的一切事物就应该常住不变或没有因果关系，那就违背客观世界的真实相状了。所以空与有是一个事物的两面，决不能隔开的。隔开了，倾向于"空"的一边就成为沉空或恶取空；倾向于"有"的一面就成为实有执，都不符合于离有无二边的不二中道。大乘佛教史上的空有之争，大概是从这里发生出来的。

那么，唯识家说"依他起上离遍计所执，即圆成实"，如何解释呢？这又要分为三层来说：一、如果说，圆成实的意义就是这样，而又不许观依他起为空，那就近于实有执的一面，不符合中道。二、如果说，唯识家的这种说法，违反性空的原则，那也是片面的看法，不合中道。因为中观家虽然竭力揭示性空的道理，而并不能否定世界的存在，也就是说，依他起性是不能不有的（不是实性的有，而是如幻如化不断变迁的有）。依他起性既然是有的，在那上面除去了我法二种遍计所执，顺符不二中道，当然可以说是圆成实性。《摄大乘论》无性《释》云："依他起上遍计所执永无，所显真如自性，当知是名圆成实相"，可以为证。三、圆测法师《解深密经疏》卷十三云："依《辩中边论》卷二，圆成实性有二种：一、无为，总摄真如涅槃，无变异故。二、有为，总摄一切圣道，于境无倒故。"依这种说法，说依他起上离遍计所执即圆成实，当然更没有问题。

又，唯识家这样说，和《辩中边论》说"虚妄分别有"，同样有其更重要的意义。记得《大智度论》卷十九说过：

> 菩萨以般若力故，能转世间为道果涅槃。何以故？三界世间皆从和合生，和合生者无自性，无自性故则为空，空故不可取，不可取相是涅槃，以是故说菩萨不住般若中。……不厌世间，不乐涅槃。

从证契实相到不离世间，不舍众生，当然是大乘菩萨行的唯一信条。但是一味从"空"上着眼，不免会逐渐趋向于消沉，脱离现实，所以《瑜伽师地论》卷三十六《真实义品》云：

> 宁如一类起我见，不如一类恶取空。何以故？起我见者，唯于所知境界迷惑，不谤一切所知境界，不由此因堕诸恶趣，于他求法求苦解脱，不为虚诳，不作稽留，于法于谛亦能建立，于诸学处不生慢缓。恶取空者，亦于所知境界迷惑，亦谤一切所知境界，由此因故堕诸恶趣，于他求法求苦解脱，能变虚诳，亦作稽留，于法于谛不能建立，于诸学处极生慢缓。如是损减实有事者，于佛所说法毗奈耶甚为失坏。

我们把佛教徒修行精进和懈怠的情况对比一下，可以知道《真实义品》这一段话，每一个字都是非常吃紧的。因此更可以知道相宗的所以特标有义，为的是打破沉空滞寂的偏执，启发佛教徒的积极精神，努力从一切学处，利乐有情。这是我们现在应该认真学习和依教奉行的。

（原载 1955 年《现代佛学》12 月号）

试谈空有之诤的焦点所在

佛教唯识学和中观学的争论已经很久很久了。历史也出现过调和论，但是，争论始终是一种不可避免的事实。要说明这种原因，应该说的方面是很多的，不过基本的方面却不很多。现在仅就基本方面之一来试着谈谈。

唯识和中观之争，习惯上也叫空有之争。从两家的论点上讲，两家争论来，争论去，双方认为最要紧和最需要争的，就是诸法有自性还是无自性的问题。这一争论表现在两家对立的一切方面，两家其它许多方面的议论都是围绕这一问题，为这一问题服务的。因此，我们把这一问题叫做空有之争的焦点所在。

试谈这一问题，先从唯识家的主张谈起。

一、假法必依实法

"假必依实"是唯识宗成立依他起性和圆成实性实有的重要理由之一。《瑜伽师地论》第三十六卷《真实义品》里说：

有二种人，于佛所说法毗奈耶俱为失坏：一者，于色等法、于色等事谓有假说自性自相，于实无事起增益执；二者，于假说相处、于假说相依（的）离言自性胜义法性，谓一切种皆无所有，于实有事起损减执。

《论》继续叙述"损减执"的内容说：

譬如要有色等诸蕴，方有假立补特伽罗，非无实事而有假立补特伽罗。如是，要有色等诸法实有唯事，方可得有色等诸法假说所表，非无唯事而有色等假说所表；若唯有假而无实事，既无依处，假亦无有。……

《解深密经》关于三自性的假必依实的道理，也说得简明。《经》第二卷《无自性相品》说：

若于分别所行、遍计所执相（的）所依行相中假名安立以为色蕴，或自性相或差别相……是名遍计所执相。

若即分别所行、遍计所执相（的）所依行相，是名依他起相。

若即于此分别所行、遍计所执相（的）所依行相中，由遍计所执相不成实故，即此自性无自性性法无我真如清净所缘，是名圆成实相。

凡是"假"的事物，它本身没有存在的根据，必须依赖别的实有的事物，它才能够存在。譬如说，一定得有离言的、"实有唯事"的青色，我们才能够安立似有唯假的青色而说"这是青色"；如果事实上根本就没有离言的青色的自体，我们言语上所表明的青色就失掉了立足点，就无从安立。由此可以看出：知识不够丰富的人，由于看不到"实际青色的唯事"和"假名青色的诠境"的区别和联系，因而把依着"唯事"而安立的"诠境"直接看成是实有的——这虽然是错误的，但作为假法所依的唯事是实有的，却完全是事物的本相。

为什么把实际的事物叫做"唯事"呢？"唯"字是个简别词，它是用来简别"显境"和"表义"两种名言的。唯事的本身是存在的，它的存在是自相的存在，所以它是真、是实有、是离言的；名言的诠境不是自相的有，它不过是依赖于唯事而产生的名言假象，所以它是假，是名言安立的。这种唯事和诠境、实有和假立的关系，就好像第一月和第二月、真月和假月的关系一样，必须有晴空的第一真月，才有依赖现于这个真月而现于净水中的第二假月。

由此可以看出：诠境唯假，唯事为实，这就是"假必依实"。实有唯事是依他起自性，就在依他起自性上没有名言唯假所显的真理，就是圆成实自性。如果依他起自性的离言唯事性是不可动摇的，圆成实自性也必然是实有的和离言的。

由此可以得出结论：依他起自性和圆成实自性是实有的，而"假必依实"就是这一结论的有力证据。这就是唯识宗在"假"、"实"问题上的基本的看法。

二、如幻是在说明实有

但是，唯识宗不是主张依他起性是如幻的吗？既是如幻的，怎么又是实有的呢？

"如幻"是个譬喻，声闻乘学者和中观宗学者都引用这个譬喻，不独是唯识宗的学者。同样的譬喻，但是引用它的人们各自所要说明的主要意思是不同的：声闻乘学者是想用如幻的譬喻证明一切有为法的无常性；中观宗的用意在于直接表明一切有为法和无为法的当体就没有胜义自性；至于唯识宗，它既不是为了证明无常性，又不是直接表明什么法都没有胜义自性，而主要是为了说明"二取空"。

二取空是什么意思呢？"二取"就是"能取"、"所取"，"空"就是说没有它们。唯识宗宣称：能取和所取并没有独立性和实有性，它们是依赖于实际上不是异体的能取、所取的实有唯事，并由于"二取习气"的种子力量而显现的假相，这种假相表现为似乎彼此独立的能取和所取，并且似乎是实有的；其实，二取假相是完全没有的。但是，二取的没有和依他起性的实有并不矛盾；二取没有，并不影响依他起性的实有，而且正是在依他起性实有自体的基础上，才表现为似乎实有而并不是实有的二取假相。唯识宗说，于依他起性上全无二取，就是胜义谛。

为了使人对于"无义（外境）唯有识"见（《摄大乘论》卷二《所知相品》）和无二取唯有依他起性的理论消除疑惑，唯识宗就引用如幻的譬喻。《大乘庄严经论》说：

如彼起幻师，譬说虚分别，如彼诸幻事，譬说二种迷。释曰："如彼起幻师，譬说虚分别"者，譬如幻师依咒术力变木石等以为迷因；如是虚分别依他起性亦尔，起种种分别为颠倒因。"如彼诸幻事，譬说二种迷"者，譬如幻像金等种种相貌显现；如是所起分别性亦尔，能取、所取二迷恒时显现。

如彼无体故得入第一义，如彼可得故通达世谛实。释曰："如彼无体故得入第一义"者，"如彼"谓幻者幻事无有实体，此譬依他分别二相亦无实体，由此道理即得通达第一义谛。"如彼可得故通达世谛实"者，"可得"谓幻者幻事体亦可得，此譬虚妄分别亦尔，由是道理即得通达世谛之实。（常州天宁寺版卷四第 12 至 13 页）

唯识宗就是这样分别胜义谛和世俗谛的。于依他起性上全无二取自体，是胜义谛；于依他起性上由虚妄分别见有可得，是世俗谛。这样讲胜义谛和世俗谛，避免直接说到依他起性的本身，所以这里的二谛论并不能说明依他起性本身是无自性的。

再看《摄大乘论》说如幻喻的话：

复次，何缘如经所说，于依他起自性说幻等喻？于依他起自性为除他虚妄疑故。他复云何于依他起自性有虚妄疑？由他于此有如是疑。云何实无有义而成所行境界？为除此疑，说如幻喻。……（金陵刻经处版卷二第十页）

世亲菩萨解释道：

为此义故，于依他起说幻等喻，今当显示。此中虚妄疑者，谓于虚妄依他起性所有诸疑。为治此疑，说幻等喻显依他起。若实无义（无外境），云何成境？为治此疑，说幻事喻显依他起。譬如幻象，虽无实义，而成境界。义亦如是。……（金陵刻经处版世亲《摄论释》卷五第五页）

宗喀巴大师在引了《摄大乘论》说如幻等八喻的前二种后指出：

即（使）以幻事作"不实"喻，亦须分别中观、唯识于"不实义"引喻

之理，勿令紊乱。（法尊法师译、汉藏教理院刻本《辨了不了义论》卷二第七页）

唯识宗引如幻一喻，并非直接作为"不实义"的比喻，即使是作为不实义的比喻，也必须分析一下，看他是在说明事物不实呢，还是在说明事物的"自性"不实？正好，唯识大师世亲菩萨自己就表明了，他们"说幻等喻"，是在"显依他起"，即在说明依他起是离二取而独自存在的。

由此可见，如幻所"如"的"不实"的部分，并不是直接指的依他起本身，而是指的在依他起性上面幻现起来的二取假相。因此，说依他起如幻，正是为了证明依他起实有，在唯识宗来说，这里并没有"自语相违"的毛病。

三、实有的主体和内在根据

"自证分"，在唯识宗的一部分大师看来是非常重要和绝对需要的。因为要进一步证明远离能取、所取的依他起性是实有自性的，没有别的办法，只有靠自证分的力量；必须有自证分证明实有依他起，依他起能作二取的基础的假必依实的意义，才是确然无疑的。

但是，怎么样知道有自证分呢？自证分是什么东西呢？它是通过什么关系来证明依他起实有自性呢？成立自证分的大师们说：

首先，我们每一个人在现实活动中，都必然有回忆的知识。其次，我们的心识在了别这种了别事物的时候，必须同时另有能够了别这种了别事物的能知本身的活动，才能在了别事物以后引生能知心识本身的回忆。再其次，这种同时能够了别"能知"的心识，必然就是这个"能知"的"自体分"；这就是说，一个能知体，一部分（这是从生部分）了别事物，另一部分（这是主体部分）了别自己，前者叫"见分"，后者叫"自证分"。最后，因为有自体分来对"能知"本身当时了别事物的活动加以证明（了别），从而引生后来的回忆（念），所以说，离开二取，必有依他。

他们进一步详细解释道：我们每一个人了别一种事物，不但当时能够了别它有，而且后来还能够回忆起当时的所了别、能了别和了别的过程，这是大家知道的事实。根据这个事实，我们唯识家觉得，如果当时没有同时了别内识自己的"了别活动"的自体，我们后来在回忆前情的时候，就不可能回忆能了别自身。譬如，当灯发光的时候，并非渐次地先照了东西，再照它自己，而是连自己和事物同时俱照的。我们的眼识生起的时候，也是同时既了别青色，也了别自体的，因此，我们过后才不但有"曾见此"、"如此见"的回忆，也有"我曾见"

（请注意，这里并不是说唯识家是说自证分是我）的回忆。

为什么一定说因为我们有这样的回忆，所以就必然有自证分呢？

《成唯识论》卷五说：

云何为念？于曾习境令心明记不忘为性，定依为业。……于曾未受体类境中，全不起念。……有说心起必与念俱，能为后时忆念因故。彼说非理：勿于后时有痴、信等，前亦有故；前心心所或想势力，足为后时忆念同故。

这里主要说明：一、要以前经过的事，才能回忆。二、引生忆念的力量是"心等取境已熏功能在本识中，足为后时有忆念因……或想取像胜故为因，生后时念足得"（《唯识述记钞秘蕴》卷六十五）。窥基大师在解释"有说心起必与念俱……"一节时说：

……若尔，如自证分为后忆念因知前亦有，念亦应尔者，不然！心许前有体之上更立用，今已不许前有念体后念等生，何以得以念例于心也。

灵泰法师的《疏钞》解释道：

如自证分为后忆念因者，《唯识论》上下有三处说。初、第一卷后心心所法熏习力故，能为忆念因。二、即如立自证能为后时忆念因。三、即如此中论文想为忆念因。

以上均见《唯识述记钞秘蕴》卷六十五。灵泰法师第二点是指的什么地方呢？《成唯识论》卷二说：

达无离识所缘境者，则说相分是所缘，见分名行相，相见所依自体名事，即自证分（自体分）。此若无者，应不自忆心心所法，如不曾更境，必不能忆故。

窥基大师解释道：

……言所依者，是依止义，谓"相"离"见"，无别条然各别自体。此二若无一总所依者，"相"离"见"应有，是二法故，如心、心所。然无别体，但二功能，故应别有一所依体，起二用时由有此体。故言"相"、"见"（的）自体名事，即自证分。

……谓无自体分，应不自忆心心所法。所以者何？如不曾更境，必不能忆故。谓：若曾未得之境，必不能忆。心昔现在曾不自缘，既过去已，如何能忆？此已灭心，以不曾为相分缘故。（《唯识述记钞秘蕴》卷三十三）

这说明了：一、相分和见分没有单独的自体，它们不过是自证分这一个总体的两种不同的功能而已。二、证明自证分实有的理由，就是后时有能够自忆心心所法的念。如无自证分，要想回忆心心所法是不可能的。

关于以念来成立自证分是实有的这一点，灵泰法师说得很清楚：

已灭心者，即是见分。即此中意说：若相分曾被见分缘，其见分后时重见相分时能忆；相分曾不被见分缘，后时见分不能忆相分。此见分亦尔。若见分曾被自证分缘，自证分后时能忆已灭见分；若见分曾不被自证缘，后时自证不能忆已灭见分。(《唯识述记钞秘蕴》卷三十三)

从以上所引各节可以知道唯识宗向来被称为正统派的大师们主张（不能孤立地看待这种主张，从唯识学的发展看，它和唯识宗其它派是有关系的，这里不能详论），一定得有"自证分"。没有自证分：相、见二分就无所依处，相、见二分就各有自体。相见二分各有自体，就要妨害"唯识"的理论。

至此，我们可以进一步谈到自证分的实有和必要。

《成唯识论》卷二在总结初能变识（第八阿赖耶识）的因相、果相和自体相的三相时说：

初能变识体相虽多，略说唯有如是三相。

窥基大师在这个地方明确地指出：

以自证分但有三义，略说三相。(《唯识述记钞秘蕴》卷二十六)

为什么讲到初能变识的三相，要把它们归结到阿赖耶识的"自证分"上来，而不是其它几分呢？灵泰法师说明了：

以自证分但有三义者，问：何不相、见分、证自证分是识体法持种也？答：若证自证分，即是义用说有也，故不能缘所缘重果之中即假说有证自证分，故此中持种即不用证自证分也。(《唯识述记钞秘蕴》卷二十六)

初能变识在四分中只有"自证分"才是受熏、持种的主体，窥基大师在解释《成唯识论》关于"种子"依附识体的问题时，说得很明显：

第五、有漏种子依本识何分？即是四分分别门也。此"种"虽依实异熟识体，即是依于"自体分"也。亦非见分，见分一向缘前境故，是自体分义用别故，非受熏故。此言种子依识自体，自体即是所受熏处。不可见分初受余熏，种后便依自体分住。(同上卷二十七)

因此，我们不能把唯识家的依他起性笼统地理解为"依他众缘而得生起"的意思，这样就容易同中观宗讲的"缘起"的意义相混。唯识家的依他起性是有它特定的主体或核心的，这依他起的核心就是第八、初能变、阿赖耶、根本识，而四分中的自证分又是这个根本识的自体。如果离开阿赖耶识和它的自证分，就无法说明唯识家的依他起性究竟是怎么回事，也无法说明依他起性在"唯识"学上的重要地位，因为唯识家在假实问题和因果问题上都以依他起性为中心。这样，从假实问题和因果问题上讲，唯识家既主张"假法如无"(《成唯识论》卷二)、假必依实，既主张要有受熏、持种的主体，才能建立缘起因果，因此，说明自证分的实有和必要是有头等意义的。值得特别注意的是：作为依他起性的核心的阿赖耶识的自证分，它是远离能取、所取的；它可以现起相分和见分，但它的存在并不依靠相、见二分；自证分又是引起心心所法的后念的重要原因。这说明自证分的存在是神秘的，它是自相有，它是最根本、最实在的，因而是最重要的东西。

四、自证分并不是靠山

现在我们来看看中观师的观点吧。

中观师不认为一切法是自相有——有胜义自性，他们否认唯识家依他起性是自相有的说法。否认的主要方法之一，就在于挖掉唯识家作为依他起核心的初能变识的自证分。

中观师认为唯识家的自证分是不能成立的。月称论师《入中论》卷三颂说：

彼自领受不得成，若由后"念"而成立，立未成故所宣说，此尚未成非能立。纵许成立有自证，忆彼之念亦非理，他故如未知身生，此因亦破诸差别。由离能领受境识，此他性念非我许，此更是依世言说，故能忆念是我见。是故自证且非有，汝依他起（识）由何知？……

《入中论》问：你们的"依他起识"由什么东西证明是实有的。答：由自证分（即自己领受自己的识的自体）证知。中观师说，你们的自证分更是个不可知的东西了，你们还想用"念"来成立自证分实有！但是，你们的自性实有的"念"根本不为我所承认，何况自性实有的自证分。自证分先未得我共许，"念"又同自证分一样而有实性，我们也不承认它。这样，"能立"、"所立"、"能别"都有过失。

中观师说，我们姑且让步，假定如像你们所说，人们的心知同时有了别境界的见分和证知自己的自证分，但是你这个自证的力量仍然不能引生后时忆心心所法的念。为什么呢？因为你们前时的自证分和后时的念，并不是平平常常的自证分和平平常常的念，而是实有自性的自证分和实有自性的念。如果前时能知的识和后时能忆的念都是实有自性的，那么，自性的前识和自性的后念截然独立，互成"他"性，两个各自独立实有的自性的"他"，能有什么关系呢？很明显，什么关系也不会有的。例如，甲和乙互为他性、各自独立，甲身所经过的事，乙身没有经过，乙身就不能回忆它的状况和性质。难道你能设想，两个人的经验，各自不能互忆，而一个人的经验，实有前识就能引生实有后念吗？当然，你是会这样设想的。但问题不在于一个人还是两个人，而在于是否自性实有之他。

在"自性他故"这一理由面前，任何因果关系都不能成立，包括所谓前识引生后念的因果关系在内。但是，事实上一切事物是有因果关系的，这是为什么呢？这是因为因也好，果也好，它们都不是自性独存的他性，而是相待相成的缘起法。譬如说，在你们唯识家看来，当眼识看青色的时候，须由远离二取的眼识成立青色，即由明净的眼识取得青色的自相，才可成立青色是有；须由这个能成立青色境为有的眼识同时成立眼识自体，即同时自己了知自己的存在；由于有这种自体成立自体的力量，才能引生后时能回忆那当时能见青色的眼识的"念"。但是，由于观察到你们的前时境、识和后时念都是自性他，而不符合于因果关系的事实，我们才主张：前时的青色和眼识都是相依有而不是自性有，它们都没有常存不变的自性。在境、识无自性的前提下，见青色的眼识不必另于见色之外同时证知自体，就是由这无自性眼识了别无自性青色的力量本身，就能够成立见青色的无自性眼识。这就是说，"眼识见色"这件事实本身，就已经说明了眼识的存在。同时，就是由这能成立青色便成立见青眼识之力，后来如果回忆青色，也就回忆见青的眼识。不要以为因为后时有忆念，前识就有自证分，须知后念是缘起法，前识也是缘起法，无性缘成的法，能了别也能回忆，只要不把它们看成是各有实性、互不相干的法，这是容易理解的。

或者你们唯识家会说：我们主张有自证分，但是不主张自证分是实有自性的，这该对了吧？中观师说，如果真是这样，这对于你们来说，还有什么意义呢？因为事实是这样，如果你们放弃"自性"这个东西，你们的自证分就没有什么用处了。正因为觉得能知的识和所知的境都有自性，都是实有，所以才觉得自性实有的能知的力量只局限于了别自性实有的境界，不能即以证知境界的事实证明能知本身的存在，而须另有自证分来证明能知。这就是说，依我们看来，如果当真放弃自性实有的见解，主张有自证分就没有必要了。难道你们承认自己提出一个主张是没有任何目的和作用的吗？而且，事实上你们并没有放弃这种见解，相反地你们的一切理论，都受着自性实有这一基本观点的支配。

五、我们要无自性才能缘起

中观师说，我们要特地讲一下"自性"这个问题。

"自性"并不是简单地代表一种事物，也不是"自相、共相"的那个自相。说某物是自性有，并不只是等于说某物有；说某物是自性无，也不等于说某物没有。龙树菩萨在《中论》中对于"自性"的定义说得很明白。《中论·观有无品》里说：

若诸法有性，不应从众缘出。何以故？若从众缘出，即是作法，无有定性。……如金杂铜，则非其金；如是，若有性，则不须众缘；若从众缘出，当知无真性。又性若决定，不应待他出，非如长、短，彼此无定性故，待他而有。……若诸法决定有性，终不应变异。何以故？若定有自性，不应有异相，如上真金喻。今现见诸法有异相故，当知无有定相。

《十二门论》的《观性门》中也有同样意义的简略说明，这里不另引出。

从《中论》中可以看出"自性"有三个特征：

一、无造作性——是自有的

二、无相特性——是独立的

三、无变异性——是常存的

这样，自性就是抽象的、神秘的和不可知的东西，它并不是普通的事物，因为它是自有的、独立的和常存的。

事实上有没有这样的自性呢？没有的。一切事物是不是用这样的东西作为自己的本性呢？不是的。任何事物，只要它当真是一个事物，它就只能是事物，而不能是有自性的事物，只能是有，而不能是自性的有，只能存在，而不能带有自性地存在。在这里，有和有自性，无和无自性的界限，一点也不能含糊，一含糊，就会破坏一切事物的相依相成的因果关系。相依相成就是缘起，缘起法的当体就是无自性，缘起和无自性在"因明学"上是互为"能立"的。佛陀把无自性的缘起法的生灭的规律，表述为这样的公式说：

此有故彼有，此无故彼无；此生故彼生，此灭故彼灭。

像前面《中论》所举的长和短的例子说，由于长和短都没有自性，长、短才能相待而有，即长之所以为长，不是有个长的自性，而是因为有短作比较；短之所以为短，也不是有个短的自性，而是因为有长作比较。实事师们不从长、短之间的相互关系来理解长和短的存在，而是在说到长的时候就不顾短，在说到短的时候就忘记长，而是只从长和短的本身去寻找长和短各自独立实有的根据，于是就有所谓长的自性和短的自性。事实上，如果真是长短各有自性，长自为长，短自为短，我们就不能说待短名长、待长名短，长、短之间就没有任何联系。这样，长和短就不是"从众缘出"，即不是缘起法，在长短之间就看不出"此故彼"的规律了。

实际事物并不是这样。实际一切事物都是循着"此故彼"和"彼故此"的规律生生灭灭、有有无无的。因此，没有一个事物是有自性的，也就是没有一个事物不是缘起的。

六、你们的缘起有自性

有人要问：唯识家也讲缘起，为什么说他们是主张实有自性的？我们的答复是：不但唯识家讲缘起，声闻学者也同样讲缘起。但是，问题不在于你讲不讲，而在于你怎么讲。

得先请你看看《瑜伽师地论》第三十六卷《真实义品》的一段话：

云何名为恶取空者？谓有沙门或婆罗门，由彼故空亦不信受，于此而空亦不信受，如是名为恶取空者。何以故？由彼故空，彼实是无；于此而空，此实是有。由此道理可说为空。若说一切都无所有，何处、何者、何故名空？亦不应言，由此、于此即说为空。是故名为恶取空者。

云何复名善取空者？谓由于此彼无所有，即由彼故正观为空，复由于此余实是有，即由余故如实知有，如是名为悟入空性如实无倒。

这里的"空有论"很显然是不能适用中观式的"此故彼"、"彼故此"的逻辑的。这里的逻辑是：

于此由彼，于此由余；由彼故空，由余故实。

事物的有和无，中间没有相依的关系。于此无彼，并不是因此无彼，彼之有也好，无也好，完全是它的自性决定的，和于此的此毫无关系，和于此的此以外的任何事物更没有关系。"何处、何者、何故名空"，这是很尖锐的提法。用《瑜伽师地论》的术语讲，"唯事"是"处"，"唯假"是"者"，于此唯事处因为没有彼唯假，所以才说名为空，这是"故"。试问，这里的"者"和"处"在有、无问题上能有什么关系呢？

但是，唯识家正是在这样的基础上来讲缘起的。

《解深密经》第二卷《一切法相品》说：

云何诸法依他起相？谓一切法缘生自性，则此有故彼有，此生故彼生，谓无明缘行，乃至招集纯大苦蕴。

猛一看，唯识宗所依据的这部根本经典不是也正是在讲"此故彼，彼故此"的缘起法则吗？是的，它是在讲缘起法则，但如前所说，问题的症结在于它是怎么讲的。如果把这段话和本经前后各处联系起来分析它在缘起论上的中心论点，就会发现这里所说的"此"和"彼"是有它的特殊内容的。本经第二卷《无自性相品》说：

当知我依三种无自性性密意说言"一切诸法皆无自性"。所谓相无自性性、生无自性性、胜义无自性性。善男子，云何诸法相无自性性？谓诸法遍计所执相。何以故？此由假名安立为相，非由自相安立为相，是故说名相无自性性。

云何诸法生无自性性？谓诸法依他起相。何以故？此由依"他缘力"故有，非自然有，是故说名生无自性性。……

胜义生！当知我依相无自性性密意说言"一切诸法无生、无灭、本来寂静、自性涅槃"。何以故？若法自相都无所有，则无有生；若无有生，则无有灭；若无生、无灭，则本来寂静；若本来寂静，则自性涅槃，于中都无少分所有，更可令其般涅槃故。……

彼诸有情，于依他起自性及圆成实自性中随起言说。如如随起言说，如是如是由言说熏习心故、由言说随觉故、由言说随眠故，于依他起自性及圆成实自性中执着遍计所执自性相。如如执着，如是如是于依他起自性及圆成实自性上执着遍计所执自性，由是因缘，生当来世依他起自性。

《经》第一卷《心意识相品》中说：

如是广慧！由似暴流阿陀那识为依止、为建立故，若于尔时有一眼识生缘现前，即于此时一眼识转；若于尔时乃至有五识身生缘现前，即于此时五识身转。

我们现在来看看这些经文说的是什么意思。

既然说遍计所执相"非由自相安立为相"，因而叫做相无自性性；既然说"若法自相都无所有，则无有生"，而依他起相（如前说，依他起相有它的核心体，依他起相并不是个普通的"谓语"或形容词，即并不是泛泛地所谓"依他众缘而得生起"的意思，注意本经所说三个"由"的因缘和生"当来世"依他起自性等处可知）仅仅是由于如果缺乏助缘（即经说"生缘现前"的生缘），它本身就不会生起，因而叫做生无自性性。那么，很明显，这就是说，凡是没有的（如遍计所执相），就是因为它根本没有自相；凡是有的（如依他起相），就是因为它本来就有自相，或本来就是自相有。不过虽然本来有自相，还不一定生起，当这种自相有的东西要生起的时候，还需要别的条件来帮助它，如果缺乏必要的助缘，这种自相有的东西是不会自然而然地生起的。生是这样，灭也是这样。如果根本没有自相（如遍计所执相），那还灭什么，"于中都无少分所有，更可令其般涅槃故"。

这不很清楚吗：有是自性有，无是自性无，生是自性生，灭是自性灭。

由此可见，唯识宗的缘起论是"此由依他缘力故有，非自然有"。此由依他的"此"和"他"都是有自性的，因为只有"非由'自相'安立为相"的遍计所执相才是没有自性的，而没有自性的就根本谈不到此不此、他不他、缘不缘和生不生。上面说唯识宗缘起论"此故彼"的"此"和"彼"有特殊的内容，这个内容就是"自性"（自相）。"此"依他起法虽然没有"他"缘作助就不得生，但是这和它本身是自性有却毫无关系。

到此，我们可以看出：历来空有之争（即中观和唯识之争）的焦点所在，就是一个以为，说有就须有自性，说无就是连事物也无；一个以为，说有不必有自性，说无不是连事物也无。作者认为，这是中观宗和唯识宗争论不止的最根本的矛盾。据作者的看法，这一根本矛盾，它们两家是无法取得一致的，除非任何一方愿意放弃自己的主张。当然，除开这一点（我们称为争论的"焦点"），还有其它争论，但那都是一些枝末的争论，因为那些争论是在争论事物有自性和无自性（请注意，不是泛泛地有事物和无事物）的基础上进行的。如果没有这一根本的分歧，其它的争论是不会发生，或者是容易解决的。

最后，本文所述，只是作者个人的看法和体会，只是一种"试论"，因此就难免有错误，我们诚恳地希望大德指正。还有一点，唯识和中观二家虽然是对立的，但它们仍然有共同点，而且在某种意义上说，共同点还不算小。特别是，研究"空有问题"还应该注意其它许多方面，才有可能把问题真正弄个明白，但这一切，本文都没有涉及。

（原载《现代佛学》1956 年 8 月号，署名胜音）

唯识甄微

晚近学术界有二弊：一曰横通，二曰抹煞。横通者强人以就己，说愈多而学愈无；抹煞则弃智任情，划地自限，唱愈高而距理愈远，皆非文化前途之福。治唯识学者亦然。

唯识之唯有三义，"不离"、"特殊"及与"唯独"，而"唯独"为根本，"不离"，"特殊"皆其筌蹄。或者乃谓一切法不离识故，说识名唯；非谓唯有识故，方置唯言。又谓：识能了境，力用特殊说识名唯，非唯独义（考韩清净《十义量》、熊十力《新唯识论》等）。执指弃月，数典忘祖，何有于佛学？于是无著《摄论》之后以至于世亲、护法，皆为佛法之罪人。

夫独尊能变（即识），佛佛道同，经论明文，未堪抹煞。设以为不然者，提理驳斥，蹴而弃之，则亦未为不可，乃必曲为之解而自以通，窃为明达者所不取。爰忆旧闻，略为证引，所以显示佛家之本来面目，为学术界作参考，非有所憎爱于其间。

佛在世时，尊者舍利子所造《集异门足论·三法品》第四之三云："三欲生者，有诸有情乐受现前诸妙欲境，谓人全天一分。或乐受自化诸妙欲境，谓乐变化天；或乐受他化诸妙欲境，谓他化自在天。乐受自化者，谓乐变化天，造作增长如是类业，彼由此业，随所受业化作种种男女等事而自娱乐，谓若天女化作天男而自娱乐，若诸天男化作天女而自娱乐等。乐受他化者，谓他化自在天造作增长如是类业，彼由此业与诸他化自在天，虽同一类身而有胜劣，诸下劣天子，化作种种色香味触诸妙欲境，令高胜天子于中受用。"又佛在世时，尊者大迦旃延所造《施设足论·因施设门》第十一云："佛所化人，妙色端严，语时能默，默时能语，而彼声闻所化之人，虽复色相端严，然能化之者语即能语，默即还默，不自在故。问：所化之者，可说其四大种或不具耶？说所造色或不说耶？答：其四大种，说所造色。"又龙树所造《大智度论》卷六云："问：不应言梦无实，何以故？识心得因缘便生，梦中识有种种缘，若无此缘，云何生识？答：梦中见人有角，或身飞虚空。人实无角，身亦不飞，故无实。问：实有人头，余处亦实有角，以心惑故见人头有角，实有虚空亦实有飞者。以心惑故自见身飞，非无实也。答：虽实人头及角等，但人头生角者妄见。问：或余国人头生角。答：若余国人有角亦尔，但梦见此国所识人有角则不可得，以是故梦中无而见有。汝先言无缘云何生识，虽无五尘缘，自思惟念力转故法缘生。若人言有二头，因语生出，梦中无而见有，亦复如是，诸法亦尔。诸法虽无，而可见可闻可知，如偈说如梦如幻，如犍闼婆。一切诸法，亦复如是。以是故说诸菩萨知诸法如梦。"又卷二十九云："三界所有，皆心所作。何以故？随心所念，悉皆得见。"是皆心能变生大种、造色，亦即世间所执之外境，一切皆由心造之明文也。

《增一阿含经》卷五十云："心为法本，心尊心使（此谓心为尊故使役一切）。"又《杂阿含经》卷三十六云："心持世间法，心拘引世间，其心为一法，能制御世间。"是皆独尊能变，又以之统摄诸法之明文。其余如《大般若经》卷三、卷三百七十九、卷三百九十六、卷四百〇二，《华严经》卷七、卷八、卷十九，《涅槃经》卷四十，《中观论·颠倒品》（考吉藏《中论疏》卷二十二，《百论疏》卷十）等，皆说一切唯心造，而犹可为常徒之所附会，故不具引。今且本此以论世亲、护法等之唯识义。

《成唯识论》卷一云："蕴处界等相，皆依识所转变而假施设，变谓内识转似外境。（《述记》云：相分体性虽依他有，由见变为故名唯识。此相分体实在于内，不离于识，妄情执为似外境现，实在内也）故心心所决定不用外色等法为所缘缘。由此应知实无外境，唯有内识似外境生。是故契经伽他中说：如愚所分别，外境实皆无，习气扰浊心，故似彼而转。"（《述记》云：引厚严经颂证法唯识无心外境，由妄习力似外境现，实但内心。）此明宗段文也，转似之言，最难得其确解，兹为决之。夫心心所既决定不用外色等法为所缘缘，则相分影现，决定非如镜中之影。必待当前有物而后始现，故似者，非似外境之谓也。似既非似外境，即无外境可得而似之，则转似者，转变而宛尔有境现也，故称之曰内。梦中宛尔见有山河大地，梦者不知其变现之由于自心而执取驰求之，是为似外，似外非外，实即内境，内境由见变为，故名唯识。唯识者，唯独有识也。

又《成唯识论》卷二云："阿赖耶识因缘力故，自体生时，内变为种及有根身，外变为器。即以所变为自所缘，行相仗之而得起故。……谓异熟识由共相种成熟力故，变似色等器世间相，即外大种及所造色。虽诸有情所变各别，而相相似。处所无异，如众灯明各遍似一。……有根身者，谓异熟识不共相种成熟力故，变似色根及根依处，即内大种及所造色。"此中阿赖耶识因缘力故者，《述记》谓亲因种及业缘种。亲因种故有自体生，共不共相种成熟力故有业缘种。共相者，《述记》谓多人所感，不共相可知。自体者，对相见二分之显现于外者说，即自证分。此意盖谓众多阿赖耶识亲因种转变时，各各自证分生而趋向于同一步调，如众灯明，各遍似一者，即宛尔有山河大地、日月星辰等出现，是为器世间，有根身之成，准知。基师译此，开为生变、缘变二类。生变即因能变，谓种生现，现生种，种生种。缘变即变现义，是果能变，唯取影像心上现者。然影像相缘有生心，无有无缘而得起者。《述记》中虽又许缘本质法不必缘有生心，而唯举缘过去未来为或无之例，似与《大智度论》之说：无五尘缘，自思惟念力转故法缘生者相违，则晦转变成色之微旨矣，故不从之。

或曰：《成唯识论》参揉楷定于基师，《述记》所明，类皆禀承奘师之传述，何得以为缘变之说，晦塞转变成色之微旨乎？答曰：吾闻之谙习所载佛典者言：基师持说，敢于变古：即以灵泰《疏抄》所记基师门人驳倒基师之论天界者论之，知其未尝无臆测轻忽之论。《成唯识论》卷七明所变中，引《阿毗达磨经》云："成就四智菩萨能随悟入唯识无境……谓已证得心自在者，随欲转变地等皆成，境若实有，如何可变？"《述记》云："第八地菩萨已去，任运实变大地等为金宝令有情用，故境随智转，所欲皆成。"《义演》云："转换本质，变大地等为宝金银，余人皆得受用之。"此亦能转变成色之明文也。基师好为支曼之词，反不直显玄要，此治唯识学者所共知。

或曰：地藏指庭下片石问法眼云：上座寻常说三界唯心、万法唯识，且这些石在心内，在心外？法眼云：在心内。地藏云：行脚，著什么来，安片石在心头？法眼窘无以对。又有僧问某大德云：和尚平常说三界唯心，万法唯识，是么？某大德云：是。僧云：与我变块黄金来，某大德即置。是则心能转变成色之说，此土古德所不取也！或曰：地藏设机陷虎，某大德棉里藏针（此指宗门机语）。宗门活泼，与夺入神，岂得以私心凑拍，论其从违。然此正是今人解不及处，当别为专论明之，兹不赘。如上所述，已足证明佛家言境，实唯识变，是故全境是识。全境是识，则唯有识，而或者昧焉乃谓："法相要典，自《大论》迄于《中边》，《杂集》、《百法》、《五蕴》，皆以识与诸法平列而谈，未尝尊识以统摄诸法，故以不离特殊之义，诠"唯"为尽理。世亲、护法组成系统严密之唯识论为定本。言伪而辩，亦不可以不论。

夫器世之成，由于多人共变，故有多人共受用义。多人共受用者，不因一部分人之半途而废，即失其全部受用之价值。是故虽有千万人一时俱亡，而山河大地日月星辰之存在如故，浅人无知，即执此以为实有外境。验之事理，此共成境，似亦有外识同存之理，故虽藉识了别始得显其相状，而实能限识，乃至成就识之了别。设于此中不更审思明辨，唯识之义，终难通达，于是特殊不离云云，乃有其成立唯识之价值。盖外境似有独存之理者，以多识共成之境，对一部分识说也。是故境之与识，对待平列，不可说境生于识，亦不可说识生于境。

境无故识无，识无故境无，是为不离。即此不离之中，境虽可以离识，乃至成就识之了别，而显其可以限识及成就了别之能，使之著现于外者，识也。非若境色中之木石然，各各平列而毫不相关，依此故说力用特殊，说识名唯。若谓境色亦能显识了别之能，使之著现于外者，不知境色自能说此可耳。境色自不能说，为此说者仍识也，才说及境，识已前驱。是故特殊唯识之义，决定成立。斯义既成，以之论境，则知境非实有。非实有者，不足以自立，则应别有生源。于是可进言一切境色，皆由心造之旨矣。是故因不离之事实，而以特殊之义成立唯识者，所以为心造境色，唯独有识之旨作导论也。失其本位，无有是处。

诸法本列之难，此在旧师，已有解答。《成唯识论》卷七云："何缘世尊说十二处？依识所变，非别实有，为人我空说二六法，如遮断见说续有情。"《述记》云："外问若无心外实眼色等，何缘世尊于契经中说十二处，但应有意法处故？释外疑中有二意：一者依识所变眼色等，故经说十二种处。二十唯识说颂答言：识从自种生，似境相而转，为成内外处，佛说彼为十。依此所说十二处，受教化者，能入数取趣无我。设若了知从六二法有六识转，都无见者乃至知者，应受有情无我教者，便能悟入有情无我。由破一合实我想故令人我空。说色等十，非说实有眼等色等离于识也。五蕴，十八界准知亦尔。"是故不能以其字面上之平列，即谓色受等蕴，眼色等界，未尝统摄于识。

至于世亲、护法之所以组成系统严密之《唯识论》，独详宇宙缘起者，盖亦有故，设于《六足》、《婆沙》、《俱舍》、《正理》、《杂心》、《成实》等论中求之，庶能了然于其说之所以立。此在拙作《略论空有之争》一文已言之，不更举。

此中决择四义：一、八识是否为各各独立之体。二、分立心所道理、及其与心王之关系。三、种子现行之关系。四、真如与虚妄心心所法之关系。

《成唯识论》卷七云："八识自性不可言定一，行相，所依，缘，相应异故；又一灭时余不灭故，亦非定异，经说八识如水波等无差别故，定异应非因果性故。"此中行相谓见分，所依谓根，如眼识依眼根，耳识依耳根等。缘者谓所缘，如眼识缘色，耳识缘声等，一所字通二处故。相应异故者，谓第八识恒与五心所相应，第七识恒与十八心所相应，第六识总与六位五十一心所相应等，多少各别故。又一灭时余不灭者可知。经说八识如水波等者，十卷《楞伽》第十卷颂说八识如大海水波，无有差别相。又《瑜伽师地论》卷五十一云：依一大海镜而起多浪像无差别故，定异应非因果性故者，八识更互为因果，法尔因果非定异，如麦不生豆等芽故。如是文已可知，义犹应等。盖不一不异之言，最难得其边际。若就字面上说，不一为异，不异为一，一异相违，决不可以说明同一事物，自相矛盾故。然其本意，则为不一非异，不异非一，故无相违之过。如以湛渊澄静者为水，怒溢扬浮者为波。相状殊异，不可言一，而实非二物，故非异。又皆是液体故，不可言异，而实有二相，故非一。非异非一，足以充分说明每一事物之体用因果而无相违之过，斯为佛家之言超绝古今处。

或曰：以非一非异说明水波之喻，似不如说体同用别，较为直捷？答曰：体同用别之言，貌似有理，按实则非。盖湛渊澄静之水中，苟不具有怒溢扬浮之性质，虽有长风鼓之，终不能令其激荡，则不待用别而体已自不同矣，然实非二物也。说体不同，似有语病，或可曰本具湛渊澄静与怒溢扬浮之两种性质，是故作用不同，然终不若说为非一非异者之圆浑简括也。昔者大乘中有十类师，不知非一非异之义，又恐经水波喻等经文，乃说唯有一意识体，此意识体，依眼转时得眼识名，如是乃至依身转，得身识名，非离意识别有余识，盖即体同用别之谓，无著、世亲、护法三师皆不取之，（勘《成实论》卷五末，叙一心多心互争广开为五品，一心之义同此所引，诃梨跋摩破之结归多心而未说非一非异，无著等殆据《成实论》说而别为发明者也，是之谓化朽腐为神奇也。）共定于非一非异之说，则唯识家固不主八识各各独有自体者也。

八识心王，非一非异，故各有执着也同。此有执心，法尔即是虚妄分别，融改构画，取舍麾停，发于美色者为贪，（贪类甚多，此举例耳，余同。）发于侮辱者为瞋，发于顺境者为快乐（即乐受），发于他荣者为嫉妒。其余如痴、慢、疑、见、触、作意等，亦莫非本于心之所发者以立名。且又就其范围之广与狭者，如次立遍行、别境二位，就其力量之重与轻者，如次立根本烦恼、随烦恼二位，不定位准知。又心能分别故，法尔本具如量解了自他之能力，于是有惭、愧、精进等善位法生，则六位五十一心所，皆是心之分位差别也。《成唯识论》卷七云："若离心体心所有别自性，如何圣教说唯有识？又如何说心远独行，染净由心？"《庄严论》说复云何通？如彼颂言："许心似二现，如是似贪等，或似于信等，无别染善法。"智周《演秘》云："《庄严论》许心似二现等者，按随所释论第五云：能取及所取，此二唯心光，贪光及信光，二光无二法。"释云："求唯识人应知能取所取，此之二种唯是心光，如是贪等烦恼光及信等善法光，如是二光，亦无染净二法。何以故？不离心光别有贪等染净法故。"是则唯识家亦不许八聚心心所法各各独立也。

或曰：《成唯识论》卷七又云："若即是心分位差别，如何圣教说心相应。他性相应非自性故？又如何说心与心所俱时而起，如日与光？《瑜伽论》说复云何通？彼说心所非即心故。应说离心有别自性，以心胜故，说唯识等，心所依心势力生故，说似彼现，非彼即心。"是则《庄严经论》之说，非了义也。

答曰：不然，《成唯识论》述此说已评之曰："此依世俗。若依胜义，心所与心，非离非即。"《述记》云："今此所说，四世俗中第二道理世俗。若依胜义者，即四种胜义中第二道理胜义。依因果理不即不离，心所为果，心王为因，法尔因果非即非离。"按第二道理世俗，又名随事差别谛，谓随蕴处界等事，立蕴处界等法，亦即安立法相之谓，易言之曰收集材料而已。材料收集以后，乃得从而研究之，研究有得，是为结论。结论者，佛家之所谓胜义谛也。就其理论之深浅，分为四种。第二道理胜义，又名因果差别谛。灵泰《疏抄》云："第二胜义因果，不即不离，因即是果，以苦乐是一故，心王为果，心所为因，或心王为因，心所为果。自此已去，第三胜义说真如体一，第四胜义说一真法界，心言路绝。"则《成唯识论》之意，正取《庄严经论》之说也。分位差别即非一非异，非一非异即非即非离故。不然，《庄严论》与《瑜伽论》，皆是无著所作，何能自为矛盾若此乎？

种子之与现识，历来聚讼纷纭，或者乃据瑜伽之说以难无著、世亲、护法、奘、基，谓为主张极端多元论，或机械论，则摸象之谈，管窥之见也。

按《瑜伽师地论》卷五十二云："云何非析诸行别有实物名为种子，亦非余处？然即诸行如是种姓，如是等生，如是安布，名为种子，亦名为果。果与种子不相杂乱，若望过去诸行，即此名果，若望未来诸行，即此名种子，望彼诸法，不可定说异不异相，犹如真如。"是故种子，非离诸行别有实物，只依诸行有能生势用，说名种子，是无多元论或机械论之过。而世亲、无著以及护法、奘、基之说亦然。

世亲《俱舍论》卷十九云："何等名为烦恼种子？谓自体上差别功能，从烦恼生，能生烦恼。如念种子是证智生，能生当念功能差别。又如芽等有前果生，能生后果功能差别。若执烦恼别有随眠心不相应名烦恼种，应许念种非但功能，别有不相应能引生后念。此既不尔，彼云何然。"法宝《疏》云："熏在自体，能生当念差别功能名为种子，功能不同名为差别，有体性是不相应，无体性但是功能差别。"又普光《记》云："谓于色心自体之上，烦恼种子异余种故，名差别功能，即此功能从前现行烦恼生，能生后现行烦恼。言证智者，次五识后意识相应智，如念种子是前证智俱起念生，能生当念果功能差别名为种子。大众部等执现行烦恼之外别有随眠，是心不相应，名烦恼种子，若尔，应许念种非但功能生现行念，亦应别有不相应体名念种子，能引生后念。此念既不尔，彼烦恼云何然。"据此可知世亲早年之种子论，即已与《瑜伽师地论》合，取喻芽等，实证分明，不可更为异解。

又无著《摄论》卷一云："此中安立阿赖耶识自相者，谓依一切杂染品法

（即染污第七识等），所有熏习，为彼生因，由能摄持种子相应。此中安立阿赖耶识因相者，谓即如是一切种子，阿赖耶识于一切时与彼杂染品类诸法，现前为因。……复次阿赖耶识中诸杂染品法种子，为别异住，为无别异？（此下答）非彼种子有别实物于此中（阿赖耶识中）住，亦非不异。然阿赖耶识如是而生，有能生彼功能差别，名一切种子识。"世亲释云："此中安立自相者，谓缘一切杂染品法所有熏习，能生于彼功能差别（能生彼杂染品法之功能差别），识为自性（识即以此为自相），为欲显示如是功能故，说摄持种子相应。谓依一切杂染品法所有熏习，即是彼法为能生因。摄持种子者，功能差别也。相应者修义，是名安立此识自相。此中自相，是一切杂染品法无始熏习为彼生因，摄持种子识为自性（唯以摄持之功能为自性）。此中因相，是彼杂染品类诸法熏习所成功能差别，为彼生因。"（惟以其与杂染品类诸法现前为因者，说为因相，是故自相因相之分，亦惟就功能之分位差别立称，非有画然之界限于其间）余释非一非异者，悉符本论，则亦无背于《瑜伽师地论》卷五十二之说。

所谓一切杂染品法所有熏习者，《成唯识论》卷二释云："因能变（即谓种子是能变，由此为因而起现行，故说种子名因能变，即一切杂染品法熏习而成者。）设第八识中等流异熟二因习气。等流习气由七识中善恶无记熏令生长，异熟习气由六识中有漏善恶熏令生长。"此中说明种子（即二习气）之来源，尚觉清晰，然不易为常徒所知，今以实事证之。如吾人初游南京明孝陵时，眼识（俱意等不论）所见，有红色之围墙，及庄严之祭台，脑筋（实是赖耶，随俗说此。）中即摄取存留其印像，历久不忘。如是再游三游之后，印像愈深刻，即亦愈不能忘，至灵谷寺、燕子矶、栖霞山后亦尔。熏习成种，其义如此，则唯识家何尝说种子异诸行别有实物哉。

心之动也，挟其熏成之种（种与心非一非异，故无别实种子可挟，就其功能差别上假说挟耳。）新新而起，是故不住，不住非灭亡或无规则之谓，故曰相似相续。相似故有因果能所之分，相续故有前位后位可得。本此二义，立种现互为缘生及六义本始之说。兹更以前例释之。

如吾人既游明孝陵后，脑筋中即摄留其印像，历久不忘，遇有激发之缘，（如人问明孝陵等。）头即本之以变生影像，是为种生现。此现既生，明孝陵之影像因之而更深，是为现生种，此之为种现互为缘生。故《成唯识论》卷七云："所谓种现缘生分别，云何应知此缘生相？一、因缘，谓有为法亲办自果，此体有二：一、种子，二、现行。种子者，谓本识中善染无记等功能差别，能引次后自类功能，（自类相生，既种生种义。）及起同时自显现果（此种生现义），即唯望彼（所生种现），是因缘生。现行者，谓七转识及彼相应所变相见等，熏本识生自类种，此唯望彼（所生种）是因缘性。"

刹那灭，恒随转，果俱有，性决定，待众缘，引自果，是为六义。验诸事实，此理平常。如明孝陵之种子，生脑筋中念念不住，是刹那灭也，然非灭尽无余，而实新新生起，是恒随转也。遇激发缘（待众缘也），法则与现行果法俱时现有，是果俱有也，而又只能变现明孝陵之影像，不能变现灵谷寺或栖霞山之影像，是性决定及引自果也。六义秩然，极言转变，（相似相续，故曰转变。）是故得以摄归万法于当念，当念迁流，生生不已，是故得以就其差别位上，假说六义，则非实有所建立也，明甚。

本始之说，创于护法。若仅就字面上测之，实不可通，故友朋中亦颇有以为护法罪者，实则不然。何为本？吾人受生之初，法尔具足之势用也，如饥思食，渴思饮，故曰本有，亦即本能，或可曰先天。何为始？受生以后，环境所熏成之势用也，如西洋人饥则思食面包，渴则思饮咖啡牛乳。中国人饥则思食米饭，渴则思饮茶，故曰始起，亦即习惯，或可曰后天。本有种子即心相分，或是心体相续流转之前因，故虽不从熏生，亦无违于一切唯心之义。始为种子，习久成性，现行势力，与本种同，即又得以对新生者说为本有种子。解释人事，如是始尽，故唯识家言，不同空泛之玄学，所惜术语艰深，难于通俗化耳。

心心所是虚妄分别，种现因果依之假立，则亦虚妄分别而已。虚妄者不实，故曰如梦如幻，如梦如幻者应厌离，厌离以后，更无事可商量，（仲邈诗云：不是息心除妄想，都缘无事可商量。）故曰无分别，然又非如木石之无知；虚灵澄彻，字曰正智；正智寂时，无有生灭明暗空假相貌，毕竟离言，毕竟无得，字曰心性。（无分别之就照者说为正智，就寂者说为心性，此处紧要，更考《大智度论》卷八十三论涅槃无相无缘，及慧思《随自意三昧·行威仪品》第一论心性。）心至此处，更无虚妄梦幻故，即又称之曰本体，或曰真如。是故真如之与正智，非一非异，假立能所，说智缘如，而实无有别实如境可得，则真如之与虚妄心心所法，亦曰非一非异而已。《成唯识论》卷八云："此圆成实与彼依他起，非异非不异，异应真如非彼无性，不异此性应是无常，如无常等性与行等法异，应彼法非无常等，不异此应非彼共相。"斯言尽理，然犹应释：

一、真如与心心所法非一非异故，若欲证入清净真如，必须解了心心所法虚幻如梦。唯识家于心心所法上立种现因果。本始六义之说，即所以解明心心所法虚幻如梦，使观行者由之证入真如，则非于用上建立，而实处处会归本体，故无将体用截成两片之失。

二、心性离虚妄故，假名曰常，非谓离心心所法外，别有常法以为其体，故曰三界幻有，莫不具足常性。就此具足之义以言，说一切法莫非真常，众生本来是佛，亦未始不可。《大智度论》卷九十一引经云："行般若波罗蜜时不得众生，但空法相续故名为众生。"即此意也。而《成唯识论》卷八之解圆成实，除常及非虚谬外，又有遍义。《述记》云："体遍，无处无故，即是圆满义。"则唯识家何尝不说即体即用哉。特未若余宗之专以为论耳。一往之谈，亦可密尔息矣。

（原载 1941 年《狮子吼月刊》第 1 卷第 2 期，3、4 期合刊）

《瑜伽师地论·真实义品》提要

　　《瑜伽师地论》者，义贯空有，论极玄微，实千圣之楷模，百世之鸿范，理无不尽，事无不穷，文无不释，义无不周，疑无不遣，执无不破，行无不修，果无不证，而正为菩萨。是故十七地中，菩萨地文占三分之一。菩萨地二十八品，起种姓品，止发正等菩提心品。此真实义，当第四品，列发心品，自他利品后，威力品前。伦记云："何故自他利后，明真实义？前因种姓故能发心，由发心故，便能起行，行不孤起，必依理故。"又云："由依实义，妙用自在。故次明威力品。"据此可知菩萨欲满人心，必须理据，欲成大事，端借胜因，则此区区数千余言，乃《瑜伽论》之心要玄枢矣。

　　其义总有二类：一、显正，二、破邪。显正之有二真实及四真实，二真实中如所有性诸法真实性，摄四真实中后二之烦恼障净智所行真实、所知障净智所行真实。又尽所有性诸法一切性，摄世间极成真实、道理极成真实。论自判云．"四真实义，初二下劣，第三处中，第四最胜。"则论主所意许之真胜义性，在于所知障净智所行真实也。其义为何？论曰："入法无我，入已善净，于一切法离言自性，假说自性，平等平等，无分别智所行境界。"此离言自性，假说自性，无二显所。无二者，非有非非有。云何非有？谓遣世间所执自性戏论。云何非非有？谓遣小乘所迷假说法执。此二既遣，说名中道，与龙树之说合。夫然后能证如来妙智广大方便，得最胜舍，修正加行。

　　中道离有非常见，离无非断见，彼于实无事起增益执，于实有事起损灭执者，乃在破斥之列，增益即常，损灭即断故。而断见谤一切所知境界，由此因故，堕诸恶趣，故特郑重辟之。邪正之判，既已晓然，愚夫乃得借四寻思入四如实智以去八分别。分别既去，直契无生，斯之谓入真实义海。于是普于一切皆得自在，获得五种最上胜利，生五种业，为成熟一切佛法，成熟一切有情之所依，斯之谓菩萨。真实义品，所系非细，愿审思之。此下更请释题名。

　　题名具云《瑜伽师地论本地分中菩萨地第十五初持瑜伽处真实义品第四》，瑜伽（yoga）梵语，此云相应，谓一切乘所摄境行果等所有诸法，皆名瑜伽，一切并有方便善巧相应义故。境瑜伽者，谓一切境之无颠倒性，不相违性，能随顺性，趣究竟性，与正理正教正行正果相应，故名瑜伽。行瑜伽者，谓一切行更相顺故，称正理故，顺正教故，趣正果故，说名瑜伽。果瑜伽者，谓一切果相顺故，合正理故，顺正教故，称正因故说名瑜伽。三乘行者，由闻思等次第习行如是瑜伽，随分满足，展转调化诸有情故名瑜伽师。或诸如来，借瑜伽满，随其所应，持此瑜伽调化一切圣弟子等，令其次第修正行故名瑜伽师。地谓境界，所依，所行，或所摄义，是瑜伽师所行境界，故名为地。或瑜伽师依此处所，增长白法，故名为地。问答决择诸法性相，故名为论。欲令证得瑜伽师地而说此论，故以为论，或复此论无倒辩说瑜伽师地，故以为称。

今此论体，总有五分：一、本地分，初五十卷，略广分别十七地义。二、摄抉择分，次三十卷，略摄决择十七地中深隐要义；又决择《解深密经》、《宝积经》以畀学者。三、摄释分，次二卷，略摄解释诸经仪则。四、摄异门分，次二卷，略摄经中所有诸法名义差别。五，摄事分，后十六卷，略摄三藏众要事义。前之四分，是弥勒今学，此之一分，则删繁以明古学。就中本地分十七地，具摄一切文义略尽，后之四分，皆为解释十七地中诸义要义，故名瑜伽师地。

菩萨地者，希求大觉，悲愍有情。或求菩提，志愿坚猛，长时修证，永出世间，大行大果，故名菩萨。如是菩萨种姓，发心，修行，得果，一切总说为菩萨地，文当第十五地。

菩萨地中有四瑜伽处：一、持瑜伽，出菩萨所觉之法，若因若果，总名第一瑜伽处，凡十八品。二、随法瑜伽，谓随前法而起修。三、究竟瑜伽，由修成满故。四，持次第瑜伽，重明前义诸品次第。持有三义：一、前能持后，如种姓能持发心，发心能持菩提。二、堪任名持，有种姓者能堪任故。三、因果名持，即种姓等因发心能成佛果。

品谓类别。真实义者，《辩中边论述记》云："不妄名真，非虚名实，若有若无，称彼法而知。"又《大乘义章》云："法绝情妄，名为真实，实深所以，目之为义。"伦记云："真实即是二谛。二谛之理，不颠倒故名为真实。若胜义谛，理不变异，故名真实。义者是境，即二谛理为智境界，名真实义。于此品中广明二谛真实境智，名真实义品。"释题名竟。

（原载1941年《狮子吼月刊》第1卷第2期，署名万均）

瑜伽师地论本地分中菩萨地
第十五初持瑜伽处真实义品第四述记

无著菩萨造

玄奘法师译

释巨赞述记

科文

初，举类标宗

甲，二种 { 如所有性真实性

尽所有性一切性 }

乙，四种 { 世间极成真实

道理极成真实

烦恼障净智所行真实

所知障净智所行真实 }

二，明真实义相

三，得益

甲，能证如来妙智广大方便

乙，得最胜舍

丙，修正加行

四，广明离言自性

甲，正辩

子，立宗

丑，破小乘所执随言法性

寅，更举二种失坏

卯，略破二种失坏

辰，破执唯假有

巳，破恶取空 { 举过

正破 }

午，以善取空结

乙，引证

　　子，引转有经

　　丑，引义品

　　寅，引散地

丙，解佛起言说之故

丁，愚起八分别

　　子，八分别生三事

　　丑，释八分别名

　　寅，明八分别中前三分别与所依缘展转相生

　　卯，修寻思实智了八分别 $\left\{\begin{array}{l}\text{标释四寻思}\\\text{标释四如实智}\end{array}\right.$

　　辰，愚不了八分别堕流转

　　巳，圣了八分别证大果 $\left\{\begin{array}{l}\text{能证大乘大般涅槃}\\\text{普能获得一切自在}\\\text{行五种最上胜利}\\\text{生五胜利业}\\\text{结菩萨所作}\end{array}\right.$

五，结判四真实

释 题 名

　　瑜伽，梵语，此云相应。设一切乘所摄境行果等所有诸法，皆名瑜伽，一切并有方便善巧相应义故。境瑜伽者，谓一切境之无颠倒性，不相违性，能随顺性，趣究竟性，与正理正教正行止果相应，故名瑜伽。行瑜伽者，谓一切行更相顺故，称正理故，顺正教故，趣正果故，说名瑜伽。果瑜伽者，谓一切果更相顺故，合正理故，顺正教故，称正因故，说名瑜伽。三乘行者，由闻思等次第习行如是瑜伽，随分满足，展转调化诸有情故名瑜伽师。或诸如来，证瑜伽满，随其所应，持此瑜伽调化一切圣弟子等，令其次第修正行故名瑜伽师。地谓境界，所依所行，或所摄义，是瑜伽师所行境界，故名为地。或瑜伽师依此处所，增长白法，故名为地。问答抉择诸法性相，故名为论。欲令证得瑜伽师地而说此论，故以为论。或复此论无倒辩说瑜伽圣地，故以为称。

今此论体总有五分：一、本地分，初五十卷，略广分别十七地义。二、摄抉择分，次三十卷，略摄抉择十七地中深隐要义，又抉择《解深密经》，《宝积经》以界学者。三、摄释分，次二卷，略摄解释诸经仪则。四、摄异门分，次二卷，略摄经中所有诸法名义差别。五、摄事分，后十六卷，略摄三藏众要事义。前之四分，是弥勒今学，此之一分，则删繁以明古学。就中本地十七地，具摄一切文义略尽，后之四分，皆为解释十七地中诸文要义，故名瑜伽师地。

菩萨地者，希求大觉，悲愍有情，或求菩提，志愿坚猛，长时修证永出世间，大行大果故名菩萨。如是菩萨种姓，发心，修行，得果，一切总说为菩萨地。文当第十五地。

菩萨地中，有四瑜伽处：一、持瑜伽，出菩萨所觉之法，若因若果，总名第一瑜伽处，凡十八品。二、随法瑜伽，谓随前法而起修。三、究竟瑜伽，由修成满故。四，持次第瑜伽，重明前义诸品次第。持有三义：一、前能持后，如种姓能持发心，发心能持菩提。二、堪任名持，有种姓者能堪任故。三、因果名持，即种姓等因发心，能成佛果。

品谓类别。真实义者，《辩中边论述记》云："不妄名真，非虚称实，若有若无，称彼法而知"。又《大乘义章》云："法绝情妄，名为真实，实深所以，目之为义"。伦记云："真实即是二谛。二谛之理，不颠倒故，名为真实。若胜义谛，理不变异故名真实。义者是境，即二谛理为智境界，名真实义。于此品中广明二谛真实境智，名真实义品"。

造译因缘

佛灭度后，部执竞兴，多著有见。龙树菩萨集大乘无相空教造《中论》等，究畅真要，除破有见，圣天等诸大论师造《百论》等弘阐大义，由是众生复著空见。九百年时，无著菩萨降生于北印度犍度罗国，位登初地。证法光定，得大神通。应中印度阿喻陀国请，于其国王城西五百里，营立禅省，领数百人授以禅法。又往兜率天请大慈尊下说妙法。弥勒应愿，俯就宣扬，于夜分时降于禅省，四个月中为无著等说五论之颂，一瑜伽师地论，二分别瑜伽论，三辩中边论，四大庄严论，五金刚般若论。于时门人或见光明，不见相好，不闻教授，或见相好不闻教法，或见闻者。玄奘法师在中印度，从戒贤论师熟习此论，返国后以贞观二十一年五月十五日于弘福寺肇译之至廿二年五月十五日绝笔解座，为一百卷。部分具足，文义圆明。异译有：北凉昙无谶译《菩萨地持经》十卷，当本地分中菩萨地。刘宋求那跋摩译《菩萨善戒经》九卷亦尔。又一卷，当《菩萨地中戒品》。陈真谛译《决定藏论》三卷，当本地分中五识身相应地、意地。

提　要

《瑜伽师地论》者义贯空有，论极玄微，实千圣之楷模，百世之鸿范。理无不尽，事无不穷，文无不释，义无不周，疑无不遣，执无不破，行无不修，果无不证，而正为菩萨。是故十七地中，《菩萨地》文占三之一，《菩萨地》廿八品，起《种姓品》，止《发正等菩提心品》。此《真实义》，当第四品，列《发心品》，《自他利品》后，《威力品》前，《论记》云："何故自他利后明真实义？前因种姓故能发心，由发心故便能起行，行不孤起，必依理故。"又云："由依实义，妙用自在，故次明《威力品》。"据此可知菩萨欲满大心，必须理据，欲成大事，端藉胜因，则此区区数千余言，乃瑜伽论之心要玄枢矣。

其义总有二类：一、显正；二、破邪。显正之中有二真实及四真实。二真中如所有性诸法真实性，摄四真实中后二之烦恼障净智所行真实、所知障净智所行真实。又尽所有性诸法一切性摄世间极成真实、道理极成真实。《论》自判云："四真实义，初二下劣，第三处中，第四最胜。"则论主所意许之真胜义性，在于所知障净智所行真实也，其义为何？《论》曰："入法无我，入已善净，于一切法离言自性，假说自性，平等平等无分别智所行境界。"此离言自性，假说自性，无二所显，无二者，非有非非有。云何非有？谓遣世间所执自性戏论。云何非非有？谓遣小乘所述假说法执。此二既遣，说名中道。龙树《中论》颂云："因缘所生法，我说即是空，亦为是假名，亦是中道义。"青目释云："众因缘生法，我说即是空。何以故？众缘具足和而物生，是物属众因缘故无自性，无自性故空，空亦复空，但为引导众生故以假名说。离有无二边，故名为中道。"与此义合，则何空有乖诤之有？夫然后能证如来妙智广大方便，得最胜舍，修正加行，如论可知。

中道离有非常见，离无非断见，彼于实无事起增益执，于实有事起损灭执者，乃在破斥之列。增益即常，损灭即断故。而断见谤一切所知境界，由此因故，堕诸恶趣，故特郑重辟之。邪正之判，既已晓然，愚夫乃得藉四寻思入四如实智以去八分别。分别既去，真契无生，斯之谓入真实义海。于是普于一切皆得自在，获得五种最上胜利，生五种业，为成熟一切佛法，成熟一切有情之所依，斯之谓菩萨，真实义品，所系非细，愿审思之。其余抉择在《抉择分》。

释 论 文

云何真实义？谓略有二种：一者、依如所有性诸法真实性；二者、依尽所有性诸法一切性。如是诸法真实性、一切性，应知总名真实义。

此举类标宗之甲，于中复二，先问，次答。问可知，答中如所有性之如应据《成唯识论》解云："如谓如常，表无变"。易故依如所有性诸法真实性者，谓就诸法所有如常不变之理性而说为真实性。尽谓尽己尽物，就事上说，万别千差，故云一切。《大乘义章》云："所言二者：一实法性，真谛之理，是法体性，名实法性；无谛差别，目之为事，诸法自体，名事法性"。伦《记》云："此中辩体，有其七门：一依二谛出体，如所有性，以胜义谛为体，尽所有性，以世俗谛为体。二约四真实出体，如所有性以后二真实为体，尽所有性以前二真实为体。三以三性，初如所有性以圆成实为体，后尽所有性以依他起性为体。遍计所执无体，非二所摄。四依相名分别正智真如五法分别，前性以真如为体，后性以四法为体。五约自性差别辨，若理若事一切诸法各有自性，名如所有性，一切理事各有差别，种种义门，名尽所有性。六约二智境分别，如所有性即无分别智，缘理之智，如境道理，称实性而观；尽所有性，即后得智，缘事如境，尽境界性而能观之。七约世出世间后得智以辩，后得智缘相见道有性真如，故名如所有性；若后得智缘有常无常、有漏无漏等事差别门，不作相见真如解之无间智，名尽所有性。测师云：何故说此二者？解云：为除二种愚故，谓真实义愚及世俗愚。又为显二智故，谓胜义世俗二智。或可欲显自利利他二门故。今且约二谛门以释文者，诸法真实性者，即是二空所显真如，即是诸法本"性"。言尽所有性诸法一切性者，即是因缘所生世谛事法。"

此真实义，品类差别，复有四种：一者、世间极成真实；二者、道理极成真实；三者、烦恼障净智所行真实；四者、所知障净智所行真实。

举类标宗之乙，于中亦二：初列四名，次广辩四相，此初。《辩中边论》总称前二种为极成真实，后二种为净所行真实。《大乘义章》云："四中初一，是事法性，余三为实。若就有相无相分别，前二有相说为事性，事有精粗，故别两门。后二无相，说为实性，理有浅深，故亦分二。若就本末以分，前叁为事，后一为实。世所知者，地水火风色香味等一切种事，世俗通知。学所知者，五明处等事中微细，藉学以通，名学所知。此前两门，事相不虚，说为真实，非就事彰理也。烦恼障净智所行法者，谓四真谛，此义深博，世学不知，要离烦恼清净之智，方能照见。智障净智所行法者，谓法无我，此理

渊深，余智不达，唯佛菩萨离无明慧，方能证见。"伦《记》云："景公
云：此四真实，若出体性，前二即用世间，若心若境为其自体，后二真实，即用出
世理智为体。故下抉择七十三云：前二真实，即用五法相名分别为体，后二真实，
即用正智，如如为体。"

云何世间极成真实？谓一切世间，于彼彼事、随顺假立、世俗串习悟入、
觉慧所见同性。谓地唯地，非是火等。如地如是，水、火、风、色、声、香、
味、触、饮食、衣乘诸庄严具，资产、什物、涂香、花鬘、歌舞、妓乐种种
光明，男女承事、田园、邸店宅舍等事，当知亦尔。苦唯是苦，非是乐等。
乐唯是乐，非是苦等。以要言之，此即如此，非不如此。是即如是，非不如
是，决定胜解所行境事。一切世间从其本际，展转传来，想自分别共所承
立，不由思惟筹量观察然后方取，是名世间极成真实。

广辩之中，又分为四，初解世间极成真实，二解道理极成真实，三解烦恼障
净智所行真实，四解所知障净智所行真实。此初，于中复三：先问，次正解，
后结。

梵语悉陀，或作悉檀，此云极成，意即共许共知，或共所证成。故世间极
成真实者，世间所共许，共知之真实也。旧名世间所知真实。基师略纂云："此意明
一切世间人，于众事中，随众生所起言说意解所诠之事，众共成者，是此真实体。"
彼彼事即众事。随顺谓如幼小随顺长者之言说意解而为言说意解。此言说意解，非
由思惟筹量观察然后方取，故曰假立。串习谓从无始来数数习也。悟入由于世俗之
串习，曰世俗串习悟入。觉谓觉察感觉，《杂集论述记》云："一切比非量，皆觉所
摄。"慧者，《百法论》云："于所观境，拣择为性，断疑为业。"同性谓相似之自性，
如甲地之坚性与乙地相似，乙火之暖性，亦与甲火相似。此言世人因觉慧而见事物
之同性非由智证。谓地唯是地乃至非不如是等者，明世人逐事成执，未能会理，万
象涓然而昧于贯通。决定胜解者，《成唯识论》云："谓邪正教理等，于所取境审决
印持，由此异缘不能引转。故犹豫境，非审决心，皆非胜解。"所行境者，谓世间一
切地水火风苦乐是非等事物，皆为世人审决印持之境。本际即无始。想者取相为性，
施设种种名言为业。自谓主观。想自分别，取相及主观之分别也。然非邪思构划观
察所取故曰真实。

云何道理极成真实？谓诸智者，有道理义。诸聪睿者，诸黠慧者，能寻
思者，能伺察者，住寻伺地者，具自辩才者，居异生位者，随观察行者，依
止现比，及至教量，极善思择决定智所行所知事；由证成道理建立，所设许
义，是名道理极成真实。

广辩之二，先问，次正解，后结。智，《菩萨藏经》云："不住四大五蕴之中又能了别四大五蕴者名智。"有此智人名曰智者。有道理义者，智人所共建立有道理之义也。此总说，下分论。诸聪睿者，达理也。诸黠慧者，知事也。寻思于意言境粗转为性，伺察于意言境细转为性。住寻伺地者，简异定心，谓成就寻伺人。具自辩才者，自有寻伺，但信他言成立道理，设自更无辩才能建立义，亦非极成也。居异生位者，简后烦恼所知障净智所行真实，《大论》卷一百云："若未加行，若已修加行，若已离欲，一切名异生。"随观察行者，谓随顺观察之行者，或随顺观察而行者。伦《记》云："自有异生，不能思量观察，亦不能成立道理也。"现量之名证量，《显扬圣教论》云："现量者有三种相，一非不现见相，二非思构所成相，三非错乱所见相。非不现见相者，复有四种，谓由诸根不坏，作意现前时同类生、异类生、无障碍、不极远。同类生者，谓欲缠诸根于欲缠境，上地诸根于上地境。异类生者，谓上地诸根于下地境。无障碍者，复有四种：一非覆障所碍，二非隐障所碍，三非映障所碍，四非惑所障碍。不极远者，谓非三种极远，一处极远，二时极远，三推折极远。非思构所成相可知。非错乱所成相者，谓非七种错乱所见。七种错乱者，一想错乱，二数错乱，三形错乱，四显错乱，五业错乱，六心错乱，七见错乱。问：如是现量，谁所有耶？答：略说四种所有。一、色根现量，谓色相五根所行境界。二、意受现量，谓诸意根所行境。三、世间现量，即前二种。四、清净现量，谓出世智，于所行境，有知为有，无知为无，不共世间名清净现量。"比量者，《因明入正理论》云："借因三相，观于义，由彼为因，于所比义，有正智生。如于烟了知有火或于所作了知无常等。"至教量者，《显扬论》云："至教者，谓一切智人所设言教或从彼闻法随法行。此复三种：一圣言所摄，二对治杂染，三不违法相。"又伦《记》云："依止现比等者，虽能观察亦不可依，要依止三量极成简择所成道理，决定智所行所知事等者，虽依三量，若未定者，亦不可依，故言决定智。所行是理，所知事是事。由三量证成所建立道理为他说教，名所施设，是名道理极成真实。"证成道理者，《显扬圣教论》云："成所应成义，宣说诸量不相违语。"《成唯识论疏抄》云："证成道理，谓三量也。"伦《记》云："谓由三支，令所诠义得成立，令敌论者生正觉悟。"又有清净不清净之分，如《大论》七十八等广解。

云何烦恼障净智所行真实？谓一切声闻独觉，若无漏智，若能引无漏智，若无漏后得世间智所行境界，是名烦恼障净智所行真实。由缘此为境从烦恼障智得清净，于当来世无障碍住，是故说名烦恼障净智所行真实。

广辩之三，于中两番，此初番复三，先问次答，后结。烦恼障者，《成唯识论》云："执遍计所执实我，萨迦耶见而为上首，诸根本烦恼，及彼等流诸随烦恼，此皆扰乱有情身心，能障涅槃，名烦恼障。"《疏抄》云："烦恼障是性缚，正障涅槃，兼障菩提。"《辩中边论》说，"此名狭小障，又名一分障，障声闻独觉等种姓。"净者，断除清净，《唯识述记》云："我见若断，烦恼随断。"故烦恼障净智所行真实者，我见断除清净之智所照见之真实也。声闻独觉，义如常释。无漏智者，《法苑义林章》云："世俗智通有无漏，三慧所摄。他心智通有无漏，唯修慧。法智、种类智、苦智、集智、灭智、道智、尽智、无生智唯无漏，亦唯修慧。"伦《记》云："无漏智者，无漏真现观也。"（《解深密经疏》云："若真现观要证一味胜义谛理，方名现观。"）能引无漏智者，谓现观前近方便道，有相见道。无漏后得世间智者，无漏观后所引彼得世间智。（《显扬圣教论》云："无漏后所得世间智"。）言所行境界是所行真实者，相见道行四谛境，若无相真见道，即行人空所显真如。由缘此为境至无障碍住者，二乘之人，由烦恼障尽更不受生，无障碍之住，即是摄大乘论所言二乘但除烦恼障及得解脱身。解脱身者，《成唯识论述记》云："解脱生死及缚法故，无十方等殊胜法，不名法身。殊胜法者，断所知障，得无量功德故。"又《义演》云："言解脱者，即是依生空真如上所得假择灭，离缚义边名为解脱身。身者体义，即真如与假择灭为依，故得身名。"

此复云何？谓四圣谛，一苦圣谛，二集圣谛，三灭圣谛，四道圣谛，即于如是四圣谛义，极善思择，证入现观。入现观己，如实智生，此谛现观，声闻独觉能观唯有诸蕴可得，除诸蕴外，我不可得。数习缘生诸行生灭相应慧故，数习异蕴补特伽罗无性见故，发生如是圣谛现观。

此第二番重释烦恼障净智所行真实之义，先问后答。圣谛者，如《涅槃经》云：圣者所谓诸佛菩萨，一切圣人，就圣辨谛，故云圣谛。所言谛者，世人一向以实释之，《涅槃经》不尔，其言曰："有苦有谛有实，直论苦事，名之为苦。就彼苦中因缘有无，法相不谬，故称为谛。穷其本性非有非无，说之为实。"通相释之，实故名谛。逼迫名苦，聚积称集，寂泊名灭，能通曰道，其余决择，散见他书，此不备引。於如是四圣谛义，极善思择者，加行智中观四圣谛，名相见道。言证入现观者，无相见道。现观者，《识论》云，"现谓现前，明了现前，观此现境，故名现观。"《大论》三十四云："由能知智与所知境，和合无乖，现前观察。"又六十八云："於诸谛中略有二种现观，一智现观，二断现观。智现观者，谓随次第，於诸谛中别相智生。断现观者，谓随次第，无倒智生为依止故。"入现观已如实智生者，《大论》三十四云："入谛现观得四智唯法智，非非断智常智，缘生行如幻事智。"此谛现观，声闻独觉能观唯有诸蕴可得者，是相见道。除诸蕴外，我不可得者，是无相见道。亦可此二并相见道，以别观四谛为无我故。此明二乘人入现观所见法性，以下明能入谛现观之故。数习缘生至相应慧者，言二乘人数数修习与诸行生灭缘生理相应之慧故。伦《记》云："此苦集谛观"。数习至无性见者，言二乘人数数修习蕴外无众生性可得之正见故。伦《记》云："此据灭道二谛观也"。发生如是等者，言二乘人数习相应慧又无性见故，始能发生圣谛现观也。伦《记》云："此谓无相见道"。

云何所知障净智所行真实？谓於所知，能碍智故，名所知障。从所知障得解脱智所行境界，当知是名所知障净智所行真实。

广辩之四，亦有两番，此初。所知障者，《成唯识论》云："谓执遍计所执实法，萨迦耶见而为上首，见疑，无明，爱恚，慢等，覆所知境无颠倒性，能障菩提，名所知障。"《疏抄》云："所知障是慧缚，正障菩提，兼障涅槃。《辩中边论》说此名殊胜障，又名取舍生死障，障菩萨种性所得无住涅槃。净准上可知。谓於所知，能碍智故，名所知障者，此释所知障名，谓事中无知及与法执现行及种，皆有势力能令身心不得安隐，能碍於智不达所知，名所知障。"言从所知障乃至所行真实者，《显扬圣教论》云："若真实性是解脱所知障智所行境界，是名所知障净智所行真实。"伦《记》云："断所知障得彼二智，二智境界名所知障净智所行真实。"二智者，据《成唯识论》：谓是生空智及法空智。其所行境，盖即二空所显圆满真如或可生空智所证涅槃，法空智所证菩提是所行境。问：菩萨断所知障得法空智可尔，云何亦得人空？答，《成唯识论疏抄》云："无有独烦恼现行而无所障，若独有所知障种，虽不与烦恼同种，亦能生现，若独烦恼种即不生现。故十地菩萨断一分所知障时，有一分烦恼种亦不生现。"依此故说菩萨断所知障时，亦断人空障。问：法执与事中无知何别？答：如不解了威仪工巧，或复不知大地厚薄，山量高下，大海深浅，皆是事中无知，若更坚执有其法性，是为法执。或曰，法执故不了前事，即名事中无知，亦通。

此复云何？谓诸菩萨，诸佛世尊入法无我，入已善净，于一切法离言自性，假说自性，平等平等，无分别智所行境界。如是境界，为最第一，真如无上。所知边际。齐此一切正法思择皆悉退还，不能越度。

此第二番，出所知境体也。谓诸菩萨，诸佛世尊者，《成唯识论》云："所知障见所断种，于极喜地见道初断，彼障现起，地前已伏。修所断种，于十地中渐次断灭，金刚喻定现在前时方永断尽。彼障现起，地前渐伏乃至十地，方永断尽。"据此可知，所知障微细难断，要至成佛，方能永尽。故出得所知障净智人，举诸菩萨已，复举佛也。法无我者，《大论》四十六云：谓於一切言说事中一切言说自性，诸法都无所至。又基师《百法论疏》云："诸法体须复任持轨生物解；亦无胜性实自自在用"，又《百法论义》云：凡夫法执，即身心世界及六尘依执，外道所执，妄想涅槃，二乘所执偏空涅槃，菩萨所执，取证真如。离此法执，名法无我。入者，《大论》六十五云：谓善了知遍计执自性，世俗名言，能除一切彼所依相。入已善净者，谓入法无我已善巧清净，能如实知也。于一切法离言自性乃至平等平等者，伦《记》云："西方有二释，初释云：真实性是离言自性，非分别性。分别性，情所取法，是言说所说自性，其实性所离也。假说自性者，依他性是假说自性法也。平等平等者，菩萨证能取所取空时，皆无能取所取，故言平等平等。第二难陀释云：依他真实，皆离分别性故，并是离言自性也。於分别性假说自性中，说是能取所取，菩萨入法无我时，於假说自性能取所取皆遣，故云平等平等。备云：即据真如胜义谛故，离言自性。世俗谛故，假说自性。此之二境，等无差别。三藏亦同此解。"据理难陀说长，然不顺文，应从奘师之说。《解深密经》云："观行比丘通达一蕴真如胜义法无我性已，更不寻求各别余蕴、诸处乃至道支，其如胜义，法无我性。由此道理当知胜义谛是遍一切一味相。"又慧沼《金光明经疏》云"净不净性，体即真如，名为一味。"与此意合。即此通一切一味相真如，是无分别智所行境界，对二乘偏空不平等真如，最为第一，无有加过，故称无上。若见此理证究竟畔，名所知边际，齐此以外，一切智者，正勤思择，更无去处，皆悉退还，不能越度。"

又安立此真实义相，当知即是无二所显。所言二者谓有非有。此中有者，谓所安立假说自性，即是世间长时所执，亦是世间一切分别戏论根本，或谓为色受想行识，或谓眼耳鼻舌身意，或复谓为地水火风，或谓色声香味触法，或谓为善不善无记，或谓生灭，或谓缘生，或谓过去未来现在，或谓有为，或谓无为，或谓此世，或谓他世，或谓日月，或复谓为所见，所闻，所觉，所知，所求，所得，意随寻伺，最后乃至或谓涅槃。如是等类，是诸世间共了诸法，假说自性，是名为有。言非有者，谓即诸色假说自性，乃至涅槃假说自性，无事无相假说所依，一切都无。假立言说，依彼转者，皆无所有，是名非有。先所说有，今说非有，有及非有，二俱远离，法相所摄真实性事，是名无二。由无二故，说名中道。远离二边，亦名无上。佛世尊智，于此真实，已善清净，诸菩萨智，於此真实学道所显。

明真实义相。此中有者以下乃至是名为有者，《略纂》云：此中意者，谓一切境，本自无有，今执者妄安立当有假说自性是有。即无始来世间所执，起分别戏论根本。谓依境起名言分别故，乃至计有涅槃，如是等是遍计有。"所知者，《杂集论述记》云："一切现量皆知所摄"。意随寻伺者，随谓随顺，即相应义。寻伺唯与意识相应，故云意随寻伺。余见闻等义如常释。言非有者，论云：

"如有一类闻说难解大乘相应，空性相应，未极显了密意趣义甚深经典，不能如实解所说义，起不如理虚妄分别。由不巧便所引寻思，起如是见，立如是论，於真实及以虚假，二种俱谤，都无所有。由谤真实及虚假故，当知是名最极无者。"则此执无之徒，损灭实事，由于未了佛说空理之故。佛说空理，为除有见，执以为实，药乃成病。于是发言说所依者皆无所有，犯现量相违，世间相违等过，是为法执。由此法执，谤依他起缘生幻有之法及圆成实涅槃常乐之法，无垢无净无因无果，最为学道者之障，故必尽量遣之。此执既遣，更无滞情，就幻有而善入离言，方能证得圆满真如。此真如是法相所摄缘对真实性事，故曰无二，无二即中，亦名无上。唯有世尊於此真实善巧清净，诸菩萨智，犹带障故，渐学修证，方能显了。奘、基诸师，有多言释，似非要论，故不从之。

又即此慧，是诸菩萨能得无上正等菩提，广大方便。何以故？以诸菩萨处于生死彼彼生中修空胜解；善能成熟一切佛法，及诸有情，又能如实了知生死，不于生死以无常等行深心厌离。

得益之中，于中三番，此初番复二，先总显，次辩释。梵语阿耨多罗三藐菩提，此无上正等正觉，谓佛所正觉，无有更能超越，故曰无上，又无与等者，又惟佛与佛方相等，故曰正等。梵语讴和拘舍罗，此云方便。谓所作为善巧修习故。《大智度论》卷一百云："般若波罗蜜中虽有方便，方便中虽有般若，而随多受名。般若与方便，本体是一，以所用小异故别说。譬如金师以巧方便故以金作种种异物，虽皆是金而各异名。菩萨得是般若波罗蜜实相，所谓一切法性空无所有寂灭相，即欲灭度，以方便力故，不取涅槃证。"即此方便，非凡夫、二乘所能，故曰广大。又般若波罗蜜实相所谓一切法性空无所有寂灭相者，即空胜解，乃对于离言自性所起之胜解也。成熟一切佛法，及如实了知生死是菩提边事，成熟一切有情，及不于生死以无常等行深心厌离是方便边事。

若诸菩萨不能如实了知生死。则于不能于贪瞋痴等一切烦恼深心弃舍。不能弃舍诸烦恼故，便杂染心，受诸生死。由杂染心受生死故，不能成熟一切佛法及诸有情。若诸菩萨于其生死以无常等行，深心厌离，是则速疾入般涅槃。彼若速疾入般涅槃，尚不能成熟一切佛法及诸有情，况能证无上正等菩提。

此辩释。宇宙之间，无非生死，生死实性，体即真如，是故如实了知生死者，无漏正智亲缘真如之谓。无漏正智从净除二障中来，反此则不能于贪瞋痴等一切烦恼深心弃舍。贪者，于所执我，深生耽著，于资具等染著为性。瞋者，于诸有情，起诸损害，心不安稳为性。痴即无明，愚於我相，迷无我理，于诸事理，迷暗为性。此皆杂恼染污心识之本惑，故称之曰三毒。由此三毒，轮转生死，四生六道无有出期，则何能成熟一切佛法及诸有情。龙树《十住毗婆沙论》云："未自得度，不能度彼。如人自没淤泥，何能拯拔余人。又如为水所漂，不能济溺，是故说我度已当度彼。如说，若人自度畏，能度归依者，自未度疑悔，何能度所归。若人自不善，不能全人善，若自不寂灭，安能令人寂。是故先自善寂而后化人。"亦同此意。若诸菩萨于其生死，以无常等行，深心厌离等者，简二乘。二乘器小，不能堪任生死苦患故，深心厌离，速疾证入无余依涅槃，置十力四无所畏十八不共法等无边殊胜功德于不问，舍一切众生而不度，灰身灭智，甘自绝于大方，故佛以焦种败芽斥之。菩萨反是，由有空慧故，不著生死。又具悲愿故，于生死中多受生死教化众生，不以无常等行，厌背生死，求入涅槃，即不著涅槃，广大方便，不著生死，无上正等菩提，非凡非小，是中道行。

又诸菩萨由习如是空胜解故，则于涅槃不深怖畏，亦于涅槃不多愿乐。若诸菩萨深怖涅槃，即便于彼涅槃资粮，不能圆满。由于涅槃深怖畏故，不见涅槃胜利功德；由不见故，便于涅槃远离一切清净胜解。若诸菩萨于其涅槃多住愿乐，是则速疾入般涅槃。彼若速疾入涅槃，则便不能成熟佛法及诸有情。

此第二番，自又诸菩萨至亦于涅槃不多愿乐，总显，以下辩释。凡夫执我，恋着不舍，闻说入般涅槃不受后有，即起邪见，以为断灭。由邪见故，深生怖畏，不肯修习入涅槃前诸资粮道。资粮道者，准菩提资粮论，第一资粮为般若波罗蜜，第二资粮为布施、持戒、精进、忍辱、禅定五波罗蜜，第三资粮为巧、方便、愿力、智四波罗蜜。诸菩萨法从般若波罗蜜等生已，为巧方便波罗蜜等所持，不为趣向声闻独觉险岸，所谓名为圆满。涅槃胜利功德者，《涅槃经》云："八味具足，常住寂灭，不老、不死、清凉、虚通、不动、快乐、名为大般涅槃。"又云："有大我故，名大涅槃。涅槃无我，大有自在故，我名为大我。大自在者，谓八自在：一、一身示微尘身，充满十方世界。二、示一尘满三千大千世界。三、常住一土而令他土一切悉见。四、实不见色等而六根互用。五、实无所得，以自在故得一切法。六、一切法性实无有说，自在故演说。七、实不可见，自在故令一切见。八、大身轻举远到。能如是见，名为清净胜解。凡夫邪见，与此相反，故曰远离。二乘执法，障其悲心，故于无余涅槃，深心愿乐，速疾入之。由速入故不能成熟佛法等如上已释。菩萨具足空慧，善处生死，故不怖涅槃。知于生死，情所取苦，本来自空，虽复遭遇一切劬劳，一切苦难而不退转，速疾能令身无劳倦，心无劳倦，故于涅槃亦不多愿乐。

当知此中若不如实了知生死，即杂染心流转生死。若于生死深心厌离，即便速疾入般涅槃。若于涅槃深心怖畏，即于能证涅槃资粮不能圆满。若于涅槃多住愿乐，即便速疾入般涅槃。是诸菩萨于证无上正等菩提无大方便。若能如实了知生死。若于生死不以无常等行深心厌离，即不速疾入般涅槃。若于涅槃不深怖畏，即能圆满涅槃资粮。虽于涅槃见有微妙胜利功德，而不深愿速证涅槃。是诸菩萨于证无上正等菩提有大方便。是大方便依止最胜空性胜解，是故菩萨修习学道所摄最胜空性胜解，名为能证如来妙智广大方便。

此第三番，总取上来四义反解正释作结。自"当知此中"至"无大方便"反解。自"若能如实了知生死"至"有大方便"，正释。自"是大方便"至"广大方便"结。于证无上正等菩提无大方便者，凡夫迷妄，执我我所，陷溺生死，怖畏涅槃，不能修习涅槃资粮，故无方便证入无上菩提。二乘断障，得解脱身，于无上觉，仅见一分，乐入灭故不能圆满，故曰无大方便。有大方便准此可知。世亲菩萨取此中意，《摄论》中说通达生死苦而能恒入二方便，知涅槃乐而不速求是二方便。此四方便从最胜空性胜解生故曰依止。最胜空性胜解借渐学修证而得，故曰学道所摄。又即般若波罗蜜故，《大般若经》卷五四云："非但获得相好身故说名如来应正等觉，要由证得一切智智，乃名如来应正等觉。如来所得一切智智，要由般若波罗蜜为因故起。"依此故说最胜空性胜解是能证如来妙智之广大方便。妙者绝待义，无复有法可与形比，非粗非细，不知何以字之，强名为妙。《大般若经》卷五八四云："一切智智远离众相，非方处摄。一切智智非色蕴，不离色蕴，乃至非无学非学非无学，不离无学非学非无学。一切智智远离众相，无法可得。无所得故，不可执取。"为此诚证。又基师《无垢称经疏》云："一切智者，无分别智，能达真如。种智者，后得智，能了俗事。二合为名，名一切智智。"是则真俗双行，空有俱照，方可以称妙矣。双行故能如实了知生死，不於生死以无常等行，深心厌离。俱照故於涅槃不深怖畏，亦於涅槃不多愿乐。即方便是究竟，即究竟是方便，一二，二一，非即非离，故非二乘凡夫境界。然则菩萨入世岂是凭恃名言，勉强施设者哉。充其无依无得之心，妙应群机而泊然绝累，超超象外，历历环中，盖无往而非究竟，无适而非方便矣。

又诸菩萨由能深入法无我智，于一切法离言自性，如实知已，达无少法及少品类可起分别。唯取其事，唯取真如，不作是念此是唯事，是唯真如，但行于义。

得益之乙，于中复三：初明法无我智行相，次明依行相得最胜舍，后叙得舍利益，此初。达无少法及少品类可起分别者，伦《记》云："泰法师言，于自性分别中达无少法可起分别，于差别义中达无少品类可起分别。"唯取其事者，后得智唯取依他起事。唯取真如者，无分别根本智唯取真如。"不作是念"乃至"但行于义"者，义即境义，后得智常照境义而常寂然，故不作是念此唯是事。根本智寂然而照境义，故不作是念是唯真如。圆测法师叙西方师说云："西智是现量，故不起分别，但缘其体"亦可解。

如是菩萨行胜义故，於一切法平等平等，以真如慧如实观察，於一切处具平等见，具平等心，得最胜舍。

此明得最胜舍。圆满真如，名曰胜义。平等之义，如上已释。平等之慧名真如慧，以此真如慧观察一切，不复更有不平等见、不平等心，故能得最胜舍。或心者定也，见者慧也，证如定慧，离沉浮极故名最胜舍。此文即说无分别智，唯舍相应。舍者，内心平等，无有执著之谓。净影《维摩经义记》云："经中说舍，凡有七种：一心性平等，亡怀称舍。情无存著，故曰亡怀。二于众舍离一切怨亲等碍，目之为舍。三舍一切贪瞋等过，名之为舍。四见生得脱，不复忧念故舍名舍。五证空平等，离相名舍。六自舍己乐施与他人，说之为舍。七益众生无所希望，名之为舍。"是故克实论之，最胜舍者，无取无舍之舍。《大般若经》卷三五一云："甚深般若波罗蜜多不思惟色乃至无上菩提，故于色等无取无舍。于色等不思惟一切相，亦不思惟一切所缘，是时便能圆满波罗蜜多，便能证得一切智智。不见有法可于其中而起执著及安住故。如是以无执著，及无安住而为方便，行深般若波罗蜜。"此行深般若波罗蜜，即行胜义也。

依止此舍，于诸明处一切善巧，勤修习时，虽复遭遇一切劬劳，一切苦难而不退转，速疾能令身无劳倦，心无劳倦。于诸善巧速能成办，得大念力，不因善巧而自贡高，亦于他所无有秘吝。于诸善巧心无怯弱，有所堪能，所行无碍，具足坚固甲铠加行。是诸菩萨于生死中如如流转，遭大苦难，如是如是于其无上正等菩提，堪能增长。如如获得尊贵殊胜，如是如是于诸有情骄慢渐减。如如证得智慧殊胜，如是如是倍于他所难诘、诤讼、喧杂语论、本惑随惑、犯禁现行，能数观察，深心弃舍。如如功德，展转增长、如是如是，转覆自善不求他知，亦不希求利养恭敬。如是等类，菩萨所有众多胜利，是菩提分，随顺菩提，皆依彼智。是故一切已得菩提、当得今得，皆依彼智，除此更无若劣若胜。

此明舍利益，中有六句：一、依此舍于诸明处及诸善巧速能成办。二、得念力，不因善巧贡高悭吝。三、于生死流转大苦，而于菩提堪能增长。四、得尊贵骄慢渐减。五、得胜智，舍难他心。六、功德渐增，转覆自善。诸明处者，谓内明、声明、因明、工巧明、医方明五处，有多善巧，故云一切。念力者，专念所习，力能抗拒障碍之谓。菩萨专念胜舍，力能调伏贡高悭吝之心，故称曰大。于诸善巧心无怯弱等者，菩萨发无上心，法门无量誓愿学，故不怯弱。不怯弱故，乃有堪能，有堪能故，不复为他所碍，则其加行具足坚固甲铠，而后生死苦难亦为其圆满无上菩提之增上缘，故曰增长。如如者，恒常无倒之义。尊贵殊胜，即无上菩提。如如证得智慧殊胜乃至深心弃舍者，凡夫得少智慧，乃于他所难诘诤讼。菩萨不尔，得胜智慧，倍于他所深心弃舍难诘诤讼乃至违犯禁戒之现行。本惑即根本烦恼，随惑即随烦恼，义如常释。如是等类以下，结胜利也。菩提分者，菩提之分，随顺菩提故。据《大品经》说有五种菩提，一发心菩提；二伏心菩提；三明心菩提；四出到菩提；谓菩萨于般若中得方便力，不著般若，出离三界，到萨婆若；五无上菩提。此第一句当发心菩提，第二句，第五句，第六句当伏心菩提，第三句当明心菩提。第四句当出到菩提。皆是趣向无上菩提，故云菩提分。彼智，即法无我智。除此更无若劣若胜者，谓依已得今得当得法无我智以定菩提之胜劣，除此更无可说。

又诸菩萨，乘御如是无戏论理，获得如是众多胜利，为自成熟诸佛法故，为成熟他三乘法故，修行正行。彼于如是修正行时，于自身财，远离贪爱，于诸众生，学离贪爱，能舍身财，唯为利益诸众生故。又能防护，极善防护，由身语等修学律仪，性不乐恶，性极贤善。又能忍他一切侵恼，于行恶者，能学堪忍、性薄瞋忿，不侵恼他。又能勤修一切明处，令其善巧，为断众生一切疑难，为惠众生诸饶益事，为自摄受一切智因。又能于内安住其心，令心善定，于心安住常勤修学，为净修治四种梵住，为能游戏五种神通，为能成立利众生事，为欲除遣精勤修学一切善巧所生劳倦。又性黠慧，成极真智，为极真智常勤修学，为自当来般涅槃故，修习大乘。

又诸菩萨即于如是修正行时，于具功德诸有情所，常乐现前供养恭敬。于具过失诸有情所，常乐现前发起最胜悲心、愍心，随能随力，令彼除断所有过失。于己有怨诸有情所，常起慈心，随能随力，无谄无诳，作彼种种利益安乐，令彼怨者意乐加行，所有过失及怨嫌心，自然除断。于己有恩诸有情所，善知恩故，若等若增，现前酬报，随能随力，如法令其意望满足。虽无力能，彼若求请，即于彼彼所作事业，示现殷重精勤营务，终不顿止彼所希求，云何令彼知我无力、非无欲乐？如是等类，当知名为菩萨乘御无戏论理，依极真智，修正加行。

得益之丙，初总，次别，后结。别中有六，即是六度：第一，布施波罗蜜中，于诸众生学离贪爱等者，谓从众生之能离贪爱者学也。如是则能坚固众生布施之心，而施主与受施者，各各得益无量矣。第二，持戒波罗蜜中律仪者，梵云三跋罗，《大乘义章》云："言律仪者，制恶云法，说名为律，行依律戒，故号律仪，又复内调亦为律，外应真则，目之为仪。第三，律仪差别，略有三种：（一）别解脱律仪，谓欲缠戒。（二）静虑生律仪，谓色缠戒。（三）道生律义，谓无漏戒。第四，精进波罗蜜中一切智者，如上已说，又《大般若经》卷四〇三云："一切智即佛菩提。"第五，禅定波罗蜜中四种梵住者，《大智度论》卷三云："一、天住，为六欲天之住处，即布施转戒善心三事。二、梵住，为色无色界诸天之住处，即慈悲喜舍四无量心。三、圣住，为三乘圣者之住处，即空，无相，无作三三昧。四、佛住，为一切诸佛之住处，即首楞严等无量三昧。"五种神通者，即天耳、天眼、神足、他心、宿命五通。六神通中除漏尽通，漏尽通唯诸漏断尽之圣者方得故，广释如《法集经》三，《杂阿含经》四十三，《毗婆沙论》八一及一〇二等。于此神通，游化无碍，似小儿戏，不费艰劳故，曰游戏神通。第六般若波罗蜜中，初明无分别智，谓成极真智，为有当来般涅槃故。极真智即妙智，是大般涅槃之胜因也。次明后得智有四：一敬有德，二愍有过，三慈有怨，四能报恩。加行者，入于正位之准备，加一段力而修行也。旧云方便，以与佛果之善巧方便相混滥故，新译改为加行。

以何道理，应知诸法离言自性，谓一切法假立自相，或说为色，或说为受，如前广说，乃至涅槃。当知一切唯假建立，非有自性，亦非离彼别有自性，是言所行，是言境界。如是诸法非有自性如言所说，亦非一切都无所有。如是非有，亦非一切都无所有。云何而有？谓离增益实无妄执，及离损减实有妄执。如是而有，即是诸法胜义自性，当知唯是无分别智所行境界。

广明离言自性中正辩之子，先问后答。言以何道理应知诸法离言自性者，凡夫知法必藉言题，寻言注取，义乃可得。论主上云一切法离言自性，法既离言，则无相貌，拟何知是离言自性，故问。答文意谓诸佛菩萨是离言智，知离言诸法，诸余凡夫，但有随言说智，不能得知离言说法，今为随言说智人，以义比度，令知有彼离言自性。言谓一切法假立自相乃至非有自性者，凡夫不解缘生之理，于一切法假立之自相上，妄计谓有实常之自体，如萨婆多说一切法皆有自性等，悉属见执，故此非之。亦非离彼别有自性至是言境界者，外人救云，法从缘生，即法可无自性，何妨离彼法外别有自性，是言所行，是言境界。故复破云，如数论之自性，胜论之大有、和合、同异性等，亦非离彼别有自性，是言所行。外人复云：言本诠法，法性非有，言性应无。故今复云，如是诸法非有自性，如言所说，亦非一切都无所有。此谓随言所执法性，虽非是有，不可即谤言说都无。外人复言：随言法性，当是非有，离言自性，亦应非有。故论云：如是非有，亦非一切都无所有者，随言说性，如是非有，亦非一切离言自性，都无所有。外人复问云：既不都无，云何而有？谓离增益实无妄执以下答。增益实无者，萨婆多人所计即法自性，数论等所计法外自性，事上本无，而执为有，故曰增益妄执。损减实有者，滞寂之徒，执其空定，拨现前所见依他幻有之法，一切非有，故曰损减妄执。妄执既离，如实了知依他起上有圆成实性，圆成实性亦不离依他起法，平等平等，如是而有，是诸法胜义自性，无分别智所行境界。伦《记》引备师、测师之说云：谓是人法二空所显真如。

若于诸法诸事随起言说，即于彼法彼事有自性者，如是一法一事，应有众多自性，何以故？以于一法一事，制立众多假说而诠表故。亦非众多假说诠表，决定可得。谓随一假说于彼法彼事，有体，有分，有其自性，非余假说。是故一切假说若具不具，于一切法，于一切事，皆非有体，有分，有其自性。

此破小乘所执随言法性，于中有二，初有三转，以理广破，次结破类通。此三转中第一转。言若于诸法诸事乃至有自性者，牒立也。小乘人谓名能召法，故随言说诸法诸事执有自性。法谓能诠教法，事谓所诠体义。或如《因明入正理论》说声是有法，当此云事，亦即自性。声无常、空、无我等是法，亦即差别。如是一法一事应有众多自性者，出过。谓若随言说有自性者，如世一法有众多名，法体随言应多。且如一眼有众多名，或说为眼，或说能见，如是一眼随彼多名，应有多体。何以故乃至而诠表故者，释出过之故，言非众多假说诠表决定可得，乃至非余假说者，论主出前难已，深恐彼外人救云，我即印言随其多名即有多体，故此遮云：亦非众多假说诠表，决定即有多体可得。谓于一法一事之上，所有众多假说，随一可说有体有分有其自性。非余假说，皆可说为有体有分其自性。如说眼目能见，若以眼为有体有分有其自性，即摄目及能见，不可眼外更有目及能见之体、分、自性。说目有体有分摄眼等亦尔。是故多名多体之救，定知非理。有体者，基师云，体指法之自体，即五俱意识，现量所见者。有分者，别解法之差别。至此所谓有其自性者，乃姑纵之词，非顺邪计亦计有随言有性也。是故以下总结非也。一法多名曰具，一法一名曰不具，此具不具，皆是假说诠表故制立，非有实体，非有实差别，是故不可随言说法，执有自性。

又如前说色等诸法，若随假说有自性者，要先有事，然后随欲制立假说，先来制立彼假说时，彼法彼事应无自性。若无自性，无事制立假说诠表，不应道理。假说诠表，既无所有，彼法彼事随其假说而有自性，不应道理。

此第二转。伦《记》云：谓外释救云：我前所说色等诸法随假名但有一体，不得随名说有多体，然随名言定有法体。故牒救云：又如前说色等诸法，若随假说有自性者，谓小乘宗三世诸法，一一各有三世名字，以诠召之，是即法体先有，后以名诠。以小乘师前立宗说，色等诸法随假说有，故乘此言牒以破之。又字后有二复次，进退作破，初破随说即有法体，次破先有色等后以名诠。今是初破，即从救破也。天下道理，要先有事，后立其名，汝既前说色等诸法随言有，是即诸法待言方有，未言说时，应无自性。问曰：未言说前，谓当无体，复有何过？下次难言：若无自性，无事制立假说诠表，不应道理者，若未立名，未有法体，未有法体而立名者，不应道理。言假说诠表既无所有至不应理者，若未有法体，不可施名，既无有名，而言法体随假说有，不应道理。

又若诸色未立假说诠表已前，先有色性，后依色性制立假说摄取色者，是则离色假说诠表，于色想法，于色想事应起色觉，而实不起。

此第三转。伦《记》云：别有萨婆多等诸小乘师复救云：我所说随诸言说有法性者，先有色体，随言说显，故说言有，故今牒破。又若诸色至摄取色者，此牒执也。是则离色至而实不起者，前未立色名，先有色体，是即离色名于彼色法应起色觉。若未立色名已生色觉，何劳立名显于色。若未立名不生色觉，明知名前未有色性，如初生小儿未解柱青黄长短等色名，当尔见柱，不起青黄长短等觉，后由依柱青黄长短等假名故方起此觉。若未立名前见柱青黄长短等色法，即起觉者世间无此事，故云而实不起。色想者，想以构了诸法像类为性，色亦是想所构了，故曰色想，色想之差别曰色想法，色想之自体曰色想事。

由此因缘，由此道理，当知诸法离言自性。如说其色，如是受等，如前所说乃至涅槃，应知亦尔。

结破类通。上来破小乘增益执竟，外人问曰：然则诸法毕竟无自性耶？答：我说自性，非心外实体，但于心行灭处，语言断时，说为自性。《成唯识论述记》云："真事非心外实体，但心所取法自体相，言说不及，假智缘不着，说之为真。此唯现量知，性离言说及智分别。"又慧思《随自意三昧》云："菩萨行时，未举足欲举足，未生念欲生念，先观未念欲念心。未起念时无有心想，亦无心心数法，是名心性。是心性无有生灭，无明暗空假相见，不断不常，无所得故，是名心性。"皆为尽理之谈。即此自性，遍一切法，色如，受想行识如，乃至正智涅槃亦如，故云"应知亦尔"。

有二种人于佛所说法毗奈耶，俱为失坏。一者于色等法于色等事，谓有假说自性，自相，于实无事起增益执。二者，于假说相处，于假说相依离言自性胜义法性，谓一切种皆无所有，于实有事起损减执。

更举二种失坏。法毗奈耶者，毗奈耶一作鼻那夜，又云毗尼，义曰灭，或调伏，即三藏中之律藏，余二藏总名为法，亦可法通三藏，三藏皆有调伏灭过之义名毗奈耶。于色等法至起增益执者，还是前所说执有遍计所执，相对故更举之。于假说相处至起损减执者，此执正是以下所破之义。依他性名假说相处，假说有色等相状及方处故。旧《地持经》作："施设假名处。"此假说相处以圆成实而为自性，故曰："依离言自性胜义法性。"损减执者，说此二种皆是非有，是故与增益者皆是失坏佛所说法毗奈耶。

于实无事起增益执妄立法者，所有过失，已具如前显了开示。于色等法实无事中起增益执有过失故，于佛所说法毗奈耶甚为失坏。于色等法实有唯事起损减执坏诸法者，所有过失，由是过失，于佛所说法毗奈耶甚为失坏，我今当说。谓若于彼色等诸法实有唯事起损减执，即无真实，亦无虚假，如是二种皆不应理。譬如要有色等诸蕴，方有假立补特伽罗，非无实事而有假立补特伽罗。如是要有色等诸法实有唯事，方可得有色等诸法假说所表，非无唯事而有色等假说所表。若唯有假，无有实事，既无依处，假亦无有，是则名为坏诸法者。

略破二种失坏。于实无事起增益执，指同前破。谓若于彼色等诸法实有唯事起损减执者，此拨无圆成。圆成唯是诸法实有之体故。圆成若无，依他不立。则破一切因果行证等法。故曰皆不应理。《中论》云："以有空法故，一切法得成"亦此意。梵语补特伽罗，此云数取趣，谓数数往来诸趣也。旧亦作弟伽罗、富伽罗等，译义曰人，或曰众生，众生之立，依于色受想行识五蕴，五蕴若无，众生何有？是故假立之法，必有实事为依，实事若无，假亦不立，如无色事，色名即无，则唯假之说，不应道理，故曰坏诸法者。

如有一类闻说难解大乘相应，空性相应，未极显了密意趣义，甚深经典，不能如实解所说义，起不如理虚妄分别，由不巧便所引寻思，起如是见，立如是论：一切唯假，是为真实，若作是观，名为正观。彼于虚假所依处所实有唯事，拨为非有，是则一切虚假皆无，何当得有一切唯假，是为真实。由此道理，彼于真实及以虚假，二种俱谤，都无所有，由谤真实及虚假故，当知是名最极无者。如是无者，一切有智同梵行者，不应共语，不应共住。如是无者，能自败坏，亦坏世间随彼见者。

破执唯假有。一类，谓初学大乘者。佛初成道为声闻人说四谛教，令得四果。得四果已，转执诸法有决定性，如苦真实苦等。佛为此等说大般若十万颂以破其执，从始至末唯说法空。诸学人闻如是说故云闻说。或闻说者，觉慧为先，听闻领受。自习般若，或从他学，皆可称曰闻说，不必亲从佛受。未极显了至解所说义者，谓闻说空法之初学大乘者，对于含有甚深密义之《般若经》，未尝深心体验，默察其义，不能如实解了佛说空法之故，由此起不如理虚妄分别，执唯有假，无有真实。讵知一切虚假，必依实事，实事若无，假亦不立，故破云："何当得有一切唯假，是为真实。"由此道理以下者，彼本谤实，实无假亦无，亦名谤假，故云二种俱谤。谤二种故，不期当果，不植现因，名自败坏，坏他可知。是故世间有智之人及同修梵行之僧伽，不应与彼共语、共住。

世尊依彼密意说言：宁如一类起我见者，不如一类恶取空者。何以故？起我见者，唯于所知境界迷惑，不谤一切所知境界。不由此因堕诸恶趣。于他求法，求苦解脱，不为虚诳，不作稽留。于法于谛，亦能建立。于诸学处，不生慢缓。恶取空者，亦于所知境界迷惑，亦谤一切所知境界。由此因故，堕诸恶趣。于他求法，求苦解脱，能为虚诳亦作稽留。于法于谛，不能建立。于诸学处，极生慢缓。如是损减实有事者，于佛所说法毗奈耶，甚为失坏。

破恶取空，于中有二：初，举过，后，正破，此初。自宁如一类至恶取空者，引无尽意经文。问：若尔，何故《佛藏经》说无过轻，有过重？解云：所为各异，故不相违。《佛藏经》为显理，无相顺理，所以过轻，有相乖理，所以过重。《无尽意经》为辨行，有见顺行，所以过轻，无见乖行，所以过重。何以故下，释经意。伦《记》引测法师之说云："我见唯有迷境过而无六过。六过者：一、不谤所知境界，明无邪因过。二、不由此因堕诸恶趣者，明无恶果过。我见有二种，谓分别、俱生。分别我见是不善故能感恶趣，今此文中但据俱生。一解，但因他力能感恶趣，不由此见令堕恶趣也。三、于他求法者是修因。四、求苦解脱者，求解脱果。言不为虚诳者，牒前修因不为虚诳。不作稽留者，牒前证果时不作留难。五、于法于谛亦能建立者，于教法及所诠谛皆能建立。六、于诸学处不生慢缓者，谓于五明学处不生懈怠。"恶取空者拨无依他及与圆成，曰谤一切所知境界。由谤此故，不信因果，恣情妄作，自造恶趣之因。更碍他求法，求解脱之路，故曰能为虚诳，亦作稽留。余文可解。

云何名为恶取空者？谓有沙门或婆罗门，由彼故空，亦不信受，于此而空亦不信受，如是名为恶取空者。何以故？由彼故空，彼实是无。于此而空，此实是有。由此道理可说为空。若说一切都无所有，何处、何者、何故名空？亦不应言由此、于此，即说为空，是故名为恶取空者。

此正破。沙门，婆罗门义如常释。由彼故空者，谓真实义中依彼遍计所执自性无故说之为空。于此而空者，谓真实义中于此依他起上有圆成实离言自性说之为空。即此空理，诸佛所证，古今不二，故云此实是有。若不信受此义，妄计离言自性同于遍计所执一切都无者，若尔倒情计执必有依托，依托何处而得起耶，故云何处。若有依托，即有能依所依，于此二依，何者是空，故云何者。若言能依所依二俱空者，能依虚妄，可说为空，所依真实，何故名空。亦不应言由此所依故能依虚妄，能依空故于此所依亦说为空。如此等执，是即名为恶取空者。伦《记》引景法师之说云：问如后代三论师说，一切法依他圆成，同彼遍计所执，皆是虚妄颠倒之法，自性皆空，有何等过而说为恶取空耶？解云：遍计所执倒情计有，性非因果，犹如兔角，其性是空。依他缘起，即是染净因果，由染因缘久处轮回，由净因果登于彼岸，成应化两身。圆成实性即是真如理，若迷此理，广积尘劫；由悟此理，究竟出缠成佛法身。若二性同遍计执者，应同遍计性非因果。若依他非染因果，是即众生从本已来，应无流转。若非净因果，即无出凡三乘圣道。若汝计有染净因果、凡圣等异，云何执同遍计所执毕竟无？若汝复执从本已来无流转事，亦无出凡圣道者，是即世间亦无谤信，云何经说无三宝四谛说名为谤；又若汝执无因无果一切空者，云何得有人畜不同、贵贱等异？既有此等世所同知，验知因果依他等非同遍计，毕竟无有。今详此破未必可尔。何者：夫《三论玄义》，以无拟为宗，岂容自判依他圆成同彼遍计一向空无为三论宗，以致妨难？然晓法师言：《三论》为荡执著有见，故假破门，遍破随言之性。《瑜伽》为遣恶取空执，故藉立门，广有离言之法。假立不增随言之性，假破不损离言之法，由是道理，不相违背。　赞案：晓公此解，犹觉混沦，应从基师《成唯识论料简》之说，其言云："《摄论》以依他起圆成实觉，别除所执依他起觉，若不观察依他起空，如何论说除依他觉？故知加行亦遣依他。若不观空，如何除遣？故于有无总观为空，方得名为圆成实觉，于此能证圆满真如。又《摄论》云：菩萨悟入意言似义相故，悟入遍计所执性。悟入唯识故，悟入依他起性。云何悟入圆成实性？论本解云：若已灭除意言闻法熏习种类唯识之相，尔时菩萨已遣义相，一切似义无容得生，故似唯识亦不得生。由是因缘住一切义无分别名，于法界中便得现见相应而住，乃至悟入圆成实性。梁《释论》云：若菩萨依初真观入依他性，由第二真观，除依他性，则舍唯识相。故有云：真谛《释论》除依他性，失论所宗者，未识真谛意。遣依他言，自论观境，非是法相依他故。"据此可知，拨法相无依他圆成者，曰恶取空。三论师就观境立论，以无据为宗，故说依他圆成自性皆空也。

　　云何复名善取空者？谓由于此，彼无所有，即由彼故，正观为空。复由于此，余实是有，即由余故，如实知有。如是名为悟入空性，如实无倒。谓于如前所说一切色等想事，所说色等假说性法，都无所有，是故于色等想事，由彼色等假说性法，说之为空。于此一切色等想事，何者为余？谓即色等假说所依。如是二种，皆如实知。谓于此中实有唯事，于唯事中，亦有唯假。不于实无起增益执，不于实有起损减执，不增不减，不取不舍，如实了知如实真如离言自性。如是名为善取空者，于空法性，能以正慧妙善通达。如是随顺证成道理，应知诸法离言自性。

以善取空结。谓由于依他性"此"故，彼遍计所执空。即由所执"彼"无故，正观为空，以见依他时知无所执故。复由依他相"此"故"余"圆成实是有，即由圆成实"余"故，如实知有。言谓于如前所说一切色等想事至都无所有者，重解所执无。是故乃至说之为空者，重解依依他所执空。于此一切乃至假说所依者，重问前解实有中余义。谓即色等依他假说所依之圆成实，对依他称余也。谓于此中至亦有唯假者，因圆成而观依他也。依他幻有，故云唯假。假必依实，故曰于唯事中。以下论文谓依他假有故无自性，无自性故，离增益执。假有缘生，非如兔角，是毕竟无，离损减执。离二执已，方能如实了知依他实性，即是圆成，不可增，不可减，不可取，不可舍，唯离言之所证，强名曰真如。

复由至教，应知诸法离言自性。如佛世尊《转有经》中为显此义而说颂曰：以彼彼诸名，诠彼彼诸法。此中无有彼，是诸法法性。云何此颂显如是义？谓于色等想法，建立色等法名，即以如是色等法名，诠表随说色等想法，或说为色，或说为受，或说为想，广说乃至说为涅槃。于此一切色等想法，色等自性，都无所有，亦无有余色等性法。而于其中色等想法离言义性，真实是有，当知即是胜义自性，亦是法性。

引证之子。《转有经》者，伦《记》云：旧论云取有经，三藏云：翻译错也。转者灭也，有者三有，灭三有故名为转有。泰云：彼经明死有中有等四有流转不定，故名转有。基云：有是有执，除此有执名为转有经。颂中测云：上半明依他假名能诠所诠，第三句明依他中无遍计所执，第四句明有圆成实性。论主释中，谓于色等想法乃至说为涅槃者，此文释颂中上两句，于色等想所缘法，建立色等分别性法名，即以如是色等分别性法名，诠表说色等想所缘法，或说为色，乃至说为涅槃也。于此一切色等想法乃至亦无有余色等性法者，释颂中第三句，此中色等自性，都无所有者，谓无萨婆多等所计即法自性。亦无有余色等性法者，谓亦无余离法自性，如数论胜论所计者。而于其中至末，释颂中第四句，文义可知。

又佛世尊《义品》中说：世间诸世俗，牟尼皆不著，无著孰能取，见闻而不爱。云何此颂显如是义？谓于世间色等想事，所有色等种种假说名诸世间。如彼假说，于此想事有其自性。如是世俗，牟尼不著。何以故？以无增益损减见故，无有现前颠倒见故。由此道理，名为不著。如是无著，谁复能取？由无见故，于事不取增益损减。于所知境能正观察，故名为见；听闻所知境界言说，故名为闻。依此见闻，贪爱不生，亦不增长，唯于彼缘毕竟断灭，亦住上舍，故名不爱。

引证之丑。义品者，伦《记》云：景云：如《无量义经》等者为义品。基云：即《阿毗达摩经》之义品。测云：即是《转有经》中一品名也。颂中四句，意取不著，不取不爱证离言自性。初三句举境就人于法无著，显成无性，下一句亲成胜利。长行自谓于世间至牟尼不著，释上两句。色等想事者，所诠；色等种种假说者，能诠；诸世间者，双结能所诠；如彼假说者，谓世间于假说所依色等想事之上，执有自性，而牟尼尊不著如是世俗妄计。牟尼梵语，此云寂默，或云寂静，即佛与三乘圣人所证之法，依此故称佛为牟尼，盖佛及阿罗汉之通称也。从何以故至不取增益损减，释第三句。二边执种子名增损见，二边现起名现前颠倒。以牟尼无二边种子见故，无有现行颠倒见故，由此道理，称牟尼为不著。如是无著者，谁复能取遍计所执之自性耶？由无二边种子见故，于依他真实事不取增损二边也。于所知境乃至故名不爱者，释第四句。牟尼于他真实所知境能正观察，故名为见。从他听闻所知依他真实境界言说，故名为闻。依此见闻境上不著故，贪爱初不生，亦无生已增长。如实证入彼见闻所缘之真实境界，于上毕竟断灭取著贪爱，故能亦住上舍，上舍者，最胜舍也。

又佛世尊为彼散他迦多衍那作如是说：散他比丘，不依地而修静虑，不依于水，不依于火，不依于风，不依空处，不依识处，不依无所有处，不依非想非非想处，不依此世他世，不依日月光轮，不依见闻觉知，不依所求所得，不依意随寻伺，不依一切而修静虑。云何修习静虑？比丘，不于地而修静虑，广说乃至不依一切而修静虑。散他比丘，或有于地，除遣地想；或有于水，除遣水想，广说乃至或于一切，除一切想，如是修习静虑。比丘，不依于地而修静虑，广说乃至不依一切而修静虑。如是修习静虑，比丘，为因陀罗，为伊舍那，为诸世主并诸天众遥为作礼而赞颂曰：敬礼吉祥士，敬礼士中尊，我今不知汝，依何修静虑。云何此经显如是义？依于一切地等想事，诸地等名施设假立，名地等想，即此诸想，于彼所有色等想事，或起增益，或起损减。若于彼事起能增益有体自性执，名增益想。起能损减唯事胜义执，名损减想。彼于此想能正除遣，能断能舍，故名除遣。如是等类无量圣言，名为至教。由此如来最胜至教，应知诸法离言自性。

引证之寅。初引径言，于中有三：初略辨，次重释，后明观利。散他迦多衍那者，旧云仙释迦旃延，音讹也，散他是名，迦多衍那是姓，译曰剪剃种，西方先举名，后方言姓。测法师云：是大乘人，非是声闻乘迦旃延也。世尊为彼作如是说：不依四大、四空，亦不此他二世，亦不依日月轮取光明相，亦不依见闻觉知乃至一切而修静虑。静虑即禅定，梵云驮衍那。自依何修习乃至不依一切而修静虑者，重释。谓观地等真如之理，不观地等一一别事也。自如是修习静虑比丘至颂之末句，云观利。因陀罗者，此云帝：即帝释。伊舍那者，此云自在，即大自在天。世主者，谓初禅大梵王。基云世主人主，今准旧论，当是梵王，非人王也，《旧地持经》作比丘如是修禅者，释天、大力天、梵天，悉来礼敬，说偈赞叹："南无最胜士，南无士之上，今我不知汝，何所依而禅。"颂中云不知者，离相修禅，出过天境，非彼所及故也，余文可知。

问：若如是者，何因缘故于一切法离言自性而起言说？答：若不起言说，则不能为他说一切法离言自性；他亦不能闻如是义。若无有闻，则不能知此一切法离言自性。为欲令他闻知诸法离言自性，是故于此离言自性而起言说。

此解佛起言说之故也。伦《记》云："上说诸法皆离言说，何故诸佛于离言而起言说，说若称法，决非离言。云若违法，说即不益。答有四：一、不能为他说。二、不说他不闻。三、不闻他不知。四、为令他知可闻，故诸佛言说。意者，法虽无言，欲令他知无言之法，以方便假名相说。若不起说，他不闻知离言之法。诸佛菩萨为利他故，无名中假名相说，此即借言以显无言。"

又诸愚夫，由于如是所显真如不了知故，从是因缘八分别转，能生三事，能起一切有情世间及器世间。

愚起八分别之子，于中复三：初总标举。二、别释。三、辨所生事本末相生摄法周尽。此即初。显对生说，生者，如本无子，借父母生。借父母生者，缘生无常，不可以为真。真如不尔，《成唯识论》云：一切法相真如理，本来自性清净，而由客尘障覆令不显。真圣道生，断彼障故，令其相显。分别者，大论五云："三界行中所有心心所皆名分别。"《成唯识义演》解云："大论第五解分别是三界心心所者，约二种分别说，一、有漏心。二、遍计心。"是故一切有情世间及器世间，因之而起。二世间义，如常释可知。所生三事中，初依缘事，所依即有情世间，所缘即器世间。后之二事，并是有情。

云何名为八种分别？一者自性分别，二者差别分别，三者总执分别，四者我分别，五者我所分别，六者爱分别，七者非爱分别，八者彼俱相违分别。云何如是分别，能生三事？谓若自性分别，若差别分别，若总执分别，此三分别，能生分别戏论所依、分别戏论所缘事。谓色等想事为依缘故，名想言说所摄，名想言说所显分别戏论。即于此事，分别计度，非一众多品类差别。若我分别，若我所分别，此二分别能生一切余见根本及慢根本萨迦耶见，及能生一切余慢根本所有我慢。若爱分别，若非爱分别，若彼俱相违分别，如其所应，能生贪欲，恚瞋，愚痴。是名八种分别，能生如是三事，谓分别戏论所依缘事、见我慢事、贪瞋痴事。

此别释也。自性、差别、爱非爱俱相违，此五分别从境得名。分别色等自性故，名自性分别。分别自性境上差别故，名差别分别。又所缘境有其三种：顺境称心故名可爱，违境乖心名为非爱，中境违二名俱相违。总执分别从境及执为名。总是总多法，执是能执过名。我我所分别从行解得名，境体非我我所而作我我所解故。伦《记》引泰法师说云："初三分别，法执为体。次二分别，但是起见慢前之方便。谓从我我所后有我我所方名我见，由我见故方起我慢。复以我见为本，生边执见、邪见、见取见、戒禁取见。我慢为本生过慢、过多慢、增上慢、卑慢、邪慢等也。后三分别是贪瞋痴三毒之方便。"《略纂》则曰："前三法执方便，四五人执方便，后三三毒方便，又前通二执方便，四五唯人执方便。"分别戏论者，景云：是能缘心。泰云：遍计执心名分别戏论。此能缘心或遍计执心依自五蕴身，或六根，故六根为分别戏论之所依。又缘六尘，或器世界及他身，故器世界及他身为分别戏论之所缘。既有所依复有所缘，于是有名想言说。名谓名字名目，如瓶盆等。想谓思想或想像。言说可知。即此名想言说，是分别戏论动作之范围，故名想言说所摄。除名想言说外亦更无以窥见分别戏论之作用，故为名想言说所显。即于此事等者，即于此所依所缘事上，分别戏论藉名想言说而分别计度其事之为一为多，种种品类差别，出能分别也。所以唯说此三分别能生所依缘事者，由此分别是法执计度，一切品类熏成种子时，有情世间及器世间，从此三分别种子以生万物，所依所缘故也。后五分别是皮肉烦恼，依此三法执起，故不能亲及所依所缘众多品也。萨迦耶见者，《成唯识论述记》云："萨婆多部名有身见，经部名虚伪身见。今大乘意心上所现似我之相，体非实有，是假法故；又体非全无，依他起性成所缘缘。非如余宗定实定伪，故名移转。此兼我所，不唯我见。我见为所依本，诸见等生。"一切余见者，除上述四见外，又有六十二见、六十五见等也。详《大智度论》卷十五，及《大毗沙论》等。又《成唯识论》云："慢与五见皆容俱起，行相展转不相违故。"是故萨迦耶见为一切见慢之根本。我慢者，《杂集论》云：于五取蕴随计为我，或为我所。《成唯识论学记》云："我慢于我增上。"一切余慢者，谓七慢，或九慢。详《大毗婆沙论》卷一九九,《俱舍》十九,及《解深密经疏》等。如其所应等者谓爱分别生贪欲事,非爱分别生瞋恚,彼俱相违分别生愚痴事。

当知此中分别戏论所依缘事为所依止,生萨迦耶见及以我慢。萨迦耶见我慢为依生贪瞋痴。由此三事,普能显现一切世间流转品法。

辨所生事本末相生,摄法周尽。普能显现等者,谓十方三世一切有情世间器世间所有品物,如流轮转,无有已时,皆此三事所起,起则显现矣。

云何名为自性分别?谓于一切色等想事分别色等种种自性所有寻思,如是名为自性分别。云何名为差别分别?谓即于彼色等想事,谓此有色,谓此无色,谓此有见,谓此无见,谓此有对,谓此无对,谓此有漏,谓此无漏,谓此有为,谓此无为,谓此有善,谓此无善,谓此无记,谓此过去,谓此未来,谓此现在,由如是等无量品类差别道理,即于自性分别依处,分别种种彼差别义,如是名为差别分别。云何名为总执分别?谓即于彼色等想事,我及有情、命者、生者等假想施设所引分别。于总名法执总执为因,分别而转。于舍军林饮食衣乘等假想施设所引分别,如是名为总执分别。云何名为我我所分别?谓若诸事有漏有取,长时数习我我所执之所积聚,由宿串习彼邪执故,自见处事为缘所生虚妄分别,如是名为我我所分别。云何名为爱分别?谓缘净妙可意事境所生分别。云何名为非爱分别?谓缘不净妙不可意事境所生分别。云何名为彼俱相违分别?谓缘净妙不净妙可意不可意俱离事境所生分别。

愚起八分别之丑,释八分别名。寻思即想像,于色想等自体上,想像其为有种种自性者曰自性分别。解差别中,谓此有色者,若分别执遍计所执色有即是增。若其分别依他起色即非增益。谓此无色亦有二义:若分别言遍计色无即为正,若分别言依他色无即为邪。有见无见等门分别类知。有对,谓物之互为能所碍。故《唯识别抄》云:"以极微成不得相越,所住之处不涉入名有对。"又《杂集论》云:"若依若缘能生瞋恚,名为有对。"无对反于有对可知。《唯识别抄》云:"无表等事,非极微成,无相碍用名无对。"有漏者,《大论》五十六云:"有四过失是有漏义:不寂静,内外变异,起发恶行,摄受因。初缠现行所作,二诸烦恼事随逐烦恼所作,三烦恼因缘所作,四引发后有所作。"《显扬论》云:即苦集谛。无漏反于有漏,《显扬论》云:即灭道谛,有为谓有生灭住异可知。无为,《百法论疏》云:"不生不灭,无去无来,非彼非此,绝得绝失,简异有为,无造作故,断染成净之所显示故。"无记,《成唯识论述记》云:有二义可名为记:一、善有可爱果,不善有不可爱果,可记别故。

二、善恶法体，胜无记法，可调和故，或恼庆故，可记别也。反此名为无记。余如常释。泰法师云："如言执无蕴有体是自性分别，约诸门分别名差别分别。"总执分别者，如以步骑炮工辎成军，以众树成林，以四尘成饮食等，皆是总法。以执四尘有定性故，亦执四尘所成假饮食等有假法，缘此总法执起，名总执分别。若计五蕴有实体，即执五蕴缘成假人，我及有情等以为有体。则总执分别有其二类：一、缘有情总法执起。二、缘无情总法执起。我及有情等者，五蕴和合，有主宰义曰我。梵云萨埵，此云有情，圣者了知唯有情识，更无实我，故名有情。具足寿量曰命者，非同木石曰生者，或云有生者。此皆假施设名，执以为实，即是我见，广破如《瑜伽》卷六，卷七，卷八十七等。问：此总执分别，我及有情等假施设所引分别，与下我我所分别有何异耶？伦《记》引景师说云："今言我及有情等，不据执有神，我及有情等，今举假说世流布我有情有命，欲取五蕴等法总执而有，故是执非人我执。"基法师云："总执约二执，我之所分别唯人，有别也。"释我我所分别中，谓若诸事有漏有取者，出计我所缘，即是有漏五取蕴法。于此取蕴长时习我我所执，多时积聚如此我见。言由宿习彼邪执故，自见处事为缘所生虚妄分别者，由宿串习于彼取蕴，自见处所为境，数起我执。后三分别，缘净生爱，不净生恚，中庸俱离之境生痴，文相易解。

此中所说，略有二种：一者分别自性，二者分别所依分别所缘事。如是二种，无始世来应知展转更互为因。谓过去世分别为因，能生现在所依及所缘事；现在分别所依缘事，既得生已，复能为因，生现在世由彼依缘所起分别。于今分别不了知故，复生当来所依缘事。彼当生故，决定当生依彼缘彼所起分别。

愚起八分别之寅，明八分别中前三分别与所依缘展转相生。伦《记》引泰法师说云："此中难通举分别，然前三分别是本故，但约前三分别与所依名义事互相生。后五分别境，更无别体，又不通名义，故不别说。"分别之自性，曰分别自性，举能分别体也。于过去世起三分别，熏成所依自身种子，及熏器世所缘种，能生今世所有依缘。于现依缘不了知故起分别时，后依缘种子生彼当来所依缘事。未来依缘后会生时，定于依缘生当分别。

云何了知如是分别？谓由四种寻思，四种如实智故。云何名为四种寻思：一者名寻思，二者事寻思，三者自性假立寻思，四者差别假立寻思。名寻思者，谓诸菩萨于名唯见名，是名名寻思。事寻思者，谓诸菩萨于事唯见事，是名事寻思。自性假立寻思者，谓诸菩萨于自性假立，唯见自性假立，是名自性假立寻思。差别假立寻思者，谓诸菩萨于差别假立，唯见差别假立，是名差别假立寻思。此诸菩萨于彼名事或离相观、或合相观。依止名事合相观故，通达二种自性假立、差别假立。

愚起八分别之卯，修寻思实智了八分别也。先问，次总答。答已更以问征，然后别释。初释四寻思，后释如实智，此初。于中复三：初标名，次列释，后明离合观。梵音毗恒迦，此云寻思。寻者寻求，思者思量，寻求思量名义真妄，未能决了名为寻思。决定智生名如实智，或云如实遍知。《成唯识论述记》云："寻思唯有漏，唯加行心推求，非根本后得智故。如实智通有无漏，通加行，根本，后得智故。"于名唯见名者，此寻伺唯见依他似名，唯言简异外人见实名言，故言唯见名。无性《摄大乘论释》云："此中名者，谓无受等。寻思此名唯意言性，唯似非实，不离意言，名名寻思。"于事唯见事者，事即是体，亦名为义，《摄大乘论》云："如名身等所诠表，约蕴界处等，推求此性唯假非实，非有种类差别可得。寻思依名所表外事，唯意言性。思惟此义似外相转，实唯在内。"于自性假立唯见自性假立者，无性又云："谓色受等名义自性，实无所有，假立自性，譬如假立补特伽罗。"于差别假立唯见差别假立者，谓寻思，无常漏九漏等名义之差别，唯假立故。名寻思唯观名，事寻思唯观事，故曰离相观。后二寻思合名事而观其自性或差别，故曰合相观。

云何名为四如实智：一者名寻思所引如实智，二者事寻思所引如实智，三者自性假立寻思所引如实智，四者差别假立寻思所引如实智。云何名寻思所引如实智？谓诸菩萨于名寻思唯有名已，即于此名如实了知。谓如是名为如是义，于事假立，为令世间起想，起见，起言说故。若于一切色等想事不假建立色等名者，无有能于色等想事起色等想。若无有想，则无有能起增益执，若无有执则无言说。若能如是如实了知，是名名寻思所引如实智。

前于如实智中，问征已，先标名答，后列释。言谓如是名为如是义，于事假立等者，名假立依他之所以，即谓于事假立名言，其义为令世间起想等也。不尔世间，不能从想见，言说以入理。此顺释竟。自下至则无言说以来举弊，若能下结，此中意谓圣人之假立名言，黄叶止啼，无非方便，而愚夫因以生执，如小乘人说随名言，能召法性等。则假立名言之流弊，非假立名等本身之过。圣者于此亦应了知。故景法师云："岂可诸佛菩萨为令世间起增益执故起言说，将知菩萨如实了知世间众生起说之意。"

云何事寻思所引如实智？谓诸菩萨于事寻思唯有事已，观如一切色等想事性离言说，不可言说。若能如是如实了知，是名事寻思所引如实智。云何自性假立寻思所引如实智？谓诸菩萨于自性假立寻思唯有自性假立已，如实通达了知色等想事中所有自性假立，非彼事自性而似彼事自性显现。又能了知彼事自性，犹如变化、影像、响应、光影、水月、焰火、梦、幻，相似显现而非彼体。若能如是如实了知最甚深义所行境界，是名自性假立寻思所引如实智。

释事寻思所引如实智中，"观如一切色想事"乃至"不可言说"者，如实观一切色想等依他起事上，有离言自性也。释自性假立寻思所引如实智中，"如实通达"至"似彼事自性显现"者，谓色想等事上所假立之名义自性，非色想等事本具之自性，但似彼本具之自性而假立显现故。"又能了知"至"而非彼体"者，明色想等依他起事犹如幻化，非有似有，即谓所云色想等事本具之自性，生灭无常，与变化等相似而显现，故非实有，不足以言体，体即离言，唯佛究竟，名最甚深。

云何名差别假立寻思所引如实智？谓诸菩萨于差别假立寻思唯有差别假立已，如实通达了知色等想事中差别假立不二之义。谓彼诸事非有性，非无性。可言说性不成实故非有性，离言说性实成立故非无性。如是由胜义谛故非有色，于中无有诸色法故。由世俗谛故非无色，于中说有诸色法故。如有性无性，有色无色，如是有见，无见等差别假立门，由如是道理，一切皆应了知。若能如是如实了知差别假立不二之义，是名差别假立寻思所引如实智。

此释差别假立寻思所引如实智中，如实通达了知色等想事中差别假立不二之义者，谓就色等想事上所假立之有性无性，有色无色，有见无见等差别门，从而晓了不二中道之义也。遍计所执随言说性不成实故非有性，依他起离言说性实成立故非无性，总此二义，非有非无，名为不二。次就二谛明非有色，非无色不二之义。谓此遍计所执色空故，就胜义谛中非有色。此依他色因缘法有故，故世谛说非无色。准上二门，类知有见无见等不二之义，谓依他起色有体为缘，能有于见，遍计色无体不能为缘能有于见，名非有见。余文易知。

愚夫于此四如实智有所缺故，不现前故，便有八种邪分别转，能生三事，能起一切有情世间及器世间，谓由如是邪分别故，起诸杂染，起杂染故，流转生死。于生死中常流转故，恒有无量随逐生死，种种生老病死等苦，流转不息。

愚起八分别之辰，不了堕流转也。此文即说八分别但是方便，从此方便八分别故，方生根本杂染，人法二执，及贪瞋痴，流转生死，招大苦聚也。不现前者，谓提不起，不可作忘失解。生老病死等苦，因生死流转而起，故曰随逐生死。

菩萨依此四如实智，能正了知八种分别。于现法中正了知故，今当来世戏论所摄、所依缘事，不复生起。不生起故，于当来世从彼依缘所趣分别，亦不复生。如是分别及依缘事二俱灭故，当知一切戏论皆灭。菩萨如是戏论灭故，能证大乘大般涅槃。

愚起八分别之巳，解圣了八分别证大果。于中有五：一、能灭戏论，得大涅槃。二、得诸自立。三、得五利。四、生五业。五、结菩萨所作。此初。谓菩萨现在依如实智知分别过，不起分别。不起分别故，不熏所依缘种，故当来世依缘不生。当来世依缘不生故，从彼依缘应起分别亦不当生。如是分别依及缘事二俱灭故证大涅槃。圆测法师云："此明断德，下明智德。"大涅槃者，《涅槃经》卷四云："大涅槃者即诸佛如来法界"。又卷十一云："大涅槃即诸佛甚深禅定"。又卷二十云："无因及无果，无生及无灭，是名大涅槃。"余如上引。

于现法中胜真实义所行处智极清净故，普能获得一切自在。谓诸菩萨于种种化，获得能化神通自在。于种种变，获得能变神通自在。普于一切所知境智，皆得自在。若欲久住，随其所乐，自在能住。若欲终没，不待害缘，自在能没。由诸菩萨得如是等无量自在，于诸有情，最胜无上。

明得诸自在。文分有三：初总标，次别辨，后结最胜。总标中胜真实义所行处智者，此智能照胜真实义所至之处，意即正智，从息灭一切戏论而有，故曰极清净。别辨有三：一、神通自在。二、于一切境得智自在。三、寿命住舍自在。无而忽起，名之为化。化无量种，菩萨皆能，曰能化神通自在。易形为变，能变准能化可知。于一切所知境智得自在者，智极清净故，无幽不烛，诸所知境，不能为碍也。

菩萨如是普于一切得自在故，获得五种最上胜利：一者，获得心极寂静，由住寂静故，不由烦恼寂静故。二者，能于一切明处无所挂碍，清净鲜白，妙智见转。三者，为利诸有情故，流转生死，无有厌倦。四者，善入一切如来密意言义。五者，所得大乘胜解，不可引夺，不从他缘。

解得五利。第一由得四谛智现法乐住故，能除身心粗重曰住寂静。不由烦恼寂静故者，测法师云："由内定故，不断烦恼。"此谓大乘菩萨，非如二乘之人，由烦恼寂静而后寂静也。第五不从他缘者，亲自证见，非同牙慧，故不可为邪缘所夺，前三中，初明定，次智，后悲；后二中，一、通达圣教胜利，二、神通能破外道胜利。

当知如是五种胜利，有五种业。一者，菩萨成就最胜现法乐住，能灭一切为趣菩提精勤加行所生身心种种劳倦，当知是名心极寂静胜利之业。二者，菩萨普能成熟一切佛法，当知是名于诸明处，无碍、清、白、微妙，智见胜利之业。三者，菩萨普能成熟一切有情，当知是名流转生死，无有厌倦胜利之业。四者，菩萨能正除遣所化有情随所生起一切疑惑。护持如来妙正法眼，令得久住。于能隐没如来圣教像似正法，能知，能显，能正除灭。当知是名善入如来密意言义胜利之业。五者，菩萨能摧一切外道异论，精进坚牢，正愿无动。当知是名大乘胜解，不可引夺，不从他缘胜利之业。

解生五业，一一有二：初明业相，二当知下结属胜利。现法乐住者，禅定之别名，谓离一切妄想而现爱法味之乐，安住不动，故名。其第四业能除他所生疑惑，令解佛法，展转传授，即是护持如来妙正法眼，令得久住。像似正法者，像似于正理之法，即谓邪法，如西方之数论，此土之道教等。若邪法乱真，菩萨即能辨真除伪，故云于能隐没如来圣教，像似正法，能知能显，能正除灭。显者，显其过也。

如是菩萨所有一切菩萨所作，皆为如是五胜利业之所摄受。云何一切菩萨所作？谓自安乐而无杂染，普能成熟一切佛法，普能成熟一切有情，护持如来无上正法，摧伏他论，精进勇猛，正愿无动。

结菩萨所作，先总后别。别中有五句，一、自安乐而无杂染。二、成就佛法。三、成就有情。四、护正摧邪。五、勤勇正愿无动。

当知如是真实义，初二下劣，第三处中，第四最胜。

第五结判四真实也。约所知境有浅深故，结能知智即成三品。谓初一世间极成真实，与世间所知四大五尘军林苦乐等。二道理极成真实，即以三量证成道理立正破邪。此二境智，并是敬心之位故是下劣。第三烦恼障净智境，即是人空所显真如，在浅深之间，故曰处中，非谓中道也。第四所知障净智境，即是二空所显圆满真如，理转净妙，故是上品。如是胜劣既分，取舍之标的然，转染成净，弃小从大，盖有所遵循矣。语重心长，无微不至，圣人之用心如此。

本文皆二十七年余在南岳华严研究社授课时所写成之讲义，竺摩法师索长文，录以塞责。校对既竟，深觉更有译为语体之必要。刻正忙于《狮子吼》之编辑发行诸务，无暇及此。盼法界同仁之能发菩萨心续成之耳。

三十年（1941年）6月23日巨赞识于桂林月牙山。

（原载《觉音》1941年第25期，27、28期合刊，
29期，第30～32期合刊）

禅宗的思想与风范

自从惠能六祖正式建立了禅宗的门庭以后，经过五家七宗的传灯弘化，中国佛教史就几乎成为禅宗史，它的流风余韵到现在还未见衰歇。一千多年来，深深地影响到我国佛教界的各个方面。这里面有比较积极进取的一面，也有偏执和蜕变的地方，要把它详细地拈举出来，不是简单的事情。我现在只打算用史话的体裁，总括地说明它的思想根源和几点作风与规范。

一

禅宗在中国佛教史上占据最重要的一页是事实，谁也不能否认。但是问到为什么能够这样的呢？则有许多不同的解释。有人说，禅宗属于般若波罗蜜范围之内，讲究大彻大悟，明心见性，不同于禅定，所以能够盛行。又有人说，禅宗思想和印度佛教思想大有出入，它是佛教传入我国之后，受了我国传统思想发生同化的一种表现。因为它已经同化于我国的传统思想，适合于我国人民的好尚，所以能够在中国佛教史上占据最重要的一页。这两种说法固然都有其史实上和理论上的若干根据，但是按史实研究起来，就知道是不妥当的。为什么呢？

第一、大彻大悟、明心见性和禅定不能断然分开。要讲明白这个道理，可以分为三层来说：

甲、禅宗或禅定"禅"字是梵文的音译，指人类生理心理充分凝集的一种现象而言。修习禅定的各种方法以及禅定的各种进度或阶段，在我国和印度的古代文化遗产之中都有非常丰富的资料。如果单就印度而论，则在释迦世尊降生之前，印度宗教界就有很多人在山林、旷野里专修禅定。如《方广大庄严经》卷七云："有仙名阿罗逻与三百弟子俱，常为弟子说无所有处定。""王舍城边有一仙人摩罗之子名鸟特迦，与七百弟子俱，常说非想非想定。"释迦出家之后，首先就去向阿罗逻等人请教，这是一般佛教徒都知道的史实。

又据《普曜经》卷五说，阿罗逻等人修习禅定，都是无师自悟的，可见禅定实在是人类生理上和心理上的一种普通现象，任何人只要去修都可以得到，并没有什么稀奇。所以释迦世尊从阿罗逻等人修学了四禅八定以后，觉得不能解决他的问题，就舍弃了他们，自己一个人到菩提树下去思惟。但《大智度论》卷七云："一切诸佛于第四禅中行见谛道得阿那含，即时十六心中得佛道。在第四禅舍寿，于第四禅中起入无余涅槃。"又《成唯识论疏抄》卷九云："佛欲知一切人心等，即入第四禅上品边际定方始能知。"则释迦世尊并没有也不可能放弃禅定，所以他成了佛还经常鼓励弟子们勤修禅定。前后对照，好像非常矛盾，其实并不冲突。因为修习禅定的人，在身心两方面时常会感觉到各种从来没有经验过的现象，如周身特别轻安舒畅，意念特别调柔空寂等等，很容易使人们在现实世界之外，发生一种神秘的错觉。如果把那种神秘的错觉当作实在，建立崇拜神灵或神秘主义的信仰，那就是佛教所说的外道，不能解决问题。反之，如果从禅定所发生的现象进一步体认其所以然之故，则可能加深对于宇宙人生的了解，这叫做智慧，最透彻的智慧名为菩提。因此说"定能生慧"，而成佛也离不开"第四禅"。

乙、《四家语录》卷一云："开元中有沙门道一，住传法院，常日坐禅。师（按即南岳怀让禅师）知是法器，往问曰，大德坐禅图什么？一曰，图作佛。师乃取一砖于彼庵前石上磨。一曰，师作什么？师曰，磨作镜。一曰，磨砖岂能成镜耶！师曰，磨砖既不成镜，坐禅岂能成佛耶？"从这个有名的故事的表面上看来，好像禅宗根本反对禅定，其实不然。因为佛教传入我国之初，就相当注重禅修，后来到了梁、陈、隋以及唐初，大江南北的著名禅师，见于《续高僧传·习禅篇》者，正传九十五人，附见三十八人，共一百三十三人，比《高僧传》的二十一人多出了六七倍，"禅道"的兴盛是可以想像得到的，但是偏差也很大。如《洛阳伽蓝记》卷二云：

崇真寺比丘惠凝死，一七日还活，经阎罗王检阅，以错名放免。惠凝具说过去之时，有五比丘同阅。一比丘云是宝明寺智圣，坐禅苦行，得升天堂。有一比丘是般若寺道品，以诵四十《涅槃》亦升天堂。有一比丘是融觉寺昙谟最，讲《涅槃》、《华严》，领众千人。阎罗王云：讲经者心怀彼我，以骄凌物，比丘中第一粗行。今唯试坐禅诵经，不问讲经，其昙谟最曰：贫道立身以来，唯好讲经，实不谙诵。阎罗王敕付司，即有青衣十人送昙谟最向西北门，屋舍皆黑，似非好处。……太后闻之（按即北魏孝明帝的胡太后），遣黄门侍郎徐纥，依惠凝所说，即访宝明寺。城东有宝明寺，城内有般若寺，城西有融觉寺。问智圣、道品、昙谟最皆实有之。议曰，人死有罪福，即请坐禅僧一百人常在殿内供养之。……自此以后，京邑比丘悉皆禅诵，不复以讲经为意。

惠凝是一个平常的禅僧，在佛教史上没有地位，胡太后的奉佛也可以说是斋公斋婆的见识，他们的所作所为，我们固然不必加以重视，但是《续高僧传》卷十六云：

> （僧）稠年过七十，神宇清旷，动发人心，敬揖情物，乘机无坠。帝（按即北齐文宣帝）扶接入内为论正理，因说三界本空，国土亦尔，荣华世相，不可常保，广说四念处法。帝闻之，毛竖流汗，即受禅道，学周不久，便证深定。……帝曰，佛法大宗，静心为本，诸法师等徒传法化，犹接嚣烦，未曰阐扬，可并除废。

北齐文宣帝从开创少林寺的跋陀禅师的大弟子僧稠禅师传受"禅道"，而他的见解并不比北魏胡太后高出好多，幸而僧稠禅师还算明白，竭力劝谏，才没有实行。到了道宣时代，上距北魏孝明帝和北齐文宣帝已经一百多年，他在《续高僧传》里还批评当时的禅师道："顷世定士，多削义门。随闻道听，即而依学。……或覆耽著世定，谓习真空；诵念西方，志图灭惑；肩颈挂珠，乱掬而称禅数；衲衣乞食，综计以为心道。又有倚托堂殿，绕绕竭诚，邪仰安形，苟在曲计，执以为是，余学并非，冰想铿然，我倒谁识。"可见禅宗成立之前，我国佛教界修习禅定的人大都没有和般若波罗蜜结合起来，因而崇尚神通，脱离实际，流入枯禅或小乘禅。马祖未遇怀让禅师的时候，独坐深山，企图成佛，正是中了枯禅或小乘禅的毛病。怀让禅师对症发药，矫枉不能不过正，所以说"坐禅岂能成佛"，并不是反对禅定。

丙、禅宗的初祖，大家知道是菩提达摩。关于他的事迹真伪，考据家有许多不同的说法，这里不谈。现在只想引用相传是达摩所传授又见于《续高僧传》所引的入道四行里面的几句话：

> 若也舍妄归真，凝住壁观，无自无他，凡圣等一，坚住不动，更不随于文教，此即与理冥符，无有分别，寂然无为，名曰理入。

"壁观"就是"外息诸缘，内心无喘，心如墙壁"的意思，是禅修的一种方法，与一般的禅定，只有进度深浅或顿渐的不同，没有本质上的殊异，可见达摩也没有放弃禅定。在二祖慧可禅师的本传上没有修习禅定的记载，但他既从主张壁观的菩提达摩参学六年，而且达到"事理兼融，苦乐无滞"的境界，一定是从坚住壁观下手，得到启发的。他的门人那禅师和慧满禅师都是在禅修方面下过苦功的人。三祖僧璨、四祖道信的行实虽然简单，但我们也可以在传记上，找到他们注重禅修的记载。那末，禅宗从一开始就按照释迦的遗教勤修禅道的，称为禅宗，的确是名符其实。禅宗祖师们保持了禅修的传统，后来才以山林派的姿态出现于佛教界，这对于禅宗正式成立以后的作风，以及整个佛教界的影响非常之大，因此先要解释明白。至于他和一般禅修不同的地方，则放在下面一节里去讲。

二

第二、禅宗思想是印度大乘佛教般若思想在中国发展的一种形态，与我国传统思想的关系不大，这也要分为四层来说：

甲，《续高僧传》卷十六《达摩本传》云：

"入道多途，要唯二种，谓理、行也。藉教悟宗，深信含生同一真性，客尘障故，令舍伪归真。"又《慧可禅师答向居士偈》云：

说此真法皆如实，真幽之理竟不殊。本迷摩尼谓瓦砾，豁然自觉是真珠。无明智慧等无异，当知万法即皆如。愍此二见之徒辈，申辞措笔作斯书。现身与佛不差别，何须更觅彼无余。（《续高僧传》卷十六）

这都是通常认为可信的资料，其中大概有三个主要的思想：一、万法皆如，众生同一真性。二、即妄即真，无明智慧等无异。三、客尘不实，顿舍即能归真。我们都可以在《楞伽经》里找到它的根据。如《楞伽阿跋多罗宝经》卷第四云："虽自性清净，客尘所覆故，独见不净。"又《入楞伽经》卷第三〈集一切佛法品〉云：如来藏自性清净具三十二相，在于一切众生身中，为贪、瞋、痴不实垢染阴界入衣之所缠裹，如无价宝，垢衣所缠。"这是"万法皆如，众生同一真性"的理论根据。又《大乘入楞伽经》卷二云：

云何无二相？大慧！如光影、如长短、如黑白，皆相待立，独则不成。大慧！非于生死外有涅槃，非于涅槃外有生死，生死涅槃无相违相。如生死涅槃，一切法亦如是，是名无二相。

这也可以证明"即妄即真，无明智慧等无异"的说法是有所据的。又卷一云："法与非法唯是分别，由分别故不能舍离，便更增长一切虚妄，不得寂灭。寂灭者所谓一缘，一缘者是最胜三昧。"这和"客尘不实，顿舍即能归真"的道理也没有什么差别。因此禅宗的祖师们曾经被称为楞伽师，《续高僧传》上也说："初，达摩禅师以四卷《楞伽》授可曰，我观汉地惟有此经，仁者依行，自得度世。"又云："那、满师等常赍四卷《楞伽》以为心要，随说随行，不爽遗委。"这就是所谓"楞伽印心"的历史根据。

乙，《楞伽经》谈阿赖耶识，通常列于相宗经典之内，但它的基本义理和性宗经论并没有什么出入。如《大智度论》卷三十九云："世间法不异出世间，出世间法不异世间。世间法即是出世间，出世间法即是世间。何以故？异不可得故。"又《大般若经》卷五百六十九〈法品〉云："法性真如、有情真如无二无别，诸法真如、法性真如无二无别，法性真如、三世真如不相违逆。三世真如即蕴、处、界真如，蕴、处、界真如即染、净真如，染、净真如即生死涅槃真如，生死涅槃真如即一切法真如。"这是一切大乘经典共同阐扬的真谛，其立论的根据是"缘起性空"。因为世、出世间，染、净等一切事物，既然都是依因待缘而生起的，一定都是无自性空，空就成为遍一切法一味的实相。在这实相上面找不到一切法的差别，舍弃了从分别所生的差别也就可以契会实相，所以慧可禅师说："无明智慧等无异，当知万法即皆如。"僧璨禅师也说："观四维上下，不见法，不见身，不见心，乃至心离名字，身等空界，法同梦幻，无得无证，然后谓之解脱。"那么，达摩、慧可等一脉相传的思想体系，虽然依倨《楞伽经》，而并没有超出《般若经》以及龙树一系的思想范围，因此又称为"南天竺一乘宗"。

丙，从印度佛教思想发展的过程看来，龙树菩萨发展了般若思想，也扩大了佛教徒的视野或活动范围，如《杂譬喻经》云：

在昔过去无量尘数之劫，时有菩萨名曰喜根，于大众中讲摩诃衍，文殊师利时为凡人，出家修道专精苦行，行十二头陀，福度一切。遇值讲法因而过听，喜根菩萨说实相法，言贪、瞋、痴与道不异，亦即是道，亦是涅槃。文殊尔时闻而不信，即便舍去，到喜根弟子家，为说恶露不净之法。喜根弟子即时难曰：无所有者法之真也，诸法皆空，云何当有净与不净？头陀比丘默然无对，贪瞋心内，遂成愤结。时喜根弟子说七十偈赞实相法，头陀比丘闻一偈，瞋恚生一增，竟七十偈，瞋恚七十增。说偈适竟，地即劈裂，无择泥黎于是悉现，头陀比丘即堕其中，过无量劫罪毕乃出。然后乃知不信妙法，其罪重也。

喜根菩萨的故事，也见于《大智度论》，我认为是从《大般若经》"法性真如，有情真如无二无别"等理论发展出来的一种说法。到了无著菩萨又加以发展，如《瑜伽师地论》卷三十六云：

诸菩萨由能深入法无我智，于一切法离言自性如实知已，达无少法及少品类可起分别，唯取其事，唯取真如，不作是念：此是唯事，是唯真如，但行于义。如是菩萨行胜义故，于一切法平等平等以真如慧如实观察，于一切处具平等见，具平等心，得最胜舍。依止此舍于诸明处一切善巧勤修习时，虽复遭遇一切劬劳、一切苦难而不退转。……是诸菩萨于生死中如如流转，遭大苦难，如是如是于其无上正等菩提堪能增长。

《瑜伽师地论》的说法，比《大智度论》更为具体，积极进取的精神非常显著，我认为这是印度佛教史上大乘佛教所以能够压倒小乘佛教的基本原因。

丁，据《达摩本传》，他是南印度人，后于无著、世亲约一两百年，正是般若思想在印度发展到最高潮的时候，他的思想、行动，当然不能不深受影响，所以他西来弘法，因为格调不同，作风有异，始终不受我国一般佛教徒的欢迎。他的大弟子慧可禅师的作风也很特别，受的打击也更大，如《本传》云：

……可乃就境陶研，净秽埏埴，方知力用坚固，不为缘陵。……天平之初，北就新邺盛开秘苑，滞文之徒，是非纷举。时有道恒禅师，先有定学，王宗邺下，徒侣千计，承可说法情事无寄，谓是魔语。……货贿俗府，非理屠害，初无一恨，几其至死。

……可乃从容顺俗，时惠清猷，乍托吟谣。

……逆流离邺街，亟展寒温。道竟幽而且玄，故末诸卒无荣嗣。

所谓"净秽埏埴"和"从容顺俗"，可能就是《瑜伽师地论》所说"于生死中如如流传"的一种具体实践，含有积极进取的精神。那末，禅宗思想源出印度，并非是与我国传统思想发生同化的一种表现。

三

般若本旨在于去舍执著，而从"壁观"可以得到"去舍执著"的体认，所以禅门的参学始终和禅修结合在一起的。但是他不执著禅修，就是从禅修得到体认以后，就按照般若的理境在日常生活上去实践，这是和一般禅师不同的地方，也可以说是超出于一般禅师的地方。

又，佛教传入我国之后，也和在印度一样，是时时发展的。到了达摩、慧可的时代，由于成实、三论的教理相当普遍，般若的光焰，已经照耀着整个佛教界，其中如僧肇、道生等谈动静一如、谈顿悟成佛的天才著作，对于推动我国佛教思想的发展，也发生了主要的作用。所以达摩、慧可的思想，数传之后就逐渐得到佛教界的信奉而成为禅宗。禅宗的思想内容近于天台宗的圆教，而在日常生活上赤裸裸地付之实践，则比天台宗更为扼要进取。因此在禅宗盛行之后，天台宗就相形见绌了。

又，慧可禅师的"净秽埏埴"，"从容顺俗"，究竟不是一般人能够做到的，在他的作风的影响之下，可能发生一些偏差。道宣禅师曾经在《续高僧传》里严厉地批评道：

世有定学，妄传风教，同缠俗染，混轻仪迹。即色明空，既谈之于心口，体乱为静，固形之于有累。神用没于词令，定相腐于唇吻，排小舍大，独建一家，摄济住持，居然乖僻。

这或者也就是当时佛教界一部分上流人士的意见，禅宗的祖师们就不能不考虑到修正作风以适合于佛教界条件的问题。经过修正了的禅宗门庭，树立起朴素的、活泼的、山林隐逸的作风，既符合于一般佛教信徒的宗教要求，也能够满足好谈玄学的士大夫们的需要。如果说禅宗思想受过我国传统思想的影响或者受了时代的限制的话，这就是。以下，我想根据上述的观点，漫谈禅宗的风范。

四

据《显扬圣教论》卷七说："无上正等菩提自利利他，无师证觉。"事实上，释迦世尊在菩提树下证悟无上菩提，也的确是没有师承的。既无师承，就谈不上从通常所说的"信仰"入手。——通常所说的信仰，是宗教形式或思想系统已经建立起来以后的事情。如果追究到源头上，也就是问到释迦世尊为什么会证悟无上菩提的问题，"寻思"或"参究"就成为发掘真理的工具了。

《景德传灯录》卷五云：

六祖将示灭，有沙弥希迁问曰，和尚百年后，希迁未审当依附何人？祖曰：寻思去。及祖顺世，迁每于静处端坐，寂若忘生。第一座问曰：汝师已逝，空坐奚为？迁回：我禀遗诫，故寻思尔。第一座曰：汝有师兄行思和尚，今住吉州，汝因缘在彼。彼言甚直，汝自迷耳。迁闻语，便辞祖龛直诣净居。

惠能六祖要希迁禅师用"寻思"去悟道，而第一座却把它当作"去寻行思"的谜语。当然，那样解释也是可以的，希迁的确去见了行思禅师，但是他们两人见面之后，你问我答，不相上下，可见希迁已经得到了"寻思"的利益。六祖所说的"寻思"，还是不应该当作谜语看的。这里又有一个证据，《古尊宿语录》卷一云：

南岳怀让禅师……直诣曹溪参六祖。祖问曰：什么处来？曰：嵩山来。祖曰：什么物，与么来？师无语。遂经八载，忽然有省，乃白祖云：某甲有个会处。

怀让禅师在八年之中究竟做了些什么？怎么会忽然有省的？如果不是他一直在用"寻思"的功夫，"会处"就成为天上掉下来的东西了。六祖自己说不识文字，他从"无师智"悟得了上乘佛法（神秀语，见《坛经》），就是用"寻思"的方法启发他的门弟子的。

《成唯识论述记》卷十八说，寻思有推求的作用，推求就是观察。《疏抄》卷十六解释道，寻思是智慧的别名，它不是五十一心所法当中的"寻"，也不是瑜伽十七地中有寻有伺地的"寻"。《瑜伽师地论》卷四十八也说："未印可位名为寻思，起忍印时名为实智。"可见"寻思"实在是发掘真理最有用的工具。相传慧可二祖断臂见达摩初祖要求安心的时候，达摩只简单地反问了"将心来与汝安"。又四祖道信见三祖僧璨乞求解脱法的时候，也只反问了"谁缚汝?",这都是灵活应用寻思方法的例子。六祖不识文字,闻慧虽较差,而思慧则特别发达,灵活应用寻思的方法也达到了最圆熟的境地,这是我国佛教其他宗派所没有的,所以禅宗建立了门庭之后,佛门优秀分子都趋向于禅宗。记得宋朝有人问王安石道:儒家在孟子以后为什么没有人?王安石回答道:儒门淡薄,收拾不住英雄,豪杰之士都跑到佛门里去了,像慧能六祖,马大师都是的。王安石所说的佛门,其实就是禅门,所谓儒门淡薄,也可能就是缺乏发掘真理的工具,不能进而解决一般人所迫切要求的身心性命之学的意思。

禅宗灵活应用寻思的方法,可以说"上契佛心",因为释迦世尊就是从寻思证悟无上菩提的。沩山灵佑禅师称之为"单刀直入",通常所说的"教外别传"或"顿悟法门",应该也就是这个意思。但是要应用这种方法或得到这种方法的益处不是没有条件的。从我国佛教发展的过程看来,在佛教刚刚传入,还和方术并行的时候,不可能有禅宗出现。又在禅修还保持着神秘的面貌,般若思想也没有普遍的时候,也不可能发展成为禅宗。自达摩西来到六祖出家受戒的一百五十六年之间,正是我国佛教最兴盛的时代,印度大小乘各宗的重要经论已经都译出来了,三论、天台、慈恩、南山等宗已先后形成,华严宗的思想也正在酝酿,佛教思想非但风靡朝野,而且有渐趋烦琐之势。例如玄奘门下的著作,有很多是专门分疏名相,使人抓不到重心,其他许多注解经论的著作,也大都是各抒己见,标榜门庭,不容易在那里面找出正确的理路来。这时候的佛教信徒迫切需要一个简要易行的法门,作为安身立命的把握,禅宗就带着"单刀直入"的思想方法,应运而兴了。《坛经·机缘品》所载从六祖参叩的人,大都是在经教上化过苦功的,后来在南岳、青原以及马祖、百丈位下请益的禅僧,也有很多是"大讲得经论"的所谓义学沙门。所以"参禅"必须要有教理的基础或注重研究教理的时代环境,这是条件之一。

在寻思或参禅的时候,禅师门都认为"从闻入者,不是自己家珍",也就是不要依傍经论和知解的意思。这样孤军深入,勇气是非常可佩的,但可能发生的弊病也很大,所以又称为"剑刃上事","险路上行"。禅师们为了杜绝流弊和激发学人的勇气,就用"发心"来鞭策。如雪峰义存禅师上堂云:

可惜许,可惜许,诸和尚子!若未省,省取好。若未会,会取好。我未有一时不苦口相劝。自己事若未明白,……大须努力,莫辜负人好。若知有事便承当去,若也实未会,深信此事不从唇嘴得,不从黄卷上得,不从诸方老师处得。且合从什么处得?也须仔细好。如今若不了,百劫千生亦不了。欲知久远,只在今日。且即今是什么?莫乱走好,看看一生早是蹉跎过去也。……一切人与汝园林田地,供汝衣食,道我是出家人。多少人荷负汝,国王大臣荷负汝,土地龙神荷负汝,十方施主荷负汝,父母不供甘旨，汝将何报答？和尚子！出息虽存，入息难保，时光易过，大须急急。莫只事持唇嘴，腊月三十日受苦去。(《雪峰真觉禅师语录》卷上)

这在禅宗门下叫做"生死心切"，是参禅的另一个条件。又如沩山灵佑禅师问香严道："我听说你在百丈先师处，问一答十，问十答百。这是你的聪明灵利，意解识想，解决不了生死问题。父母没有生你的时候，试道一句看！"香严经他一问，茫然不知所答。回寮房去把平日看过的文字从头到尾寻找一遍，简直找不到答案。自己慨叹说："画饼不可以充饥"。几次请沩山道破，沩山说："我说的是我的，与你不相干。我如果告诉了你，你以后会骂我的。"香严苦闷非常，把平日所看过文字统统烧掉，发誓说："今生不再学佛法了，且作一个平常粥饭僧，免得操心。"就辞别沩山到南阳的一个僻静地方去自耕自食，努力参究。一天，因为除草把瓦片丢出去碰在竹头上，嗒然一声，他就开悟了。当时他洒浴焚香，向着沩山作礼，并对自己说道："和尚大慈，恩逾父母。如果那时为我道破了，就不会有今天开悟的事情。"又做了一首偈寄到沩山去。沩山看了偈对仰山道，此人彻悟了。仰山说，恐怕还是心机意识，著作而成，不是真参实悟，让我亲自去勘验过。他见了香严，经过两次试验，证明香严确实是开悟了，才回去向沩山道喜。

这是禅宗里面最著名的"公案"，有三点值得注意：一、对于根机成熟而还没有启悟的人，可以提出疑难问题，引发紧张的寻思。二、寻思的时候和静坐、劳作可以结合起来。三、启悟了还要经过严格的勘验。这都是参禅的条件。有了这许多条件，集中寻思的力量在问题上，所谓大彻大悟，明心见性是有可能的，因此禅宗门下，又有"超佛越祖"的说法。照通常的宗教观点来说，信佛的教徒而要超过佛，好象是讲不通的，但禅师们认为掌握了成佛的方法，觉得成佛并不是神秘的不可企及的事情，就可能有"超佛越祖"的心量和气慨了。如云门举"世尊初生，一手指天，一手指地，周行七步，目顾四方云：天上天下，唯我独尊"的故事道："我当时若见，一棒打杀与狗子吃却，贵图天下太平。"又如沩山问仰山云："《涅槃经》四十卷，多少是佛说？多少是魔说？"仰山答云："总是魔说。"沩山说："以后没有人能够奈何得了你。"云门和仰山的语意如何，现在不谈，而他们的气慨和魄力是非常可贵的。我觉得：千经万论、三藏十二部的圣教，到了禅宗门下都成为活生生的有用的东西了。这是禅宗所以能够在我国佛教史上占据最重要一页的基本原因。

五

无师可以证觉，也就说明所证得的真如好像埋藏在地里的珍宝一样，只要用力发掘，任何人都可以得到的。我们平常所以不明白真如，主要由于我们的认识上思想上有了执著的关系。如果把认识上思想上的执著去掉，真如就完全显露出来了。所谓烦恼菩提、生死涅槃，其实都是就执著说的，真如上面原来没有那许多分别。六祖的偈语："菩提本无树，明镜亦非台，本来无一物，何处惹尘埃。"就是说明这个道理。他在《坛经·般若品》里又说：

> 当知愚人、智人、佛性本无差别，只缘迷悟不同，所以有愚有智。……凡夫即佛，烦恼即菩提。前念迷即凡夫，后念悟即佛。前念著境即烦恼，后念离境即菩提。……悟此法者即是无念，无意无著，不起诳妄，用自真如性，以智慧观照，于一切法不取不舍，即是见性成佛道。……何名无念？若见一切法心不染著，是为无念。用即遍一切处，亦不著一切处，但净本心，使六识出六门，于六尘中无染无杂，来去自由，通用无滞，即是般若，三昧自在解脱名无念行。若百物不思，当令念绝，即是法缚，即名边见。善知识！悟无念法者，万法尽通；悟无念法者，见诸佛境界；悟无念法者，至佛地位。

这和上面所举《楞伽经》、《般若经》、《大智度论》的教理并没有什么差别的地方，和达摩、慧可的见解也非常一致。而强调无念行的"不取不舍"、"万法尽通"，反对"百物不思"的边执见，则是把般若教理融贯在日常行动方面的一种实践，含有进取的精神。从这种精神看来，一切事物虽然变幻无常，而真如法性宛转与人相亲，举足下足皆道场，真是"现成"之至。惟有"现成"，所以"顿悟"才有可能。又惟其"现成"，所以把佛教信徒们平常所注重的修持法门提高到原则上来，就另有一种看法。如六祖论梁武帝的造寺度僧布施设斋的功德道：

> 实无功德，勿疑先圣之言。武帝心邪，不知正法，造寺度僧布施设斋，名为求福，不可将福便为功德。功德在法身中，不在修福。

又论求生西方云：

> 迷人念佛求生于彼，悟人自净其心。……东方人造罪，念佛求生西方；西方人造罪，念佛求生何国？凡愚不了自性，不识身中净土，愿东愿西；悟人在处一般。所以佛言，随所住处恒安乐。

又论在家出家的修行云：

> 若欲修行，在家亦得，不由在寺。……韦公又问，在家如何修行，愿为教授！师言：吾与大众说无相颂，但依此修，常与吾同处无别；若不依此修，剃发出家，于道何益？颂曰：心平何劳持戒，行直何用修禅。恩则孝养父母，义则上下相怜；让则尊卑和睦，忍则众恶无喧。若能钻木出火，淤泥定生红莲。……

这都是脱去畦径，超越常流的见解。过去有人说是受了中国传统思想影响的表示，其实不然。因为般若思想发展到高度的时候，事理互摄，真俗圆融，不拘泥于形式的执著，同时也就会照顾到现实世间的许多条件。所以六祖的法语，代表佛教的智慧，并不是渊源于中国的传统思想。

六祖之后，这种智慧的见解继续得到发展，如马祖道一禅师云："自性本来具足，但于善恶事中不滞，唤作修道人。取善舍恶，观空入定，即属造作。"又云："道不用修，但莫污染。何为污染？但有生死心，造作趋向，皆是污染。若欲直会其道，平常心是道。"又黄檗希运禅师云："语默动静，一切声色，尽是佛事。何处觅佛？不可更头上安头，嘴上加嘴。"禅师们的见解和其它佛教的宗派不尽相同，行动上也不能取得一致，因此百丈要创立禅门规式。《景德传灯录》卷六云：

百丈大智禅师以禅宗肇自少室，至曹溪以来，多居律寺。虽别院，然于说法住持，未合规度，故常尔介怀。乃曰：祖之道，欲诞布化元，冀来际不泯者，岂当与诸部阿笈摩教为随行耶！或曰：《瑜伽论》、《璎珞经》是大乘戒律，胡不依随裁？师回：吾所尊，非局大小乘，非异大小乘，当博约折中，设于制范，务其宜也。于是创意别立禅居。

这一段话把百丈禅师创立禅居的用意说得非常明白，他创立的许多规式，如挂单过堂，入室请益，上堂升坐等等，直到现在还大都沿用，都是为便于参禅而设的。其中还有一项非常特别，即"不立佛殿，唯树法堂，表佛祖亲嘱授，当代为尊也。"佛教寺庙不论在印度和中国都注重佛殿和造像，而在禅宗的寺院里居然没有佛殿，不能不说是打破一般宗教形式的大胆的尝试。禅宗思想发展到百丈的时代，用禅门规式把它固定下来。以后的五宗七家，除了在锻炼学人的机用上有些出入以外（拟另为文叙述），大体上没有什么改变。

六

有人问百丈，斩草伐木，掘地垦土，有没有罪报？百丈回答道："不得定言有罪，亦不得定言无罪。有罪无罪，事在当人。若贪染一切有无等法，有取舍心在，透三句不过，此人定言有罪。若透三句外，心如虚空，亦莫作虚空想，此人定言无罪。……如律中本迷杀人及转相杀，尚不得杀罪，何况禅宗下相承，心如虚空，不停留一物，亦无虚空想，将罪何处安着？"这话当然是从上面的理论引申出来的，和比丘戒有抵触，而与瑜伽菩萨戒相通，所以在禅门规式里有普请法。普请即"上下均力"，也就是自上至下共同劳动的意思。百丈《本传》云：

师凡作务执作劳，必先于众，众皆不忍，早收作具而请息之。师云：吾无德，争合劳于人。师既遍求作具不获，而亦忘食，故有一日不作一日不食之言，流播寰宇矣。

百丈创立普请法，以身作则，对于维持寺庙经济，特别是在唐武宗会昌法难以后，发生了最重要的作用。

禅宗祖师们几乎没有一个不参加劳动的。如黄檗开田、择菜，沩山摘茶、合酱、泥壁，石霜筛米，云岩作鞋，临济栽松、锄地，仰山牧牛、开荒，洞山锄茶园，雪峰斫槽、蒸饭、畲田、破柴，云门担米，玄沙斫柴，都见于《本传》或《语录》。同时他们把劳动和修持打成一片，把平日所悟得的道理贯彻到劳作里去。如《百丈禅师语录》云：

因普请锄地次，有僧闻鼓声，举起锄头大笑归去。师曰：俊哉，此是观音入理之门。后唤其僧问：你今日见甚道理？云，某甲早晨未吃粥，闻鼓声归吃饭。师乃呵呵大笑。

又如《沩山灵祐禅师语录》云：

石霜抵沩山为米头，一日筛米次，师云：施主物，莫抛散。石霜云：不抛散。师于地上拾得一粒云：汝道不抛散，这个是什么？石霜无对。师又云：莫轻这一粒，百千粒尽从这一粒生。石霜云：百千粒从这一粒生，未审这一粒从什么生。师呵呵大笑归方丈。

像这样的公案，在《语录》里面随处都是，举不胜举。从这许多公案上面，我感觉到禅师们把劳动当为一种艺术品的创作，全神贯注，互相欣赏，没有一丝儿勉强或为难的痕迹。这是他们对于般若或圆教的最高原则实有所证，而又能付之实践的一种具体表现。禅宗自成立以后，就逐渐掩盖了我国佛教的其他宗派，就这一点看来，可以知道不是偶然的。

不过受了时代的限制，禅师们贯彻真俗圆融的行动，也只能发展到这样的程度为止。同时参禅不能不求静，又过分强调了教外别传，不立文字，所以在禅宗成立的初期，表面上依然带着声闻、独觉的色彩，十几传后，完全忘掉了楞伽印心的遗训，不注重研究教理，普请也成为具文，禅宗门下热爱劳动的优良传统不得发扬，禅僧们的生活情绪低沉，愈到后来，愈趋向于消极退避的途径，因而招致宗门的衰落。如果这个可以称为历史教训的话，那也就是我们佛教徒所应该记取的了。

（原载《现代佛学》1955年5、6月号，署名鉴安）

试论唐末以后的禅风
——读《碧岩录》

禅宗发展至唐末，禅师们在上堂、小参、拈古、勘辨时所用的语句，大都讲究修饰，有时还用对偶很工整的韵文，如唐懿宗咸通年间，有僧问夹山灵泉禅院的善会禅师"如何是夹山境"？善会答道："猿抱子归青嶂里，鸟衔花落碧岩前。"禅境诗情，极为浓郁，因而传诵一时，夹山也被禅子们称为"碧岩"。其后数十年，法眼文益禅师在《宗门十规论》里说：

稍睹诸方宗匠，参学上流，以歌颂为等闲，将制作为末事。任情直吐，多类于野谈；率意便成，绝肖于俗语。自谓不拘粗犷，匪择秽屑，拟他出俗之辞，标归第一之义。识者览之嗤笑，愚者信之流传，使名理而浸消，累教门之愈薄。不见《华严》万偈，祖颂千篇，俱烂漫而有文，悉精纯而靡杂，岂同猥俗，兼糅戏谐。在后世以作经，在群口而为实，亦须稽古，乃要合宜。苟或乏于天资，当自甘于木讷，胡必强攀英俊，希慕贤明，呈丑拙以乱风，织弊讹而贻戚，无惑妄诞，以滋后羞。

一代宗师，这样竭力提倡语句的修饰，自然会影响禅风（宗门的风气），而法眼自己也经常用诗偈说法。如《冷斋夜话》卷一云："宋太祖将问罪江南，李后主用谋臣计，欲拒王师。法眼禅师观牡丹于大内，因作偈讽之曰：'拥毳对芳丛，由来趣不同。发从今日白，花是去年红。艳冶随朝露，馨香逐晚风。何须待零落，然后始知空。'后主不省，王师旋渡江。"这段记载如果是实在的话，则法眼不但以诗偈谈禅，而且又以之论政，在这样的场合，语句当然非讲究修饰不可了。

法眼圆寂之后二三十年，汾阳善昭禅师创为颂古，在上堂、小参等方面所用的诗偈就更多。《补续高僧传》卷六云：

颂古自汾阳始，观其颂布毛公案曰："侍者初心慕胜缘，辞师拟去学参禅。鸟窠知是根机熟，吹毛当下获心安。"与胡僧金锡光偈，看他吐露，终是作家，真实宗师，一拈一举，皆从性中流出，殊不以攒华叠锦为贵也。

其实，在《汾阳无德禅师语录》里诗歌偈颂占了三分之二的篇幅，真可以说是"烂漫有文，精纯靡杂"了。

稍后于汾阳的雪窦重显禅师，素以"工翰墨"见称，他在未悟道的时候追慕诗僧禅月贯休，有诗云："红芍药边方舞蝶，碧梧桐里正啼莺。离亭不折依依柳，况有青山送又迎。"造句清新，意境深密，确是诗中上品。他得法于云门宗的智门光祚禅师之后，意境更高，造句更奇，如他在就任雪窦寺住持的时候，上堂云："春山叠乱青，春水漾虚碧。寥寥天地间，独立望何极。"气韵高卓，似有过于善会禅师的答"夹山境"。

云门宗的开山祖师文偃禅师，气象阔大，机锋迅利。法眼禅师在《宗门十规论》里以"函盖截流"四字称颂他。"函盖"就是云门"三句语"中的"函盖乾坤"。缘密禅师（云门的弟子）颂云："乾坤并万象，地狱及天堂。物物皆真现，头头总不伤。"是就体上说的。"截流"也就是"截断众流"，缘密颂云："堆山积岳来，一一尽尘埃。更拟论玄妙，冰消瓦解摧。"是就用上说的。体上一切现成，用上纤尘不立。云门说法，雷奔风卷，纵横变化，总不出此范畴，而具体表现在他的"一字禅"上。可是他的语句，有时不免像法眼所非议的"野谈"或"俗语"，当时有人嫌他"太粗生"。二传至智门光祚禅师就有所改进，如智门颂文殊白椎公案云："文殊白椎报众知，法王法令合如斯。会中若有仙陀客，不待眉间毫相辉。"格律声韵都很工稳。雪窦久受智门的熏陶，又受了汾阳等人的影响，他的文学天才和宗门悟境就融结为《颂古百则》，成为法眼所说"歌颂制作"的典型。

《颂古百则》所引用的公案，除《楞严经》二则、《维摩经》一则、《金刚经》一则外，其余九十六则中，以云门宗的公案为重点，云门文偃禅师一人的公案共有十五则，就是一个证明。至于理境，也像他的其余六种著作一样（雪窦有《洞庭语录》、《雪窦开堂录》、《瀑泉集》、《祖英集》、《颂古集》、《拈古集》、《雪窦后录》七种），发扬了"函盖截流"的玄旨。所以《补续高僧传》卷七说："云门一宗，得雪窦而中兴。"可是雪窦的《颂古百则》得到临济宗杨歧派的圆悟克勤禅师在住持夹山灵泉禅院时，加上评唱，组成《碧岩录》（或称《碧岩集》），而被当时的禅僧们称为"宗门第一书"。这一事实说明，禅宗从唐末发展至北宋，不但在语句的修饰上达到了空前成熟的程度，而且在宗派之间也倾向于合流。

《续传灯录》卷七《杨岐方会禅师传》中云，"其提纲振领，大类云门"。又宋高宗绍兴三年耿延禧《圆悟佛果禅师语录·序》云："佛以一音而演说法，故一切法，同此一音。三世诸佛此一音，六代祖师此一音，天下老和尚此一音。……昔杨岐以此音簧鼓天下，至圆悟大禅师，此音益震。"可见临济宗的圆悟禅师根据云门宗雪窦禅师的颂古，加以评唱，乃是十分自然的事情。

《续传灯录》卷二十五《克勤禅师传》云：

会部使者解印还蜀，诣祖（法演）问道。祖曰：提刑少年曾读小艳诗否？有两句颇相近，"频呼小玉元无事，只要檀郎认得声"，提刑应喏喏。祖曰：且子细。师适归侍立次，问曰：闻和尚举小艳诗，提刑会否？祖曰：他认得声。师曰：只要檀郎认得声，他既认得声，为甚么却不是？祖曰：如何是祖师西来意？庭前柏树子！蓦师忽有省。遽出，见鸡飞上栏干鼓翅而鸣，复自谓曰：此岂不是声！逐袖香入室通所得，呈偈曰："金鸭香销锦绣帏，笙歌丛里醉扶归。少年一段风流事，只许佳人独自知。"祖曰：佛祖大事，非小根劣器所能造诣，吾助汝喜。祖遍谓山中耆旧曰：我侍者参得禅也。

圆悟从小艳诗悟入，悟后诗偈深得诗中三昧，可见也是一个极有文学天才的人。他引雪窦为同调，评唱《颂古百则》，当然也是十分自然的事情了。

圆悟在雪窦《颂古百则》的每一则公案和偈颂的前面加上总论式的"垂示"，又在公案和偈颂的每一句下面附以短小精悍的"著语"，然后分别在公案和偈颂的后面，用大段文字拈提宗旨和交代公案的源委，给予参禅的人以很大的方便，所以当时用"丛林学道诠要"、"留示丛林，永垂宗旨"、"欲天下后世知有佛祖玄奥"等语赞美它。禅宗五宗七派的祖师们本来各有机用，不易"凑泊"，自《碧岩录》出而有"敲门砖"可寻，禅风又为之一变，因而引起当时一部分禅师们的愤慨，《禅林宝训》卷下引心闻昙贲禅师之说云：

天禧间，雪窦以辩博之才，美意变弄，求新琢巧，继汾阳为颂古，笼络当世学者，宗风由此一变矣。逮宣政间，圆悟又出己意，离之为《碧岩集》，彼时迈古淳全之士，如宁道者、死心、灵源、佛鉴诸老，皆莫能回其说。于是新进后生，珍重其语，朝诵暮习，谓之至学，莫有悟其非者。痛哉，学者之心术坏矣！

心闻禅师和道宁禅师等虽然不同意《碧岩集》的作法，可是"新进后生"护拥它。据延祐年间径山住持希陵的《碧岩录后序》云："大慧禅师（圆悟的弟子）因学人入室下语颇异，疑之，才勘而邪锋自挫，再鞠而纳款自降，曰：我《碧岩集》中记来，实非自悟。"这大概就是"新进后生"护拥《碧岩录》的原因，也由此而发生了弊病。又《禅林宝训》卷下云："今人杜撰四句落韵诗，唤作钓话，一人突出众前，高吟古诗一联，唤作骂阵，俗恶俗恶，可悲可痛。"这或者可以说是更大的一种流弊了。因此大慧禅师要把《碧岩录》的刻版毁掉，企图杜绝"不明根本，专尚语言，以图口舌"的禅病。

不过，大慧禅师并没有能够杜绝这种"禅病"，因为毁版之后不久，就重行刻版，而且在重刻的《序》、《跋》上有这样说法：

圆悟顾子念孙之心多，故重拈《雪窦颂》；大慧救焚拯溺之心多，故立毁《碧岩集》。释氏说一大藏经，末后乃谓不曾说一字，岂欺我哉。圆悟之心，释氏说经之心也；大慧之心，释氏讳说之心也。禹稷颜子，易地皆然，推之挽之，主于车行而已。

立语虽似调和，而用意则为《碧岩录》张目，说明《碧岩录》的影响并未因大慧毁版而有所动摇。为什么？我以为应该研究一下心闻禅师所说的"笼络当世学者"一语。

禅宗的集大成者慧能禅师(即六祖)本来是一个不识字的人，出世之后，为了直指心性，语句都很质朴平实。后来的禅师们如青原、南岳、马祖、石头、百丈、药山等等，都亲自开山种地，参加劳动，所用语句也大都开门见山，质直无华，所以只要机缘凑合，村姑野老也可因而悟道。如马祖位下的凌行婆和以后的台山婆、烧庵婆等，见地透彻，机锋灵活，并不让得道的高僧。可见当时的禅风，比较接近于人民大众。后来禅宗的影响不断扩大，士大夫们逐渐被吸引到禅宗方面来。冠盖莅临禅门的次数愈多，村姑野老们自在参禅的机会就愈少。到了北宋，禅宗门下，除了禅和子以外，就只见士大夫们憧憧往来，很少有村姑野老们的足迹。翻开《雪窦禅师语录》，就可以见到雪窦禅师和曾公会学士的交谊之深，和驸马都尉李文和、于秘丞、沈祠部等也常有往还。他的荣任雪窦寺住持，就是出于曾公会的推举。圆悟禅师和士大夫们的来往更密，他经常为运判、侍御、待制、朝散、安抚、少保、典御以及贵妃、郓国大王、莘王、济王等达官贵人上堂说法，历任名刹的住持，也都出于士大夫们的推举。士大夫们鄙视劳动，爱好"斯文"，所以禅师们就不得不抛弃"一日不作，一日不食"的锄头，拈起吟诗作赋的生花之笔来了。所谓"笼络当世学者"似乎可以从这里去体会。

这样说，并不是否定禅宗史上的这一个发展，而是说明，自唐末至北宋，由于禅师们逐渐脱离人民大众以笼络士大夫们，禅风由质朴而变为讲究修饰语句，影响所及，极为深远，愈到后来就愈甚。这里不妨再举两个例子加以说明。

一个例子是：著名的禅师舞文弄墨，一般禅和子们也依样画葫芦。如雪窦禅师在杭州灵隐寺上堂说法，有僧问："宝座先登于此日，请师一句震雷音！"师云："徒劳侧耳。"(僧)进云："恁么，则一音普遍于沙界，大众无不尽咸闻。"圆悟禅师在成都万寿禅寺上堂说法，有僧问："宝剑出匣，海蚌初开，和上宗乘，乞师直指。"师云："横按莫耶全正令。"进云："恁么，则坐断十方去也。"师云："七纵八横。"进云："宝藏拨开于此日，五叶千灯事转新。"宾主问答，都在造句用语上费了推敲，是否可以说是"老实商量"，我以为是有问题的。大慧禅师虽然毁了《碧岩集》的版子，可是在他的语录里，宾主问答，也是如此。如他在临安明庆院开堂说法，僧问："人天普集，选佛场开，祖令当机，如何举唱？"师云："钝鸟逆风飞。"

进云："遍界且无寻觅处，分明一点座中圆。"师云："人间无水不朝东。"进云："可谓三春果满菩提树，一夜华开世界香。"这说明风气已成，无法改变，明知流弊甚多，也不能不随波逐流。其实大慧禅师提倡"参话头禅"，也无非是以"敲门砖"给发心参禅的人，首先欢迎的，可能是士大夫们。朱熹《答孙敬甫书》中有云：

> 见《杲老(即大慧宗杲)与张侍郎(无垢)书》云：左右既得此把柄入手，便可改头换面，却用儒家语说向士大夫，接引后来学者。后见张公经解文字，一用此法。……但杲老之书，近见藏中印本，却无此语，疑是其徒已知此陋而阴削去之。

朱熹所说的是否真实，又所谓把柄是否指参话头而言，固然犹有待于研究，但大慧用儒家言语向士大夫们谈禅，则是屡见不鲜。如他有一次用佛教哲理对张无垢谈《论语》上的"吾无隐乎尔"，张无垢初不相契，继在游山之时闻到木樨花香，大慧随口念了"吾无隐乎尔"，据说张无垢因而豁然大悟。这一事实，不但说明大慧禅师善于用"敲门砖"，而且把"合流"的倾向扩大到佛教以外的儒家去了，似乎比他的老师又进了一步。所以《碧岩集》的版子实际上并没有毁掉，毁掉的只是某一寺院里的木板而已。

另一个例子是：《碧岩集》之后，颂古评唱的著作很多，如宋投子义青禅师颂古、元林泉从伦禅师评唱的《空谷集》、宋天童正觉禅师颂古、元万松行秀评唱的《从容庵录》等，也都非常有名。此外如宋法应集、元普会续集的《颂古联珠通集》四十卷，汇集了四百二十六位禅师的三千多首偈颂，几乎对禅宗门下流行的公案都有了解说。元道泰编集的《禅林类聚》二十卷，把禅宗丛林里所接触得到的人物、法事和用具等等都系以历代禅师们举唱的偈颂和法语，给了丛林负责人应用上很大的方便。清代集云堂编次的《宗鉴法林》七十三卷，收集更广，方便也更多，禅师们一篇在手，头头是道，几乎可以不必参禅了，宗门自此而衰。

（原载《现代佛学》1960 年 8 月号，署名鉴安）

东坡与禅

——为东坡九百零五年生辰纪念作

"禅"是梵文"禅那"的省翻，玄奘法师意译为"静虑"，其实就是"定"，"止"，或"静坐"。这不是佛教的殊胜法门，释迦出世之前，印度的瑜伽学派就很讲究这一套，从各家广律上考察起来，佛在世时，佛弟子们对此也很注意。佛教西来之初，像安世高等译师所翻译的禅经，都是偏向这一方面的，通常称之为"小乘禅"。之后，仲长流开两晋清谈之风，整个学术界为之披靡，禅学因而也渐渐改变学风。关于达摩的传法，近来有许多学者以为和初唐的六祖惠能不是同一系统，可是道宣《续高僧传》上明明说，二祖慧可得法之后，"在邺盛弘，滞文之徒，是非纷起"，而慧可的法弟向居士所传下来的偈，的确也合乎惠能以后禅门的所谓"祖印"，可见从达摩到惠能，思想上是联贯的。同时更证以梁代传翕宝志等人的行径，我们可以决定的说，两晋南北朝禅学的内容，已经融合了当时学术界新的精神，而向着更活泼，更直捷了当的目标走了。这一作风的具体表现者，即为一字不识的六祖惠能。

《六祖坛经》高唱"定慧等学"，以空心静坐，百无所思者为"不可与语"的邪见人，和小乘禅确好是一个相对，称之为禅，实在不大确当，所以后来大都称之为"宗门"。近人又替代新立了一个名目——"中国禅"。

如果再从学术演变的公式推广起来，在两汉经术支离破碎之时，有玄学清谈的兴起，实属势所必然。惠能之前，玄奘法师替佛教界奠定了学术的基础，他的门弟子，纷纷造疏注释经论，当时的僧徒几乎个个都知道"百法"，"五蕴"，乃至"唯识"。可是说愈杂而理愈晦，对于修养，并无多大用处，"一针见血"，"单刀直入"，成为佛教界一致的要求。惠能的说法，于是风靡一世，中唐以后，压倒一切，玄奘门下的各种章疏，因之无人过问而渐渐失传。禅宗在佛教史上的重要，比清谈在儒家的领域里大得多了。

至此我们可以晓得，禅宗是佛教西来以后，外借玄学清谈的引发，内因迫切求真的要求，而洗炼出来的一点精华。他摄取了其他各宗派的特点而不板滞，不堆砌，深刻亲切，生龙活虎，很合于士大夫们的口味，所以王维、白居易、柳宗元、李翱等人都喜欢和禅僧往来，就是辟佛著名的韩昌黎，见到了大颠，也不能不说："大颠颇聪明，识道理，实能外形骸，以理自胜，不为物所侵扰。虽不尽解其语，要自胸中无滞碍因与往还。"记得有人问王安石，孟子以后何以没有人？王说："儒门淡薄，收拾不住英雄，故皆投入佛门，如道一百丈皆是。"道一，惠能的再传弟子，百丈又是道一的弟子，都是宗师。

禅宗到唐末，已经分成五派，质朴的棒喝和机语，渐渐应用诗文警句，北宋更甚，同时又喜欢援儒入释，引儒书——尤其是《论语》、《中庸》，证佛理。譬如大慧杲禅师问黄山谷如何是"吾无隐乎尔"，山谷几无语，都不相契。后来偶闻木樨香，大慧禅师随口念了一句"吾无隐乎尔"，山谷顿时大悟。这番作用，非常巧妙，一方面可借以打通儒佛的壁垒，一方面则能够有力地吸引"天机清妙"的学者，使之皈佛，其中最为人所称道的是苏东坡。

东坡十岁左右作《爱候太初论》，已经有"人能碎千金之璧，不能无失声于破釜；能搏猛虎，不能无变色于蜂虿"之语，他，其如宋《孝宗文集赞》所说的"手扶云汉，元气淋漓"。《冷斋夜话》记公七八岁时梦身是僧，往来陕右，元丰七年，子由和省聪禅师云庵禅师三人，又有同梦迎戒禅师的事。所以宗门的传记上，都说东坡是黄梅五祖寺的戒演禅师托生，而他晚年所作《南华寺》诗也说："我本修行人，三世积精练，中间一念失，受此百年谴"，可见他自己也承认的。不过他在眉州，虽然见过"能知孟昶宫中事"的朱姓老尼，并没有机会学佛，子由的《东坡先生墓志铭》上说："少与辙皆师先君，初好贾谊陆挚书，论古今治乱，不为空言。既而读庄子，喟然叹息曰：吾昔有于中，口未能言，今见庄子，得吾心英。作中庸论，其言微妙，皆古人所未喻"。这是东坡少时的学历，当然说不上深造，所以子由的《龙川略志》和俞琰的《席上腐谈》里都说东坡尝从一僧受点金术，他《上张安道论养生诀》的书中，则有"神仙长生不死非虚语"，"长生根本，幸深加宝秘，勿使庸夫妄窥之，以泄至道"等语，东坡后来好佛，大概渊源于学道。

东坡和禅僧往来，始于治平三年，丁老苏忧，扶柩回籍的时候，所与游者名惟简。东坡因为他的请求，把在京中收藏的唐画四菩萨版舍入寺中，惟简为此大兴土木，费钱百万，造大阁藏之，东坡助钱二十之，有《四菩萨阁记》，不曾讲到佛理，当时他的年龄为三十二岁。熙宁二年，入京供职，替王赞写《莲花经》。以后倅杭州，守密州，入徐州，转潮州，谪黄州，所与游者，如孤山的惠勤惠恩，天竺的辨才，净慈的本长老，金山的宝觉，东林的总长者，和大觉琏、佛印、参寥、仲殊等，都是一时有名的禅僧，性情与学力，与东坡又不相上下。东坡至此，即不欲参禅，亦不可得，何况他本来与此道相近，这对于他的道德文章，都有莫大的帮助，我们不妨拿他的诗做凭证来分析。

一般讲东坡的诗，大都划分为少年、壮年、老年三个时期。少年时期的作品，像《怪石二十三韵》，全用老苏家法；《送宋君用三十五韵》，虽说伸缩转折，极尽腾挪之势，但还没有能独辟蹊径。再就《凤翔八观》说罢，《石鼓歌》气魄雄厚，辞旨遒劲，虽然足以上追昌黎，而意境不过是："潭流百战偶然存，独立千载谁与友"，"当年谁人位祖龙，上蔡公子牵黄狗"，"兴亡百变物自闲，富贵一朝名不朽"，不能说他怎样高超融澈。《咏天柱寺维摩诘像》，起首就用庄子大宗师篇的典故，说理也不过是："乃知至人外生死"，"俛首无言心自知"，可见东坡尔时还没有看过什么佛书。可是他的和子由《闻子瞻将如终南太平宫溪堂读书》诗里说："士方其未得，唯以不得忧，既得又忧失，此心浩难收。"又说："下视官爵如泥淤，嗟我何为久踟蹰。"就这几句诗上，我们可以想像得出，东坡是怎样一个坦白清远而富于求真心的人，所以他毕竟背起了"西方公据"。

自此以后，东坡年事方壮，精力弥满，再加上倅杭，守密，贬黄，归朝，种种山川。时政升沉荣辱的经过，诗境自然不同。初到杭州游弧山赠惠勤、惠恩二僧的诗，颇有逸致，对于高僧的行径，像"纸窗竹屋深自暖，拥褐坐睡依圆蒲，……兹游淡泊欢有余，到家悦如梦蘧蘧"，写"凝香方丈眠甀甀，绝胜絮被缝海图，清风时来惊睡余，遂超羲皇傲几蘧"等语，可知他已神往了。《寄北山清顺禅师》的诗，乃有"年来渐识幽居味，思与高人对榻论"之句，或者他从这时起，才认真留意宗乘。《盐官四绝北寺悟空禅师塔》的"已将世界等微尘，空里浮花梦里身"。《上元过祥符僧可久房萧然无灯火》的"不把琉璃闲照佛，始知无尽本无灯"，都是"法味"。我觉得东坡的诗，从此以后，才渐渐冲澹有真味。当然，他是一个才气横溢，器识宏伟的人，蒿目时艰，免不了块垒，像《看湖诗》的"沧海若知明主意，夜教斥卤恋桑田"，《送子由乞官去京诗》的"至今天下士，去莫如子急"，《广陵赠刘贡父》的"羡子去安闲，吾邦正喧哄"，都足以招尤取祸，或者会说他修养未到，炉火未绝。我却以为这是东坡的真处，惟其真，所以能保能纯。东坡谪海南，佛印给他的信上说，"三世诸佛无非有血性的汉子，子瞻亦是有血性的汉子，更望稍事排遣"云云，佛印是深知他的，他更向深处纯处走，则从谪黄州起。

东坡在黄，寄居僧舍，参寥千里追随，这使他非常感动，同时心境也渐趋平淡。他自己说："自揣省事以来，亦粗为知道者，但道心数起，数为世乐所移夺，恐是诸佛知其难化，故以万里之行相调伏耳。"可见其信佛之笃。元丰七年《赠东林总长老》的诗，"溪声便是广长舌，山色无非清净身。夜来八万四千偈，他日如何举似人。"当时曾轰动大小丛林，可以代表他的见地。此就宗门的机用上勘验起来，固然没有到究竟处，或者还只是"光影门头"，但东坡在诗文里能够把他运用得很纯熟。黄山谷馆东坡乐府的卜算子说："东坡道人在黄州时作，话意高妙，似非吃烟火食人语。非胸中有万卷书，而笔下无一点尘俗气，孰能至此"，实非阿其所好。归朝以后，大概是征逐交游，劳形案牍的缘故，所作应酬品为多，没有什么高妙之处。元丰八年跋所书《楞伽经》，论到当时的禅病，则很切要。

绍圣年中，东坡谪惠州又谪海南，诗境人化。如《初食荔枝》诗："我生涉世本无口，一官久已轻莼鲈，人间何者非梦幻，南来万里真良图。"如《凿井得泉》诗："我生类如此，何适不艰难？一句亦天赐，曲肱有余欢。"真可以说襟怀如洗，一片天机。而《次韵高要令见寄》诗："天人同一梦，仙凡两无录，陋邦真可老，生理亦粗足，使回天藝焰，长作照海烛。"《次韵定意饮长老见寄》诗"净名毗耶中，妙喜恒沙外，初无往来相，二士同一在"，境地似乎比《赠东林总长老》的更高。古今人论东坡诗的，莫不推崇暮年的作品。子由说："东坡居士谪居儋耳，置家罗浮之下，独与幼子过负担渡海，葺茅屋而居，啖薯芋为食，华屋玉食之念，不成于胸中，平生无嗜好，以图史为园囿，文章为鼓吹，至是亦皆罢去，犹独喜为诗，精深华妙，不见老人衰惫之气。"黄山谷也说：东坡岭外诗文，读之使人耳目聪明，如清风外来。"我以为全是得力于禅，佛理所养成。否则韩昌黎的才气，并不下于东坡，迁谪以后，何以示《韩湘诗》，只会说："一封朝奏九重天，夕贬潮阳路八千。欲为圣朝除弊事，岂将衰朽惜残年。云横秦岭家何在，雪拥蓝关马不前。知汝远来应有意，好收吾骨瘴江边。"和东坡的作品一比较，格外显得浅俗不堪。宗门自唐历宋而元而明清，到现在一千多年，"刹竿"还没有倒却者，从这里可以知道他的原因。

建中靖国元年，东坡度岭北归，瘴毒大作，止于毗陵。7月28日有问疾劝他用力求生净土，他说："用力即差"，说毕泊然而逝。末后一着，也很清楚，有点像唐朝庞居士，比著《护法论》的张天觉之流，似乎高明得多了。

（原载《狮子吼月刊》1942 年第 2 卷第 1 期，署名缁哉）

安世高所译经的研究

在中国佛教史上，翻译经典最早，又确有史实可证，并在当时发生很大的影响的，以后汉的安世高为第一人。我们如果要了解他所发生的影响，首先应对于他所翻译的经典作一番透彻的研究，才可以谈别的问题；而要对他所翻译的经典作透彻的研究，又必须把他究竟译出多少经典的问题解决了，研究起来才有所依据而不至于牵强附会。因为关于安世高究竟译出多少经典的问题，历来有许多不同的说法。梁僧祐《出三藏记集》卷二，列35种经名之后，又加说明云："右三十四部[1]，凡四十卷，汉桓帝时安息国沙门安世高所译出。其四谛、口解、十四意、九十八结，安公云似世高撰也。"可见僧祐只承认安世高翻译了30部或31部经典，其余四种为安世高所撰述，不是翻译本。其后慧皎《高僧传》卷一《安清传》云，安世高到了中国不久，即通达汉地语文，改梵为汉，译出《安般守意》、《阴持入经》、大小《十二门》、《百六十品》及《道地经》等共39部。文中引道安《经录》也只说译出30余部。但现存安世高所译经典的数目，既非《出三藏记集》的34或35部，也不是《高僧传》的39部，而是57部，那么，这些多出的经典是从那里来的呢？

隋费长房说，《道安录》、《出三藏记集》和《高僧传》虽然都只说安世高翻译了39部经典，但他广事搜求，在河西江南等地发现题注为安世高所译的经典共176部，197卷，所以编辑起来，使它广为流布（《历代三宝纪》卷四）。这就是安世高所译经突然多出一百几十部的原因。后来智升在《开元释教录》卷一中，批评费长房所录，"多是别生，从大部出，未可以为翻译正数"，所以他就"随次删之"，确定为"译出《大乘要慧》等经九十五部。"我们知道，《开元释教录》行世以后，后来抄印佛教藏经，大都是以它为根据的。《开元释教录》既然那样讲法，凡是智升所肯定为安世高所译的经，即使属于失译一类的，也必然会加上安世高的名字。其中除了佚失的经典，就成为现存的57部了。

不过智升所定，究竟有什么依据呢？他自己没有详细说明。日人羽溪了谛在《西域之佛教》一书中说，"以《开元释教录》所传最为正确，今从之。"也没有举出理由。日人境野黄洋则以为《历代三宝记》所说的176部，除了34部（应为35部，34部误）记载在《出三藏记集》者外，有13部是与竺法护所译混淆，9 部典据不明，1１8 部见于《出三藏记集》的《续失译录》，一部见于同书的《安公失译录》，一部见于同书的《疑经录》（《支那佛教精史》）。证明费长房所说不足信，智升的说法当然也就不攻自破了。

我们再拿现存而见于《安公失译录》的《禅行三十七品经》来说，道安《经录》既然著录了安世高所译的经典，而对于这部经独收入"失译录"中，可见在当时必有非安世高所译的可疑之点，在没有推翻安公这个鉴定之前，我们是不能肯定此经为安世高所译的。所以关于世高所译经典的数目，还以《出三藏记集》卷二所说为可靠，因《出三藏记集》之说，是以安公的鉴定为根据的。

安世高所译经典的名称与数目既已确定，则现存经典孰者可靠，孰者不可靠，就一目了然了。兹分三类分别列述如下：

（一）现存而为安世高所译者，22 部：《道地经》二卷、《阴持入经》一卷、《人本欲生经》一卷、《阿毗昙五法经》一卷、《长阿含十报法经》二卷、《漏分布经》一卷、《四谛经》一卷、《七处三观经》一卷、《九横经》一卷、《积骨经》一卷、《八正道经》一卷、《杂经四十四篇》二卷、《五十校计经》二卷、《大安般经》一卷、《五阴譬喻经》一卷、《转法轮经》一卷、《一切流摄守因经》一卷、《是法非法经》一卷、《法受尘经》一卷、《本相猗致经》一卷、《禅行法想经》一卷、《普法义经》一卷，共二十六卷。

（二）为安世高所译而已佚失者，14 部：《安般守意经》一卷、《百六十品经》一卷、《大十二门经》一卷、《小十二门经》一卷、《道意发生经》二卷、《七法经》一卷、《五法经》一卷、《义决律》一卷、《思惟经》一卷、《十二因缘经》一卷、《十四意经》一卷、《阿含口解》一卷、《阿毗昙九十八结经》一卷、《难提迦罗越经》一卷，共十五卷。

（三）现存而不能肯定为安世高所译者 35 部：《大乘方等要慧经》一卷、《太子慕魄经》一卷、《长者子制经》一卷、《宝积三昧文殊师利菩萨问法身经》一卷、《自誓三昧经》一卷、《温室洗浴众僧经》一卷、《佛印三昧经》一卷、《八大人觉经》一卷、《舍利弗悔过经》一卷、《尸迦罗越六万礼经》一卷、《婆罗门子命终爱念不离经》一卷、《十支居士八城人经》一卷、《婆罗门避死经》一卷、《阿那邠邸化七子经》一卷、《阿难同学经》一卷、《摩登女经》一卷、《鬼问目连经》一卷、《阿难问事佛吉凶经》一卷、《罪业报应教化地狱经》一卷、《奈女耆域因缘经》一卷、《奈女耆婆经》一卷、《坚意经》一卷、《骂意经》一卷、《处处经》一卷、《分别善恶所起经》一卷、《出家缘经》一卷、《阿含正行经》一卷、《地狱众生相害十八泥犁经》一卷、

《长者子懊恼三处经》一卷、《健陀国王经》一卷、《父母恩难报经》一卷、《禅行三十七品经》一卷、《犯戒罪轻重经》一卷、《大比丘三千威仪》二卷、《迦叶结经》一卷，共36卷。

现存而为安世高所译的22部经典中，属于《长阿含》者一种：

《长阿含十报法经》为《长阿含经》卷九《十上经》的异译。

属于《中阿含》者六种：

《人本欲生经》为《中阿含》卷二十四《大因经》的异译[2]。

《漏分布经》为《中阿含经》卷二十七《达梵行经》的异译。

《四谛经》为《中阿含经》卷七《分别圣谛经》的异译。

《一切流摄守因经》为《中阿含经》卷二《漏尽经》的异译。

《是法非法经》为《中阿含经》卷二十一《真人经》的异译。

《本相猗致经》为《中阿含经》卷十《本际经》的异译。

属于《杂阿含》者五种：

《七处三观经》为《杂阿含经》卷二第十经的异译[3]。

《五阴譬喻经》为《杂阿含经》卷十第十经的异译。

《转法轮经》为《杂阿含经》卷十五第十五经的异译。

《八正道经》为《杂阿含经》卷二十八第三十八经的异译。

《积骨经》为失译《杂阿含经》第十一经的异译。

属于《增一阿含》者一种：

《杂经四十四篇》，其中第九篇为《增一阿含》卷十七第十经的异译，第十四篇为《增一阿含》卷二十四第十二经的异译，第四十二篇为《增一阿含》卷十二第七经的异译[4]。

以上共13种，都是属于《阿含》方面的，再加上《九横经》、《普法义经》[5]、《法受尘经》，可以归纳为第一类。

《五十校计经》、《大安般守意经》[6]、《阴持入经》、《禅行法想经》、《道地经》，都是讲安般、止观等修行法门的，可以归纳为第二类。

第三类是《阿毗昙五法行经》，它除头上几节诠释四谛外，其余都和玄奘译世友造《阿毗达磨品类足论·辩五事品》第一内容相同，也和法成译萨婆多宗《五事论》极相似，所以通常都认为是同本异译。

第一类内容的中心是"聚成无为，从苦得要出，一切恼灭"（见《十报法经》。后秦佛陀耶舍译《长阿含经》卷九作：除众结缚，得至泥洹，尽于苦际），或者是"疾为在道法脱结，无有结意脱从黠得法，已见法自证道。受生尽行道意，作可作，不复还来。"（见《七处三观经》。刘宋求那跋陀罗译《杂阿含经》卷二第十经作：尽于此法得漏尽，得无漏心解脱慧解脱，现法自知，身作证具足住，我生已尽，梵行已立，所作已作，自知不受后有。）

为什么要以此为中心呢？《人本欲生经》云"众生如织机相锁，如蔓草多有稠乱，匆匆喧闹，从此世至彼世，从彼世至此世，往来不能出过生死。"（此依《中阿含经》卷二十四的译文）又《积骨经》云："人居世间一劫中生死，取其骨藏之不腐不消不灭，积之与须弥山等。人或有百劫生死者，或有千劫生死者，尚未能得阿罗汉道泥洹。"这都说明生死茫茫，有如长夜，而生死又是八苦交煎，不可乐，不可爱念，并且过去如此，未来现在也是如此的（《四谛经》），所以要求出离，要求解脱。

为了达到解脱或尽于苦际的目的，首先要了解生死从何而来。《人本欲生经》云：愁戚啼哭、忧苦懊恼皆缘于老死，老死缘于生，生缘于有，有缘于受，受缘于爱，缘爱有求，缘求有利，缘利有分，缘分有染欲，缘染欲有著，缘著有悭，缘悭有家，缘家有守，缘守便有刀杖斗争谄谀欺诳妄言两舌，起无量恶之善之法。又欲爱及有爱缘觉，觉缘六入，六入缘名色，名色缘识。若识不入母胎，名色不能成身，但识若不住名色，则识无住处，即无生老病死忧悲苦恼。（此依《中阿含经》卷二十四的译文）这大概是十二因缘的一种早期的说法，《长阿含经》卷十的译文，就在"识"的上面，加上"行是识缘""痴是行缘"，并且排列为：缘痴有行，缘行有识，缘识有名色，缘名色有六入，缘六入有触，缘触有受，缘受有爱，缘爱有取，缘取有有，缘有有生，缘生有老死忧悲苦恼大患所集，造成十二因缘的一种楷定的教义[7]。所以佛教穷生死的根源是以无明（痴）贪爱，作为生死苦恼的原因的。

又杂经四十四篇的第十三篇云："今世婆罗门，非法贪世间，横欲行意堕非法。以是辈人自污念堕非法，横堕贪非是是习者，便从是因缘日月不正行；已不正行，便星宿亦不正行，已星宿不正行，便日月亦不正，时岁亦不正；已时岁不正，便漏刻时不正，已漏刻时不正，便有横风；已有横风，便天不时时雨堕，已天不时时雨堕，便若人种地便不时生熟，得不如意，已不时生熟，所谷若人食，若畜生飞鸟，便少色少力，多病少命少豪。"把一切自然的灾异以及岁时的歉收等等也都归之贪，贪和无明就成为世间一切事物的原动力了。

贪和无明就是"结缚"，就是"漏"，《漏分布经》云："或有漏生地狱中，或有漏生畜生中，或有漏生饿鬼中，或有漏生天上，或有漏生人中。"（此从《中阿含经》卷二十七《达梵行经》译文）轮回的说法，开始从印度介绍到中国来。这在后来固然成为佛教徒的老生常谈，但在当时，的确是很新奇的。

无明贪爱既然如此重要和可怕（杂经四十四篇第四十三篇以贪、恚、痴为三恶本），所以要"拔其本根，去离本恶"（《积骨经》），就应从无明贪爱或三恶本下手。下手的方法，据《一切流摄守因经》云："有七断漏烦恼忧戚法。云何为七？有漏从见断，有漏从护断，有漏从离断，有漏从用断，有漏从忍断，有漏从除断，有漏从思惟断。"（此从《中阿含经》卷二《漏尽经》译文）从见断，就是亲近善知识，听取正法，了知苦、集、灭、道四谛"如真，知如真已，则三结尽。"（同上）从护断，是防护六根，作不净观。从离断，即远离恶知识、恶朋友、恶闾里、恶异道、恶居止。从用断，"如用衣服，非为利故，非以贡高故，非为严饰故，但为蚊虻风雨寒热故，以惭愧故也"（同上），就是在日常衣食住行等方面要力求知足，无所贪求。从忍断，即专心精勤，纵使身体皮肉筋骨血髓皆令干竭，也不要放弃精进。从除断，即舍离欲念恚念。从思惟断，就是思惟七觉支，"依离依无欲依于灭尽，起至出要"（同上）。此外《十报法经》所说的四念住、五解脱入、五无学聚、八精进、八解脱、九梵行，九次第定；《人本欲生经》所说的无我观；《是法非法经》所说的真人法；《五阴譬喻经》所说的"观色如聚沫，受如水上泡，想如春时焰，诸行如芭蕉，诸识法如幻"，也都是断漏法门，可以加在七断漏法当中去修的。如果能够这样修持，则"观欲如火坑，亦如刀剑，知欲见欲，不贪于欲，心不住欲。""眼见色无忧无喜，住舍专念；耳声、鼻香、舌味、身触、意法，不喜不忧，住舍专念。""其心调柔，出要离欲"（同上），自证知五无学聚（无学戒聚、定聚、慧聚、解脱聚、解脱知见聚）、尽智无生智，具足三明、六通，得四沙门果，"一切漏尽，诸结已解，能以正智而得苦际。"（同上）这纯粹是佛陀初期教人断欲出离的教法，和我国传统文化中儒家、道家的面目迥然不同。因为当时社会动荡不安，这一套言之成理的教理，就为一部分人士所接受，而逐渐在中国社会里生起根来。

第二类谈修持的具体方法及其意义。如《大安般守意经》卷上云："安般守意名为御意，至得无为也。"又云："问，佛何以教人数息守意？报有四因缘：一者不欲痛故；二者用避乱意故；三者用闭因缘，不欲与生死会故；四者用欲得泥洹道故也。"又《阴持入经》卷上云："为一切天下人有二病，何等为二？一为痴，二为爱。是二病故佛现二药。何等为二？一为止，二为观。若用二药为愈二病，令自证贪爱欲不复贪，念意得解脱，痴已解令从慧得解脱。"这都说明修持的目的无非是为了得解脱，得涅槃。

修持的方法，在《大安般守意经》里详细介绍了数息、相随、止、观、还、净六种法门，每一法门，作用不同，如云："数息为遮意，相随为敛意，止为定意，观为离意，还为一意，净为守意。"又云："意乱当数息，意定当相随，意断当行止，得道意当观，不向五阴当还，无所有当为净也。多事当数息，少事当相随，家中意尽当行止，畏世间当观，不欲世间为还，念断为净也。"数息以十为度，能数至十息不乱，名为净息，又名道息。相随就是"息与意相随"。止有时在鼻头，有时在心中，又云："息出入亦不复觉是为止。"观谓观五阴，还谓弃身七恶，净谓弃意三恶。但是怎样才能够数息不乱乃至弃意三恶呢？"当校计得观"，也就是念《三十七品经》（即《三十七道品》），其中四意止（即四念住）最为重要。修行的人如果常念苦空非身（即无我）不净，或"五阴出入成败"，"生死如流水"（《阴持入经》），则"坐禅数息，即时定意"。"意定便如知空，知空便知无所有"，便解下五结及舍上五结，度世无有漏，正得解脱。《阴持入经》在这下面提到"二无为"，也就是有余依及无余依两种涅槃，《大安般守意经》有云：

问，数息为泥洹非？报：数息相随鼻头止意，有所著，不为泥洹。泥洹为有不？报：泥洹为无有，但为苦灭，一名意尽。难：泥洹为灭？报：但善恶灭。

这一段关于涅槃的问答，可能就是安世高所加的注解，话虽简单，意义则很切要。

此外还要提一下也是讲修持的《五十校计经》。对于这部经，有人疑为非安世高所译，现在收入《大集经》卷五十九及六十中，就改为"高齐天竺三藏那连提耶舍译"，其实是没有什么理由的。因为道安编撰《经录》的时候，那连提耶舍尚未出世，如果说道安《经录》上记载的《五十校计经》已佚失，而我们现在看到的《五十校计经》就是那连提耶舍所译的话，历来的许多经录上并无此说[8]，并且《开元释教录》卷六叙那连提耶舍所译也没有列《五十校计经》之名，可见以《五十校计经》为那连提耶舍所译是不对的。又有以"校计"二字为支娄迦谶的习惯译法致疑者，更没有理由，因为在安世高所译的《大安般守意经》里面已经用过"校计"二字，如上文所引的"校计得观"。因此我们现在肯定《五十校计经》为安世高所译，恐怕谁也提不出正确的反对的理由来。

不过，通常说安世高所译偏于上座部或小乘佛典，而这部《五十校计经》的确是属于大乘的。经中提到十方佛现在说法，又说诸菩萨度人"欲使人悉得佛道"，佛并问菩萨"若曹辈宁能一日俱得佛不"。又说菩萨不即时成佛而仍出入生死，由于"本罪"未尽，及"本愿功德福未满故"。又说"用汝（由于菩萨）不厌生死苦习故，不早取佛故，不知细微意故，不知灭本断根故，不及佛一尘智，汝曹尽力精进行，亦当知十方佛智慧"，都和小乘的说法不大相同。谈到涅槃，一则曰："当得泥洹长生不复灭不死"，再则曰"是为菩萨法知泥洹乐校计法"，似乎有"常

乐我净"的思想，与《大安般守意经》里所说的涅槃也不相同，这是很可注意的
地方。

第三类的《阿毗昙五法行经》，解释色、意（心）、所念（心所法）、别离意行（心
不相应行）、无为五法。一切名相，纲举目张，它的组织形式和思想体系，都不是我
国所固有的，也足以引起学术界的好奇及求知之心。所以佛教经典自从安世高正式介
绍到中国来以后，就不断扩大其影响，并大量译经以至于蔚为三藏，历史的事实告诉
我们，决不是一桩很简单的事情。

安世高所译经典的内容既明，以下我想根据这个内容，探讨他在当时及后世所
发生的影响。

（1949 年 1 月 12 日于北京）

附注：

（1）《出三藏记集》卷十三《安世高传》云："其先后所出经凡三十五部"，可知卷二的"三
十四部"是历代抄印之误，因该卷宋《碛砂藏》及日本《大正藏》均作"三十四"而非三十五。

（2）《人本欲生经》与《长阿含经》卷十的《大缘方便经》，亦系同本异译。但对勘三本，《人
本欲生经》译文与《中阿含》的《大因经》最相近。

（3）现行本《七处三观经》共四十七经，其中第一经才是这里所说的《七处三观经》。又除
了第三十的《积骨经》，第三十一的《九横经》，其余四十四经，就是《杂经四十四篇》。所以现
行的《七处三观经》，名实不符，是被前人混乱了的本子。

（4）日小野玄妙主编的《佛书解说大辞典》卷四，用巴利本《增一经》对勘《杂经四十四
篇》，发现其中除了七篇与巴利不同者外，其余三十七篇皆与巴利本相同，但和东晋瞿昙僧伽提
婆汉译的《增一阿含经》只有三篇相同，因而证明安世高翻译此经所依据的原本，是属于南传上

座部的，和北传的本子不同。

（5）陈真谛译《广义法门经》一卷，在经题下注云："此经出《中阿含经》一品"，勘与《普法义经》为同本异译。《出三藏记集》引《安录》云："出《长阿含经》"。

（6）《开元释教录》卷一，在"《大安般守意经》二卷"下注云：或一卷，或无守意字，或直云《安般》。安公云《小安般》兼注解。祐《录》别载《大安般》一卷，房《录》更载《安般》一卷，并重也"。可见智升认为《小安般守意经》外，别无《大安般守意经》。如果说有《大安般守意经》，那就是道安所谓《小安般》兼注解的本子，安世高本人只译出了一种《安般守意经》，初无大小之分。

（7）《阴持入经》卷上云："从痴因缘今有行，从行令有识，从识令有名字，从名字令有六入，从六入令有致，从致令有痛痒，从痛痒令有爱，从爱令有受，从受令有有，从有令有生，从生令有老死忧悲苦。"虽然译名比较原始，而也是楷定的说法。

（8）《开元释教录》卷一，在《明度五十校计经》二卷下注云："或直云《明度校计》，亦直云《五十校计》，元嘉元年出，见朱士行《汉录》及僧祐《录》"。关于朱士行《汉录》，《大唐内典录》卷十云："士行于洛阳讲道行经，因著其录。"按朱士行于魏高贵乡公甘露五年（公元二六〇年）发迹雍州，西赴于阗，以后就没有回来，因此有人认为他不可能有经录的著作，但内典录既注明在洛阳所作，可能是他西行以前编好的。如果朱士行的经录上已有《五十校计经》，则更在安《录》之前，愈加可以知道改为"那连提耶舍译"是不对的。

（原载《现代佛学》1959年2月号，署名毓之）

关于玄奘法师的《会宗论》

玄奘法师在印度的时候，曾经用梵文著《会宗论》三千颂，和会当时佛教界性、相两宗的纷争，并得到那烂陀寺戒贤论师等人的赞扬，可见是一部很重要很有价值的著作。可是玄奘法师回国以后，非但没有把它翻译出来，而且在他的弟子的著作当中也很少提到，这是为什么呢？我认为《会宗论》上的理论，可能在玄奘法师为弟子们讲解新译经论的时候，结合听众的理论水平，随口演述了出来，所以不需要再翻译，也就提不到《会宗论》的书名了。例如我在《关于空与有的问题》一文中，提到窥基法师的说法，合于《会宗论》的精神，可能就是玄奘法师的见解。此外还有一个在印度佛教界纷争不休的问题，玄奘法师也用和会的办法把它解决了。现在乘纪念玄奘法师的机会，简单地介绍解释如下，借以表见玄奘法师对于印度佛学以及哲学思想的贡献。

主观心理与客观现象究竟发生怎样的关系，是哲学上面的一个基本问题，也是佛教思想的来源之一。大乘佛教史上，对于这个问题，历来有许多争论，如龙树《大智度论》卷六，用做梦为例就开展了几番有趣的辩论。第一番辩论中，有人说，不应该说做梦没有根据，因为我们如果白天没接触过真实的事物，晚上怎么会做梦呢？另一个人反驳道，梦中见人有角，或者身飞虚空，都是没有的事情。做梦，完全出于主观的心理作用，毫不实在。接着，第一个人解释道，白天实在看见过人的头和牛的角，也实在看见过虚空和鸟的飞翔，所以晚上做梦才见人头生角，身飞虚空。另一个人又反驳道，虽然在白天看见过人头和牛角，但梦中生角的人头是妄见，因为世界上根本没有头上生角的人。这又是一番。像这样的辩论，到了第二期大乘即相宗兴起的时期，就更深入，并且确定了若干专用名词如"相分"、"见分"等等，贯串着整个理论，使佛学的内容更加丰富起来。

关于"相分"和"见分"的解说很多，现在只就本文所用到的意义略为谈一谈。见分就是我们认识事物和考虑问题的心理活动，相分即心理活动的对象，这当然都是主观心理和客观现象两方面的事情，因此在主客观发生关系的问题上，就有许多不同的见解。玄奘法师在印度的时候，印度佛教界中有一派人主张"见相同种生"，也就是说客观现象是完全依属于主观心理的，因为佛教讲"三界唯心，万法唯识"，如果相分不是与见分同种生，那么唯心唯识的道理就无法讲。另一派人反对这种说法，因为经上说过"诸法于识藏，识于法亦尔，更互为因性，亦常为果性"，就是说明客观现象有时依属于主观心理，有时又为主观心理所依属，因而主张"见相别种生"。又有一派人采取无原则的折衷态度，主张"见相二分随其所应，种或同异"。这当然都是片面的或肤浅的看法，不能解决实际问题，而彼此的争论则非常激烈。玄奘法师针对这几派的观点，提出了一个全面解决问题的颂：

性境不随心，独影唯从见，带质通情本，性种等随应。

"性境"即实在的境界，也就是实际上客观存在的东西。"不随心"的意义，照《成唯识论了义灯》卷二和《宗镜录》卷六十八所说共同五种，即：不随能缘同善染性，不随能缘同一界系，不随能缘同一种生，不随能缘同异熟等，不随能缘同三科摄。例如我们平常所看见的花草树木，并不因为我们看的时候的心理有善染不同而改变它的本性，也不随着我们同受业力所招引的果报，所以花草树木是客观存在的。客观存在的花草树木以及一切物质的东西，从自己实在的种子所生，不随从主观心理，窥基法师在《成唯识论》枢要里称为"真色"。此外我们每一个人的心理状态事实上也是客观存在的，并且可以被理解，叫做"实心"。又真如是诸法的实性，不是从我们主观上创造出来的真理，它和"真色"、"实心"都是"性境"，又称为"本质相分"。

"本质相分"之外，有一种"影像相分"，也属于"性境"。《成唯识论了义灯》卷二云："前五转识俱第六识，现量缘诸实色时，得境自相，即此相分亦是性境，相从质故。"照相宗的教理说，我们的眼识、耳识等五种转识缘色、声等外境的时候，必有第六意识在一起，因此，这样的第六识又名五俱意识，而眼识等五识共称前五识。这六种识接触到了本质相分的实色，虽然会发生一种影像，而这个影像和实色的本质是一模一样的，能够"得境自相"，所以性境非但客观存在，而且是"可知"的。

"独影境"分为两种：一种是无质独影，就是不与前五识同时俱起的意识（独头意识），想到过去、未来和龟毛、兔角时，心理上所发生的一种相状。因为过去已灭，未来未生，而龟毛兔角根本是没有的东西，故曰"无质"。又一种是有质独影，《宗镜录》卷六十八云："虽有本质而相分不能熏质种，望质无能，但有假影。"这是指见分缘非性境的"虚空无为"等不生法说的。"虚空无为"的意义，据《成唯识论》卷二所说，是听说虚空的名字以后心理上变现出来的一种虚空的相状。虚空虽有而无可提摸，心理上变现的相状，当然与虚空本身不发生任何关系，故曰有质独影。有质独影和无质独影都是意识所变现的相状，完全依属于主观心理，故曰"独影唯从见"。

"带质境"是介于性境与独影境之间的一种相状。《了义灯》卷二云："能缘心缘所缘境，有所仗质而不得自性，此之相分，判性不定，或从能缘心，或从所缘境……"所以叫做"带质通情本"。"情"指能缘心而言，"本"就是所缘的"本质相分"。至于能缘心缘所缘境为什么"不得自性"的呢？《成唯识论学记》卷一云："非现证境，推求力生，故从见种。"那末，我们根据客观事物所形成的许多概念，大概都是属于"带质境"之内的。

"性境等随应"的意义，在于说明相分与见分性种等方面是同是别，要根据上面所说的几种关系来仔细判别，不能一概而论。

玄奘法师的这一个颂，把印度当时相宗方面纷争不决的问题，从根本上解决了，和会的精神也很显著，所以我认为这一个颂可能是包括在《会宗论》里面的。为什么呢？因为《会宗论》是以和会性、相两宗为目的的，如果不先把相宗方面的问题解决了，要和会性、相两宗就无从着手。其次，和会性、相两宗的说法，不一定呆板地单指性、相两宗发生争执的问题而言，相宗内部的纷争以及性宗内部的争论，也可以在和会之列。勘《慈恩传》卷四，玄奘法师和师子光论师一段相互诘难的记载，似乎也有这个意思。因此我认为这一个颂原来包括在《会宗论》里面，大体上是可以肯定的。

性境不随心，客观存在，所以相宗主张依他起性、圆成实性有。独影唯从见，说明从我们的主观心理上可能产生虚妄的影子，因此相宗又主张遍计所执性无。这种说法，即使从认识论的角度来看，也是符合于实际情况的。它是印度佛教思想发展到戒贤、玄奘时代，形成的一种最进步的学说，不但解决了理论上的争论，也体现出佛菩萨忘身舍命利乐有情的真精神。不妨再分为三层来说：

一、真色、实心既然是有的，则经上说"一切有为法，如梦幻泡影，如露亦如电，皆作如是观"，只是用梦幻泡影等做比喻（注意"如"字），说明一切有为法时时刻刻在变化，而不是把有为法当作做梦一般看待，因为梦不是"性境"。

二、从我们主观心理所产生的遍计执，原来是"无"的，可以、也应该去掉。去掉了蒙蔽在我们心灵上面的虚妄的黑影子，才能看清楚客观存在的现实。而这个现实包括我们个人在内，又都是依他待缘而起的，可以不断改进；在不断改进的过程中，虽然免不了困苦艰难，但这个困苦艰难也不是固定的，是可以克服的。《瑜伽师地论》卷三十六说，"是诸菩萨于生死中如如流转，遭大苦难，如是如是于其无上正等菩提堪能增长，如如获得尊贵殊胜"，或者就含有这个意思。

三、依、圆二性有，说明法相、法性不可破坏；法相、法性既然不可破坏，则如《瑜伽师地论》所说的，"菩萨处于生死彼彼生中修空胜解，善能成熟一切佛法及诸有情，又能如实了知生死，不于生死以无常等行深心厌离"，就成为指导佛教信徒们修行的正确原则了。又《弥勒上生经》说"不厌生死"是上生兜率内院和圆满菩提的条件之一，《弥勒下生经》又说可以把我们这个世界改造成为人间净土。这许多积极的思想，丰富了佛教的内容，也庄严了佛教信徒们的法身慧命，而玄奘法师的《三境颂》以及《会宗论》是具体地表达这样的思想和境界的。

纪念玄奘法师，如果能着眼于此，对于我们佛教徒的进步——发扬佛教优良传统，庄严国土，利乐有情——可能是有帮助的。至于性境客观存在的说法，是否与唯识教理有冲突，则《成唯识论述记》卷一已有说明，此地不谈。

（原载《现代佛学》1956年3月号）

《解深密经·无自性相品》述意

《解深密经》是佛教的重要经典之一。在佛教学派中《解深密经》是唯识宗的根本经典。

《解深密经》有"经中之论"的称号，这是因为它组织严密，长于论议，境、行、果备，说理精辟。经共有八品，而《无自性相品》却是它的理论的中心。《无自性相品》在佛教教理上有极大的概括性和议论性，它对于佛弟子不但有理论教育的价值，而且提供了学习佛经、研究教理的方法。因此，如何正确理解《无自性相品》的内容，是佛弟子在教理学习中应该注意的。本文是对理解《无自性相品》所作的初步的尝试，希望明眼知识不吝见教！

一

经品开头是佛弟子胜义生菩萨发问。

胜义生把佛陀以前所说的一切教法归纳为"有性教"和"无性教"两大类，并且照着这样的公式思维：佛陀是一切智者，一切智者决不会有自语相违的毛病，这是一方面的事实；但是佛陀以前所说的教法，有时煞有介事地肯定一切法有自相等，有时又好像抹煞一切地否定一切法有自相等，若依文解义，这两类教法明明是性质不同、互相矛盾的，这是另一方面的事实。善于学习的胜义生菩萨，根据这样的思维，在自己思想上假定：如果佛陀这两类教法的真实内容真有矛盾，那他本身就是前言不搭后语，哪里还能善巧地教导弟子呢？而他也就不成其为一切智者了；但是，佛陀确是一切智者，因此，他以前所说的有性教、无性教两类教法，决不能依文解义，一定另有隐密的意思。

在这里，有必要掌握胜义生的性格。胜义生是重信仰的，他深信佛陀是一切智者；但也是重理智的，他善于从有性教和无性教中发现问题。因为重信仰，所以他以"佛是一切智者"为理由，深信两类教法没有真正的矛盾，同时给自己的怀疑找到一个解释：有"密意"。又因为重理智，所以他又要追问：有性、无性两类教法必有密意，而这密意又是什么呢？胜义生这个问题，自己的理智不能解决，信仰也不能解决，所以他才向一切智者的佛陀提出来，问："未审世尊依何密意，作如是说？"

关于胜义生发问一节，需要就以下三方面加以分析：

第一、什么是密意，佛陀为什么要密意说法，以佛密意说法的目的为标准而归纳一切密意式的教法究竟有什么？所谓密意，就是不为能诠直接显示出来的说法者的意趣和目的，有点像因明上的"意许"。佛陀在某种场合下，只能用消极的语言形式来隐托自己所说的积极的内容，这就叫做密意。密意所趣的积极的内容，就是佛陀自己亲证到的道理，因为众生里边有的生活习惯（福德）和思想习惯（智慧）比较低劣，暂时还不能直下承当，所以佛陀不得不考虑表达道理的方式方法，这就是权宜施教、密意说法的原因。佛陀所有的"密意言说"，论典中归纳起来，从形式上加以概念化，共得四种：

一、令人神秘——为了使声闻乘人无所怖畏，能由浅入深地逐渐接受圣教，才密意地说一切法皆有自性。

二、相秘密——"相"就是三自相，佛在表面上说一切法没有自性、没有生、没有灭、本来寂静、自性涅槃，实际上这是依着三自相的区别来说的。

三、对治秘密——为了调伏"诸过失者"，佛说种种密意言教，如有的众生有"轻佛"的过失，佛就说"过去毗婆尸佛就是我自己"，以消除他看不起佛的心理。

四、转变秘密——有些言教是用比喻形式的语言来表达意思的，佛陀为了适合众生"一方一俗"的语言习惯，使自己的话优美生动，富于表达的能力，所以说这类密意言教。如"觉不坚不为坚，善住于颠倒，极烦恼所恼，得最上菩提"，这一个有名的偈子就决不能依文解义。

第二、有性教和无性教的区别，可由下面两点来说明：

一、有性教历举诸蕴、诸处、缘起、食、谛、诸界、念住、正断、神足、根、力、觉支、道支等法，说明它们各有各的自相、生相、灭相等等，这是着重在分析有为法的流转、还灭的差别事相；无性教统约一切法、也可以随举一个法来说明一切有为法无为法皆无自性、无生、无灭等，这是着重在说明一切法的统一的原理。

二、凡可称为"法"的，就有它自己的特殊的性质，说明蕴等诸法各各的特性，叫做"自相"。凡可称为有为法的，必有从无到有、有已还无的生灭过程，所以说明什么是有为法，必须说明"生相"和"灭相"。互相差别而又生灭无常的有为法，有的是已经招定了的逼迫性的现象，急应加以认识而不为所迷，有的是如果任其存在则将能招致逼迫性后果的集因，理当加以断灭而不为所使，在说明上，前者叫做"遍知"，后者叫做"永断"。诸蕴、诸处、缘起、诸食、诸界等有为法都有遍知性和永断性，从念住到八圣道支的七门只有修习性，而修诸谛则更有作证性。

佛陀在有性教中除开说明诸法各别的自性和特别说明有为法之所以成为有为法的生性、灭性以外，再说明遍知性、永断性、作证性和修习性就够了，因为自性、生性、灭性、遍知性、永断性、作证性和修习性的七句义，已足够说明有为法无为法，而特别是有为法的各个方面。

佛陀在无性教中只说五句义：针对有性教的第一句说"皆无自性"，针对第二、第三句说"无生"和"无灭"，针对后四句说"本来寂静"和"自性涅槃"。无性教中重在说明一切法普遍的原理，而一切法普遍的原理依佛所证，就是空无自性。所以首先就说"一切诸法皆无自性"。无自性的这一个原理是常恒安住的无为法，无为法当然没有生灭，所以其次说明"无生无灭"。无生无灭的空性，本来就没有苦集动乱的杂染法和它相应，它的根本状态就是常恒寂静、常恒安乐的，在这时遍知和永断是无从谈起，所以只能恰恰相反地说"本来寂静"。一切法的空性原理，既无遍知永断可言而是本来寂静的，那么，不成问题，它本身当然也就是现现成成的涅槃，而无所谓作证了；断证既然用不着，修习的事情更不必提了，因此，和作证、修习恰恰相反地说"自性涅槃"。

下面这一个表可以帮助了解有性教七句义的相互关系，以及有性教七句义和无性教五句义的相互关系，从而也就可以看出有性教和无性教的区别。

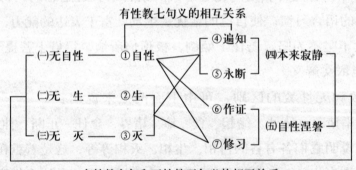

有性教七句和无性教五句义的相互关系

第三、胜义生的意思，主要是问："依何密意说一切诸法皆无自性、无生、无灭、本来寂静、自性涅槃？"但也附带地问："依何密意说蕴处等法皆有自性、有生、有灭、应知、应断、应证、应修？"这有两处可以证明：一、在佛的答话中曾说，为了那些从来就没有种过善根乃至集聚福慧资粮的有情，依生无自性性密意宣说无常、苦等法要。二、胜义生在叙述自己对于佛陀教法学习的心得时，更是显然地说，初转法轮的四谛教是"不了义"的，以此回证胜义生发问的文势，应当说，胜义生是兼问四谛相的有性教的密意的。

这样，在胜义生看来，初转法轮的有性教和二转法轮的无性教都是不了义的，不了义就意味着说法者另有密意，而这种密意是什么呢？这要请佛陀自己来解释。

二

佛在答复问题的时候，首先就说："当知我依三种无自性性，密意说言……"这就是说，三种无自性性是密意所在。

三种无自性性就是三种自性的本来面目，就是对三种自性的真实面貌的说明。现在分别说明如下：

第一、相无自性性是对遍计所执自性的真实面貌的说明。遍计所执的自性根本没有，因为：从反面说，它并没有不需要名言安立的力量而能够独自存在的自性；从正面说，它完全是依靠名言的力量而安立起来的。这样，遍计所执的自性完全是由名言假立的，离开名言就没有什么自性，所以叫做相无自性性。"相"就是遍计所执自性，它是不符合实际的观念化的东西，它的本身根本就不是一种客观的存在，所以叫做"无自性"，这种无自性就是一种真实，就是一种存在，所以叫做"性"，合起来，就叫做"相无自性性"。

第二、生无自性性是对依他起自性的真实面貌的说明。为什么依他起自性是生无自性性呢？依他起自性是有为法，有为法有生有灭。但依他起自性的"生"是怎样的一种生呢？它是依因托缘的生，而不是自然而然的生；依他起自性仅有"缘生性"，而没有"自然生性"。为了说明依他起自性虽生而又不是自然地生，所以叫生无自性性。

第三、胜义无自性性是对依他起自性和圆成实自性的真实面貌的说明。对于依他起自性，除了要说明它的生是一种无自然性的生这种真实面貌以外，还必须说明它的另一种真实面貌，那就是，依他起自性又是胜义无自性性。为什么依他起自性又叫做胜义无自性性呢？真正可以称为胜义而又是诸法的无自性性，它必须是清净所缘的境界。所谓清净所缘的境界，就是说，如果有这样一种所缘境界，它有一种力量，即谁要是缘着它，它就能使你这缘它的"有境"（心）得到清净，这种所缘的境界，就叫做清净所缘境界。依他起自性，不是清净所缘境界，因为缘依他起自性为境，能缘心不能消除垢障而得清净。依他起自性不是清净所缘境界，不是无自性性所显的胜义，所以说，依他起自性没有胜义自性；依他起自性没有胜义自性，所以名为胜义无自性性。依他起自性叫做胜义无自性性，等于说依他起自性是一种没有"胜义自性"的"性",或者说,依他起自性的本来面目和它的特征之一,就是没有胜义自性。

为什么圆成实自性叫做胜义无自性性呢?圆成实自性正是清净所缘的境界,是一切法的真实,所以叫做"胜义";圆成实自性又是由诸法无自性性显示出来和安立起来的,所以叫做"无自性性"。这是说,圆成实自性的本身就是诸法的无我性所显的清净所缘的胜义,所以名为胜义无自性性。

三种自性是对于能知与所知的表述,三种无自性性则是对于三种自性的本质的说明。从三自性和三无性的关系中,可以看出这样一个问题,须要加以解决,这个问题就是:依他起自性由于没有胜义自性,叫做胜义无自性性,遍计所执自性同样也不是清净所缘,因而没有胜义自性,为什么不叫做胜义无自性性呢?关于这个问题,西藏宗喀巴大师在著名的《辨了不了义论》(法尊法师释卷一第六、第七页)中解释得很好。宗喀巴大师的意思是这样:依他起自性和遍计所执自性都不是清净所缘,这不成问题,但是,是不是清净所缘,并不是可不可以叫做胜义无自性性的唯一原因。依他起自性和遍计所执自性同为非清净所缘,但一个可以叫做胜义无自性性,一个就不可以,这是另有原因的。

依他起自性和圆成实自性有极其密切的俱缘关系,而遍计所执自性和圆成实自性不然。依、圆二性有这种关系表现在第六地菩萨以下的观行。六地以下的行者,绝不能撇开依他起自性而直接缘到圆成实自性,这些行者在缘空的时候,一定要假托依他起俗事。这些行者在托依他起事而缘圆成实理的时候,几乎是二性并缘(当然还不是真正的真俗圆融的并缘),在这种情况下,就很容易生起这样的疑惑:似乎依他起自性也是清净所缘。佛陀为了使行者解除这种疑惑,才特别以依他起自性不是清净所缘为理由而立为胜义无自性性。

至于遍计所执自性呢,因为它和圆成实自性不但没有同时作所缘的关系,并且它们之间是完全对立的:遍计所执自性作所缘时,圆成实自性必不现起;圆成实自性所作所缘时,遍计所执自性必已消灭。这样,遍计所执自性不似依他起自性在行者的观行上有被误认为也是清净所缘的可能,就用不着立为胜义无自性性。

我们还可以干脆地说,圆成实自性根本就是由于否定了遍计所执自性的无体法而显示出现的,因为遍计所执自性是胜义无,所以圆成实自性才是胜义有,胜义无自性性是圆成实自性,而不是遍计所执自性,因此,没有必要再说遍计所执自性是胜义无自性性。

三

三种无自性性既然是初转法轮和二转法轮的密意所依，那么，要彻底知道初、二转法轮的真实内容，就必须知道佛陀是怎样以无自性性来解释初、二转法轮的教法的。前面说过，胜义生的主要问题是："未审世尊依何密意作如是说：'一切诸法皆无自性、无生、无灭、本来寂静、自性涅槃'？"佛陀把问者列举的一切诸法皆无自性、无生、无灭、本来寂静、自性涅槃的五句密说，约三种无自性性分成两截来解释。

第一、总约三种无自性性解释首句无自性的意思。这是因为，从遍计所执性方面说，名言假立的一切法的自性根本就没有自性，所以，说一切法皆无自性；从依他起性方面说，一切缘生法绝无自然生性，所以说一切法皆无自性；从圆成实性方面说，一切法的胜义本来就是由一切法的无自性所显示的，那胜义自性以一切法的无自性为自性，所以更可以说一切法皆无自性。由此可见，二转法轮所说的一切诸法皆无自性这句话，并不是表示一切事、理、假、实都无所有，而是要根据三自性作具体分析的，同样一句"无自性"的话，究竟是怎样个"无"法？应该从各方面分别理解：遍计所执的性没有自体、依他起性虽有自体而又没有自然生性，圆成实性本身就是无体所显的自体，这样，总起来说，由于三种自性包括一切法，所以说一切法皆无自性。

第二、约相无自性性和一分胜义无自性性解释无生、无灭、本来寂静、自性涅槃四句。这是因为，一切所知范围，超不出"有"和"无"，"有"的所知里面，或者是具体的事，或者是即事的理。必须是具体的事，才有生有灭，必须是有生灭的东西，才是不寂静的，不寂静就是动乱的、扰恼的，因而就不是涅槃。即事的理对具体的事来说，它有常住的、无作的、清净的性质。常住性和无造作性，自然就表示没有生灭；远离杂染而清净自如，自然也就是寂静涅槃了。

"无"的所知，例如龟本无毛兔本无角，如果假想"龟毛""兔角"而为所知，这种纯属虚构的龟毛兔角根本没有自性，当然更谈不到什么有生有灭；没有生灭，也就没有扰恼之相，没有扰恼，就是寂静，寂静的本身也就是涅槃。这是说，动乱苦恼的行相必依生灭而存在，生灭又必依有生和有灭的实事而表现。生灭动恼这些东西，都是"有"法的属性，而假想的龟毛兔角，既然根本没有龟毛兔角这样的事实，龟毛兔角的生灭和动恼等属性也自然没有了，因而也就是寂静和涅槃。

依这样的分析，回头再来看看相无自性性和一分圆成实的胜义无自性性，它们都是无生、无灭而本来寂静、自性涅槃的。很明显，相无自性性是"无"的所知，一分圆成实的胜义无自性性是"有"的所知，又是"有"的所知中的理体，所以相无自性性和一分圆成实的胜义无自性性都是无生无灭的，都是本来寂静的自性涅槃的。

　　人或以为：佛陀通约三种无自性性解释"一切诸法皆无自性"句，而在解释"无生、无灭、本来寂静、自性涅槃"四句的时候，为什么光依相无自性性和一分圆成实的胜义无自性性，而不并约生无自性和另一分依他起性的胜义无自性性呢？这个问题很有意思，从这个问题中，我们可以进一步看出所谓一切法皆无自性的"无"的程度，可以进一步看出三种无自性性的区别和联系，更重要的是可以进一步看出历来所谓空有之诤的关键所在。因此，我们有必要把教典中运用三种无自性性去解释一切法皆无自性、无生、无灭、本来寂静、自性涅槃五句义的差别列出来，并加以说明：

　　为什么教典中有许多差别呢？圆测法师解释说："所以如是诸教异者：此所遣性唯'所执性'，故《广百论》等唯约遍计所执性说一切法皆无自性、无生灭等；欲显因缘生义不无，是故此经通依三无性说一切法皆无自性，但约初后二种无性说无生等句；然'依他起'虽依他起而无自然、无因生义，故《杂集》等具约三性说一切法皆无自性、无生灭等。"

　　（《解深密经疏》卷十四第二十页）

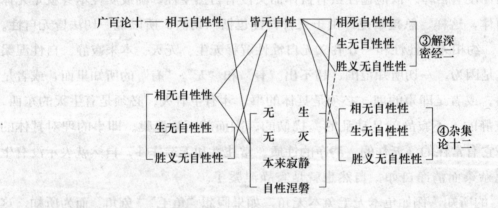

　　宗喀巴大师说："然经（《解深密经》——笔者）中义，谓依他起有自相生灭，故说无生灭（时），不约依他起。又依他起多是杂染所摄，故亦不作后二句（本来寂静、自性涅槃）意起。集论意趣，谓依三自性各各所无自性，如其无自性，如是则无生、无灭、本来寂静、自性涅槃。"（《辨了不了义论》卷一第十一页）

　　圆测法师和宗喀巴大师的意思共有三点：一、依他起自性有因缘性，所以不约依他起自性的一分胜义无自性性及生无自性性说无生无灭等四句；二、依他起自性有自相生灭，所以不约依他起自性说无生、无灭二句；三、依他起自性多分是杂染的，所以不约依他起自性说本来寂静、自性涅槃二句。第一义是圆测的，后二义是宗喀巴的。实际上，第二义圆测也有的，细读引文可知。依他起自性，从反面说，它是没有自然生性的，从正面说，它是有因缘生性也就是自相生性的；教典中或约反面的意思说无生等四句，或约正面的意思不说无生等四句，出发点不同，实际没有什么矛盾。

但是，问题不仅在于了解教典中这些解释上的差别，而在于了解这些差别的意义。这就是，必须从这些差别中看出所谓"无"是无什么，所谓"有"是有什么，这样才容易理解佛的密意，才容易解决佛学历史上的"空有之争"的问题。

四

我们明白了佛陀说一切诸法皆无自性、无生、无灭、本来寂静、自性涅槃的所有密意就是三种无自性性，而三种无自性性又是依着三种自性而立的。但是，佛陀为什么要建立三无性呢？为什么要依三自性建立三无性呢？关于这个问题，佛陀自己解释得很明白。或有人说，佛陀是因为众生里面各别各别地执着遍计所执自性有个实在的遍计所执自性，执着依他起自性有个实在的依他起自性，执着圆成实自性也有个实在的圆成实自性，所以才如次建立三种无自性性，以分别对治这些执着。这种说法是错误的，所以佛陀说，我非因此。为什么？因为一般有情根本就不晓得什么遍计所执自性、依他起自性和圆成实自性，哪里还谈得上去各别执着它们呢！因此，佛陀并不是因为要破有情们的三性执而立三无性，这是一。即使有情们分别执有三自性，这种所谓"执"就是合乎事实的认识和知识，恰恰是对的。佛陀更用不着破了，这是二。应该知道，佛陀建立三种无自性性的目的，正是因为：人们由于不知道三自性而在依他起性和圆成实性的法上增益遍计所执自性。这就是说，有情们不知自己虚构的"所执性"根本是没有的，（因为依、圆法上根本没有如像他们所执的那回事情、那个自体、那件东西、那种样子。）因而也不知道一切缘生法都是依着适当的因缘条件而有的依他起性，更不知道因为依他起性是缘生的所以没有所执性，也更不知道圆成实性就是依他起性缘生、无所执性所显的真实——唯无遍计所执性所显的遍一切法而有的真实性。有情们由于这种无知，就生起妄知，在依、圆性上无中生有地增益遍计所执自性。佛陀为了拔除有情们的增益遍计所执性的过患，才立三种无自性性。

那么，什么是增益遍计所执性的过患呢？

增益遍计所执性的过患，就是遍计所执性执所引生的不良的、有害的后果。

这种后果，简单说就是：依遍计所执性执为因，生依他起性的三种杂染，于生死中受诸苦恼。在这里，须要对本经所说的"流转法则"作一些分析。

我们可以一层一层地问下去：为什么会有苦恼？因为被依他起性的"杂染"所染。苦恼的情形怎么样？长时期地在逼迫扰恼中驰骋流转而没有休息。在什么地方受这样的苦恼呢？在地狱、饿鬼、傍生、天、人、阿修罗六道中。依他起性的杂染有多少种类？三类：烦恼杂染、业杂染、生杂染。杂染的依他起性由何而有？由遍计所执性执而有。遍计所执性执由何而生？由言说种子而生。言说种子又由何而来呢？由言说熏习而来。言说熏习的情形怎么样？心跟言说两个粘结起来，如胶似漆。为什么会有言说熏习？因为有情们"于依他起自性及圆成实自性中随起言说"。但是，又为什么会有言说呢？"由遍计所执自性故"，即因为有遍计所执自性。遍计所执自性是怎样有的？是增益有的，即虚构起来的。由何、于何、如何增益成遍计所执自性呢？由虚妄分别心（能遍计），在依他起性和圆成实性（所遍计）上面无中生有地给依圆之法添上"此是此"的本质和"此有此"的属性，即成遍计所执自性（遍计所执性）。

以上问答是逆推。如果顺数，就是：一、由于有情们以虚妄分别之心在依、圆法上增益"此是此"的自性和"此有此"的差别，就成为遍计所执性。二、然后，有情们就根据遍计所执性在依、圆法中随起种种言说，有情们以遍计所执性为言行准则。三、由言说的力量熏成言说的种子，即：看他是怎样言说的，同时就一如那言说的情形，以言说熏习的心胶着在言说上面而熏成言说的随眠。四、由言说随眠的潜力，有情们就在那言说所依的依、圆法中进一步执著他先所增益的遍计所执性。五、看他是怎样执着的，同时就一如那执着的情形再次地熏成名言的随眠。六、由这名言种的潜力又引生未来世依他起性的三种杂染，以致于长时期地流转六道。

由此可见，在佛陀看来，要利益有情，就必须使有情消灭遍计所执性执的过患，而因此，就必须宣说三种无自性性。

我们这样分析，是把经文分成"三世论"来讲的。从一到三是过去世，从四到五是现在世，最后的六是未来世。由于有过去的增益所执性乃至熏成随眠，才有现在的依他起性又来像过去一样地增益所执性乃至熏成随眠；由于有现在的遍计所执性执如像过去一样地熏成随眠，才有未来的依他起性受诸苦恼。故三世相望，都有可以例知的，过去的增益所执性乃至熏成随眠，只是"于依、圆性中执着遍计所执性"的开广，至于其为"再过去"的言说随眠所生以及流转六道受诸苦恼，则如所说由现在的遍计所执性执熏成随眠而生起当来世的依他起性于六道流转受诸苦恼的情形一样；现在的"于依、圆性中执着遍计所执性而熏成种"，只是如说过去的增益所执性乃至熏成随眠的情形的缩写，至于以何、于何、如何增益所执性乃至熏成随眠，以及在六道中受诸苦恼等，则如所说过去和未来的情形一样；未来的生起依他起性三种杂染于生死中受诸苦恼的情形，只是由增益遍计所执性而熏成的言说随眠所生的现世结果的开广，至于它同时也像过去、现在地增益所执性乃至熏成随眠，又为生起"再未来"的依他起性乃至受诸苦恼的原因等情形，则如过、现所说一样。

根据这种看法，则知三节经文都是在描述流转界的情况和法则，据此，"遍计所执性"和"依他起性"的决定性的谁先谁后的问题，就很好解决了。为什么呢？因为"由遍计所执自性相故……"云云，并不是说原来除开遍计所执性执以外，什么也没有，只有遍计所执性执是先乎一切而存在的"元"，以此"元"为始，而产生言说乃至遍计所执性执等；相反地，这不过是就有情无始流转的流动过程中假定一个阶段，以便于说明流转界的因果关系的轮廓而已，至于遍计所执性执之所以有，则除仍由另一阶段的遍计所执性执熏成的名言随眠所集现的虚妄，分别在离言二性中妄作"此是此"和"此有此"的虚构外，别无任何原因。这样，我们就可以说："由言说熏习心故"，是指能够增益所执性、能够随所增益而起言说、能够随言说而执着遍计所执性的心识；"由言说随觉故"，是指就是这样的心识执着所执性的执相——如何执着所执性的动态，"由言说随眠故"，则是指即由第一句所说的心识和第二句的执着所引起的后果——因执成种。

五

如上述，佛为使有情得到解脱，最初必须教知生无自性性，作为有情修解脱准备行的理论根据；其次，要进一步教知相无自性性和胜义无自性性，作为有情初得解脱和圆满解脱的理论根据。这不但可以说明佛如何建立三种无自性性的步骤和方式，而且也能说明这样一个问题：究竟是"惟有一乘"，还是有"诸乘差别"？佛有时说惟有一乘，这是什么意思？是说事实上决定只有一乘呢？还是为了表示另外一种意义，故意说惟有一乘，而事实上是有诸乘差别的？如果"惟有一乘"这句话并不是直接否定诸乘差别，而是表示另外一种意义，那么，这种意义是什么？同时，这句话既不否定诸乘差别，那么，诸乘是怎样差别的？其所以差别的根本原因是什么？

佛答复这些问题说："惟有一乘"这句话，的确是一种"密意言说"，而诸乘差别在事实上的确是存在的。"惟有一乘"这句话所表示的意义是：凡是求解脱的人，都必须以三无自性性的理论作为自己修行的根据，尽管事实上在一切解脱行者中确有钝根、中根、利根等诸乘差别，但他们之所以都能各证自乘之果，基本上都是由于了解三种无自性性，这点是完全没有差别的，因此，佛在有些地方就说"惟有一乘"。至于诸乘差别的情形和它的根本原因，依经中所举的例子推究起来，大概是这样的：一、决定大乘的总相和根本原因是：（一）本来就有大乘种性；（二）基于大乘种性的因力，能一向慈悲浓厚，一向不畏众苦；（三）由于一向慈悲浓厚，能欣往利生事业，由于一向不畏众苦，能发起诸行所作。二、决定二乘的总相和根本原因是：（一）本来惟有下劣种性；（二）基于下劣种性的因力，一向慈悲薄弱，一向怖畏众苦；（三）由于一向慈悲薄弱，就一向背弃利生事业，由于一向怖畏众苦，就一向背弃发起诸行所作。三、不定二乘的总相和根本原因：（一）具足三乘种性；（二）先因二乘种性发生作用，为了自己的利益解脱烦恼障；（三）后蒙诸佛触醒他的大乘种性，能发起慈悲作利生事业，能忍耐众苦而发起诸行所作，基于引缘，更解脱所知障。

诸乘所以各各不同的根本原因，就是各有不同的"无漏种性"。"种"是"因"的意思，有能生之用，"性"是"不改"的意思，有决定之能，种就是性，所以叫做种性。诸乘的差别，都以"种性"为决定条件，上列各乘第一条即此。各乘的第二条，即由第一条所决定的心理和意志。各乘的第三条，是由第二条所策发的实际行为。各乘所根据的理论，虽同为三无自性性，但因各乘所本具（法尔有）的种性及其所决定的意志与行为不同，所以各乘所得到的结果也不同。佛为着重指出各乘的同点，所以说"惟有一乘"，如果从事实上看各乘的异处，又有诸乘的差别了。

六

以上六段，第一段说明胜义生是怎样提出问题的，第二段说明什么是三种无自性性，第三段说明怎样拿三种无自性性来解释不了义经，第四段说明建立三种无自性性的目的，第五段说明建立三种无自性性的方式，第六段说明三种无自性性与一切解脱行者的关系；其中第一是发问，第二、第三是答问，第四、第五、第六是从流转（第四）与还灭（第五、第六）的基本法则来说明三无自性性这一中心教义的重要性。现在第七段，要说明有情怎样听闻和理解依三无自性性的密意所说的不了义经。这就是说，有情听了依三无自性性而说的不了义经以后，可能有种种不同的意解。

于不了义经意解差别图

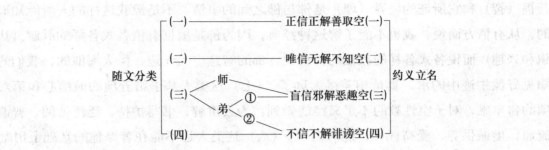

意解有种种不同，归纳起来，不出这四大类，虽然第三大类又可分三小类，但实质上它们可以分别属于第三和第四大类中。

依佛所示关于不了义经成立的意义，可以得到这些概念：

问：所谓不了义经，是谁、依什么道理、由什么动机、在什么地方、用什么方式、说什么内容而成立的？答：是如来、依三种无自性性、由深密意、于所宣说不了义经、用隐密相、说"一切诸法皆无自性无生无灭本来寂静自性涅槃"之义而成立的。这不了义经，即第二转法轮所说"空性相应"的般若经，因为它是不了义的，所以后人听了，"于是经中"就可能有各种不同的意解，佛归纳为如下四类：

第一类，可以叫做"正信正解善取空"。这类人本身具备了五个基本条件：（一）"已种上品善根"，即已有出世间无漏种子。（二）"已清净诸障"，即已发起净信。（三）"已成熟相续"，即能调伏粗犷身心，堪能承受出世间法。（四）基于前面几点，"已多修胜解"，即能用智慧分析所听的佛法。（五）由于对世出世间真实得到真正的理解力，"已能积集上品福德智慧资粮"。这类人以这五点为基础，不但不因空性相应教而堕入"一切都无"的最极无见，而且能深信这种教法，正解它的内容是指一切法都是相依相待而有，绝无"自有常存之性"，所以一切法皆无自性。这样了解空性教，名为"如实解了"空何所空、何缘故空。

第二类，可以叫做"唯信无解不知空"。对于这类人的具体说明，不出下列几项：（一）在五项基本德能中，具足前四，而无后一。（二）禀性朴实。（二）没有思择废立的智力。（四）不陷入自己的"见取"中。（五）由第三点，对空性相应的"甚深秘密言说"的内容不能如实解了，由第一和第四点，能于空性教的秘密言说发起净信。他是怎样信的呢？这就是，他认为这经典：是如来说的，很深奥，能够表达甚深道理，这种道理就是诸法皆空的道理，这种道理就是二乘学者也难见难悟，这种道理是不可寻思的，这种道理只有那些"智者"才能了解。（六）对于经中的性空道理他是自轻而住。怎样自轻呢？他说，诸佛的如理智和如量智、诸法的如所有性和尽所有性都是极其深广的，因此，诸佛的菩提（智）和它所证的境界（理）是佛与佛之间的事情，不是像我这样的人所能知道的，从有情方面说，我也不能了解这种经典，因为佛是根据有情各式各样的胜解（认识和兴趣）而说各式各样的教法的。再说，佛的智慧广大无边，像大海似的，我们的知见好像牛迹中的水，真是相差得太远了。（七）这类人基于第五项的诚信心和第六项的自卑感，对于空性教的不了义经能做到：为人讲解，书写护持，泛泛披阅，普遍流通，虔诚供养，受持讽诵，随时温习。（八）这类人还不能在奢摩他的基础上用毗婆舍那的修法发起四寻思观（拣择思惟）和四如实智（如实通达）的加行。（九）由有第七项的闻、思等功夫，也能增长福、智二种资粮，在未来身中，也能成熟善法。（十）由无第八项的修慧，不能在真见道现证空性。

第三类，可以叫做："盲信邪解恶取空"。他们（一）于五个基本条件中只有前四，而无后一，同第二类。（二）禀性不直，与第二类相反。（三）有思择废立的智慧。（四）固执己见。（五）由于第二项的禀性矫饰迂曲和第四项的固执成见，虽有第三项的思择能力，对于甚深密意言说，仍不能如实解了。（六）由于第二项禀性迂曲，虽不能如实解了，但仍自恃不凡，迂诩盲信，吹嘘自己是般若专家。（七）这类人对于般若经义"随言执著"，发生"无见"和"无相见"，认为"一切诸法决定皆无自性，决定无生、无灭，决定本来寂静，决定自性涅槃"，所谓"无见"，就是总地否认一切法，所谓"无相见"，就是各别否认一切法的自体。这类人对于遍计所执相、依他起相、圆成实相一概加以否定，依他起和圆成实是实有法，遍计所执是以实有法为基础而假立起来的无相法，所以否定依、圆实法，也就是否定遍计所执的假法。（八）这类人由第六项，能于般若教法"起于法想"，就是认为这法的确是佛说的法；由第七项，又于"非义中起于义想"，就是认为自己所了解的一切法决定无自性等，确实就是《般若经》的本义。（九）基于第八项的观念，进一步"于'是法'中持为'是法'，于'非义'中持为'是义'"。经文"安住自见取"这句话的意思是：第七项的"邪解邪执"是"见"；第八项的"想"（见念）是"取"，即坚持前见；第九项的"持"叫做"安住"，即自以为是、自以为满足的意思；或者第八、第九项合为"取"，即其取的状态名为"安住"。（十）由于第六项盲信教法之力所产生的第八项"于法起于法想"的观念，以及第九项"于是法中持为是法"的行为，可以增长福德。（十一）基于第七项的邪见所产生的第八项"于非义中起于义想"的观念，以及第九项"于非义中持为是义"的行为，反而退失智慧。（十二）以第十一项为缘，"退失广大无量善法"，因为万行以智慧为前导，这类人既退失智慧，就不能构行一切善法。

第四类，可称为"不信不解诽谤空"。他的情形是：（一）五种基本条件完全没有。（二）生性迂曲。（三）有思择废立的智力。（四）安住自见取中。（五）不能如实解了密说教法。（六）于密说法也不生信。（七）由第六项。"于是法中起非法想"，即：般若教法实是佛陀所说之法，名为"是法"，而这类人却认为它不是佛说的法；第二、第三、第四，"于是义中起非义想"，即《般若经》中"一切诸法皆无自性、无生、无灭、本来寂静、自性涅槃"的义理，确是《般若经》所含和佛所证的真义，而这类人的认识却与此相反。（八）由第七项的观念，进而更于"是法"执为"非法"，更于"是义"执为"非义"，诽谤说："此非佛语，是魔所说！"即诽谤般若经是伪造的，毫无价值。（九）由第一项，可知这类人原来就是"为诸业障所障"的，他们很不容易听闻和懂得般若教法。

本经所说对于《不了义经》的种种意解，大体是这些。

七

胜义生在听了佛陀的答复以后，立即向佛陈述他的心得。据胜义生了解：

一、在一切法中，一一法都可建立三自性，都可依三自性建立三无性；一切法的事理，不出三种无自性性，所以佛陀若证、若说也未超出三种无自性性。因此，佛以前所说的一切不了义经，都不外乎是在强调这三种无自性性的某一部分，所以这三种无自性性的了义言教是遍于其他一切不了义经的，其他一切不了义经的实质和争论，都可用这三种无自性性去解释和解决它。这是胜义生的主要心得之一。他在陈述中首先指出什么是三自性，以及如何依三自性建立三无性；其次，他举"毗湿缚药"、"杂彩画地"、"熟酥"、"虚空"四喻，说明的方法是善巧和生动的。

二、胜义生另一心得，就是能够清楚地辨别三转法轮。他除特别举出转初法轮的地点外，对于每一法轮，都由以下几方面说明：

（一）能转的人：三法轮同为世尊。

（二）转动的时节：第一法轮即"初时"，第二法轮即"第二时"，第三法轮即"第三时"。

（三）转动的对象或根机：第一法轮是"发趣声闻乘者"，第二法轮是"发趣修大乘者"，第三法轮是"发趣一乘者"。

（四）所转的内容：三法轮如其次第，即第一是四谛；第二是一切诸法皆无自性、无生、无灭、本来寂静、自性涅槃，第三是一切法皆无自性、无生、无灭、本来寂静、自性涅槃的无自性性。

（五）转动的形式：如次为三转十二周的四谛相、隐密相、了义相。

（六）法轮价值，即胜义生对于法轮的评价：第一法轮已是甚奇，甚为希有，因为佛在转此四谛法轮之先，还没有谁能如法转的；第二法轮更加甚奇，甚为希有，这是对第一法轮说的；第三法轮是"第一甚奇，甚为希有"即比第二法轮还要好。还有，第一、第二法轮都是"未了义"的，因为二者都还是"有上"、"有容"的；第三法轮都是"真了义"，因为它是"无上"、"无容"的。还有，前二法轮都是一切诤论安足的地方，因为它们是"未了义"；第三法轮"非诸诤论安足处所"，因为它是"真了义"。

八

上面七段，已将本品要义述过，兹就全品义脉分科如下。

《解深密经·无自性相品》义科

一、当机依教发问：

（一）追述曾疑；

（二）正请解释。

二、如来分别解答：

（一）三种无自性性是空性教的密意所在；

（二）为什么建立三种无自性性；

（三）怎样建立三种无自性性；

（四）三种无自性性对于诸乘解脱行者的重要；

（五）有情对空性教的意解差别。

三、闻者陈述心得：

（一）于一一法皆可建立三自性并依三自性立三无性；

（二）三无性的了义教遍于一切不了义经；

（三）三法轮中初二是不了义第三是了义。

（原载《现代佛学》1959年1、2月号，署名胜音）

般若思想在中国汉族地区的发展

如果不把佛法一味当作死板的教条，而可以作为活生生的真理来看的话，我以为应该从般若思想谈起。般若思想可以在《阿含经》里找到根据[1]，但在部派佛教烦琐的义学里就显得很支离。因此龙树在其所著的《大智度论》里一再说明迦旃尼子的义理"非释子所说，不可信受"[2]，并斥责他的弟子们"是生死人，不知诸法实相"[3]。《大智度论》在汉文藏经里属于"释经论"的一类，是解释《大般若经》的，当然，龙树也就是般若思想的发掘者与弘扬者。

在龙树出世弘化之后不久，部分般若经典就流传到中国汉族地区。第一部是后汉灵帝熹平元年（公元172年），印度的竺朔佛在洛阳译出题名为《道行经》的《般若经抄》一卷[4]，稍后有月氏支娄迦谶译出的《道行般若经》十卷。曹魏废帝甘露五年（公元260年），中国比丘朱士行因为《道行般若》的译文晦涩，意义难明，不便于研究和讲解，发心去印度求取"正品梵书"，到了于阗，就抄得九十章，六十余万言（二万余颂）。当时于阗的许多声闻学徒不许他带回中国，直到西晋武帝太康三年（公元282年），才由他的弟子弗如檀（意译为法饶）送到洛阳。于阗沙门无叉罗和竺叔兰共同把它译出，并用《放光般若经》（二十卷）作为经名，则在西晋惠帝元康元年（公元291年）。汉译《般若经》，经过朱士行等人三十一年的努力，才有比较信达的译本[5]。就这一件事情上看，也可以知道，中国佛教徒自始就非常重视般若经典的。

从《道行般若》译出之后，到宋代惟净翻译的《佛说开觉自性般若波罗蜜多经》，前后八百多年，共译出般若经典七八百卷，而以唐玄奘法师翻译的六百卷《大般若经》为总集。《大般若经》的全部理论非常繁复，而从"缘起性空"这一简明的原理出发。"缘起"即待缘或依他而起的意思。待缘或依他而起的一切事物不会是坚实、自在的，我们不能在一切事物之中得到坚实不变、常存不坏的本然的实体（自性），所以称之为"空"。"空"其实就是"无自性"的代用语。无自性的一切事物，不从自生，不从他生，不从自他共生，也不是无因而生，故曰不生（或作非生）。灭亦然，故曰不灭（或作非灭）。从不生不灭或非生非灭的概念又可引伸为非常非断、非有非无、无住无著、无行无得等等。所谓离四句，绝百非，不外乎说明在瞬息万变的一切事物之中，没有丝毫坚实自存的东西，我们的思想上也不应有任何偏执，这样才能真正理解缘起现象。所以《般若经》中的"遮诠"或"否定词"，并不能作为虚无主义者否认客观世界存在的用语[6]。

《般若经》中的"遮诠"使我们理解缘起现象，同时也如实地显示了缘起现象的性质，因此，不生不灭非常非断等概念就成为缘起现象的无性之性了。无性之性也就是"空"。它是从缘起的事而贯通的理，不是实有一物作为缘起现象的实性，故曰无性，但缘起现象的性质确实如此，故又可称之为性。从这里安立如下五义：

一、无性之性真实不虚，远离颠倒，亦不变异，称为真如。

二、无性之性遍虚空界诸有情处，一切平等，不异不别，名为法性。

三、平等法性非心意识所能缘，远离邪念，无明不生，说为本性清净。

四、真如与一切法无二无别，本性清净亦无二无别，故贪瞋痴等烦恼与诸佛无上菩提同属清净。

五、虽云清净，而于一切法都无所得，称之为"中"。

与此理境相应的菩萨行，则为：于一切法都无所执，无住无著，行无所行，也没有少分实法可以说为能修能证。这和《阿含经》的义理比较起来，的确有了深广的发展。龙树在这方面又作了进一步的阐扬。

龙树著作之译成汉文者约二十五种[7]，而以《大智度论》和《中论》为最重要。下列三义是它全部理论中最主要的环节：

一、区别声闻乘空与大乘空。如《大智度伦》卷三十五云："声闻辟支佛智慧，但观诸法空，不能观世间涅槃为一。"又卷三十八云："涅槃际为真，世间际亦真，涅槃与世间，小异不可得，是为毕竟空相（按即大乘空）。"

二、佛不破世间。如《大智度论》卷七十云："但破于世间起常、无常颠倒，不破世间，如无目人得蛇以为缨络，有目人语是蛇非是缨络。佛破世间常无常颠倒，不破世间。"

三、能转世间为道果涅槃。如《大智度论》卷十九云：菩萨以般若力故，能转世间为道果涅槃。……菩萨得是实相故，不厌世间，不乐涅槃。"

龙树的重要著作，大都是鸠摩罗什译成汉文的。在此以前，佛教传入中国虽然已经有了四百多年的历史，由于般若经典尚无全译，龙树的著作还没有译出，中国佛教徒即使与般若有缘[8]，也只能凭自己受过玄学清谈影响的智慧，依据不完全的经文加以推测，自然不免有所偏失。例如东晋时代（公元318年至419年）的六家七宗之中[9]，就有人认为"无"（无即空之旧译）在万物之前，能生万物，可见那时若干有学问的佛教徒对于缘生性空的意义还不大明白。不过著名的道安却已有了比较正确的体会[10]，吉藏在《中论疏》中，就曾称誉过他在般若思想方面的理解，与罗什、僧肇的立义相同[11]。但就现在看来，道安受了时代的限制，理解上虽大致不差，而深度不够，可以称他为中国汉族地区般若思想启蒙阶段的优秀学者。

从罗什、僧肇到三论宗的集大成者吉藏（公元401年至623年）共两百多年，是中国汉族地区般若思想的建立阶段。罗什自己的著作流传下来的不多，现存的四五十条有关教义的问答，皆不足以见其思想的全貌。僧肇是他的得意弟子，撰写《般若无知论》、《物不迁论》、《不真空论》等著作（现存），以"动静不异"、"用寂体一"、"不尽有为不住无为"等理论阐释般若经义，般若思想在中国汉族地区才和玄学清谈的思想严肃地区分开来，因而建立了典型[12]。吉藏自称得罗什、僧肇的传承[13]，而距离罗什、僧肇那样久远，傅承的史实也没有可靠的证据，但他敢于那样说，不是没有原因的。因为罗什、僧肇相继圆寂之后[14]，弘扬《成实论》的学者很多[15]，他们虽然也讲到法空和二谛的相对关系，而仍旧执有实法，与般若经意不符。吉藏针对他们的偏执，力加破斥，以显示《般若经》和龙树的宗旨，就这个意义上说他继承罗什、僧肇的学统，自无不可。

吉藏注解各种经典的著作很多，而以《三论疏》和有关三论的作品如《大乘玄论》等为最重要。《大乘玄论》卷四云："以不坏假名而说实相，虽曰假名，宛然实相。不动真际建立诸法，虽曰真际，宛然诸法。以真际宛然诸法，故不滞于无；诸法宛然实相，即不累于有。不累于有故不常，不滞于无故非断，即中道也。"这是就《般若经》中真如与一切法无二无别的意义加以发挥的。又云："圣人以无心之妙慧，契无相之虚宗。即内外并冥，缘智俱寂，不知何以目之，强名智慧，虽立智慧之名，实不称般若之体。"这是上文所说"无得"的解释，都很确当。不过吉藏的思想体系是在和当时的成实论师争论中形成的，理论上虽然承继了罗什、僧肇的传统，而立论的方式不能不受成实论师的影响。因此他始终围绕着二谛的相对关系，组织和发挥他的思想，而没有能够更进一步显示出二谛和谐融摄的精神，并从履践上体验无得无碍的宗旨，这是在般若思想的建立阶段所不可避免的缺点。

在中国汉族地区发展般若思想，能够显示二谛和谐融摄的精神并从履践上体验无得无碍的宗旨的有天台宗、禅宗和华严宗。从天台宗的智颉到华严宗的澄观，共三百年（公元538年至838年），是般若思想在中国汉族地区发展的光大阶段。其中以天台宗的智颉和禅宗的惠能贡献最大。

天台宗肇始于北齐时代（公元550年至577年）的慧文。他从《大智度论》

了解一心得三智的道理[16]，从《中论》"因缘所生法，我说即是空，亦为是假名，亦是中道义"的偈语悟得"一心三观"。传到他的弟子慧思又加以扩充。慧思的著作现存的只有《诸法无诤三昧法门》和《法华经安乐行义》两种比较可信。《法华经安乐行义》云：

> 五阴、十八界、十二因缘，皆是真如实性，无本末、无生灭、无烦恼、无解脱，亦不行不分别。生死涅槃无一无异，凡夫及佛无二法界，故不可分别，亦不见不二，故言不行不分别，不分别相不可得故。

这和般若经意完全符合，又云：

> 若眼识能见，识无自体，假托众缘，众缘性空，无有合散，一一谛观，求眼不可得……无断无常，眼对色时则无贪爱。何以故？虚空不能贪爱，虚空不断无明，不生于明，是时烦恼即是菩提，无明缘行即是涅槃，乃至老死亦复如是。

这是用缘生性空的般若思想所构成的观行，也显示出慧解和定境是有密切关系的，所以他非常注意禅修，又因此而以《法华经》为修学的宗趣。因为《法华经》说一乘，说涅槃非真灭，说世间相常住，都可以作为圆顿法门的代表。天台宗的理论体系，至此初具规模，他在行动方面也有了进一步的解说，如《法华经安乐行义》云：

> 菩萨修行大忍辱法，或时修行慈悲软语，打骂不报，或复行恶口粗言，打拍众生，乃至命尽。……若有菩萨将护恶人，不能治罚，令其长恶恼乱善人，败坏正法，常作是言，我行忍辱，其人命终与诸恶人俱堕地狱，是故不得名为忍辱。

从这样的解说上，可以理解得到，慧思的确已经把"转世间为道果涅槃"的龙树思想，运用在行动方面了。他的弟子智颉又把他的理论体系加以充实，天台宗才得形成。

智颉是中国佛教史上最有智慧的大德之一，他在三大部《法华玄义》、《法华文句》和《摩诃止观》著作中，充分表现了对于般若思想的深邃悟解。大家知道他把汉译经典判分为藏、通、别、圆四教，其实是就慧解进展的过程说的，其中圆教，也就是"大乘空"的精深而善巧的一种说明。圆教的圆融三谛以中论的"三是偈"为基础，进而显示空、假、中三个原理的和谐融摄以明其相"即"。例如说假说中，都含有空的意义，因为假由缘生，成中也不离缘生，而缘生即空，所以不但在空上能见空，在假和中上也能见空，故曰一空一切空，无假、中而不空。从假上看中和空，或从中上看假和空亦然，故曰一假一切假，无空、中而不假，一中一切中，无空、假而不中。这个圆教的理论，把般若经中"一切法平等，无二无别"的教理发挥尽致（以上数句，参考本刊1955年6月号和8月号载吕澂《天台宗》一文），接着又有一念三千的说法。

一念三千的理论见于《摩诃止观》卷五,他认为一心具地狱、饿鬼、畜生、修罗、人、天、声闻、缘觉、菩萨、佛十种法界(即一心含有入地狱以及成佛的可能性),每一法界又各具十如(相、性、体、力、作、因、缘、果、报、本末究竟),共构成一百种法界。这一百种法界又各具备三十种世间(众生世间、国土世间、五阴世间各具十如故成三十种)就形成三千种世间。这说明整个法界极尽纷纭复杂,而又一一互相融涉,并可含摄于一念心中,故云"介尔有心,即具三千"。一心既然如此,其他一切法当然也不例外,所以说"一微尘中有大千经卷","一色一香无非中道"。这种说法虽然有很重的玄学气氛,但般若思想得到了应有的开展,大乘佛教的面目似乎更为明确了。

从这样的理境出发,智颤在《摩诃止观》里又云:

十恶恶者,若能知如来说因缘法,无我、人、众生、寿命、无生、无灭、无染、无著、本性清净,又了一切法知本性清净,解知信入者,我不说是人趣向地狱及诸恶道。何以故?法无积聚,法无集恼,一切法不生不住,因缘和合而得生起,起已还灭,若心生已灭,一切结使亦生已灭,如是解,无犯处,若有犯有住无有是处。如百年暗室,若燃灯时,暗不言我是室主,住此久而不肯去。灯若生,暗即灭,其义亦如是。……若达诸恶非恶,皆是实相,即行于非道,通达佛道。……若诸恶中一向是恶不得修道者,如此诸人永作凡夫。以恶中有道,故虽行众蔽而得成圣,故知恶不妨道,又道不妨恶。

"恶不妨道,道不妨恶",是一种大胆的说教,乃是从般若思想中生死即涅槃、烦恼即菩提的理论开展出来的。般若思想经过这样的开展,菩萨行就可能与现实的社会和人群结合起来。可惜限于时代,智颤还不能不把他的言论停留在玄学的状态里。

智颤圆寂之后八十年,禅宗的六祖惠能出世弘法。据《坛经》所说,他是从《金刚般若经》的"应无所住而生其心"一语开悟的,以后又从专以《金刚般若经》劝僧俗奉持的五祖弘忍参学,可见他得力于《般若经》之深切。他在《坛经·般若品》中说(如下数节采用拙作《禅宗的思想与风范》一文):

当知愚人智人佛性本无差别,只缘迷悟不同,所以有愚有智。……凡夫即佛,烦恼即菩提。前念迷即凡夫,后念悟即佛。前念著境即烦恼,后念离境即菩提。……悟此法者即是无念、无意、无著不起诳妄,用自真如性,以智慧观照,于一切法不取不舍,即是见性成佛道。……何名无念?若见一切法心不染著,是为无念。用即遍一切处,亦不著一切处,但净本心,使六识出六门,于六尘中无染无杂,来去自由,通用无滞，即是般若三昧自在解脱，名无念行。若百物不思，当令念绝，即是法缚，即名边见。善知识！悟无念法者，万法尽通，悟无念法者，见诸佛境界，悟无念法者，至佛地位。

这和上面所举《般若经》、《大智度论》的教理并没有什么差别的地方，而强调无念行的"不取不舍""万法尽通"，反对"百物不思"的遍执见，则是把无得无碍的般若教理融贯在日常行动方面的一种履践。从这种精神看来，一切事物虽然变幻无常，而真如法性宛转与人相亲，举足下足皆道场，真是"现成"之至。惟其"现成"，所以"顿悟"才有可能，又惟其"现成"，所以把佛教信徒们平常所注重的修持法门提高到原则上来，就另有一种看法。如惠能论梁武帝的造寺度僧布施设斋的功德道：

实无功德，勿疑先圣之言。武帝心邪，不知正法，造寺度僧布施设斋，名为求福，不可将福便为功德。功德在法身中，不在修福。

又论求生西方云：

迷人念佛求生于彼，悟人自净其心。……东方人造罪，念佛求生西方，西方人造罪，念佛求生何国？凡愚不了自性，不识身中净土，愿东愿西，悟人在处一般。所以佛言，随所住处恒安乐。

又论在家出家的修行云：

若欲修行，在家亦得，不由在寺。……吾与大众说无相颂，但依此修，常与吾同处无别，若不依此修，剃发出家，于道何益。颂曰：心平何劳持戒，行直何用修禅。恩则孝养父母，义则上下相怜。让则尊卑和睦，忍则众恶无喧。若能钻木出火，淤泥定生红莲。

这都是脱去畦径，超越常流的见解，不能不说是般若思想在中国汉族地区发展，由玄谈而趋向于平实的一种表现。六祖之后，这种智慧的见解继续得到发展，如道一云："自性本来具足，但于善恶事中不滞，唤作修道人。取善舍恶，观空入定，即属造作。"又云："道不用修，但莫染污。何为染污？但有生死心，造作趋向，皆是染污。若欲直会其意，平常心是道。"又希运云："语默动静一切声色尽是佛事，何处觅佛？不可更头上安头，嘴上加嘴。"中国汉族地区禅师们的见解，平实简要，发语好像午夜的清钟和晴空的霹雳一样，在在发人深省，使人警觉。他们灵活地运用正面、反面、侧面的各种讲话方式和各种姿态，显示般若思想的各个方面，深深地符合中国汉族地区佛教徒由博返约的要求，而得到广大的信众。禅宗自惠能以后，就逐渐掩盖了中国汉族地区佛教的其他宗派，就这一点看来，决不是偶然的。

华严宗的集大成者为唐代的法藏。他改易天台宗的四教为小、始、终、顿、圆五教，而他的弟子慧苑就不以为然[17]。不过华严宗的"无尽缘起"或"法界缘起"的说明法性对于法的作用上也有其卓越的贡献。四法界（事法界、理法界、事理无碍法界、事事无碍法界）、十玄门（同时具足相应门、广狭自在无碍门、一多相容不同门、诸法相即自在门、秘密隐显俱成门、微细相容安立同、因陀罗网境界门、托事显法生解门、十世隔法异成门、主伴圆明具德门），把法（事）与法性（理）融即无碍的般若思想解说得非常具体。自此以后，华严宗的教理虽有澄观继承，在他的著作中对于法藏的学说也作了一些补充，但没有比较新颖的见解；可以说是发展般若思想，而中国汉族地区的佛教徒则绝大多数是以禅宗的法门为准则的。

般若思想传入中国汉族地区逐渐发展，构成玄学的形式，和般若思想在印度发展构成密教的形式不同，这是两国的传统文化不一样的关系。现在佛教在印度虽然中断了，但般若的光辉还未尽息灭，中国的佛教学者则认为般若思想是佛陀为人类开发的真理，非但颠扑不破，而且还活生生的照耀在我们的周围。只要把般若思想在发展过程中，受了时代限制所产生的缺点，如天台宗禅宗华严宗的玄学气氛（禅宗较少）密宗的神秘气氛，用新的科学理论和方法加以洗炼和证明，般若思想依旧可以为全人类所受用。如果到达这一阶段的话，我个人认为可以继龙树、提婆的第一期大乘，无著、世亲的第二期大乘之后，称为第三期大乘。鄙见如此，深望海内大德予以指正！
（此文为印度举行的佛教座谈会而作）

附注：

(1) 如汉译《杂阿含经》卷十云："如来离于二边，说于中道，所谓此有故彼有，此生故彼生；此无故彼无，此灭故彼灭"，巴利文本有云："一切有为是一边，一切无为是一边，如来两边不着，而为汝说中道"，都与般若思想符合。

(2)《大智度论》卷二十六、三十九及二十七等。

(3)《大智度论》卷四。

(4)《出三藏记集》卷七。

(5)《放光般若》译出之后，就风行各地。如中山的支和上遣人到仓垣断绢誊写，取回中山时，中山王和僧众具备幢幡，出城四十里去迎接。当时的学者如帛法祚、支孝龙、竺法蕴、康僧渊、竺法汰、于法开等，或者注疏，或者讲说，都用《放光经》来宏扬般若学说。

(6)平常说"如梦幻泡影"，只不过用作比喻（注意如字），借以说明一切事物无常不实的相状，而不是意味着一切事物就等于梦幻。

(7)龙树著作汉译之现存者有：《大智度论》一百卷、《十住毗婆沙论》十七卷、《中论》、《顺中论》、《般若灯论偈》、《十二门论》、《壹论卢迦论》、《大乘破有论》、《六十颂如理论》、《大乘二十颂论》、《十八空论》、《回诤论》、《因缘心论颂因缘心论释》、《菩提资粮论本》、《菩提心离相论》、《菩提行经》四卷、《释摩诃衍论》十卷、《福盖正行所集经》十二卷、《龙树菩萨为禅陀王说法要偈》、《劝发诸王要偈》、《龙树菩萨劝诫王颂》、《赞法界颂》、《广大发愿颂》、《七十空性论》、《龙树五明论》二十五种。

(8)道安《鼻奈耶序》云："斯邦人老庄教行，与《方等经》兼忘相似，故易风行也。"

(9)六家七宗即道安本无宗、琛法师（竺法琛）本无异宗、支道林即色义（或又分关内即色义为二）、于法开识含宗、壹法师（道壹）幻化宗、温法师（僧温或法温）心无义、于道邃缘会宗。

(10)道安《合放光光赞随略解序》云："痴则无往而非徼，终日言尽物也，故为八万四千尘垢门也。慧则无往而非妙，终日言尽道也，故为八万四千度无极也。所谓执大净而万行正，正而不害，妙乎大矣。"

(11)吉藏《中论疏因缘品》。

(12)僧肇著作的用语，有采用老庄及魏晋玄学的地方，但他的思想体系与玄学清谈不同。有许多学者把肇论系属于玄学清谈的系统，大误。因庄子齐是非、一动静，纯从因顺自然上讲，而肇论所说，是以缘生性空的般若思想为依据的。

(13)见吉藏《涅槃经游意》、《百论疏》等。

(14)罗什圆寂于公元413年，次年，僧肇卒。

(15)《成实论》是，佛灭八百多年后罽宾的譬喻师诃梨跋摩所作，罗什晚年应姚显之请译出。罗什弟子僧导、僧嵩大弘成实，因而研究讲说及注疏者极盛。

(16)见《佛祖统纪》卷六。三智即道种智（吕澂在天台宗一文中解释为熟习各种实践方法的智慧）、一切智（吕云：能看清一切现象共同平等的通相）、一切种智（吕云：能辨别一切现象全部的别相）。

(17)慧苑《华严经刊定纪》云："若言以教离言故与理不别者，终圆二教岂不离言？若许离言，终应名顿，何有五教？若谓虽说离言不碍言说者，终圆二教亦应名顿，以皆离言不碍故。"

（原载《现代佛学》1957年1月号）

学 佛 十 讲

一、因果分明休问佛，行藏自信罢占书

今天是观世音菩萨的诞辰，有一位居士问过我："观世音是极乐世界的菩萨，其出生在我们这个娑婆世界的成劫之前，怎么知道今天是他的诞辰？"我的回答是："从前的许多经论史传上面都说观世音菩萨与此土有缘，常常现身。金陵的宝志，泗州的僧伽，据说都是他的化身；并且也化过女身，所以现在我国所雕塑绘画的观音像都是女相。定今日为其诞辰，当然，是由于化身的传说而来的，也和弥勒诞辰出于布袋和尚、弥陀诞辰出于智觉大师一样。"其实关于这个问题并无何等重要，我现在也不想多讲。我觉得在纪念庆祝观音诞辰的今天，有一点是大家应该知道的是：鸠摩罗什法师译梵文 Avalokitisvarah 为观世音，玄奘法师则译作观世自在。

这一点为什么大家应该知道呢？因为就"观世音"三个字上讲，通常仅作寻找救苦解，只能表达菩萨大慈大悲的精神。若就"观世自在"四个字解释起来，意义无穷，更值得我们取法。

观，作四道理中观待道理的观待解。什么叫做观待呢？《瑜伽师地论》上说："有二观待，一、生起观待，谓出诸因缘力生诸蕴。二、施设观待，谓由名句文身施设诸蕴。"世就是世间，自在是无挂无碍、清净解脱的意思。所以合起来讲，则可解为：

在诸因缘力生起诸蕴，名句文身施设诸蕴的纷扰的世间，而能无挂无碍，清净解脱。

从这里，我又想起了宋朝宗室赵德麟的两句诗：

因果分明休问佛，行藏自信罢占书。

这就字面上看起来，好像是反对佛教的，实则不然。这两句诗非但不反对佛教并且可以引来做"自在"两个字的最确当的注解。我先用训诂的方式，就字面上说起。

种瓜是因，得瓜是果，因与果是天地间秩序的变动之演化系统，科学家承认，哲学家更承认。所以因果律又称之为自然律或自然法。因果既然是天地间一定不移

的规律与法则，种瓜的自然只得瓜，不能得豆；种豆的也只能得豆，不能得瓜，此之为分明。将这种推论应用于人事，就是《易经》上所说的："积善之家，必有余庆；积不善之家，必有余殃。"佛家则更扩而充之有三世因果、六道轮回的种种说法。不明白的人以为是神话，实则不过对于分明的因果，加以细密精深的叙述而已。佛决不能从瓜上取得豆，也不能从豆上取得瓜，三世因果，六道轮回的种种因果律，佛又何能创造得出？所以说"休问"。

"行藏"两字，出于《论语》的"用之则行，舍之则藏"。本来的意思：行是在社会上服务，藏指在家里休养说。但是我们可以更出一解：行包括衣食住行，被人家所看得到的一切事情；藏则包括举心动念一切不能为人家所看得到的念头，相当于"卷之则退藏于密"的密或"慎独"的独。这样讲起来，"行藏"两个字，就可以将一切人事并包在内。占书是指求签问卦以及看相算命等一类迷信的事情而言。一个人假定在社会上服务的时候，在家里休养的时候，以及衣食住行、举心动念之间，自己都能够相信得过自己，那就用不着求签问卦、看相算命。为什么？"卜以决疑，不疑何卜"。

字面上讲清楚了；再分两番阐发。第一番对初机的人说，第二番对已有修养的人说。

初机的人，从第一句诗上，知道了因果是分明的，"种瓜得瓜，种豆得豆"，"作善降之百祥，作不善降之百殃"，就应该时时刻刻注重因果的发展，战战兢兢，防造作恶因。做了坏事而求神许个愿的迷信举动，只能欺骗自己，佛、菩萨，决不因为你的几支香、几个头，或者几张钱纸就来过问你的事情而包庇你的。诚然，在你叩头拜佛、点香供佛的时候，已经含有忏悔的意味，但是真忏悔是要从自家心地上做起的，否则总是纳贿的性质，佛看了也只有摇头。宋朝的司马光，他是理学先生，并不信佛，当时有一位宗门大德称赞他是真正的佛弟子，因为他"无事不可对人言。"无事不可对人言者，因果不昧，于心无愧之谓也。所以能够知道因果分明，而于因果之间事事分明的人，纵使没有皈依佛教，佛也一定承认是他的真实信徒。——因果分明而又能皈依佛，随佛学，那当然更好。反之，随你嘴上讲得天花乱坠，对佛以及"法"、"僧"二宝如何的恭敬供养，依然是佛的罪人。

因果之间事事分明的人无论在山出山，乃至举心动念，一定没有隐匿，一定不会再有非分的妄想与追求；问气运，算流年等等，对于他都成为笑话。况且因果之权，既然操之在我，要求善果，当然先种善因，占卜星相与此毫无关系。我从前在中学读书的时候，有一个同学算命很有名，我对他说："命理假定不灵，固然不应推算，就是灵的，也不应该推算。"他惊异地问我为什么？我说："既然命里一切早已安排停当，徒然推算有什么用呢！"他再没有理由回驳。袁了凡未遇云谷禅师的时候，也晓得这一层，但是还迷信命理，既见云谷禅师之后，知道了因果自主、"大人造命"的真理，才懂得云谷禅师说他从前是个"大俗人"的缘故，才能够痛痛快快活泼泼地做人。做人既然能够痛痛快快、活泼泼地，你们说，自在不自在？老实再讲一句吧：大凡迷信星相等等的人都是内心不足、想贪便宜的，或者是作贼心虚、想借以躲避自作之孽。所谓"君子问祸不问福"，无非是自欺欺人之谈。这许多人，心理上是没有主宰的，苦痛的。

初机的人，知道因果分明而于因果之间事事分明固然可以勉为君子或善人，但是犹在因果轮回之中，不能算是真正的自在，真正的解脱，还要借真理（佛教术语曰胜义谛）的灌溉，更求进步。上面所谓有修养的人，即指此而言。

关于佛教真理的说明，不是一两点钟的时间所能叙尽，我们只要知得真理是概括因果而不拘泥于因果的。惟其概括因果，所以对于真理有修养的人的一切行为，也不能跳出因果律之外，但不拘泥于因果，所以"天马无踪"。孔子的所谓"随心所欲不逾矩"，或者也可以拿来说明这种境界，惟其如此，所以"无天而不自得"，所以能够上天入地，到刀山剑树里去救度众生。他就是佛，何用更问佛。观世自在菩萨的值得我们崇拜纪念者在此。

末了，我再引《庄子·应帝王篇》的一段话来更进一层的解释"罢占书"：

郑有神巫，曰季咸，知人之生死存亡、祸福寿夭，期以岁月旬日若神。郑人见之，皆弃而走。列子见之而心醉，归以告壶子曰：始吾以夫子之道为至矣，则又有至焉者矣！壶子曰，吾与汝既其文，未既其实……夫故使人得而相女。尝试与来，以予示之。明日，列子与之见壶子，出而谓列子曰：嘻，子之先生死矣，弗活矣，不以旬数矣，吾见怪焉，见湿灰。列子入，泣涕沾襟，以告壶子。壶子曰：乡吾示之以地文，萌乎不震不正，是殆见吾杜德机也，尝又与来。明日又与之见壶子，出而谓列子曰：幸矣，子之先生遇我也，有瘳矣，全然有生矣，吾见其杜欢矣。列子入，以告壶子。壶子曰：乡吾示之以天壤，名实不入而机发于踵是殆见吾善者机也。尝又与来。明日又与之见壶子，出而谓列子曰：子之先生不齐，吾无得而相焉，试齐，且复相之，列子入以告壶子。壶子曰：吾乡示之以太冲莫胜，是殆见吾衡气机也……尝又与来。明日又与之见壶子，立未定，自失而走。壶子曰：追之。列子追之不及，反以报壶子曰：已灭矣，已失矣，吾弗及也。壶子曰：乡吾示之以未始出吾宗，吾与之虚而委蛇，不知其谁何？因以为弟靡，因以为波流，故逃也。然后列子自以为未始学而归。

道家的主张，在根上固然和佛家有所凿枘，但是这一段故事，也是说明世间奉以为神的星相家，对于纵横自在的人是毫无用处的。纵横自在的人，非但不用占书，并且连占书的一切也可以因之而"罢"。学佛而能如此，才不愧为佛弟子，才够得上做观音菩萨的朋友。（辛巳二月十九日讲于广西省佛教会）

二、不朽

纪念黄花岗烈士，我们大家要记得"不朽"两个字。因为，就哲学上讲，"不朽"这一个观念是道德的设准，世间假使没有这个设准则所谓公正，势归无效，而人类对于理想的奋斗，亦将成为无意义。席勒（F. C. S. Schiller）说："吾人只有假定人格不朽，方可使道德具有真实之意义；只有如是，方能使道德为有价值，成为吾人之永久赋予；吾人由是方能为祸福之更确切的规定，远超于世人所求之一切外面的善也。"（据温公颐《哲学概论》286 页引）诚可为道德论证的最精要的说明。

立德，立功，立言，是孔子的所谓三不朽。我们现在能够知道孔子，当然是他立德立言的赐与，而其精神之犹能耀照于二千五百年以后的今天，亦即在此。黄花岗烈士的被人们所纪念着，则在于立功。佛家讲不朽，在立德立言立功之外，还有所谓"了生死"，这是一个非常重要的问题，我现在就讲他。

了生死这一句话，在佛教界内流行着，重视着，几乎没有一个佛教徒不用以回答"为什么学佛"的问语。但当你再用"怎样了生死"追问，又大都瞠目不能更答。欧阳竟无先生说："肯死才是了生死，"这是一句直捷了当的名言，我想大家听到了一定都很满意。但是"贪夫殉财，烈士殉名"，积匪巨盗在刑场上还会畅快地说，二十年又是一条好汉；他们是肯死的，而不能称之为了生死。那么究竟怎样才能算了生死？我以为应该先问什么是生死呢，生死明白了，"了"起来才有步骤，才可措手足。

讲到这里，我要向大家介绍一位大德，他虽然已经去世，生前也没有好多人知道他，可是我时时刻刻记念着他的。他的名字——上肇下安，四川犍为人，出家以后，一迳在杭州住。诗文清劲，喜欢说笑吃酒，所以杭州的一般世俗与市侩式的居士，不很尊敬他，他讲经的时候，也没有什么人去听，和马一浮先生等则过从甚密。我因马先生的一个学生的介绍而去见他，讲到生死，他劈口就问什么是生死？我说："以客尘烦恼为生死。"他说"弄聪明。"弄聪明是不许可的意思，我当时心里很惊疑，没有再问下去，后来才晓得我那一句答语不着边际，的确上不得算，以后我就常常去亲近他。二十一年春天他应重庆大佛寺讲《华严经》之请入川，在长安寺佛学社病着，一直到 11 月 29 日，命侍者洗净了全身，端坐索笔墨想留偈语，旁边有个和尚说："法师，无说即说。"他点点头，掷笔即逝。因此哄动了重庆的佛教界，潘市长特捐银为建塔于涂山之下，至今前往礼塔者还很多，南岸居民，莫不知有和尚坟。

我们从这一事实，可以证明肇安法师的确是悟了道的，他的"弄聪明"的批评，当然应该尊重。那末究竟什么是生死呢？我说：

生死在举足下足处，举足下足处是生死。

生死在待人接物处，待人接物处是生死。

生死在举心动念处，举心动念处是生死。

生死的处所、生死的范围既然明白了，则可以进而言"了"。"了"的意义很多，"明了"是"了"，"了办"也是"了"；此所谓"了"，究竟是"明了"还是"了办"呢？我以为两样都要。上面研究什么是生死，是就"明了"边说的；现在进而言"了"，则须要"了办"。"了办"两字并不神秘，乃是"不虚生"、"不浪死"的意思。如何了办？在举足下足处了办，在待人接物处了办，在举心动念处了办。

在举心动念处应如何了办呢？曾参的三省、颜回的四勿，都是很好的办法。在待人接物处应如何了办呢？父慈、子孝、兄友、弟敬、夫义、妇顺、忠于国家民族……一定要严格地遵守着。在举足下足处了办，则更须要随时体察，死死地以八德、十善做行为的标准。

但是一定有人以为这是"援儒入释"，不能算纯粹的佛教。那才是错误到万分。我们要晓得，三藏十二部分教，一言以蔽之，无非教人舍妄契真。什么是妄，浅言之，一切非礼之动、非礼之言、非礼之视、非礼之听、乃至作奸犯科、伤天害理都是妄；而八德、十善等等正为对治此妄而设，你能说他不合理吗？既然合理，怎么不是契真？既是契真，为什么不能算纯粹的佛教？老实说：天地之间，只有真正懂得甚深佛理，看破一切的人，才能彻底的忠、彻底的孝，……因为其心光光，没有假借与依傍。所以要了生死而不从人伦日用之间下手，简直是南辕北辙，缘木求鱼。至于儒佛在理境上差异的地方，那又是一个问题，我现在且不谈。

念佛、持咒、修观、参话头，这许多是大家所公认的修行方式，当然都是了生死的殊胜法门。但是口里念佛，心里漆黑一团，行为上乱七八糟，那他所念的佛非但不是大慈大悲的大丈夫，而且变成了伤天害理的魑魅魍魉，天下有着伤天害理的魑魅魍魉能够了办生死大事吗？讲到此地，我真有点悲慨，有点牢骚。佛教界内高僧大德固然很多，而大部分有知识的，成日价谈玄说妙，行为上则连起码的同情心都没有。争名夺利，排挤倾轧，和市侩一般无二。没有知识的，为着找饭吃，东奔西走，不能不堕落到社会的最下层；什么礼义廉耻，什么六度四摄，他们是没有办法做得到的。你想，佛法怎么能兴？我记得：十几年前，有几位法师发表过很多文章，也主张打倒孔家店，现在还不时听得到，你说，荒唐无聊到何种程度！

现在我们既然审定了"生死"的处所与范围，决定了"了"的办法与步骤，我们就要在人伦日用之间，切实行去。不要立异鸣高，不要装模作样，——"此理平常"，用不着捏怪。——行之既久，此心自会光光；心既光光，还有什么虚妄的生死不能了办？虚妄的生死既能了办，自然与真理合一而长存不朽。遇着非"舍生"、"杀身"不可的事缘，无疑的一定"肯死"。因为死的恐怖，在他们看来，不过等于小儿的挥拳。僧肇法师被砍头的时候做了一首诗，末一句是："犹如斩春风"。我们从这里，可以知道历代鼎革之际许多忠臣义士，一个个不屈不挠地出家的原因。所以欧阳竟无先生和肇安法师的名言，我们都应该牢牢地记着，而黄花岗七十二烈士为国为民牺牲的精神，也是值得我们效法的。（辛巳黄花岗纪念日讲于广西省佛教会）

（原载《狮子吼月刊》1941年第1卷第5、6、7期合刊，署名万均）

（此篇仅收二讲，下文未能觅得。——编者注）

与江西张潜庐居士论佛学书

世变方亟，民不聊生，长想古椎，每嗟生晚，不谓于镇清法师处复见刘公寄陕之书。所论各节，悉中肯綮，盖玄思之焦点也。谬许知言，敢贡芹曝，惟识达正之。

佛降娑婆，为怜聪辩，故示入理过程，先四寻思而后四如实智。此土禅德，亦云大疑大悟、小疑小悟、不疑不悟，则意解卜度，未始非契真之先导；惟执意解为究竟，逞卜度以相罔者乃大误耳。是故狂慧焰发，世尊所呵，而知解宗徒，更为顶门具眼者所必斥。敝社同仁，粗具信心，解肤行曲，未知证会，实不足以副佛教同仁之望，行且如来教以相勉。然而长眉受罚，为显神通，智者化俗，未标异迹，宗门淡泊，更悬此为禁戒，而良价绝口于定光，仰山叩腔于飞僧矣，此其故何哉？理彻行圆，余皆糟粕，宣尼不语怪力乱神，有旨哉！经论所云，偶一为之可耳。

《中观》无自性，即显唯心，文简义约，故不为读者所注意。无著、世亲之时，有部支离，经量竞启，既乖缘起之真，复昧性空之理，故必以赖耶解明缘起，而后无自性之旨昭然。空有相须，非不相谋，《瑜伽》遣性之文可证也。若更对勘护法《广百论释论》，清辨《掌珍论》，则不待烦言而解。尊论与熊十力《新唯识论》之说相似，二十六年春愚作《评熊十力所著书》一文载《论学月刊》，论空有得失及器界变现甚详，乱离不易得，未能垂奉求正，甚憾。

西儒疑《楞伽》后出，基师《法苑义林章》亦谓《解深密经》、《阿毗达磨经》印土收入论藏之中，则亦非佛说也，或者乃致疑于赖耶，实则不然。爱阿赖耶乐阿赖耶之文，固不足以为诚证，而杂含神识，即同赖耶，涅槃一识周身之义，更为识论非一非异等所自出，故一人之身，非若干阿赖耶识积集而成。《瑜伽略纂》谓精血虽凝，未有种识，还是无情，则精虫卵子之中，无赖耶可知。第于情与无情之区别，更须以实验判之耳。至于佛说精血，未及精虫卵子者，顺尔时之肉眼见也。昔见某经（经名待查）论精虫情状，与显微镜下之报告合，奇矣。要之，真理独特，惟佛乃见，科哲步趋，终难齐足，"缺疑慎言"是也，"佛法根底只在除我法二执之病，病瘥则药宜弃去"云云，亦是也。道丧千载，与时凿枘，继往开来，诚有待于大善知识，贤首商量之论，愿共相勉！……（附来书）……佛法今日式微，只缘和尚居士，大都鲜为法忘身之真切志愿，不能获得六根清净，三明六通，纵稍有所悟，亦不过意解卜度，较凡夫胜一等；人之视之，与凡夫等，又安能使人敬佩而信仰其所说之法哉？《华严经·十住品》有云："见无等比大神通……菩萨以此初发心。"天台智者大师谓："佛弟子若欲为化众生，现希有事，令心清净，应当广修一切神通道力，所谓六通十四变化……既学得已，令多众生相见欢喜信服得度，故修神变。"盖此等神通乃至佛之十力，皆是吾心本具之能力，苟能精进求道，伏惑断惑，必能发得神通，具足无碍辩才，行见执着有见之学者，及社会群众，皆膜拜顶礼，奉为人天师表矣。……

佛法根本，只在除我法二执之病，病妄则药妄；药以适对其症为妙方，故无一实法与人。缘生性空之论，亦不过使人从此悟入除执之方便法门。（佛学以一切唯心造为要旨其说缘生。不过使人悟得如幻本空之理，而所重不在此也。儒家不以为一切唯心，故注重缘生道理。如《易经》一书，乃专究缘生因果及适应之方。）三论宗之缘生，与唯识宗之缘生，不妨各成一说，不相为谋。（唯识之因缘为藏识中诸法种子，非世间凡夫所了知者。三论宗之长，在以空假显中道；唯识宗之长，在种现熏生义。）而要其功能，均能除执而已。唯识宗之学说，太富于建立性，俨然一种哲学，故缺漏亦多。《成唯识论》中，兼采诸家义理，似无定论。（此等义理，俱以意识卜度，非由证悟。）甲之阿赖耶识所变境中，何以有乙丙丁他心之阿赖耶识？此一段疑难，已见于冯友兰之《中国哲学史》中，即如《成唯识论》释此一段文，所列两义，前义既不充分，后义自难自救。且所变器界如此伟大富丽，何以所变根身却如此贫弱渺小？又藏识舍前身受后身之过程，古德谓如磁石吸铁，于父母交媾一刹那间，便揽吸精血而住，执为自身。揆以今之生物学，则高等动物之成胎，并非精血，乃精子细胞，窜入卵子细胞之中而成为合子细胞，然后分裂繁殖，以结成胚胎。当其未成合子时，精子细胞与卵子细胞皆系有生命之生物，若是则必先有两个阿赖耶识合而为一阿赖耶识。且动物之生，有不必由两性构合而由单性之卵细胞生殖者（如蜜蜂之雄蜂），有由单细胞分裂生殖者，又有两性构成合子细胞分裂为数胚者，如犹狳等。若是则子体之阿赖耶识亦必由母体之阿赖耶识分裂而后可，否则系母体阿赖耶舍去后，另由两个以上阿赖耶摄其子体。凡此种种恐非改造古德旧说，不足使人起信。重俺（张居士系镇清法师之重俺——编者）旧日不满于佛学者，职是之由。著人理学后，再详研现代之新物理学（如量子论），及唯物辩证法等，始悟得"缘成假"、"相续假"、"相待假"及诸法如幻之理；再研行为派心理学、弗洛特心理学等，始悟得种现熏生之理。今对佛学中旧说之与今日科学实验不符者，亦惟有缺疑慎言之态度而已。窃以佛法无实法与人，惟以对治我执法执之病。病痊则药宜弃去，各人宜自识所病之寒热虚实，自择药方，慎勿误服相反之药，与执药成病而已。法性实相，悫言绝思，不敢妄谈，恐蹈大妄语之诫。……

（原载《狮子吼月刊》1941 年第 1 卷 3、4 期合刊）

评《熊十力所著书》（文言体）

一、思想之原委

夫所谓豪杰之士者，特立独行，求真心切而已。感零落于芳菲，审旋施于二曜，如婴疮痛，欲罢不能，是求真也。等尧舜于秕糠，侪如来于乞士，单刀直入，自作活计，是独行也。独行者反其真，求真者成其独。亘今亘古彻始彻终，谁复能沉酣于古人之糟粕哉？是以得其要则作圣作贤，不得其要亦流为魔外，魔与外非常徒之所能冀也。

当今之世，其能知此甘苦又为求真心之所驱，不得已而治学乃至著书者，以愚所见，厥惟熊子真先生，是为其思想之大原。熊子真《心书》第三页云，余少失怙，贫不能学问，年十三岁，登高而伤秋毫，顿悟万有皆幻，由是放荡形骸，妄骋淫佚。久之觉其烦恼，更进求安心立命之道，因悟幻不自有，必依于真，如无真者，觉幻是谁？泥此觉相，幻复何有，以有能觉，幻相斯起。此能觉者，是名真我。时则以情器为泡影，索真宰于寂灭，一念不生，虚空粉碎，以此为至道之归矣。既而猛然有省曰，果幻相为多事者，云何依真起幻？既依真起幻，云何断幻求真？幻如可断者，即不应起，起已可断者，断必复起。又舍幻有真者，是真幻不相干，云何求真？种种疑虑，莫获正解。以是身心无主，不得安稳。又《破破新唯识论》第七四页云：吾于翕辟义，因非率而偶立，盖略言之：自吾有知，冥窥物变，荣枯生死，待而成化，虽在童年，骇然怪叹，受书以后，思唯此义，犹不舍旃。洎夫稍长，始获三玄，以彼玄言，验之吾所仰观俯察近取远观之际，颇有神契；然犹借闻熏，未足语于真自得也。弱冠以还，躬与改革，人事蕃变，涉履弥亲。爰以人事推明天化，及乎年已不惑，卧疾湖山，悠悠数载，孤逌冥搜，深穷心物问题，益悟宇宙无实。至此已谓如实谛观，不同浮泛知见。此其学问之经过，固已昭示于吾人矣。其余散见诸书，几乎每字每句，无不是此精神之表现；尤以《新唯破论》第八五页之"论疑为悟几"一段，及《十力语要》第一页之"答张君书"，最为痛快。熊先生之于求真，盖所谓沉浸浓郁、酣畅淋漓者也。世之所谓为学问而学问者。至此方有依据，庸愚学舌，徒见其为不着边际耳。

　　熊子真《心书》发表于民国七年冬，署名为黄冈熊继智子真撰。前有蔡元培《序》，称其为贯通百家，融会儒佛，其究也乃欲以老氏清净寡欲之旨，养其至大至刚之气。又自序谓实我生三十年心行所存。后有丁去病《跋》，谓立言有宗，过潜夫论，全书三十页，约二万言，大半为议论时政之作，余则泛论儒佛老庄，以及天演鲁滂之说。吾人虽不能由此以窥熊先生，而《新唯识论》之思想，实基于是，故应略言其绪。

　　《心书》第三页云：忽读王船山遗书，得悟道器一元，幽明一物，全道全器，原一诚而无幻；即幽即明，本一贯而何断。天在人，不遗人以同天；道在我，赖有我以凝道。斯乃衡阳之宝筏，洙泗之薪传也。"又第三十一页自注云：船山宗张子，以物之生死，由太虚理气浑然之实体变动而有聚散，聚而生物，散则物死，大化周流不已。然能化所化，只是一件，故船山曰：不是阴阳五行之外别有个天，说其为主动。（原文作其说，当是说其之误。）此与《新唯识论》第三十九页：功能者，即宇宙生生不容已之大流，泊尔至虚，故能孕群有而不滞；湛然纯一，故能极万变而莫测。芸芸品类，万有不齐，一是皆资始乎功能之一元，而成形凝命，莫不备足，莫不称事。故观其殊，即世界无量；会其一，则万法皆如。故知功能无差别，方乃遍万有而统为其体云云。又《十力语要》第三十页：流行非即是体，而体要非超越流行幻相之外，而别为独存之死体，云云。互相勘研，固知含义不同，未可强其符合，而思想上前后衔接之迹，则甚昭然。故《新论》第六十二页有船山王子，盖先我发之言。《语要》第六十七，又有昔儒唯王船山先生见及之之语。熊先生思想之于《周易内外传》、《思问录》、《四书大全》诸书，盖有密切关系焉。

　　然其论儒，一则曰儒者虽讳言利，而为利者易托焉。易曰：崇高莫大乎富贵。孟轲言有为贫之仕。又云，仲尼三月无君，皇皇如也。虽言匪一端，义各有当。然此等处，最易为人假借，故人亦乐奉儒教，而吾国人乃终溺利禄中也。（《心书》第五页右。）再则曰：耶教屈己利物之精神，非儒家所及。（《心书》第五页左。）三则曰：自武帝董仲舒出，始定一尊于儒，而毒流后世。（《心书》第三十页。）皆与《尊闻录》、《语要》之说不相侔。其论老庄则曰：昔者宣圣盖忧名教，特于易言精义入神。孟子以集义养浩然之气，立本焉尔。然名义本世间观待道理，何以故？依义立名，亦依名诠义故，是以义可以名假也，义可假，则非本甚明。其惟元圣，亡名，小仁义，体清净，冥极无为，尚已。由其道，下者亦能强固神志。（《心书》第三十页）此诚如蔡元培之所称已，亦与《语要》之说违。可知熊先生尔时虽以王船山学为其骨干，而实犹彷徨未有所立。至其论佛，则以为古今言哲理者，最精莫如佛，而教外别传之旨，尤为卓绝。（《心书》第十八页）又笃信轮回，以为此处信不及，则佛之教义，全盘推翻。(《心书》第二十六页)然皆依傍章太炎先生之说。故记梁漱溟比合鲁滂以太涡动变成岩石钢铁之说为当于佛之如来藏或阿赖耶，而附以案语云：真按万法当体真实，山河全露法身。(《心书》第二十页)又云：真按证以此方大易之言，即所谓易不可见而乾坤熄，易以变易为义，即鲁云涡动。此其陈迹，今不复论其是非，而复张君书中(《心书》第六页)推崇章氏《大乘佛教缘起考》所谓大乘胜义，在先立如来藏识。藏识之名，本由小乘无我，数论神我相较而成，云云。以为扼要，急须参透，是则《破破新唯识论》第六十五页所谓世亲出入外小，晚乃向大，尝为《金七十颂》造长行，足知其受影响于数论者甚深。数论立胜性以为变易之根，世亲立种为现变之因，颇与相类。但有不同者，则不以种为恒常法，而又为赖耶所摄持耳。要其大端甚是，则无可掩，云云。未始非深受影响于章氏也。

《心书》之后有《唯识学概论》，愚所见者凡三本，一为讲义本，一为某君抄本。讲义本中之一，有熊先生自记云："此是十二年由北大初次印刷者，待改之处颇不少。十三年六月十三日熊十力记。"抄本同，凡一百四十四页。(未完)当即新论绪言所谓境论初稿也。卷首绪言以护法为吸纳众流，折衷至允，(《概论》第二页)诚可谓宗。(《新续论言》第二页云。境论初稿。实宗护法。)然论空有则拘于装门门户之见，未能援据护法《广百论释论》，清辨《船若灯论》等书，更为大公之论，且以《阿含》等唯被小机皆非允当。

次《唯识章》以三义明唯识：一不离义，谓总略五法，皆不离识，显识最胜，故说名唯。此即《新论》第十一页所云，唯者殊特义之所本。二交遍义，谓人各有识，不杂相网，同处各遍，举北京为喻。此喻为《新论》第三十三页论活义中所取。三破执义，谓摄法归识，遣空有执，诸执尽除，识随不立。(三义释文皆见《概论》第三十四页)亦为《新论》第十四页所取，择善而从，本无可责，而《概论》所说，未能顾及《成唯识论》卷二之论共变不共变，及卷七引《阿毗达磨经》说成就四智，悟入唯识无境等义，徒曰不离乃至破执，皆非旧师本意，然其破斥齐物论释，以为涉猎法相缘饰蒙庄，其思想已渐进于独立之境矣。

次《诸识章》，明因能变及果能变。明因能变中有云论(《成唯识论》)本建立种子为识因，故即征难，应成唯种，而答之曰：一切法不离识，方成唯识。非唯识言，便谓识无种子，种离本识，无别体故，故名唯识。(《概论》第六页)此答非理，反成唯种故。(种子既为识因。纵不在识前。亦必同时并有。同时并有者，安得离识无有别体。有体为因。唯识乃是虚言。故反成唯种。)故其所释，实乖论意。《新论》等之所持以反对世亲护法者，盖即本此。而谓其立一一识各别种生，为极端多元论，或机械论。(《新论》第六十七页)诬矣,夫论之释因能变,盖谓第八识中等流异熟二因习气,二因习气既许摄藏第八识中复说为因,其间必有深意,何得即谓建立种子为识之因?毫厘之差,天地悬隔,此中未便轻忽,后当详论之。

次《能变章》,首明变义有三,继辩才生即灭,大都为《新论·转变章》所摄。然有可注意者三:一曰,诠实性曰不变,显大用曰能变,能变依于不变而有其变。(《概论》第七页)二曰,吾宗所谓才生即灭,晚世独有王船山颇窥及之。(《概论》第十一页)三曰,虽复幻相迁流,实则自性湛寂。(同上。按此实则自性湛寂云云。意谓即用显体故自注指物不迁论为参考。与唯识家说自性涅槃异趣。)此三义者,固皆佛典所诠,而除生灭义外,余二皆非唯识家言,可见该书实犹未可以为纯粹之唯识学概论也。求真迫切,使其不能于能变义更求解了,先入主之,衡量一切,于是不得不盛疑旧学矣。

次《四分章》、《功能章》,悉承旧说,名相秩然,《新论》等破之,愚则以为未得旧师立论意也。又有四项应注意者:一,第二十七页云,据实论之,相见别种家言,丁理为胜:然有难言,相别有种,何名识变?曰不离识故,由识变时,相方生故。即由见种,挟带相种,俱时起故,如造色境,由心分别,境相即生,非境分别,心方得生,故非唯境,但言唯识。由此相见别种,义极成就。此似有理,实未贯通。下境识章宗护法说救之,仍无以自解其惑。二,第三十二页云,界趣轮回之谈,本小宗所共许,大乘承之不改。此事似荒远难稽,然以理征,若许有欲界人趣畜趣,其他界趣,亦应许有。然内藉所谈诸天及地狱等情状,世或执为实境,则又非某所知矣。此与《心书》所说对勘,可见其于轮回之说,已由宗教徒之信仰,进谋理论上之解答矣。百人对于轮回之态度,固不必与熊先生同,且别有理据;而此等处,则甚钦佩其学求自安,不尚苟同之精神。三,第三十五页云,功能依他性摄,体非定实,应断极成,有漏断时,即无漏生时,生生不息,尽未来际。生义是用义,大用流行,充塞法界,(自注云。法界是体。用依于体而遍全体。无有亏欠。)神变无方,王船山《易传》有云,不惮玄黄之血,天地以杂而成功。至哉斯言,有所伤者有所成也。若拟断义于不生,其见且出船山下。章人炎《五无论》以断生为言,斯则断见外道之谈,不可传于佛法,此中混沌,可难者多,恒转翕辟之说,实已启端于是。四,第三十九页云,唯识归无所得,未尝执有,空宗攻之,便为大过。此则甚是,证测诸师,犹未喻于此义也。至于《新论》七十页,世亲成立唯识,将识之一法,看得较实,且据彼种子义而推之。识既从种生,则识为有自性之实法矣,云云。与此凿枘,当待后论。

次《四缘章》、《境识章》,亦皆叙旧,间有补正。《四缘章》除因缘、所缘缘判亲疏，五果约种现分别四缘外，余都为《新论》第十七页左至第二十二页所取。《境识章》之破实极微及现量证有外境，亦为《新论》第六页至第十页所取，论识变中，详于判释因缘、分别二变，而于相种之成，未能如量审察，终使相见分途，虚言唯识，愚故曰不能自解其惑也。论大种相网，自注有云：网者遍义，相网者，谓即于一处诸法交遍也。衡阳之圣知此矣。其言易曰，乾坤各有十二位，坤非有阴而无阳，乾非有阳而无阴也。按阴阳为虚字，以明诸法交遍之理，此儒作实字解，谓之二气，斯方士之谈。交遍者众妙义，大用充周义，如药丸然，随取一分，味味具足。验之生物，有截其一部，其肢体仍得长育完具，良有以尔。则为《新论》三十三页所节取。

次《转识章》，叙述甚详，而未本《成唯识论》卷七等料简心与心、心与心所、心所与心所之关系，致使八心五十一所，散无统绪，为常徒（即语要所谓无高强之抽象作用及精锐之分析作用者。）口舌。《新论》三十四页云，护公建立八识，盖即许多独立体之组合耳，易言之，宇宙者即许多分子之积聚耳。又各分心所，此诸心所，亦各成独立之体。又七十页云，二法（心及心所）根本区别云何？此在旧师，未尝是究。皆非持平之论，是故熊先生之于唯识学，盖亦若常徒之滞于名相，未得要领也。宇宙既等空无，人生杳无根据，新论之作，诚有所不得已焉。

（原载1937年《论学》，《佛教公论》第10期转载，署名万均）

编者按： 巨赞法师1936年冬著《评熊十力所著书》，且陆续在《论学》月刊上发表，后该刊停止出版，故巨文只写到《救旧说》一章止。现收入文集（即上文），仅为已发表的一部分，其余章节因原刊难觅，故未能入集。且喜建国后，巨赞法师援熊十力先生改译《新唯识论》为语体之例，始将1936年冬用文言文所写未完之作，改为白话文，再加补充并发表，终成论坛一大盛事。

评《熊十力所著书》

一、前言

1930 年冬，我发心出家，从江苏江阴到杭州，住在孤山广化寺，当时北京大学教授熊十力也住在那里，因而相识。据他的弟子们说，熊十力正在著《新唯识论》，由于我对于唯识义理尚未进行研究，所以没有向他请教。后来我去南京支那内学院住了几年，研究过佛教各宗派的理论，熊十力的《新唯识论》、《尊闻录》、《十力语要》等也已先后出版，并且引起了论战：如《破新唯识论》、《破破新识唯论》等，我乃于 1936 年冬，陆续在友人无锡国学专修学校教授李源澄所办的《论学》杂志上发表《评熊十力所著书》一文，并寄给寓居北平的熊十力。他曾复信说："是用心人语，非浮士口气"，而并没有对我的议论加以反驳。不过，因为《论学》停止出版，我的文章也只写到《救旧说》为止，就没有再写下去。

1948 年初，浙江大学哲学系主任谢幼伟对我说，熊十力曾经把我介绍给他，而时局日紧，我又有赴港讲经之约，所以没有开课。解放之后，熊十力曾将《新唯识论》语体文本删为定本，随后又出版《原儒》上下两卷，和《体用论》、《明心篇》、《乾坤衍》各一册，对于他的主张，有了进一步的阐明。我与熊十力也因全国政协开会的机会，常常见面，偶而也有些争论。但我因忙于工作，没有能把以前的未完之作，告一结束。

据说，近来国内外研究中国哲学的学者之中，对于熊十力的著作努力钻研，吸纳宏布者，大有人在。那么，我以前用文言文所写的未完之作，似可援熊十力改译《新唯识论》为语体之例，改为白话文，再加补充，以就正于研究佛学唯识思想及中国哲学的学者之前，未始不是"攻错"的方法之一，这就是我发表这篇长文的用意所在。

二、熊十力的思想原委

1918 年冬，熊十力以"黄冈熊继智子真撰"的署名发表《熊子真心书》，自序云："实我生三十年心行所存"，可见是熊十力三十岁时的著作。前有蔡元培《序》云："贯通百家，融会儒佛，其究也乃欲以老氏清净寡欲之旨，养其至大至刚之气。"后有丁去病《跋》云："立言有宗，过潜夫论。"全书３０页，约二万言，大半为议论时政之作，其余则泛论儒佛老庄以及天演鲁滂的学说。我们当然不能从这部著作以窥见作者的理论基础，但《新唯识论》的思想渊源，与这部著作，并非毫无关系，所以应该首先谈一谈。

《心书》第三页云："忽读王船山遗书，得悟道器一元，幽明一物，全道全器，原一诚而无幻；即幽即明，本一贯而何断。天在人，不遗人以同天；道在我，赖有我以凝道。斯乃衡阳之宝筏，洙泗之薪传也。"又三十一页自注云："船山宗张子，以物之生死，由太虚理气浑然之实体变动而有聚散，聚而生物，散则物死，大化周流不已。然能化所化，只是一件，故船山曰，不是阴阳五行之外别有个天，说其为主动。"《新唯识论》第３９页所说：

> 功能者，即宇宙生生不已之大流。泊尔至虚，故能孕群有而不滞；湛然纯一，故能极万变而莫测。芸芸品类，万有不齐，一是皆资始乎功能之一元，而成形凝命，莫不备足，莫不称事。故观其殊，即世界无量；会其一，则万法皆如。故知功能无差，方乃遍万有而统为其体。

又《十力语要》第３０页所说：

> 流行非即是体，而体要非超越流行幻相之外，而别为独存之死体。

互相勘研，固然含义不同，不能强求其符合，而思想上前后衔接的痕迹是很明白的。所以《新唯识论》第62页有"船山王子，盖先我发"之言，《语要》第六十七页又有"昔儒唯王船山先生见及之"的说法。熊十力的思想与王船山的《周易内外传》、《思问录》、《四书大全》等书，不能说没有密切的关系。

不过，熊十力在此书中提到儒家，一则曰："儒者虽讳言利，而为利者易讬焉。易曰，崇高莫大乎富贵。孟轲言有为贫之仕。又云，仲尼三月无君，皇皇如也。虽言匪一端，义各有当，然此等处最易为人假借，故人亦乐奉儒教，而吾国人乃终溺利禄中也。"（《心书》第５页右）再则曰："耶教屈己利物之精神，非儒家所及。"（《心书》５页左）三则曰："自武帝董仲舒出，始定一尊于儒，而毒流后世。"（《心书》第30页）这许多议论都与后来《尊闻录》、《十力语要》不同。至于讲到老庄，则曰："昔者宣圣盖忧名教，特于易言精义入神。孟子以集义养浩然之气，立本焉尔。然名义本世间观待道理，何以故？依义立名，亦依名诠义故。是以义可以名假也，义可假，则非本甚明。其惟元圣，亡名，小仁义，体清净，冥极无为尚已。由其道，下者亦能强固神志。"（《心书》第30页）可见蔡元培在序文里，对于熊十力当时思想的分析是正确的，不过后来熊十力在《语要》里就不以这种说法为然。因此熊十力当时虽以王船山的学说为其骨干，而实则彷徨未有所立。

至其论佛，则以为"古今言哲理者，最精莫如佛，而教外别传之旨，尤为卓绝。"（《心书》第18页）又笃信轮回，以为"此处信不及，则佛之教义，全盘推翻"（《心书》第26页），大都是依傍章太炎的学说。所以在《心书》第六页"复张君书"中，推崇章太炎《大乘佛教缘起考》中所谓"大乘胜义，在先立如来藏识。藏识之名，本由小乘无我，数论神我相较而成"的说法，以为扼要，急需参透。后来熊十力在《破破新唯识论》第65页中说："世亲出入外小，晚乃向大，尝为《金七十颂》造长行，足知其受影响于数论者甚深。数论立胜性以为变易之根，世亲立种为现变之因，颇与相类。但有不同者，则不以种为恒常法，而又为赖耶所摄持耳。要其大端甚是，则无可掩。"这就更加可以证明，熊十力确实深受章太炎的影响的。

《心书》之后有《唯识学概论》，我见到三种本子。其中两种是讲义本，一种是某君抄本。讲义本中之一，有熊十力的自记云："此是十二年由北大初次印刷者，待改之处颇不少。十三年6月13日熊十力记。"抄本同。可能就是《新唯识论绪言》所说的境论初稿。卷首绪言，"以护法为吸纳众流，折衷至允，诚可谓宗。"不过在谈到空与有的关系时，仍旧拘泥于玄奘门下的门户之见，没有能够援据护法的《广百论释论》和清辩的《般若灯论》等书更为大公之论，这是熊十力在研究佛教经典方面的一大疏忽。写到此地，我想起了四十多年前我与李源澄的一次谈话。我对李源澄说，熊十力虽然写了不少有关佛教的著作，但他所看过的佛教书籍并不多。李源澄也说，熊十力虽然侈谈中国哲学，而所看过的中国哲学著作也不多。现在看来，并非吹毛求疵。又他以《阿含》等唯被小机，则又未能摆脱判教的旧框框，而落入历来的俗套了。

次《唯识章》，用三种观点说明"唯识"一语的意义。一、不离义，"谓总略五法，皆不离识，显识最胜，故说名唯。"这就是《新唯识论》第十一页所云"唯者殊特义"之所本。二、交遍义，"谓人各有识，不杂相网，同处各遍，举北京为喻。"此喻为《新唯识论》第三十三页议论中所取。三、破执义，"谓摄法归识，遣空有执，诸执尽除，识随不立。"（三义释文皆见《唯识学概论》第34页）也为《新唯识论》第十四页所取。择善而从，本来没有什么不可以，但熊十力没有顾及到《成唯识论》卷二的论共变不共变，及卷七引《阿毗达磨经》说成就四智，悟入唯义无境等义，单单提出"不离"乃至"破执"，都不是印度唯识论师的本意。不过在此书中破斥章太炎的《齐物论》，认为是"涉猎法相，缘饰蒙庄"，可见熊十力在这时候的思想，已渐进于独立的境界了。

次《诸识章》，解释因能变及果能变。在解释因能变中，熊十力说："论（《成唯识论》）本建立种子为识因，故即征难，应成唯种，而答之曰，一切法不离识，方成唯识，非唯识言，便谓识无种子，种离本识，无别体故，故名唯识。次答非理，反成唯种故。"（《概论》第六页）。这样解释，实在违反《成唯识论》的原意，而《新唯识论》等所持以反对世亲、护法者，则导源于此。因此《新唯识论》第六十七页说："立一一识各别种生，为极端多元论，或机械论"，真是厚诬古人。其实《成唯识论》解释因能变，是指第八识中等流异熟二因习气而言，二因习气既许摄藏于第八识中，又说为因，其中必有深意，怎么能够说建立种子为识之因？这真是古人所说的"毫厘之差，天地悬隔"，后当详论之。

次《能变章》，首明变义有三种，继辨才生即灭，大都为《新唯识论·转变章》所摄取，不过有三点值得注意：一、"诠实性曰不变，显大用曰能变，能变依于不变而有其变。"（《概论》第7页）二、"吾宗所谓才生即灭，晚世独有王船山颇窥及之。"（《概论》第11页）三、"虽复幻相违流，实则自性湛寂。"（同上）这三种义理，固然都是佛典所诠，而除生灭义外，其余二种都非唯识家言。可见熊十力的《唯识学概论》并不是纯粹的唯识学理论，毛病出在他没有对能变义更求解了，先入为主，并用以衡量一切，于是就不得不盛疑旧学了。

次《四分章》、《功能章》，都是继承旧说，而《新唯识论》等破之，我则以为他还没有明白印度唯识论师立论之意。又有四项应加注意之处：

一、《概论》第27页云："据实论之，相见别种家言，于理为胜。然有难言，相别有种，何名识变？曰，不离识故，由识变时，相方生故。既由见种，挟带相种，俱时起故。如造色境，由心分别，境相即生，非境分别，心方得生，故非唯境，但言唯识。由此相见别种，义极成就。"

这一段议论，似乎有理，而未贯通，下面的境识章中，引用护法的理论以救正之，而仍无以自解其惑。

二、又第32页云："界趣轮回之谈，本小宗所共许，大乘承之不改。此事似荒远难稽，然以理推征，若许有欲界人趣畜生，其它界趣，亦应许有。然内借所谈诸天及地狱等情状，世或执为实境，则又非某所知矣。"

上面提到《心书》对于佛教轮回的态度，与这里所说的不尽相同，可见熊十力已由宗教徒的信仰，进求理论上的解答矣。

三、又第35页云："功能依他性摄，体非定实，应断极成。有漏断时，即无漏生时，生生不息，尽未来际。生义是用义，大用流行，充塞法界，神变无方。王船山《易传》有云,不惮玄黄之血,天地以杂而成功。至哉斯言,有所伤者有所成也。若擬断义于不生,其见且出船山下。章太炎《五无论》以断生为言,斯则断见外道之谈,不可传于佛法。"

这里面问题很多,《新唯识论》中的恒转翕辟之说,实已启端于此。

四、第39页云:"唯识归无所得,未尝执有,空宗攻之,便为大过。"

这种说法是可取的,可惜后来他在《新唯识论》第七十页中说:"世亲成立唯识,将识之一法,看得较实,且据彼种子义而推之,识从种生,则实为有自性之实法矣。"就与上面的说法相违,可见熊十力对于空有两宗的相通之处,并无真实了解。

次《四缘章》、《境识章》,也都是叙述旧师所说,间或有些补正。《四缘章》除因缘、所缘缘判亲疏,五果约种现分别四缘外,其余都为《新唯识论》第17页左及第22页所取。《境识章》的破实极微及现量证有外境,也为《新唯识论》第六页至第十页所取。但在论识变中,详于判释因缘、分别两种变,而于相种的成立,没有能如量审察,终使相见分途,虚言唯识,故我上面说熊十力不能自解其惑。次论大种相网,自注云:

网者变义,相网者,谓即于一处诸法交遍也。衡阳之圣知此矣。其言易曰,乾坤各有十二位,坤非有阴而无阳,乾非有阳而无阴也。按阴阳为虚字,以明诸法交遍之理,此儒作实字解,谓之二气,斯方士之谈。交遍者尽妙义,大用充周义,如药丸然,随取一分,味味具足。验之生物,有截其一部分,其肢体仍得长育完具,良有以尔。

《新唯识论》第33页节取了这里面的一些文义,不过他以王船山为"圣",就与他在1961年所著《乾坤衍》一书第55页所说:"王船山不识乾元坤元二名之义例,而谬主二元,圣学湮绝久矣",互相凿枘。这是他的长处,也是他的短处。

次《转识章》,叙述甚详,而没有根据《成唯识论》卷七等料简心与心、心与心所、心所与心所的关系,致使八心、五十一心所,散无统绪,被一般人认为:"无高强的抽象作用和精锐的分析作用"。因此《新唯识论》34页云:"护公建立八识,盖即许多独立体之组合耳,易言之,宇宙者即许多分子之积聚耳。又各分心所,此诸心所亦各成独立之体。"又77页云:"二法(心及心所)根本区别云何,此在旧师,未尝是究。"都不是持平之论。从这里可以知道熊十力对于唯识学,也象"常徒"一样,滞于名相,不得要领。宇宙既等于空无,人生也杳无根据,就不得不著《新唯识论》了。

讲义本的又一种,卷首有十五年春熊十力自序云,"余从《成唯识论》,观护法持议,可谓周密,然审其理趣终多未惬。有宗善巧,即用显体,护法谈用,往往近机械观，剖焉而配合，离焉而互倚，其何以明不测之神，而显如如之体。余始治其说而疑，疑积而求悟，久之乃若有所获。先是辛壬之际，尝造《唯识学概论》，新知未豁，故训是式，既成前半，遂以捐弃。顷为此书，乃于前师（谓护法等）特有弹正。蓄意五载，方敢下笔。"这就是《新唯识论》绪言所说的"草创之作"。

初《唯识章》，破斥外道小乘所说的实有外境，比《新唯识论》为详，大体则同。关于论述"境不离识"一节中说：

凡情遍计，执有顽然实物，离识而存。格以唯识之义，则相见缘生，既无心外之境，（自注云：境非离心而存，故云心外无境。）即所谓相者，称实而谈，唯是刹那，新新而起，不可量之变动，了无少分实法可得。

又说："境界与识，同时相依而变故，故非离识而存。"这一些议论，仍旧没舍弃初稿的说法。"即所谓相者"云云，于不离义外，另作解释，前所未见，可能是熊十力自解其惑的见解。

继破外道小乘执识中，释因缘云：

因缘者，旧以说辨自果为义，其说是也。今于此中唯取法尔功能为识因缘，（自註云：功能者用义，亦势力义，此为恒转如瀑流。护法以习气功能为同物异名，吾不敢苟同。）所谓识者，非可偶尔突起，从无肇有，故说功能为其因缘，以遮无因边见。在理论方面，只合说到如此而止。若谓因（功能）果（现识）为条然各别，同时并有之二物，则剖析难严，未免以法尔道理作死物观，实则现识只是功能之现起，不可别为能所二物。护法等说功能为能生因，现识为所生果，因果同时并有，故名果俱有。彼以因果看作二物，所以成为戏论。

这一段议论，说得很有道理，可惜对于种子与现实的关系同题，尚未了然，所以把护法的说法当作戏论。《新唯识论》第16页"自动不匮"云云，似从此蜕化而出。余三缘释，《新唯识论》所本。其下论分析识现，假立缘生一段，也很有理，《新唯识论》没有采入，很觉可惜。其后又说：

唯识归无所得，世亲三十颂明启秘钥，则知谈用者于无可建立而假有施设，其意存乎遮执明矣。护法、窥基，何尝见不及此，然终不免滞于名相，以累神解，此或矫清辩之空，而不惮太过。

可见熊十力在这里还没有像《新唯认论》那样，断护法、窥基为差失。

次《转变章》9页，就是《新唯识论》第26页至第35页的内容。次《功能章》有论众生同分一段，他说：

佛家生观，对以一切有情之生，皆从无始时来，法尔而有，念念生灭，相似相随，尽未来际，亦不散失，是故群生虽同分而不同源，宇宙乃各足而互相网。此是上哲证真之谈，余耽玩有素，疑怖万端，忘怀理度，终于净信。斯论创造，奉此准绳。故所谓大用云，恒转云，功能云，乃就众生各具而言，不约有情共本为说。（第33页）

这与《新唯识论》第37页所说的"众生同源，宇宙一体"相反。《大般若经》卷三百六十三云："由真如施设一切法"，又卷五百六十九说："真如虽生诸法而真如不生"，都是佛说同源的明文，不能用"同分"来解说。《新唯识论》弃而不取是对的，但可见熊十力那时对于体用深义，还没有能体察入微。不过这一理论，相当深邃，失其要领，便成邪说，后当详论之。

次《现色章》，前意与《新唯识论》不同。初谈根中，先驳斥护法许根尘各各自有种子，次谓："根者生之摄持，体非心识，亦非物尘，幻似妙色，强以净色名之，故肉体可死，而根则亘古等流，无有死期。"又次谓："根与器界互相涉入，而为器界之中心。"又次谓："根者心依而用之以转物，亦依而执之以化于物，操心物衰亡之机。"又次以七事证成有根，又次谓根与器界，无始俱有。（皆见第50页至55页）这里面只有第三坝为新论所取，其余大都不符合唯识家的理论体系。

《因明大疏删注》，也是熊十力于1936年在北京大学授课时所作，删窥基《因明大疏》之繁而註其要，便利初学，有其价值。不过他在解释现量一词中，引用《显扬圣教论》卷十一的论文而遗漏了"同类生"、"异类生"两项，至使《新唯识论》在讨论感识方面就未能如实介绍，以后我将在评论中谈到。

1930年1月17日中央大学日刊所载汤锡予的讲演录中说："熊十力先生昔著《新唯识论》，初稿主众生多元，至最近四稿，易为同源。"可见除1923年及1926年的两种稿本及1932年出版的《新唯识论》外，还有第三种稿本，我没有见过。不过《尊闻录》第2页说：

唯识书第三稿中有一段曰，诸有生物，其生也，原各各独化，都无终始，不随形以俱尽乎？抑宇宙有大生焉，肇基大化，品物流行，故生物禀此成形，其形尽而生即尽乎？由前之说，则生界为交遍，由后之说，则生界为同源。前说佛家主之，后说世间多持之，吾印持前说。

从这一段议论上，可见第三种稿本还是承接以前两种稿本的说法。

《尊闻录》记录熊十力在1924年至1930年与朋友及学生论学的言论及信札。其中谈到"形色即天性"、"佛家言无我而实大有我在"、"梏于形，囿于习，乃失其本来"、"人类中心观念，得进化论而益有根据，故植物亦有生命"、"智即本体"、"佛果境界是非人生的境界"等观点，都为《新唯识论》以后的著作所本，同源之说，也决定于此。其理由有二：一、第六页云：

所谓与万物而为一体之仁者，仁即源也，我与万物所同焉者也。是无形骸之隔，物我之间，故痛痒相关也。

二、第 7 页云：

同源云者，虽已承有万物公共的大源，而他毕竟不是外于万物而别为空洞独立之一物。他是遍为万物实体，所以人和物虽若殊形，而语及实性，则是浑然一体。一体故无内外彼此，人若除去计我之执，这内外彼此等疆界，便一齐打破，立时了悟本来一体。

这种说法语气虽然比较肯定，但比起以后的《新唯识论》来，还不能说是畅所欲言。至于对佛教所说轮回的态度，则既以"复生"可疑，而又说："人生所造业力，暂时不散，世俗幽灵之事不尽无。"乃至在《破破新唯识论》中，还有"此理存在于信念上"的说法。那末，幽灵之事既非尽无，则定有道理可说，而道理呢？熊十力始终没有说明白，下当论之。

不过《尊闻录》中颇有切中事理，足以发人深省之处。书末有云："《新唯识论》虽从印土嬗变出来，而思想根柢，实乃源于大易。"所以《尊闻录》实乃熊十力的思想与佛法分途的出发点，所谓"大易"，其实就是王船山的《易传》。

《新唯识论》承初、二、三稿及《尊闻录》的说法，而极言恒转，《破破新唯识论》、《十力语要》二书畅论体用作为辅翼，其用意在于"即用显体，谈本体之流行"（《十力语要》第 35 页），"刚健创新归于中国思想"。（又第 28 页）马一浮在序文中说："澄鉴冥会，精思十年，尽廓枝辞，独标悬解"，可以说推重备至。不过据我看来，熊十力不但昧于唯识家的学说，就是对于中观宗的了解，也似是而非，所以他在评斥旧师的地方都有问题，在建立思想系统方面都欠妥当。总的说来，熊十力好学深思有余，而学力及造诣不足，他的思想实在还没有到达成熟阶段。这是我在四十多年前对于熊十力著作的总的看法，也是根据这种看法来评论他的著作的。当然，他在解放以后发表的著作，只有把我以前对他的评论用白话文重行发表之后，再加评论了。

三、评所谓窥基执识

《新唯识论》第 3 页云："唐窥基法师序唯识曰，'唯遮境有，执有者丧其真；识简心空，滞空者乖其实'，此非了义，认贼作子，过莫大焉。"又自注云："此言成立识者，所以简别于心空之见也，彼许识不空故。心亦识之异名。"这种说法其实是没有道理的，因为违背了窥基的本意。窥基《成唯识论料简》卷二云：

（无性《摄大乘论释》以依他起（众缘所生心心所体及相见分，有漏无漏皆依他起。）圆成实觉别除所执依他起觉，若不观察依他起空，如何论说除依他觉……故知加行亦遣依他。若不观空，如何除遣。……故于有无总观为空，方得名为圆成实觉，于此能证圆满真如。……梁释论（梁真谛译世亲《摄论释》）云，若菩萨依初真观入依他性，由第二真观除依他性，则舍唯识相。故有云，真谛《释论》除依他性失论所宗，未识真谛意。遣依他言，自论观境，非是法相说依他无故，此真谛善得论宗。

窥基不许依他起性的心识不空，明文如此，因此熊十力批评窥基为"认贼作子，过莫大焉"，真是"过莫大焉"。那末，窥基为什么说"识简心空"呢？灵泰《成唯识论疏抄》卷一云："识简心空，滞空者乖其实者，即是简别损减执真实道理也。"这也就是说，立识以简别顽空之徒，拨俗谛也没有心意的损减执。如果不加以简别，那末我们当面看见熊十力而说没有看见，能够不斥之为"滞"、为"乖"吗！

问曰："基师惟许加行观空，不许法相亦空，执识之言，似非诬罔？"答曰：空是法性，亦即一切事物的性质，或者名之为"实相"，故必加行策励以观之。观而到达无所得的境界，则心无挂碍，无有恐怖，远离颠倒梦想，然后才能指点迷徒而告之曰，这是心，这是识，令由一切事物宛尔而有的现象，解了"色即是空""受想行识亦复如是"，这就叫做俗谛。所以"非是法相说依他无"者，非如龟毛兔角之无也。龟无毛，兔无角，能够用来比喻我们现见一切依他起的事物吗？相反，如果我们现见的一切事物，自古至今，永远不变，那末，我们又孰从而空之，"加行"也就成为画蛇添足了。

《解深密经圆测疏》卷十三云："《佛性论》卷二云：分别依他二性极无所有故，缘此显现真实性。此译家谬。遣依他起，违自宗瑜珈等故。"可见依他起性不空之说，是圆测的妄计。《瑜珈师地论》卷七十四明说入第三时（即入圆成实）除遣第二（依他起），与窥基之说合。熊十力素来不重视多闻熏习，因此，误将圆测的妄计，加之于窥基，这是他的短处。

四、评力用殊特说识名唯及所谓世亲成立唯识始以识统摄诸法尊为能变

《新唯识论》第14页小注云："此所执离识而独存之外境，则本无有，特由妄识计执以为有耳，故说外境唯识所现。故又云，不离识之境，理应许有。"

又第12页云：

必言境不离识者，于义何取？余曰，识于当境了别，因名境不离识，然了别不及之境，要亦识量所涵，但了别之部分或因作意力故而特别显现，了别不及之部分，只沉隐于识野之阴。

又第13页云：

必谓境离识而外在，是将自家生命与宇宙析成二片也，有是理乎。

这一些议论，其实是毫无意义的。为什么？因所谓"境不离识"，不是境由识生，既非识生，则必有其可以为识所了别的体质，如我们游公园，就见到红色的花与绿色的叶，此红色的花与绿色的叶，虽然要借眼识的了别作用才能显现其相状，但眼识不能在园圃中看到高山大川，则眼识的了别功能就不能不为园圃的环境所限。境能限识，就是与识对立的东西，怎么能够说离识无外在之境呢？所以我认为熊十力的议论是毫无意义的。熊十力似乎也知道这个道理，所以《新唯识论》第11页云："唯者特殊义，非唯独义。识能了境，力用殊特，说识名唯，义亦摄境，岂言唯识，便谓境无。"从这一段议论上，可见熊十力勉强成立唯识之义，殊见苦心，而不自知其又陷虚言。唯识之义不能成立，即不足以释外境独存之难，最终不能不将自家生命与宇宙析成二片。那末，为什么说勉成唯识，又陷虚言呢？答曰：识能了境，力用殊特，说识名唯，境能成就识之了别，力用亦殊特，应说境名唯。如果说境名唯，就与说识名唯者对立，怎么能成立唯识义呢？《新唯识论》第13页所谓："原夫唯识了义，要在会物归己，摄所归能"，总还拖了一个尾巴，仍不足以救其失，因此，成立不了唯识义。

有人说，熊十力的《新唯识论》第11页云："原夫境识以义用分，而实全体流行，非可截然析成两片也。是故一切境相，与识同体，感而遂通，其应如神，以其一体，本无离隔故也。"这是熊十力说境识一体的明文，就不应以境识对立相攻难，当然就可以成立唯识义了。答曰：熊十力《破破新唯识论》第29页云：

吾所谓宇宙生生不容已之大流，即是恒转异名，实将本心推出去说，却非于心上增益一物。然又言心非即本体者，盖一言乎心，便与物对，虽云本心之心，其义不与物对，然恐人执着名字，将纯在动端上认体，而不知在动而无动处识体，故言心非即本体，欲明感物而动之心非即本体，实非于心之上增益一本体。

这里面是从真俗二谛说的。真谛就是熊十力所说的"本心"，也就是"一体"，要于动而无动处见，所以没有能所之分别，没有心物的对待，"冲漠无朕"，强名之曰"本心"，说之为唯，似乎可以，而与唯识之义无关。唯识是从殊特、不离的意义立名的，是从俗谛上说的。俗谛以义用区分，封畛划然。

《新唯识论》第11页云："就相貌言，则能所相待，不可说能生于所，亦不可说所生于能。"又第57页云："恒转幻现翕辟而形成心物相待，其妙如此。故夫一名为心，即已与物对，而非恒转本体矣。"这都是熊十力承认心物对待的明文，不能再用真谛的一体说曲解之。

"对待"是平列的意思，熊十力自己承认境识平列，于是不得不把大小乘经论之说也同其平列，以为其本体流行，吻合佛家大旨的证明，因而自无著的《摄大乘论》之后，以至于世亲、护法等都成为佛法的罪人。《新唯识论》第70页云：

原夫八识之谈，大乘初兴，便已首唱，本不始于无著，但其为说，以识与诸法平列。及世亲造《百法》等论，并《三十颂》，遂乃建立唯识。世亲既有建立，尊为能变，缘起宇宙。（自注云：彼尊识为能变，以明宇宙缘起。）

又《破破新唯识论》第96~97页云：

大乘初兴云云，此中文意，本谓最初大乘师，虽于小宗六识外更说以二而为八识，但确不曾组成有系统之唯识论，故识与诸法平列而谈。如破者所举阿毗达磨说蕴处界三科，于五蕴中岂不以识与余四蕴平列耶？乃至于十八界中，岂不以识界与根尘诸界平列耶？曷尝以识统摄诸法耶？《华严》、《深密》、《楞伽》诸经，虽皆有唯心之言，要只可视为唯识论之导源而已。诸经皆广说法要，随说随遣，不立定准，若谓其建立唯识，则谤经亦为甚矣。至龙树菩萨等所造诸论，直显诸行无自性，岂更说识名唯。若乃法相诸要典，自《大论》迄于《中边》、《杂集》、乃至《五蕴》，皆以识与诸法平列而谈，未尝独尊识之一法以统摄诸法，故无所建立，犹与龙树菩萨等诸法性空之旨相会。故无著之学，除《摄论》外，以其大体观之，犹与以前大乘学说，无极大变异也。

这种说法，真可谓"大谬不然"。从这里可以知道熊十力逞臆卜度强不知以为知，不免为博学精思者所笑。

因为独尊能变，佛佛道同，经论明文俱在，是抹煞不了的。如果认为不对，尽可据理驳斥，蹴而弃之，未始不可，而熊十力在曲解佛典之后，还于《新唯识论》第四十八页说："诸佛冥证，吾亦印持"，真是可笑之至。因此，不能不引证经论明文，以显示佛家的本来面目，为学术界作参考，并不是有什么憎爱于其间。

尊者舍利子所造《集异门足论·三法品》第四之三云：

三欲生者，有诸有情乐受现前诸妙欲境，谓人全天一分。或乐受自化诸妙欲境，谓乐变化天。或乐受他化诸妙欲境，谓他乐自在天。乐受自化者，谓乐变化天，造作增长如是类业。彼由此业，随所受乐，化作种种男女等事而自娱乐。谓若天女化作天男而自娱乐，若诸天男化作天女而自娱乐等。乐受他化者，谓他化自在天造作增长如是类业，彼由此业，与诸他化自在天，虽同一类身而有胜劣。诸下劣天子，化作种种色声香味触诸妙欲境，令高胜天子于中受用。

又尊者大迦旃延所造《施设足论·因施设门》第十一云：

"佛所化人，妙色端严，语时能默，默时能语，而彼声门所化之人，虽复色相端严，然能化之者，语即能语，默即还默，不自在故。问，所化之者，可就具四大种或不具耶？说所造色或不说耶？答曰，具四大种，说所造色。"

又龙树菩萨所造《大智度论》卷六云：

问：不应言梦无实，何以故？识心得因缘便生。梦中识有种种缘，若无此缘，云何生识。答：事中见人有角，或身飞虚空，人实无角，身亦不飞，故无实。问：实有人头，余处亦实有角，以心惑故见人头有角。实有虚空，亦实有飞者，以心惑故自见身飞，非无实也。答：虽实有人头及角等，但人头生角者妄见。问：或余国人头生角。答：若余国人有角可尔，但梦见此国所识人有角则不可得，以是故梦中无而见有。汝先言无缘云何生识，虽无五尘缘，自思惟念力转故法缘生。若人言有二头，因语生想，梦中无而见有，亦复如是，诸法亦尔。诸法虽无，而可见可闻可知。如偈说如梦如幻，如犍闼婆。一切诸法，亦复如是。以是故说诸菩萨知诸法如梦。

又卷二十九云："三界所有，皆心所作，何以故，随心所念，悉皆得见。"这都是心能变生大种（熊十力《佛家名相通释》第5页云：所谓大种，即斥指物质宇宙或自然界而言。但分析自然之体性，为坚湿燥动四种。其说固依据日常实际经验云，坚劲者固体，流湿者液体，轻动者气体，温燥者盖见于势力等现象，而立此温燥之一种也。）造色（又云：根与尘皆以大种生、依、立、持、养五因而得生故，故说名造色。又第6页云：云何五根，谓眼根、耳根、鼻根、舌根、身根。又第7页云：云何五尘，谓色、声、香、味、触。），也就是世间所执的外境，一切皆由心造的明文。

《增一阿含经》卷五十云："心为法本，心尊心使。"又《杂阿含经》卷三十六云："心持世间去，心拘引世间，其心为一法，能制御世间。"这都是独尊能变，又以之统摄诸法的明文。其余如《大般若经》卷三、卷三百七十九、卷三百九十六、卷四百〇二，《华严经》卷七、卷八、卷十九，《涅槃经》卷四十，《中论·观颠倒品》等，都说一切唯心造，文繁不具引，今且本此以论世亲、护法等的唯识义。

《成唯识论》卷一云："蕴处界等相，皆依识所转变而假施设，变谓内识转似外境（窥基《成唯识论述记》云：相分体性虽依他有，由见变为故名唯识。此相分体实在于内，不离于识，妄情执为似外境现，实在内也。）故心心所决定不用外色等法为所缘缘，由此应知实无外境，唯有内识似外境生。是故契经伽他中说，如愚所分别，外境实皆无，习气扰浊心，故似彼而转。（《述记》云：引《厚严经》颂证法唯识，无心外境，由妄习力似外境现，实但内心。）"这是明宗段的文字，其中"转似"的话最难得其确解，现在试为解释如下。

心心所既然决定不用外色等法为所缘缘，那么，相分影现，决定不是像镜中的影子那样，必须当前有物而后才能显现，因此所谓"似"者，不是"似外境"的意思。"似"既不是"似外境"，就没有外境可得而似之，则"转似"者，转变而宛尔有境显现之意，所以称之曰"内"。梦中宛尔见有山河大地，梦者不知其变现之由于自心而执取驰求之，是为"似外"。"似外"非外，实即内境，内境由"见分"变成，故名唯识。则所谓唯识者，唯独有识也。唯独有识，则全境是心，全境是心，则唯有心。熊十力对于此义，并不清楚，所以虽然称述旧师殊特不离之义，而犹不足以成立唯识之义。今即本此以论殊特不离、三科平列、果能变的意义，然后遮破熊十力所谓世亲尊识以明宇宙缘起，《华严》等可视为《唯识》之导源而非建立唯识，以及就龙树所造论与法相要典皆未独尊一识的说法。

据唯识家说，器世间（即山河大地等）的形成，由于多人共变，故有多人共受用义。多人共受用的山河大地，决不因一部分人的半途而废，即失其全部受用的价值。所以即使千百万人一时俱亡，而山河大地，决不因一部分人的半途而废，即失其全部受用的价值。所以即使千百万人一时俱亡，而山河大地之存在如故。通常人就因此而执为实有外境。从事理上体验，这个共成的境界，似乎有在识外独存的道理，所以虽然要借识的了别才能显现其相状，而实能对识起限制的作用。如在这方面审思明辩，唯识之义，才能通达，而"殊特不离"之说，乃有其成立唯识的价值。

所谓外境似有独存之理者，是从多识共成之境，对一部分识而说的，因此境与识对待平列，不可说境生于识，也不可说识生于境，境无故识无，识无故境无，是为不离。即此不离之中，境虽可以限识乃至成就识之了别，而显其可以限识及成就了别之能使之著现于外者是识，依此说力用殊特，说识名唯。如果说境色也能显现识的了别功能，使之著现于外，应名唯境，如何呢？当然，境色自己能够这样讲的话，是可以那样说的。境色自不能说，作此说者依旧是识，才说及境，识已前驱，所以殊特唯识之义，决定成立。此义既立，则知境非实有，非实有者，应有生源，一切境色，皆由心造的道理才说得通。由此可知，从"不离"的事实，以"殊特"之义成立唯识，是为心造境色，唯独有识之说作导论的。

三科平列的诘难，此在旧师已有解答。《成唯识论》卷七云："何缘世尊说十二处，依识所变，非别实有，为入我空说六二法，如遮断见说续有情。"窥基《述记》云：

> 外问若无心外实眼色等，何缘世尊于契经中说十二处，但应说有意法处故。释外疑中有二意，一者依识所变眼色等，故经说有十二种处。《二十唯识》说颂答言，识从自种生，似境相而转，为成内外处，佛说彼为十。依此所说十二处教受化者，能入数取趣无我。谓若了知从六二法有六识转，都无见者乃至知者，应受有情无我教者，便能悟入有情无我。由破一合实我想故令入我空，说色等十，非说实有眼等色等离于识也。五蕴十八界准知亦尔。

从《二十唯识论》的这段解释上，可以知道，不能从字面上的三科平列，就认为色受等蕴、眼色等界不是被识所统摄的。

所谓"果能变"，指现行识自体分上变现相见二分而言。印度的唯识诸师，对于相见二分，曾有唯同唯别的争论。唯同论者以为相分如果别有种的话，就与识不同，怎么能够叫做识变呢？因此相分与见分应是同种而生。唯别论者则以为相分不会缘虑，见分能缘虑，性质不同，不能说同种生，不过相分不能单独生起，必须依托见分才能生起，说为识变。护法合此二说，认为相见二分，随其所应，可同种生，也可别种生。《成唯识论》卷二云："有漏识变，略有二种，一随因缘势力故变，二随分别势力故变。初必有用，后但为境。"这就是结论。

随因缘势力变的意义，是从能缘之心，任运而起，他所变的相，仗质与否，不与见种同生，且有自种以为因缘，故有实用。这就是内大种与造色和外大种与造色，也叫做"性境"。随分别势力变的意义，是相分没有自种，但随见分分别势力而变，仗质与否，都属见分所摄，没有实用，如缘他心及缘龟毛兔角等，也叫做独影境。把这种说法验之于事实，则很有道理。所谓内外大种造色有自种为因缘者，都是就共成境说的。共成境似有外识独存之理，所以不妨各有自种而不随心转。花开花落，自有规律，也为众人所欣赏，这叫做共成境，共成境由众识变成，似外非外，所以相分种虽不与见分种同生，而不害其为唯识。熊十力不解此义，因此，在《唯识学概论》中详述唯识旧师二变三境之说，而没有深究相分种之所以立，妄析相见为二，我上面批评他使相见分途，虚言唯识，就是指此而言。相分种既与见分种分途，于是有翕聚成色之说，这是熊十力的思想与佛法乖异的关键所在。

《十力语要》第25页云："《杂阿含》等四阿含为原始佛家思想，吾尝据《杂阿含》以求原始佛家思想,而谓是期思想只是人生论。"这就是《新唯识论》所谓世亲始尊识为能变,以明宇宙缘起的注解。我则认为熊十力之于原始佛家思想,似乎只略读过《杂阿含经》而未见他书。否则,《长阿含经》中详论山海四洲、诸天诸趣等,皆为大乘所本,难道能够说不是宇宙论吗?其实,尽己则尽物,知人则知天,(天字,在此作宇宙之义用。)难道能把宇宙人生割截为二吗?至于世亲、护法等之所以独详宇宙缘起的原因,是有历史发展的过程的,如果能于《六足》、《婆沙》、《俱舍》、《正理》、《杂心》、《成实》等论中求之,就可以了解其学说之所以立,当于下一段详论之。

至于所谓"导源",固然不能与江海并论,但其为水则同。《华严》、《般若》等大乘经,明说唯识,略如上引,说它没有组成有系统的唯识论是可以的,但不能说它没有建立唯识的义理。世亲、护法等组成有系统的唯识论,也不过就事论事,为探玄者立阶梯耳,何尝有什么执著于其间。熊十力必欲分建立唯识与唯识论之导源为二事,这等于把导源之水与江海之水横分为二,呜呼可!《大智度论》明文说一切境色皆由心造,如上已引,则要反对龙树不独尊一识是不可能的。有人问:心能变生天地万物,因而独尊之,岂非与上帝造万物的信仰相似?答曰:人人都是上帝,有什么不可以。何况佛家说能变之心,并不认为是恒常实有之法,擬于上帝,殊属不伦,待后讨论熊十力的思想系统中评论之。

五、评空有得失

《唯识学概论》第一稿云:《阿含》等唯被小机,小乘之学,发展先于大乘,持论虽纷,通执法有。其后龙树菩萨兴于南天竺,造《大智度》等论,宣说法空,是为大乘。其弟子提婆菩萨造《百论》等,宏阐旨要,然末流沉空,将资矫正。北天竺有无著菩萨者,旁治小教,董理大乘,以其对治空见,世遂目其学为有宗,即法相宗,而区龙树、提婆之学为空宗,即法性宗。自是大乘乃分为二。无著造《摄大乘论》授世亲,于法相中独提一品以谈,即唯识学也。世亲既为作释,更造《唯识二十论》、《唯识三十颂》。《三十颂》乃世亲晚年所作,释文未竟而卒。十大论师继起,法海波澜,至为壮阔,其间护法、安慧,声德尤振。安慧原本空宗,树义多偏,护法吸纳众流,折衷至允(第二稿所说,大略皆同,而于"末流沉空"之下有小注云:"后来清辨论师造《掌珍论》,即蹈沉空之弊。")其实这都是治唯识者标榜门户之谈,奘门著述中,乃有清辩骄慢,不拜弥勒的传说,熊十力幸未取之。《新唯识论》第24页云:

古今为玄言者众矣，其极遮诠之妙者，宜莫如释氏，而空宗尤善巧。唯其见理洞澈，故其立辞无碍也。独至有宗，始渐违遮诠之方式，此其失不在小。

又《十力语要》第 26 页云：

谈本体者，东西古今一切哲学或玄学，唯大乘空宗，远离戏论，此真甚盛事也。无著、世亲始完成其宇宙论，理论虽极精严，而失空宗义旨皆则已甚矣。

又第 50 页云：

《成唯识论》之作，虽云以六经十一论为依据，但其组织可谓精严，观厥旨归，殊乖了义。斯固有宗之别派，抑乃释氏之末流。

上述三段的说法，与《唯识学概论》第一、二稿之说相反，因为熊十力在《十力语要》第 26 页中说："《新唯识论》一书，站在本体论底领域内，直探大乘空宗骨髓，而以方便立论者也。"所以不能不反对有宗。不过据我看来，当他推崇有宗的时候，并非真知有宗，因此也不足以知空宗。推崇空宗，厚责有宗，也是这样。1937 年，熊十力在《佛学名相通释》第 2 页说：

无著之学，实妙得龙树本旨，但说法随机，居然异致。……无著说有，实比小乘说有者较为进步，以其经过龙树谈空之后，广破诸执，故无著因之谈有，而不堕世俗之执。诸论说此为空之有，以其出于空宗之后，其说有也，如理如量而说，不以妄情所执有故。其实空了执，便显出真的有来，无著仍衍龙树密意耳。

这种说法，比较合理，而其实是根据他自己所了解的龙树以衡量无著，仍不足以誉龙树、无著，所以依旧毁诋世亲、护法。

我认为，一种学说的形成，开始大都含浑简要，后来就复杂繁衍，自儒、墨、名、法以及道流释教，莫不皆然。其故有二：一、研究者多，问题的范围，不得不因事实之引证而渐渐扩充；二、攻难者多，不得不改变立论的方式以曲达人情。环境所驱，虽欲抱残守缺而不可得，此之为"应机"。历时既久，历地既广，自不免有拉杂附会者窜入其间，儒家之有谶纬，道家之有符箓，达摩之有胎息，就是这样形成的，则不可以应机之说掩饰之。什么叫做应机呢？真解实践于宇宙间的真理而超然自得，迫于环境的要求而为人们解惑定宗，就只能因材施教，不拘一格，才能满足求知的要求，而归趋于一真法界。不妨把《新唯识论》作为例子来说，有的人可以为他深谈玄旨，有的人只可以为他略言大概。为只可略言大概的人深谈玄旨，一定茫然不知所指，为可以深谈玄旨的人只略言大概，就会感到不满足，所以必须分别情况接谈，才能各当其情，这是涉世稍深的人都能知道的。不过所谓大概云云，其主要意义是不会违背深谈的玄旨的。所以《阿含》对小乘人说，而实非小乘法；《般若》、《华严》对大乘人说，亦非大乘法。佛法只一味，并没有大小乘之殊。通常都以为《阿含》唯被小机，其实非法之小，彼自小耳。这个意义非常紧要，明达者幸深思之，以下就本此义而论空与有。

《四阿含》中言结生相续，器世构造，一般人都是知道的，其实就是现代人所说的人生论及宇宙论。至于为什么要谈结生相续和器世构造，则无非要借以说明宇宙间的真理而已。《增一阿含经》云："色无常，无常者苦，苦是无我，无我即空，空者非有非不有，亦复无我，受想行识亦尔，此是智者所觉（《善聚品》）。一切诸法，皆悉空寂，无造无作（《听法品》）。若如来出世，若如来不出世，此法界恒住如故，而不朽败有丧灭之声。生老病死，若生若逝，皆归于本（《等见品》）。若复有苦乐等受而现在前，可知可见，思惟原本无所依倚而自娱乐，不起世间想，故其中间亦不惊怖（《一入道品》）。"又《杂阿含经》卷三十四云："如来法律，离诸枝条柯叶，唯空干坚固独立。如城唯一门，周匝绕城求第二门都不可得，都无猫狸出入之处，况第二门。"这些都是说明宇宙间真理的经文。

佛涅槃后，部执竞兴，四百年间，由上座、大众二部分为二十部，争执纷纭，琐琐屑屑。熊十力《佛家名相通释》第2页云："一说部计一切法但有假名，说出世部说世间法可破坏非实"，都与《阿含》所说的空理有很大的距离。据《付法藏因缘经》卷二云，阿难年老的时候，听到僧徒们把"生灭法"误读作"水潦涸"就加以纠正，而僧徒们反以为阿难年老昏聩，不予理睬，阿难才愤而入灭。可见当时佛教徒的根器已甚陋劣，因此习于细碎的纷争而莫能自振。其间有迦旃延尼子者造《发智论》，说一切法皆实有自性，胁比丘等五百论师宗之，共集《大毗婆沙论》二百卷为之解释，则已至佛灭后第六百年顷，可见其影响之大。就在这个时候，龙树诞生于世。

龙树著作两部大论，各十万偈，一、《大无畏论》宗经，《中论》即从彼略出大纲。二、《大智度论》释经，鸠摩罗什所译只在初品中备释广义，二品以下，但取了文。实际只译出了全书的十分之一，但其体例宗旨，则可概见。青目释《中论》初两颂中有云：

问曰，何故造此论？答曰，佛灭度后后五百岁，像法中人根转钝，深著诸法，求十二因缘、五阴、十二入、十八界等决定相，不知佛意，但著文字。闻大乘法中说毕竟空，不知何因何缘故空，即生见疑。若都毕竟空，云何分别有罪福报应等，如是则无世谛、第一义谛，取是空相而起贪著，于毕竟空中生种种过。龙树菩萨为是等故造此《中论》。

又《大智度论》卷三十九云：

问,若凡夫人不能入灭尽定,云何菩萨从初禅起入灭尽定? 答,《毗婆沙》中小乘如是说,非佛三藏说。

此外破斥之词很多,几乎都为迦旃延尼子、《毗婆沙》而发,龙树谈空,其实是出于当时佛教界的要求而发。

龙树所谈的空,虽曰依据《大般若经》等,而实渊源于《阿含》,细考上面的引文,可以概见。其间只有量的不同,而无质的殊异。依量的不同,说广大者为大乘菩萨法,狭小者为小乘声闻法,或亦可通,其实是言说上的方便,并非斥责之词。因为佛家所说的空,并不是毁灭或虚无之意,谈空即已摄有,说有也已容空,空有相须,理善成立,未有乖空而能说有,遗有而能谈空的。龙树之学,非惟渊源于《阿含》之谈空,并且全部承禀其结生相续,器世构造的说法而略为阐发扩充之。这种情况,一般人都知道,熊十力难道没有考虑过? 所以我上面说熊十力不足以誉龙树。至于龙树承禀《阿含》所说的有,不似无著、世亲组成有系统的唯识论的原因,则是时代使然。古人说:"禹稷颜子,易地则皆然。"

龙树以后,印度佛教思想,始由纷歧浅率而渐进于醇正深密,研究一下提婆、坚意、青目、罗睺罗跋陀罗等大乘师所著的书,以及经部师诃梨跋摩的《成实论》就可以知道。不过执着有见的部派,则犹牢不可破。所以此时期中未见"沉空"之迹。熊十力云:"无著、世亲诞生龙树、提婆之后,力矫沉空,独标有义。"(《佛家名相通释》第一页,同《唯识学概论》之说)勘其语气,似谓矫正当时沉空的弊病,那末,是否把龙树、提婆作为沉空呢? 还是指其末流的清辩而言? 如果是指清辩而言,清辩在世亲后,世亲何所据而预矫之?《佛家名相通释》第二页云:"因大乘师龙树等谈空,而说有以矫之。"又云:"空王为龙树菩萨,无著亦精研龙树学,但立义颇与之反,矫空之弊,不能不谈有故。"这就直言不讳地以龙树为沉空矣,那么,熊十力为什么说龙树远离戏论? 又说什么直探其骨髓以立新唯识论呢?

其实无著谈有,不是为了矫空之弊,而是因为在当时印度部派佛教中执着有见的人攻击到龙树,如《俱舍论》卷十四解近住律仪具八支中,叙余师说已,即难破之,神泰《俱舍论疏》云:"是龙树说"。如果应用龙树的方法,必然为执着有见的人所非笑。同时执着有见的人,包括当时还没有皈向大乘的世亲在内,他们并非大愚不灵之徒,其所以执有,是由于对现象世界的森罗并列,不知其构造的原理,于是寻声逐块,执而不化。所以破斥之时,必须详细地说明现象世界构造的原理,才能塞其迷惑比附之源,此源既塞,更无可以为其藉口之处,"枝条剥落尽,惟有一真实",即欲拒之于空门之外也就不可能了。所以世亲回小向大,与无著同为有宗的发扬光大之人。因此，无著、世亲之说有，无异于龙树、提婆之谈空。环境不同，各有详略，不应该在其中间提出无谓的长短纷争。

今更举出实例，证明此说。《成唯识论》破法执中，破斥执着有见的萨婆多部（即一切有部）之说，可谓不遗余力，而破斥余部者略，证一。破斥之后，必申正义，如破命根实有已，即谓依亲生此识种子，由业所引功能差别，住时决定，假立命根，使被破者对于命根之所以立，有解了，而不至更生迷惑，证二。熊十力对于无著，似能曲谅，以为不违龙树，而于世亲则备加攻击。世亲《辨中边论》卷一云：

唯识生时，现似种种虚妄境故，名有所得。以所得境无实性故，故能得实性，亦不得成。由能得识无所得故，所取能取二有所得，平等俱成无所得性。由是方便，得入所取能取无相。

世亲明文说识究竟无相，符顺《般若》等经，所以窥基说："初观名等假有实无，以依他觉除遣所执，后观依他（即能得识）空无所有，圆成实觉除遣依他。世亲释论（《摄大乘论释》）多与本（无著《摄大乘论》本）同（《成唯识论料简》卷二），则未可以隔无著、世亲为二，证三。

至于清辩、护法的空有之争，千余年来，迄未能息。不过如能对护法的《广百论释论》同清辩的《掌珍论》、《般若灯论》三书比较异同，明定两家宗旨，一切传说与批评以及本末得失，也就一目了然了。（此处原文有比较异同表，参见《略论空有之诤》，现略。——编者注）

区别真俗二谛，在佛法中最为重要，两家宗旨，绝对相同，就没有什么是非纷争可言。窥基云："清辩说一切俗谛随情可说名有，依真智境，一切皆无。空无之理，不生不灭，性非虚妄，如虚空故，说名真如。故一切法于真谛中皆真如也，然说真如但随俗论，胜义非有。弥勒、无著及护法等说，法与法性，虽不相离，然不得言依他诸法即其如性，常与无常有差别故。若言胜义，诸法即如，一切皆应成颠倒故，故不得说唯有真如。"（《唯识料简》卷二）圆测云："清辩双遣一切有无为，曰真妄俱遣宗，护法存二谛三性等义，曰真妄俱存宗。"（《解深密经疏》卷一）不知何所据而云然？可能是玄奘法师在译经及讲解的过程中，传述过印度方面一些关于空有两宗的争执之词，因而有上述的说法记录在卷，其实是多余的。唐法藏在《楞伽玄义》中说："清辩破违空之有，令荡尽归空，方显即空之有，因果不失。护法破灭有之空，令因果确立，方显即有之空，真性不隐。此二大士，各破一边，共显中道，乃相成非相破也。"这种说法，比较合于事实。

《般若灯论》的说法，与安慧的《中观释论》及青目的《中论释》大同，不必再论。书末有云："造此释《中论》长行讫，而发愿言：愿以一念善，随喜回向等，与一切众生，命终见弥勒。"玄奘门下的传说之中，还有上面提到过的清辩升兜率天，见弥勒作俗人装而不礼拜的说法，对照上述原文，可知是不正确的。清辩之非沉空，护法之非执有，殆无可疑。空有相须，始终一贯，只有憎疾真理的人，才能加以分割，至于小问题上的纷歧出入，未始没有，则由于各人的知识环境不同，解决问题的议论也就不会一样，依此而就其文词上的轻重、详略、善巧不善巧而分空有，我也是赞成的，不过无关于大旨。

六、评烦恼无始有终

《十力语要》第99页答李德华云："烦恼无始而有终，不可说烦恼无终。假其无终，则佛法不必修行，以烦恼无终故。唯其有终，所以贵用修行，以折伏此烦恼而令其终断也。先生意谓烦恼从何而来，佛家于此问题从不解答。此中意义深微，难以言显。烦恼本不实在，如何可追问来由？须知追问来由，便已是执着之心，即是烦恼发现也。"此中言烦恼有终者甚是，言佛家从不解答烦恼从何而来的问题则是错误的。烦恼无实，正应问明来处，然后可以下手修行；存而不论，即不能解决问题。至于所谓"追问来由，即是烦恼发现"云云，意义是有一点的，但近于禅宗的"打机锋"，还有待于参究。烦恼无始有终的问题，难道意义真是那样深微，不能用言语显说的吗？

唐复礼法师以偈问天下学者云：

真法性本净，妄念何由起？若妄从真生，此妄安可止。无初则无末，有终应有始。无始而有终，长怀懵斯理。愿为开秘密，祈之出生死。

这个偈语的意思是说，始之与终，对待立名。无始不可以有终，圆环是没有始终的。有终则必有始，万事万物，没有一个无起尽的。所以无始有终之言，实与世间相连。当时作答的，有安国寺利涉法师、洪湮禅师、章敬寺怀晖法师、云华寺海法师及清凉国师。（略见清凉《华严疏抄》卷三十四之六，详见高丽义天《圆宗文类》卷二十二）都就泯相归性，无相无为边说，而惟清凉所答："从来未曾悟，故说妄无始"二语，差强人意，余皆笼统浑沌，等于未答。其后湛然、宗密二人亦有答（湛然之答见《十不二门指要钞详解》卷三，宗密之答亦见《圆宗文类》），皆不关痛痒。宋代四明尊者云：

甚深秘藏之源，非真非妄，若言忽然不觉而生无明，此乃约修以说，对性论起，不如是则无以显进修之人，复本还源之道矣。以此义故，凡诸经论，多云从真起妄，其实一切众生，自无始来，唯在迷不觉而已。若得此意，则礼师之问，不答可也（《四明教行录》再答泰禅师问）。

这与清凉的答复大旨相同，而仍不免于含浑，但可因以决定"无始"二字的定义为：无始者，非是年岁遥远，难以时量计其始起的意思；不由他造，无所从来，宛尔显现之时，即是其始，故曰无始。《俱舍论》卷九云：

> 虽无有我，而由惑业为因故生，生复为因，起于惑业，更复有生，故知有轮旋环无始。若执有始，始应无因，始既无因，余应自起。现见芽等因种等生，由此定无无因起法。说常因论（即上帝、梵天、神我等说），如前已遣，是故生死决定无初，然有后边。由因尽故，生依因故，因灭坏时，生果必亡，理定应尔，如种灭坏，芽必不生。

《顺正理论》卷二十四、《显宗论》卷十三所说也差不多，似犹不足以说明无始之义。《顺正理论》卷五十一又云："本无今有者，显本无集处，从自因缘生。"这种说法，稍为明白，而仍未畅达。

唐沩山灵祐禅师问仰山慧寂禅师云："大地众生，业识茫茫，无本可据，子作么生知他有之与无？"仰山曰："慧寂有验处"。时有一僧从面前过，仰山召云："阇黎"，僧回首。仰山白沩山曰："和尚！这个便是业识茫茫，无本可据。"沩山云："此是狮子一滴乳，迸散六斛驴乳"。仰山召僧，僧回首，瞥尔而起，非由作者，能够说他有所始吗？但也不能说他真无有始，这叫做无始之始。《顺正理论》所说的"从自因缘生"，熊十力所说的"追问来由，即是烦恼发现者"，可能就是这个意思。但要充分解释明白，还应取法于《成唯识论》的说法。

因为始、终两个时间上的概念，是依因果或过去、现在、未来三时而立名的。因果三时，都是我们认识上的"影像相分"，或者叫做"分位假法"，都没有实体，也没有实在的界限可得，所以终之与始，都不是绝对相因，既非绝对相因，怀疑无始而有终，或责问有终必有始，就未免拘于一曲，所以四明说"不答可也"。如果能进而研究所以假立分位的原因，则一切疑难，就涣然冰释了。

《成唯识论》卷三云："因果等言，皆假施设。观现在法有引后用，假立当（即未来）果，对说现因。观现在法有酬前相，假立曾（即过去）因，对说现因。假谓现识似彼相现。"窥基《成唯识论述记》云：

> 谓大乘中唯有现法（现在法），观此现法有能引生当（未来）果之用。当果虽无，而现在法上有引彼用。用者功能，行者寻见现法之上有此功能，观此法果，遂心变作未来之相。此似未来，实是现在，即假说此所变未来名为当果。对此当有之果而说现在法为因。此未来果，即观现法功能而假变也。观此现法所从生处而心变为过去，实非过去，而是现在。假说所变为现法因，对此假有过去因而说现在为果，故言假也。

因此，因果三时，不外现前一念，离现前一念，别无现在法可得。现前一念，迁流不住，相似相续，新新而起，所以虽然可以依其已灭、未生两种情况，假立过去、未来二时，而实无过去、未来二时可得。现前一念，法尔本有。《瑜伽师地论记》云："法尔释如，尔犹如也"。《显扬圣教论》云："法尔者，谓若如来出世不出世，法性法界，安住无变，如火能烧等。"这里有两点须要解释：一、法尔本有不是妄执实体的意思。共见现前一念如是如是起，如是如是灭，如是如是相似相续而非有作者，状其宛尔森罗的情况而称为法尔本有，亦即本来如此之意。二、立法尔道理非遁词。如合氢二分氧一分而成水，化学上立为公式。今问，何以合氢二分氧一分而即为水，水何以必待合氢二分氧一分而后成，则仪器公式，有时而穷，不得不以本来如此作答。《显扬圣教论》说"如火能烧等"，亦此意。

现前一念，瞥尔而起，是为烦恼来处。来无所从，始而无始，然又得自作主张，故于彻悟以后，一切营求挂碍即不现行，饱暖者不求藜藿褴褛，可为此喻，是之谓烦恼终，或称曰伏或断（伏犹有现行之时，永不现行曰断）。所以实然所断，所断者亦无所去，称之曰终，亦不过假立名目而已，故又可说为无终。无终与无始为一对，可以止"无初则无末"之疑，始与终为一对，可以释"无始而有终，长怀惕斯理"之难，而实无始终乃至无始无终可得。一般人着名相以求，触处成碍，无有是处。所以烦恼从何而来的问题，佛家固已详为讨论乃至解答了。唐李通玄在《华严合论》中说："无边刹境，自他不碍于毫端；十世古今，始终不移于当念（当前一念）"，确实是说得很透彻的。

有人说：既有法尔道理，一切皆可以解之曰本来如此，何必更立现前一念的唯识论呢？答曰：立现前一念的唯识论，亦不过就事论事，说明现象世界迁变隐显的本态罢了。离增益执及损减执，确如其分而理解之，这就叫做真理，真理就是本来如此的意思，与法尔道理并不相违。至于你所说的一切皆可以解之曰本来如此，是没有道理的，为什么？因为法尔道理是就现象世界的边际处说的，不得已而立言，其中极有分寸。例如水能运载舟楫，有眼者莫不见之，如果在这方面就说本来如此，则何以解释气化的情况呢？如果合载舟气化又曰本来如此，则何以解释结冰的情形呢？所以必须在分无可分，解无可解的地方，总其大端而曰本来如此，方不至与事实抵触，这就叫做分寸。这样解释，似乎前人没有说过，敬请博识的读者进教之。

七、评所谓世亲护法的唯识论多从数论胜论脱胎而出

《新唯识论》第 66 页至 67 页云："大乘以一心而分为八，（自注云：此

心本是浑一之全体，故曰一心，而大乘乃分之为八。）每一识又非单纯，乃为心、心所组合而成。大乘建立种子为识因缘，（自注云：种子为能生识之因缘，识即是种子所生之果。）无著造《摄论》授世亲，明种子有六义。第四曰决定，第六曰引自果。世亲释云：言决定者，谓此种子各别决定，不从一切，一切得生。（自注云：意云，非一切种子各各能遍生一切法。）从此物种，还生此物。（自注云：此物种子，还生此物，而不生彼物，所以成决定。）引自果者，谓自种子但引自果，如阿赖耶识种子，唯能引生阿赖耶识。（自注云：余识种子，均可类推。又凡言识，亦摄心所，学者宜知。）据此则八聚心心所，各各从自种生，故知八聚心、心所为各各独立之体，（自注云：各各二字注意。如眼识一聚中，其心自有种故，故是独立之体。其多数心所亦各自有种故，即各自独立之体。眼识一聚如此，耳识乃至赖耶，均可类推。）而实非以八个单纯体说为八识，此自无著、世亲迄于护法、奘、基诸师，皆同此主张，是诚为极端多元论，抑可谓集聚论或机械论。（自注云：多数独立的分子，互相组合，故可谓集聚而亦即机械。）"又第37页云："护法唯未见体，故其持论，种种迷谬。彼本说真如为体已，又乃许有现界而推求其源，遂立功能作因缘，以为现界之体焉。若尔，两体对待，将成若何关系乎。彼既计有现界，又许有现界因缘之体，明是层层相缚，则其所谓真如体者，不过又增一重相缚耳。"又第38页云："迹护法功能又名种子，析为个别，摄以赖耶，不悟种子取义，既有拟物之失，又亦与极微论者隐相符顺，故彼功能，终成戏论。若其持种赖耶，流转不息，直谓一人之生，自有神识，迥脱形躯，从无始来，恒相续转而不断绝，则亦与神我论者无所甚异。（自注云：神识者，第八识染净之通名。大抵佛家各派，无不谓各个人之生命都无始无终者。世人皆言佛家无我，不知佛家固极端之多我论者，其以无我为言，盖谓于我而不起执着，斯所以异于神我论者耳。）又《十力语要》第五十六页云："世亲、护法唯识所以为有宗别派、释氏末流者，此派学说，实多从数论胜论脱胎而出，如赖耶中种与现行互为缘起之说，种子即由数论自性，增论极微，两相比较而立。数胜二宗并许有我，赖耶即变相之神我论，此其脉络相通，历然可辨者也。基师述记，叙胜数二宗特详，蓄隐索其源云。"又《新唯识论》第16页、第25页、第37页、第70页，《破破新唯识论》第45页、第48页、第51页至54页、第63页、第68页、第103页、第107页、第110页、第111页，也都有类似之说，任情作解，不负责任，如使世亲、护法闻之，必将笑痛肝肠。兹分五节论之：一、八识是否为各各独立之体？二、分立心所的道理及其与心王的关系。三、种子与现行的关系。四、世亲、护法是否戏论真如？五，立阿赖耶识是否同神我论。

《成唯识论》卷七云："八识自性不可言定一，行相所依缘相应异故，又一灭时余不灭故。亦非定异，经说八识如水波等无差别故，定异应非因果性故。"这里所说的"行相"，指见分而言。"所依"谓根，如眼识依眼根，耳识依耳根等。"缘"即所缘，如眼识缘色，耳识缘声等。"相应异故"的意义，谓第八识恒与五心所相应，第七识恒与十八心所相应，第六识总与六位五十一心所相应等，多少各别之故。"一灭时余不灭故"的意义很明白，不必再加解释。"经说八识如水波等"，则是引用十卷《楞伽》第十卷颂所说："八识如大海水波，无有差别相"之文。又《瑜伽师地论》卷五十一云："依一大海镜而起多浪，像无差别故。"也是这个道理。"定异应非因果性故"，则在于说明八识互为因果，与稻麦不生枣豆等植物的因果关系不同。

至于"不一不异"的说法，犹应解释。因为就字面上说，不一即异，不异即一，一异相违，决不可以说明同一事物。其实这里所说的不一，并非是异，不异并非是一。例如我们对湛渊澄静者称之为水，对怒溢扬浮者称之为波。相状殊异，不可言一，而都是液体，实非二物，不可言异。非一非异，足以充分说明每一事物的体用因果，而无相违之过，这是佛家立言最为巧妙的地方。

有人说，用水、波作比喻说明非一非异，似不如说体同用别，较为直捷。答曰，体同用别之说，貌似有理，按实则非。因为湛渊澄静的水中，如果不具有怒溢扬浮的性质，则虽有长风鼓之，终不能令其激荡，则不待用别而体已自不同了。所以不如说"非一非异"较为圆浑简括。

以前大乘中有一类师不明白非一非异的意义，又恐违背水波喻的经文，所以说唯有一意识体。此意识体，依眼转时得眼识名，如是乃至依身转时得身识名，非离意识别有余识，盖即体同用别之谓。无著、世亲、护法三师皆不取之（勘《成实论》卷五末，叙一心多心互诤，开为五品，一心之义就是这里所说的体同用别，诃梨跋摩破之，结归多心，而未说非一非异。无著等当然是根据《成实论》的说法而别为发明的，这叫做化朽腐为神奇。）而共定于非一非异之说，则唯识家何尝说八识各各有独立的自体哉。

又《破破新唯识论》第 5 页至第 6 页云："智义云何，而可横分为四耶，大乘诸经，虽言四智，读者切须荡涤胸怀，于言外会意。须知经所言智，即汝本心。此心至明，发之于五官取境，不蒙昧，不倒妄，名成所作智。发之于意识思维，于一切法称实而知，如理如量，名妙观察智。不妄计我我所故，名平等性智。远离无始戏论言说习气故，名大圆镜智。如是言四，但依义理分际，差别立名，而智体实非有四。"这种说法是对的，其实就是"非一非异"的意义。成所作智转前五识而成，妙观察智转第六识而成，平等性智转第七识而成，大圆镜智转第八识而成。体相虽殊，而相互间的关系（即智与智、识与识的关系）不异。因此，熊十力要想不承认八识之间存在非一非异的关系是不可能的。

世亲、护法诸师说八识非一非异的明文，如上所述，而熊十力在《破破新唯识论》第六页，说什么"世亲、护法诸师，于染位中妄分八识为各各独立之体，故于净位，亦析智成四。"又在《佛家名相通释》卷下第122页说："《成唯识论》析智、识为二，种种矛盾，真可谓奇哉怪也。"又《破破新唯识论》第103页云："据世亲、护法义，本说一切心、心所各各有自种子，既已析成碎片，而又称述经旨，以不一不异掩其支离，此实自为矛盾耳。"当于第三节论之。第一节竟。

八识心王，非一非异，也各有其执着，因而虚妄分别，驰求构画，取舍不停。发于美色者为贪，发于侮辱者为瞋，发于顺境者为快乐，发于他荣者为嫉妒。其余如痴、慢、疑、见、触、作意等，无一不是由于心之所发者以立名。且又就其范围之广与狭者，如次立遍行、别境二位；就其力量的重与轻者，如次立根本烦恼、随烦恼二位。又心能分别故，本来具有如理如量了解自、他的能力，于是有惭、愧、精进等善位法生起。所以六位五十一心所，都是心的分位差别。《成唯识论》卷七云："若离心体，心所有别自性，如何圣教说唯有识？又如何说，心远独行，染净由心？《庄严论》说，复云何通？如彼颂言：许心似二现，如是似贪等，或似于信等，无别染善法。"智周《成唯识论演秘》云："《庄严论》许心似二现等者，按隋所译论第五云：能取及所取，此二唯心光，贪光及信光，二光无二法。释曰：求唯识人应知能取所取，此之二种唯是心光。如是贪等烦恼光及信等善法光，如是二光，亦无染净二法。何以故？不离心光别有贪等染净法故。"这都可以证明熊十力认为：唯识家主张八聚心、心所法各各独立之说，完全与事实不符。

或曰：《成唯识论》卷七又云："若即是心分位差别，如何圣教说心相应，他性相应，非自性故。又如何说心与心所俱时而起，如日与光。《瑜伽论》说复云何通？彼说心所非即心故，应说离心有别自性，以心胜故，说唯识等。心所依心势力生故，说似彼现，非彼即心。"照这样讲来，《庄严论》之说，应非了义。答曰，不然。《成唯识论》述此说已，即评之曰："此依世俗，若依胜义，心所与心，非即非离。"窥基《成唯识论述记》云："今此所说四世俗中第二道理世俗，若依胜义者，即四胜义中第二道理胜义。依因果理不即不离，心所为果，心王为因，法尔因果非即非离。"按第二道理世俗，又名随事差别谛，如随蕴处界等事，立蕴处界等法，亦即安立法相之谓，也就是收集材料而已。材料收集以后，乃得从而研究之，研究有得，是为结论，结论者，佛家所说的胜义谛也。此胜义谛，就其理论之深浅，分为四重。第二道理胜义，又名因果差别谛，灵泰《成唯识论疏抄》云："第二胜义，因果不即不离，因即是果，以苦乐是一故。心王为果，心所为因，或心王为因，心所为果。自此以去，第三胜义说真如体一，第四胜义说一真法界心言路绝。"可见《成唯识论》之意，正取《庄严论》之说。因为分位差别即非一非异，非一非异即非即非离。否则《庄严论》与《瑜伽师地论》都是无著所撰，怎能自相矛盾到如此程度呢？第二节竟。

熊十力所最不满意于旧说者，为种子论。不过，不是说不能立种子，立种子而执为实有自体，才是错误的。《新唯识论》第 78 页云："习气潜伏而为吾人所恒不自觉者，则亦不妨假说为种子。"证一。《大智度论》卷十九云："种子不净者，父母以妄想邪忆念风，吹淫欲火故，血髓膏流，热变为精，宿业行因缘，识种子在赤白精中住，是名身种。"证二。《佛家名相通释》卷上云："法相家虽说种子，然其持说，但分析诸法而无所建立，故谈种，亦甚宽泛。大概以为色心诸行，本身即具能生的势用，故依诸行而假说种子。如《瑜伽》五十二说'云何非析诸行别有实物名为种子，亦非余处，然即诸行如是种姓，如是等生，如是安布，名为种子，说名为果。果与种子不相杂乱，若望过去诸行，即此名果，若望未来诸行，即此名种子。望彼诸法，不可定说异不异相，犹如真如。'详此所云，则种子者，非离诸行别有实物之谓，只依诸行有能生势用，而说名种子。读大论（即《瑜伽师地论》）至此，欣然豁目，如获至宝。"证三。凭此三证，以定世亲、护法种子论的是非。

按《俱舍论》卷十九云："何等名为烦恼种子，谓自体上差别功能，从烦恼生，能生烦恼。如念种子是证智生，能生当念功能差别。又如芽等有前果生，能生后果功能差别。若执烦恼别有随眠心不相应名烦恼种，应许念种非但功能，别有不相应能引生后念。此既不尔，彼云何然。"法宝《俱舍论疏》云："熏在自体，能生当念差别功能名为种子，功能不同名为差别。有体性是不相应，无体性但是功能差别。"又普光《俱舍论记》云："谓于色心自体之上，烦恼种子异余种故，名差别功能。即此功能从前现行烦恼生，能生后现行烦恼。言证智者，次五识后意识相应智，如念种子是前证智俱起念生，能生当念功能差别名为种子。又如芽等中，有前麦果等生，能生后茎等果。功能差别说名种子。大众部等执现行烦恼之外，别有随眠，是心不相应，名烦恼种子。若尔，应许念种非但功能生现行念，亦应别有不相应体名念种子，能引生后念。此念既不尔，彼烦恼云何然。"据此可知，世亲早年的种子论，即已与《瑜伽师地论》相合，取喻芽等，实证分明，不能更为异解，那也就是熊十力所称颂的"至宝"了。

又无著《摄大乘论》卷一云:"此中安立阿赖耶识自相者,谓依一切杂染品法(即染污第七识等)所有熏习,为彼生因,由能摄持种子相应。此中安立阿赖耶识因相者,谓即如是一切种子,阿赖耶识于一切时,与彼杂染品类诸法,现前为因。复次,阿赖耶识中诸杂染品法种子,为别异住,为无别异?(以下答)非彼种子有别实物于此中(阿赖耶识中)住,亦非不异。然阿赖耶识如是而生,有能生彼功能差别,名一切种子识。"世亲《摄大乘论释》云:"此中安立自相者,谓缘一切杂染品法所有熏习,能生于彼功能差别(能生彼杂染品法的功能差别),识为自性,为欲显示如是功能故,说摄持种子相应。谓依一切杂染品法所有熏习,即与彼法为能生因。摄持种子者,功能差别也。(可知非离识外,别有种子为其摄持。)相应者,修义,亦名安立此识自相。此中自相,是依一切杂染品法无始熏习为彼生因,摄持种子识为自性。(惟以摄持之功能为自性)。此中因相,是彼杂染品类诸法熏习所成功能差别,为彼生因。(这是以其与杂染品类诸法现前为因者,说为因相。所以自相、因相之分,不过就功能的分位差别立称,并没有什么划然的界限于其间。)"其余解释非一非异之说,都与无著的《摄大乘论》相符,都没有违背《瑜伽师地论》卷五十二之说。《破破新唯识论》第四十五页云:"无著作《摄论》授世亲,始建立实种子。(自注云:彼之种子是实有的,故说为实种子。)"真是一往之谈,近于诬蔑。

所谓"一切杂染品法所有熏习"的意义,《成唯识论》卷二释云:"因能变(即谓种子是能变,由此为因而起现行,故说种子名因能变,即一切杂染品法熏习而成者。)谓第八识中等流异熟二因习气。等流习气由七识中善恶无记熏令生长。异熟习气由六识中有漏善恶熏令生长。"这里面说明种子(即二习气)的来源,尚觉清晰,但不易为常徒所知,今以实事证之。如我们初游北京中山公园时,眼识所见,有红色的围墙及庄严的花坛,大脑中即摄留(摄取存留)其印像,历久不忘。如是再游、三游之后,印像愈深刻,也愈不能忘。唯识家所说的"熏习成种",其义如此,则唯识家何尝说种子异诸行而别有实物呢。(熊十力的《佛家名相通释》卷上云:"唯识家说种子,便异诸行而有实物。)所以《成唯识论》卷二又云:"种子虽依第八识体,而是此识相分非余,见分恒取此为境故。"窥基《成唯识论述记》云:"此言种子依识自体,自体即是所受熏处,见分恒缘故是相分。即是识体功能义分,故成相分。"解说得非常明白。熊十力《唯识学概论》初稿,在解释因能变之后,自兴问答云:"难云,据因变义,应成唯种,宁名唯识?答云:一切法不离识,方成唯识。非唯识言,便谓识无种子,同无因论。"从这一段问答上,说明熊十力想要补足旧说,辅成唯识之义,而由于他不明白种子是怎么一回事,不自知其似是而非之言,适足以诬陷旧说,这是熊十力的短处。

又《成唯识论》卷二云:"此中何法名为种子?谓本识中亲生自果功能差别,此与本识及所生果不一不异。然诸种子谓依世俗,说为实有。"智周《成唯识论演秘》更引无著《摄大乘论》及《瑜伽师地论》卷五十二证明之,这也没有稍异于熊十力在上文所谓的"至宝"。

杂染品法,熏识(第八识自体)成种,其状非一,所以不妨说种子数多如雨滴(见《瑜伽论记》引《意业论》),验诸事实,我们记忆之中所摄藏的印像,确实是纷纭万绪,其状非一。熊十力《新唯识论》第七十九页云:"无量种界,势用诡异,隐现倏忽,其变多端。"这与唯识家所说并无不同,那又何必力破唯识家之说呢。《破破新唯识论》第111页解云:但有隐现之分,(即功能差别之说。彼自注云:习气现起而与心相俱以取境,便名心所法,其隐而未现,即名种子。)实无能所之别,何所谓拟物,(即非一非异之说,彼自注云:物种如豆生苗,有能所故。此种现起即名心所法,不可说心所为所生,种为能生故。故此言种,无拟物过。)何类于极微。(自注云:外道极微是实法,此种虽幻有而无实故。总之,吾与护法虽均言种,而种义则根本不同。)这许多话,好像很有道理,但终究不能抹煞上文所引的明证。(《佛家名相通释》上卷云:"经部说色心持种,唯识家拨之,谓必有赖耶摄持。吾意犹法相家种子义言,既非异诸行别有实物,则无须赖耶持之矣。经部种子,当与法相义相近。"这是很错误的,因为一切唯识,故非赖耶无以摄持。所谓经部与法相家近,也是没有根据的。)何所谓拟物,何类于极微,我将以熊十力所自解者,为唯识家解之。

关于唯识家的种子说,既无拟物之失、又不类于极微。种子的来源,上面已有解说,则其成立阿赖耶识,难道是因为种子万殊,无法安排,于是强立阿赖耶以摄持的吗?(《新唯识论》第38页云:种子无量,殆如众粒。若尔,势等散沙,伊谁搏控,爰建阿赖耶识是作含藏。)熊十力因不知唯识,故不信有阿赖耶识。对于阿赖耶识有受熏持种等义,都不能恰如其分地加以了解,陋于知意,巧为依附,真是章实斋所说的"横通"。

人们举心动念,挟(摄持之意)其熏成的种子,(种子与心非一非异,故无别实种子可挟,就其功能差别上假说挟耳。)新新而起,是故不住。不住非灭亡或无规则之谓,故曰相似相续。相似故有因果能所之分,相续故有前位后位可得。本此二义,立种现互为缘生以及六义本始说。《成唯识论》卷七云:"所说种现缘生分别,云何应知此缘生相?(以下答)一因缘,谓有为法亲辩自果。此体有二:一种子,二现行。种子者,谓本识中善染无记等功能差别,能引次后自类功能(自类相生,即种生种义),及起同时自类现果。(即种生现义,同时者,因果同时也。)此唯望彼（所生种及所生现）是因缘性。现行者，谓七转识及彼相应（心所法）所变相见等，熏本识生自类种（即现生种义），此唯望彼（所生种）是因缘性。"这里所说的，都是就眼前的事实加以解释，并不是什么有意的排比分析，而熊十力犹以为"幻结空华"（《新唯识论》第三十六页），真是辜负了古人的用心。

种子与现行互为缘生的事，《成唯识论》明明说在本识中。又云："此识为体，故立识名（称阿赖耶为一切种识），种离本识无别性故。"窥基《成唯识论述记》亦云："体即是种"，文理明白，无可曲解。但《破破新唯识论》第五十三页云："彼计现界以种子为体，是义决定。试问现行既因种起，则种子非现行界之本体而何。此其为故意矫乱者，亦可决定。"推究熊十力对于唯识家种子现行学说的诘难之故，则由于他不知道种生现果的道理，兹为解之。如我们既游北京中山公园之后，脑海中即摄留其印像，历久不忘。如遇激发之缘（即有人问北京中山公园），顿时就从那个印像中变生影像，是为现果，故曰识之相分。相分以识为体，亦即识之功能差别，故又不妨就其差别位上，假说能所因果。其实不过用以说明现象世界，虚幻不实，一切都是识所假现的道理。熊十力对唯识家之说诬蔑为"因果隐显，判以二重，能所体相，析成两物"（《新唯识论》第三十六页）；"种界现界，划分为二，显然两重世界"。（《破破新唯识论》第五十四页）真像古人所说的，知二五而不知一十，非常可笑。至于他所说的"种现互为缘起之说，多从数论胜论脱胎而出"，则仍没有摆脱章太炎的影响，进步不大。

种子的六义：刹那灭、恒随转、果俱有、性决定、待众缘、引自果，都是用以说明阿赖耶识相似相续的状态的。阿赖耶与其余七识非一非异，与六位五十一心所非一非异，因此说，用六义说明八识五十一心所相似相续的状态，亦未始不可。相续故立刹那灭、恒随转二义，相似故立果俱有、性决定、待众缘、引自果四义。验诸事实，此理平常。如北京中山公园的种子，在脑海中念念不住，就是刹那灭。不过并非灭尽无余，而实新新生起，就是恒随转。遇有人问到北京中山公园，就激发出以前印入脑海中的影像，就是果俱有。但又只能变现北京中山公园的影像，不能变现故宫或万寿山的影像，这就是性决定、引自果。六义秩然有序，极言转变，所以能够摄归万法于当念（现前一念）。当念迁流，生生不已，因此得以就其差别分位上假说六义。可见上文所引《新唯识论》第37页及《破破新唯识论》第52页之说，都是戏论。

本始之说，创于护法，若仅就字面上推敲，似不可通，而实则不然。何为本？吾人受生之初，法尔具足的势用也。如饥思食，渴思饮，故曰本有，亦即本能，亦可称之曰先天。何谓始？受生以后，环境所熏成的势用也。如西洋人饥则思食面包，渴则思饮咖啡牛乳，中国人饥则思食米饭馒头，渴则思饮茶，故曰始起，亦即习惯，亦可称之曰后天。这都是就人类日用生活上立论，无所谓乱真。（《新唯识论》第40页云，其说弥近理而大乱真。）本有种子，即心相分，或是心体相续流转的前因，故虽不从熏生，亦无违于一切唯心之义。（《佛家名相通释》下卷第71页云：本有功能不从熏生，与一切唯心造之义不贯。）始起种子，习久成性，现行势力，与本种同，即又得以对新生者说为本有种子。解释人事，这样才能说明问题。《新唯识论》第四十页云："本始并建，徒为戏论"，不知从何说起。

以上已将唯识家种现之义，反复解明，兹更总结之曰：唯识家并未离诸行而别立实种，只依诸行的能生势用，说为种子。即此种子，随缘著现于外者，说为现行。种现之间，关系复杂，乃有六义本始之说，而又摄归当念的一心。故其因果能所，假有建立，未尝说为条然各别，因此不能诬蔑为种子现行各有自性，更不能诬蔑为种子多实立于诸行之后，为诸行作本根，此其一。心王心所，非一非异，就其分位差别上说，心有八种，心所有五十一种，即此又得就其相续流转位上，说为各有种现。种现假立，无有自性，即不得诬为种识条然，识从种生。识既非从种生，即不得说种为识体，乃至识是有自性之实法。所以世亲、护法虽说一切心、心所法各有自种，而非析成碎片。非一非异，极宇宙生生之变，龙树提婆的中观微旨，于是益彰，此其二。第三节竟。

心、心所法是虚妄分别，种现因果依之假立，则亦虚妄分别而已。虚妄者不实，故曰如梦如幻。如梦如幻者应厌离，厌离之后，更无事可商量，（宋冲邈禅师诗云：不是息心除妄想，都缘无事可商量。）故曰无分别，然又非如木石之无知，虚灵澄沏，字之曰正智，正智寂时，无有生灭明暗空假等相貌，毕竟离言，毕竟无得，字之曰心性。（无分别之就照者说为正智，就寂者说为心性。更考《大智度论》卷八十三论涅槃无相无缘，及慧思《随自意三昧·行威仪品第一》论心性。）心至此处，更无虚妄梦幻，即又称之曰本体，或曰真如。因此真如之与正智，非一非异，假立能所，说智缘如（《破破新唯识论》第39页，谓："《阿含》无正智缘如之说"，这是不对的。《中阿含·晡利多品·大拘絺罗经》云：智慧者见如真义，当即正智缘如之说。）而实无有别实真如之境可得，则真如之与虚妄心、心所法，也就是非一非异的关系。《成唯识论》卷八云："此圆成实与彼依他起，非异非不异。异应真如非彼实性，不异此性应是无常。如无常等性与行等法异，应彼法非常等，不异此应非彼共相。"这话是尽理之谈，然犹应加解释。

一、真如与心、心所法非一非异，故欲证入清净真如，必须了解心、心所法虚幻如梦。印度唯识家在心、心所法上立种现因果本始六义之说，就是用以解明心、心所法虚幻如梦，使观行者从之证入真如，可见不是在用上建立，而是处处回归本体，所以没有"将体用截成两片"的过失。(《新唯识论》第25页云：于能变因体加详，皆于用上建立，而不悟其有将体用截成两片之失。) 真俗圆融，理善成立，未可诬为"条然"。(《破破新唯识论》第67页云：护法明明说真如即是识之实性，而又立种为现之体，真俗条然，无可融释。) 那就不能以"两体对待，成何关系"为问。

二、心性离虚妄故，假名曰常，不是说离心、心所法外，别有常法以为其体。故曰三界幻有，莫不具足常性。就此具足的意义以言，说一切法莫非真常。众生本来是佛，亦未始不可。《大智度论》卷九十一引经云："行般若波罗蜜时，不得众生，但空法相续故名众生"，也就是这个意义。《成唯识论》卷八解圆成实，除常及非虚谬外，又有遍义。窥基《成唯识论述记》云："体遍，无处无故，即是圆满义。"可见唯识家也是讲即体即用的，否则遍义就不能成立，不过没有像别的宗派专以为论罢了。(《佛家名相通释》卷下113页云：彼圆成性上，既不可说流行，则其依他幻有之用，不可说为即是本体之流行。如是言用，只是依体而有，不得说言即体即用，故体用终成二片。)

《佛家名相通释》卷下第114页又云："三性之说，将体用分析，实为巨谬。由其说，则虽除所执，方悟依他，犹不能当下即证圆成，必须展转说向圆成上去，此非巨谬而何。空宗言二谛，不言三性，方便善巧，无诸过患。有宗谈三性，自堕支离。"这又是武断之论。三性之说，没有将体用析成两片，如上可知。关于三性与二谛的关系，《成唯识论》卷八云："此三（三性）云何摄彼二谛？应知世俗具此三种，胜义唯是圆成实性。世俗有三：一、假世俗，二、行世俗，三、显了世俗，如次应知即此三性。胜义有三：一、义胜义，谓真如胜之义故；二、得胜义，谓涅槃，胜即义故；三、行胜义，谓圣道，胜为义故。无变无倒，随其所应，故皆摄在圆成实性。"可见三性与二谛，所诠法同，不过在词意之间有所轻重详略耳，不能因此而判其得失。熊十力斥三性为"支离"，则是因为他以有宗为隔截体用之过。知有宗之非隔截体用，"支离"云云，不待烦言而解。第四节竟。

什么叫做"神我"？《因明论疏瑞源记》卷四引净影《义章》云："神谓神主，我谓我人。"《成唯识论述记》卷二云："神我非本非变易"。又《因明论疏》卷五云："神我用或有无，体是常住。"所以印度数论的《金七十论》卷下云："人我不被缚，无三德故，以遍满故。若非被缚，故非被脱义，得自然脱。我无处不遍，故无轮转生死义，"所以叫做"神我"。阿耶赖识生灭无常，幻现不实，被缚轮转，又复求脱，与神我之说，刚好相反，熊十力乃欲类而同之，真可谓不知言了。如果以其迥脱形躯，凭业流转谓为神我者，则《新唯识论》第60页云："聪明觉了，为发自耳目等物乎？彼既是物，如何能发生聪明觉了？抑为发自声色等物乎？彼亦是物，又如何能发生聪明觉了。故知聪明觉了者心也（自注云，心非即本体）。那末熊十力固以聪明觉了之心，是迥脱于耳目等器官之外的。又《尊闻录》附第十一云："人生所造业力，则容暂时不散，此世俗幽灵之事实所以不尽无。"《新唯识论》第三十八也说："有情业力，不随形尽，理亦或然。"又《佛家名相通释》卷上云："个人之生命，死后不断，此等理论，在哲学上亦得据信念而成立之，不必遽斥为迷信。"又《破破新唯识论》第7页云："业力不坏之义，吾固经几度疑情，然最后则自信我愿无尽，吾生无尽，但此理终存于信念上。"那么，熊十力也是相信生命无尽的。如果用熊十力斥责唯识家的论调来衡量他的这些说法，何尝不是印度数论的神我论呢！苟以责人，昧于论己，何足以穷山河之蕴，尽天地之大乎？因此我不禁慨然兴怀古之思。第五节竟。

（原载《法音》1981年第1、2、4期和1982年第2期）

汤著《佛教史》关于
"《太平经》与佛教"的商兑

汤用彤先生的名著《汉魏两晋南北朝佛教史》，是现有中国佛教史中最有学术价值的著作之一，这是大家都承认的。他在1938年初版的跋文中说：

中国佛教史未易言也。佛法，亦宗教亦哲学。宗教情绪，深存人心。往往以莫须有之史实为象征，发挥神妙之作用。故如仅凭陈迹之搜讨，而无同情之默应，必不能得其真。哲学精微，悟入实相。古哲慧发天真，慎思明辨，往往言约旨远，取譬虽近，而见道深弘。故如徒于文字考证上寻求，而乏心性之体会，则所获者其糟粕而已。

这几句话，真可以说是，对于撰写中国佛教史，深知甘苦的名言，很可以作为佛教史家的座右铭。所以他在1955年，重印《后记》中虚怀若谷地说：

如果说重印这部书，今天对于一些从事于思想史、文化史的研究工作者还有少许参考价值的话，那仅仅在于它供给了关于中国佛教史的一些比较可信的材料，它提出了中国佛教史发展变迁的一般线索，它也还揭露了中国佛教史上某些重要的现象。这决不是说这部书在材料的审订、发展的线索、现象的揭露这些方面就完全没有问题。应当肯定，在旧的观点、方法支配之下所进行的考订研究工作，它可能取得的成绩终归是有限的。

诚然，要写成一部较好的中国佛教史，实非易事，而单恃个人的见闻所及，也难免有所疏漏乃至错误。汤先生说的是实在话，事实上，在汤著《佛教史》中，也的确有一些需要商兑的地方。兹就《太平经》反对佛教的问题提出一些不同的意见与根据，供佛教史家作为汤先生所说的"中国佛教史继续述作"的参考。

汤著《佛教史》第一分、第五章，"论《太平经》与佛教"一节中说：

《太平经》者，上接黄老图谶之道术，下启张角、张陵之鬼教，与佛教有极密切之关系。兹分三事说之。甲，《太平经》反对佛教。……经之卷百十七，言有"四毁之行，共污辱皇天之神道，不可以为化首，不可以为师法"。而此四种人者，乃"道之大瑕病所由起，大可憎恶"，名为"天咎"。一为不孝，弃其亲。二曰捐妻子，不好生，无后世。三曰食粪，饮小便。四曰行乞丐。经中于此四行，斥驳之极详。夫出家弃父母，不娶妻无后嗣，自指浮屠之教。而《论衡》谓楚王英曾食不清，则信佛者固亦尝服用粪便也。至若求乞自足，中华道术亦所未闻，故《太平经》人，极不以此为然。

这里面有三个问题犹待商兑：第一个是服用粪便的问题，第二个是求乞自足的问题，第三个是出家的问题。在服用粪便的问题中，又可分为两层来讨论，首先是佛教徒是否服用粪便？其次是《太平经》中所说的"食粪、饮小便"，是否指佛教徒而言？

关于佛教徒是否服用粪便的问题，唐地婆诃罗译《方广大庄严经》卷七云：

菩萨出伽耶山已，次第巡行至优楼频螺池侧东面……复作是念，我今出于五浊恶世，见彼下劣众生诸外道，着我见者修诸苦行……或有恒食草木根茎、枝叶、花果、莲藕、兽粪、糠汁、米泔、油滓……以求解脱。

又隋阇那崛多译《佛本行集经》卷二十四云：

或复有人……有时纯食羊粪，或复有时纯食牛粪，或乌麻滓。……菩萨既观彼等如是邪求解脱。……

可见佛经上把印度当时的食粪者，当作"外道"或"邪见"看待的。《梵网经》卷下云："若佛子……反学邪见……外道俗典……是断佛性障道因缘，非行菩萨道。若故作者，犯轻垢罪。"又《十诵律》卷六一云："时有潢水，僧取用。是中有象马驴牛羊猪狗皆入中饮，屎尿不净，树叶花果皆堕水中，烂臭不净。是事白佛，佛言，'水中不净者可却'。便却，余水应饮。诸比丘白佛，'水浊醶，应得饮不？'佛言，'先疑不净，不应饮'。"此外在其余广律中，也可以找到同样的根据。这都说明，佛教徒非但不准服用粪便，而且在生活方面还是非常讲究卫生的。

至于《太平经》中所说的"食粪饮小便"，是否指佛教徒而言，则应先从"楚王英曾食不清"的问题谈起。《论衡（卷六）·雷虚篇》曰："道士刘春荧惑楚王英使食不清。"可见楚王英曾食不清，由于道士的荧惑，与佛教无关。即使认为刘春荧惑楚王英使食不清，可能在楚王英信佛之后，但《论衡》上并未说明时间。揣测之词，怎能肯定地说："信佛者，固亦尝服用粪便"呢？何况汤先生自己说："楚王英交通方士，造作图谶，则佛教祠祀，亦仅为方术之一。盖在当时国中人士，对于释教无甚深之了解，而羼以神仙道术之言"（《佛教史》第54页）。这就更加不能肯定地说："信佛者，固亦尝服用粪便"了。

其实，服用粪便或食不清者，固大有人在。《后汉书（卷八二）·甘始、东郭延年、封君达合传》云："三人者皆方士也，率能行容成御妇人术。或饮小便，或自倒悬。爱啬精气，不极视大言。甘始、元放（按即左慈）、延年皆为曹操所录，问其术而行之。"甘始等人生活在三国时代，后于荧惑楚王英的刘春一百三四十年，后于宫崇向汉顺帝献《太平经》也有五六十年，而饮小便等等的所谓方术，流行未绝，甚至曹操也向他们请教学习，足见其流传之久，影响之大。《太平经》中所驳斥的"食粪，饮小便"，正是指这一类专搞房中御女的妖人而言，并非针对佛教。

关于"求乞自足"的问题，汤著《佛教史》第103页云：

乞食则未有明证。仅知汉好黄老之向栩谓常入市行乞食，而《太平经》亦言有乞食者，疑汉代沙门即有行者。

又第105页云：

疑在汉代沙门尚行乞，至后则因环境殊异，渐罕遵奉。盖据今日所知，汉代以后传记所载，沙门释子未普行此事。而观《弘明集》所录护教之文，只闻对沙门出家不孝无后，常有非难，而于求乞则竟无一言，亦可以知矣。

这是因为《太平经》反对乞食，而在汉代又仅知向栩常入市乞食，所以推测汉代沙门曾经行乞，否则《太平经》的斥驳就成为无的放矢了。其实这种推测是没有什么必要的。因为向栩在黄巾起义之后，以内应的嫌疑被杀，其生卒年月当然在《太平经》出现之后，《太平经》所驳斥的乞食，决不会是为向栩而发的。又查《后汉书（卷八十一）·向栩本传》云："或骑驴市乞丐于人，或悉要诸乞儿俱归止宿，为设酒食，时人莫能测之。"这就很难说可以把向栩的行乞，作为佛制比丘乞食的例子。因为骑着驴子入市乞食，又邀请诸乞儿到他家里去受用酒食，迹近招摇，可能是别有用意，不能把它当作一般比丘的"乞食自足"看待的。而事实上，在《太平经》出现之前，即在东汉初年，确有"求乞自足"的人的。如《后汉书（卷八十二）·郭玉传》云：

初有老父，不知何出，常渔钓于涪水，因号涪翁。乞食人间，见有疾者时下针石，辄应时而效，乃著《针经脉法》传于世。弟子程高寻求积年，翁乃授之，高亦隐迹不仕。玉少师事高，学方诊六微之技，阴阳隐侧之术。和帝时为太医丞，多有效应。

郭玉在和帝时为太医丞，则涪翁为东汉初年的人是可以肯定的。他能著书立说，所传医疗方法又多有效应，相信他的人一定很多，他的"乞食"的行为也可能有相当影响。程高从涪翁受业，而又隐迹不仕，也可能是效法他的老师，乞食人间的。史实如此，《太平经》中所驳斥的"行乞丐"，何必一定要说它是完全针对佛教的呢？

在出家的问题上，《太平经》所驳斥的不孝弃其亲、捐妻子不好生无后，好像是针对佛教的，而实际考察起来，也不尽然。我们知道，桓宽的《盐铁论》中，不仅保留了许多西汉中叶的经济思想史料，而且还有反对儒家 的记载。如《相刺篇》云：

昔鲁穆公之时，公仪相，子思子原为之卿，然北削于齐，以泗为境，南畏楚人，西宾秦国。孟子居梁，兵折于齐，上将军死而太子虏，西败于秦，地夺壤削，亡河内河外。夫仲尼之门七十子之徒，去父母，捐家室，负荷而随孔子，不耕而学，乱乃愈滋。故玉屑满箧不为有宝，诵诗书负笈不为有道，要在安国家，利人民，不苟文繁众辞而已。

这里面所说的"去父母"与《太平经》所说的"弃其亲"是同义语，而"捐家室"也就是"捐妻子"。《盐铁论》中虽然没有提出"无后"的问题，而"无后"是"捐家室"必然要产生的结果，因此说《盐铁论》中也含有反对"无后"的意思，似乎亦未始不可。

《太平经》中反对"不孝无后"的理由，虽然用了宗教的说法，与《盐铁论》中所持的理由不大相同，而《盐铁论》中反对"去父母捐家室"的态度，也没有《太平经》那样坚决，但是至少可以说，西汉中叶在反对儒家的言论中，已经对于"去父母，捐家室"有所訾议，而那时并不知有佛教。此外，佛教出家，不仅去父母，捐家室而已，还要剃除须发，改易服装，而《太平经》中都没有提到，这也可以说明，《太平经》中所反对的"不孝无后，"不一定是指佛教而言的。

那么，《盐铁论》中所说的"去父母，捐家室"，以及《太平经》中所驳斥的"弃其亲、捐妻子"，是否可以当作"出家"呢？可以的。王符《潜夫论·赞学》第一云："是故无董（仲舒）景（君明）之才，倪（宽）匡（衡）之志，而欲强捐身出家，旷日师门者，必无几矣。"就是明证。王符所说的"捐身出家"，就是去父母，捐家室，牺牲家庭的温暖而把自己的身心贡献于学业的意思。不过王符把"捐身出家"的行为评价得很高，与《盐铁论》中对儒家的言论刚好相反，这可能是当时学者们的共同态度。王符与张衡同时，略早于《太平经》的出现，《太平经》的作者当然可以从不同信仰不同观点的立场详为驳斥的。

又，相传是刘向所作的《列仙传》上记载着的古代仙人，很多是独处深山，遗弃世务的人，其中《商邱子胥传》内还载明"年七十，不娶妇而不老"，《元俗传》内也有"王欲以女配之，俗夜亡去"的记载。大约秦汉时代的方士之中，确有出家修道的一种派别，而且影响相当大，所以引起《太平经》作者的攻击。考《太平经》卷一一七云：

> 今学道者纯当像天为法，反多纯无后，共灭消天统，其贞者，尚天性也，气有不及；其不贞者，疆为之壅塞，阴阳无道，种其施于四野，或反弃杀，穷其妻子而去者，是皆大毁失道之人也，无可法，是大凶一分之人也，不可以为人师法，安而中天师法乎！（据王明合校本）

从这一段文字的语气上研究起来，《太平经》中所反对的"捐身出家"，也很可能是针对它的同道而发，并非反对佛教。

范文澜先生著《中国通史简编》第二编第245页云：

> 道教经典《太平青领书（《太平经》）》……对佛教下列四事：（一）不孝、弃其亲；（二）捐妻子、不好生、无后世；（三）食粪、饮小便（当是指僧徒用钵盛饭，又用同一钵盛便尿）；（四）行乞。认为"道之大瑕，病所由起，大可憎恶"，反复予以驳斥，基本上道教是排斥佛教的。

这可能是受了汤著《佛教史》的影响。不过他没有引楚王英"曾食不清"作为佛教徒食粪饮小便的佐证，可能是检阅了《论衡》原书之故。但是他在"饮小便"下用括号注出的说明，也是不成其为理由的。因为《十诵律》卷三九云：

> 佛在释迦国，释摩诃男请佛及僧明日食，佛默然受。……佛与诸比丘僧入其舍，是会有肉。……尔时六群比丘畜狗，疾食竟，拾满钵骨置前，举眼高视。时释摩诃男……见是钵中盛满物，语诸比丘，"大德！此钵是恒沙诸佛标帜，何以轻贱此钵。……"尔时佛见释摩诃男呵责已，时佛呵斥六群比丘，"云何以钵盛不净物。从今不得以钵盛不净物。"

这证明佛教是不许可用钵盛便尿的。当然，不懂戒律的六群比丘，也可能不顾佛陀的呵斥用钵盛便尿，但是盛便尿究竟不同于"食粪、饮小便"，很难成为《太平经》反复驳斥的根据。

由此看来，《太平经》中所驳斥的"四毁之行"，基本上不是以佛教为的而放的箭。如果更能全面地分析《太平经》的思想实质与历史背景，再加以论证，当然就非常明白了。这里所提供的，只是初步的意思而已。

（原载《现代佛学》1962年第6期）

附:

关于东汉佛教几个问题的讨论

汤用彤致巨赞法师书

巨赞法师:

1962年第6期《现代佛学》尊作《汤著〈佛教史〉关于"〈太平经〉与佛教"的商兑》,已研读多次。因学校将届寒假,有些余暇翻书,试加论述。然老病缠绵,仍须请人相助,不能细说也。

本来拙著《佛教史》出版已二十余年,个人对此项研究亦经多年,但在国家内忧外患纷至沓来的时代,写作是很粗糙的。而且那时个人的思想是唯心主义的、形而上学的,所以在著作上也必然是反历史唯物主义的。解放后,该书本想彻底改写,但因精力、学习均差,未能如愿。如有人提出其中错误或疑问,因而消除过去的谬误,有利于将来之研究,当然大是好事。至于我个人则因健康情况及工作关系,不能常讨论也。现对尊作简单说几句话:

《太平经》卷百十七的"四毁之行"一章既未提到"夷狄之法",也未说浮屠桑门,则它是否反对佛教,本来是可讨论的问题。我们应该重新深入研究,把问题整个弄清楚。但大作所据的理由,愚以为似欠充分。您似乎以为只要能够举出中国原来有《太平经》所呵斥的四种行为,而且已经被人反对,则可以证明《太平经》所攻击的就不是佛教。实际上不同的国家,不同的时代,发生同样的现象,而且同样的被人责难,是完全可能的。姑就弃家室这一点来说,尽管有人讥刺孔门弃乡离亲,周游列国,如《盐铁论》所载;尽管有人赞美董匡等之埋首苦读,如《潜夫论》所载;都不能由此而推论《太平经》所攻击的不是印度所传来的净行。当然也不能一定说是佛教。至如何决定,还要考察所据资料及相关记载,结合当时社会历史的情形,重新详细研究,得出适当的结论。在看了大作之后,我曾翻阅《太平经》原文多次,从它强烈谴责"不好生,无后世"等语,既不合春秋战国时游士的行径,也不是汉代弃家苦读的风尚,还是觉得较近于佛教。

　　关于乞食，天下各地有种种乞人，我们亦宜从头研究。《太平经》所斥的还是四川涪江上渔翁那样的人；还是刘英所交、张衡所言之桑门；还是其他种人呢？这点我不想多说，仅指出一些史料的情况：（一）向栩，《后汉书》记其入市乞食（拙著并未认为他是《太平经》所反对的对象。）（二）涪翁，《后汉书》记其乞食人间，弟子程高，隐迹不仕，或如您所说也可能乞食。（三）东汉沙门乞食，史无明文，仅沈约的文章及《高僧传》少数地方如《安清传》可供参考。拙著"疑汉代沙门尚行乞"不一定是对的，须再深入地探讨。（四）我们未知的可靠资料，尚待搜寻。

　　另外，还有一个问题更值得研究。中国佛教不同于印度佛教，而汉朝佛教和魏晋佛教也不相同。我认为汉朝的佛教是和道术方技混在一起，拙著《佛教史》第四、五章即照此阐述。说《太平经》反对佛教，本是指着我所谓汉代的佛教（即佛道，见《佛教史》87 页）。我并没有佛教徒"食粪饮小便"的意思。只说了"楚王英曾食不清，则信佛者固亦尝服用粪便也"（105 页）。"信佛者"并非"佛教徒"之同义语；而"信"也非指宗教的信仰。我又说楚王英是"好奇之士"（57 页）。在说明当时佛教仅为道术大综合的 一部分时，我引了"道士刘春荧惑楚王英"的话两次（52、57 页），均可证明。按《后汉书·西域传》云"楚王英信其术，中国因此颇有奉其道者"，此言有两样人，后者"奉其道"当指桑门、伊蒲塞等，前者楚王英"信其术"即信佛。本传又谓英"后遂大交通方士"，王充言其为刘春所惑，从此自可见当时佛教方术混杂之情形，但佛教徒则不定也为刘春所惑也。我原不知您所引用的《十诵律》等条，但我知道《大般涅槃经》拾粪果的譬喻。写书时实未想到可能引起"佛教徒吃粪便"的误会，这是我的轻率。总之，整个问题有待于弄清楚汉朝佛教及其相关的宗教道术的全貌。大作最后说"如果更能全面地分析《太平经》的思想实质与历史背景，再加以论证，当然就非常明白了。"我是非常赞成的。

　　感谢您告诉我很多没有知道的材料和应该考虑到的问题，并使我发现一些错误。附带说一下，看了您所引《郭玉传》，而查出拙著五四页说郭玉著《针经》是错误的，此亦可见我工作的粗糙。又您所引王符《潜夫论》的"捐身出家"四字，在《四部丛刊》及其他一些版本均是"捐家出身"，从上下文及汪继培的沄文来看，似乎"捐家出身"是对的。还有东汉初的《新论》载桓谭与郎冷喜所见之神仙，在粪上拾食，则见刘春以前或同时的风气一面了。拉杂写来，仅供参考。不能详悉也。

　　此致
敬礼

汤用彤　再拜

1963 年 1 月 15 日

巨赞法师致锡予先生（汤用彤）书

锡予先生：

接读大札之后，在春节期间，又蒙拨冗接谈，得以亲承謦欬，使我对于著名学者的谦以自牧有了深刻的体会。《易象》云："地中有山，谦，君子以衰多益寡，称物平施。"这或者就是古往今来学者们在学术研究上所以能够成其高深与博大的基本原因。晤谈匆匆，意有未尽，兹谨再就大札所言，略述所蕴，以答殷勤奖掖的盛意。

《太平经》卷一一七的"四毁之行"，是否为驳斥佛教而发，诚如大札所云："还要考察所据资料及相关记载，综合当时社会历史的情形，重新详细研究，得出适当的结论。"确为不易之论。拙作在说明个人的看法时，多用"大约""可能"等词，也就是这个意思。不过关于"食粪饮小便"的问题，大札既然说明"并没有佛教徒食粪饮小便的意思"，而从佛教经典以及中国佛教史料研究起来，似乎可以初步肯定，《太平经》所驳斥的"食粪饮小便"，并非针对佛教或佛教徒而言，这就是拙作首先讨论这个问题的用意所在。如果这种说法可以初步肯定的话，那末，认为"四毁之行"是道教排斥佛教的论断，就发生了动摇，也就是说，《太平经》驳斥"四毁之行"，并非完全是为了排斥佛教。

《太平经》所强烈谴责的"不好生，无后世"，虽然不一定是反对儒家的"去父母，捐家室"，但是秦汉时代的方士之中，确有隐遁山林，终身不娶的人。如果这种人在当时社会上受到尊重而且影响又相当大，可能成为《太平经》攻击的对象。因为《太平经》主张："阳者尊，阴者卑，故二阴当共事一阳，故天数一而地数二也，故当二女共事一男也。"（《太平经合校》卷三五）所以《太平经》中反对"不好生，无后世"的地方相当多。当然，单以《列仙传》为根据是不够充分的，还需要摸清楚秦汉时代方士之中的流派和它的思想内容，以便进一步把这个问题加以解决。

汉朝佛教和道术方技混杂在一起，这是历史的事实，但是从后汉明帝永平十年（公元67年）到献帝延康元年（220年），经历154年。很难说，佛教的面貌，始终如一。同时，宫廷之内所崇尚的佛教，与民间不会完全相同，而一般的信仰者与知识分子的趋向也不一样。从安世高在当时的影响看来，就可略知一二。如《阴持入经注序》云：

> ……宣敷三宝，光于京师。于是俊乂云集，遂致滋盛，明哲之士，靡不美甘。厥义郁郁，渊泓难测。……密睹其流，禀玩忘饥。因间麻缲，为其注义。差次条贯，缕释行伍，令其章断句解，使否者情通，渐以进智。

这是亲炙安世高的人的记载。他告诉我们，当安世高在洛阳译经的时候，随译随讲，当时的士大大们很多人前去听讲，而且对于安世高非常倾倒。东晋谢敷《安般守意经序》上也说："于时携乂归宗，释华崇实者，若禽兽之从麟凤，鳞介之赴虬蔡矣。"（《出三藏记集》卷六）谢敷大约与道安同时而稍早，据《晋书》卷九四本传云："会稽人也，性澄清寡欲，入太平山十余年，镇军郗愔召为主簿、台征博士皆不就。"可见是一位高士。他那样的说法，与《阴持入经注序》相合，不能说是出于虚构，则安世高在当时社会上，尤其是在知识界中确实是很有威望的。吴康僧会《大安般守意经序》上所提到的"南阳韩林、颖川皮业、会稽陈慧"，就是当时亲炙安世高而留下名字的"俊乂"。陈慧有《安般经注》，现在虽然不能窥见全貌，但根据康僧会的《序》看来，可以知道他们对于佛教的信仰和理解，已经越过了混杂道术方技的阶段了。因此，我以为把东汉佛教划分一下阶段，可能更符合于历史发展的事实。

"捐身出家"四字，系引自根据湖海楼陈氏本校刊的《四部备要》本《潜夫论》，可能有问题。但《四部丛刊》影宋本后面有原来的跋文云："此书缪误颇多，无从改定"，可见这个无关宏旨的校勘考订上的问题，也远可以再作商量。

沈约《述僧设会论》云："今既取足寺内，行乞事断，或有持钵到门，便呼为僧徒鄙事下劣。既是众所鄙耻，莫复行乞。悠悠后进，求理者寡，便谓乞食之业，不可复行。"这一段文字，从反面告诉我们，佛法东来以后，僧徒之中，曾经有人实行过乞食。但是沈约生当齐梁之世，他自己在《佛记序》云，"经纪东流……千祀过半"，而离开东汉之末，已经三百多年，文中所说的"乞食之业"似乎也是当时的事情。因此要论证东汉僧徒是否实行乞食，还有进一步探索资料的必要。琐屑之论，仍乞赐教。专此，顺颂著安

巨赞　敬复

二月十五日

（原载《现代佛学》1963 年第 2 期）

我对于《中华大藏经目录》的一点意见

　　我在佛教目录学方面素少研究，发言权本来不多。对于《中华大藏经目录》的看法，认为考证译本，精审有用，而编订原则有问题。但是这个问题不大好谈，谈出来也可能贻笑大方，所以初心不打算提什么意见。由于哲学研究所和朋友们的催促，吕秋逸先生还对我说，春节前不提意见，就算默认。这样，即使十分不成熟，也就非提一点意见不可了。现在就管见所及，提供参考如下：

　　一、我觉得新中国科学院编印《中华大藏经》，不同于旧时代的私家刻经。编订目录，也不应以私家刻经的原则为原则。而吕秋逸先生受科学院委托所编订的《中华大藏经目录》，则是支那内学院1945年木刻《精刻大藏经目录》的翻版。支那内学院虽是旧中国著名的佛教研究中心之一，但并不是公立的佛教学府，我在那里住过四、五年，知道它的经费都是从捐助或补助而来，讲学刻经当然属于私人性质，因而有其独特的主张。《精刻大藏经目录》就是那种独特主张的集中表现。可是吕先生在《中华大藏经目录初分草稿说明》和《略谈汉文大藏经译本部分的重编》中，都没有提到那种主张，也没有提起《精刻大藏经目录》，好像《中华大藏经目录》是在接受科学院委托后才开始编成的，而事实并不是那样。

　　二、《中华大藏经目录》初分，在分类及部数、卷数方面，与《精刻大藏经目录》的出入很少，可以说是一致的，列表对照如下：（见下页）

　　三、吕秋逸先生的《略谈汉文大藏译本部分的重编》说明《中华大藏经目录》主要解决两大问题。第一是关于大乘经的重分部类；第二是关于一些有译失译经的核实。这也与欧阳竟无先生的《精刻大藏经缘起》和吕先生自己写的跋文是一致的。《缘起》说：

　　第一删芜者：一删著述。法自西来，宝蕴译本，疏别演绎，著述乃增。若谈单译，经二千三十六、律五百二十九、论一千三百一，加密七百八十四，不过四千六百五十卷耳。益以重译，亦不逾六千。若合著述，则万犹不啻。一经演注数十万言，一先生谈动逾百万。学纲尚昧，教网先缠，本为病除，又增药魅，蓬山遥远，更隔万重，冤何可言，急删第一。删之云者，正藏崇译，著述入续，仿四库例，著录刻全文，但存目评判，余付藏外，任世浮沉。二削疑伪。疑伪之来，源于学谬。由学谬而译谬，由

		《中华大藏经目录》		《精刻大藏经目录》	
经藏	总	688 部	2790 卷	690 部	2793 卷
	宝积部	249 部	806 卷	222 部	734 卷
	楞伽部	（并入宝积部）		28 部	74 卷
	般若部	77 部	877 卷	77 部	877 卷
	华严部	68 部	335 卷	69 部	337 卷
	涅槃部	30 部	165 卷	30 部	166 卷
	阿含部	264 部	607 卷	264 部	605
律藏	律部	210 部	879 卷	209 部	868 卷
论藏	总	196 部	1394 卷	195 部	1385 卷
	释经论部	29 部	206 卷	29 部	206 卷
	宗经论部	167 部	1188 卷	166 部	1179 卷
	附疑伪	17 部	44 卷	16 部	42 卷
密教（注）	总	388 部	639 卷	375 部	611 卷（注）
	金刚顶部	80 部	179 卷		
	胎藏部	4 部	10 卷		
	苏悉地部	5 部	16 卷		
	杂咒部	299 部	434 卷		
	附疑伪	7 部	26 卷	9 部	36 卷
		1560 部	5772 卷	1494 部	5735 卷

译谬而造作谬，为欲传谬，迫而造据，是以疑伪经论蔵蕤纷纶，戕慧命，暗天日，贼圣教不可长也。此方谬种，源于菩提流支。迻译既乖，创宗复误，布濩既广，开导独先，六朝隋唐，承流奉化，于今为烈。谁撤樊篱，犹可纵欤。

吕先生的跋文也说：

一删芜之简除疑伪。旧藏所收译籍多有出于撰述之假托者，稽诸记载而疑，格以道理而伪，今悉简除，仅择要存目二十余种，则皆流俗久滋迷惑者也。伪书之为撰述，或以文辨，或以义明，《梵网》、《仁王》之分判十三心地、十三法师，与夫重玄累谛之谈，华言若甚顺畅，而于梵语无征。此由文句一览而知其非翻译也。《起信》、《圆觉》、《占察》、《楞严》，以复归本觉为功夫，异于觉待缘成之通论，此由义解而易见其非翻译也。凡此诸籍之流行，或以开宗变俗，或以传习遵依，托古立言，要皆于旧文无据，即不免与佛旨相违，今昌明正义而先祛此疑似，亦势所不容已也。

可见"删芜"的目的，在于简除疑伪。所以吕先生在《略谈汉文大藏经译本部分的重编》一文中又说：

随着译本的核订，自然有些以撰述托名翻译的书会被清查出来，这即所谓伪经类。不管它们所讲道理如何圆到、玄妙，但从编纂大藏经应由实事求是出发的这一原则说来，仍要对它们彻底料简。好在典籍本身价值之高下，其为译本或撰述并无平行关系，彻底简别可以无用顾忌。如在大藏中将疑伪之书作为译本的附属部分安排，以示区别，似无不合。

简除疑伪的目的，依然非常明显。本来，疑伪经典是应该简别的，古代经录也有此先例。如《大乘起信论》之为依托马鸣的著作，确是应该在目录上说明的。不过，欧阳竟无先生与吕秋逸先生的目的并不在此，这在上引《缘起》文中，已经说得非常明白，而因行文简练，一般人看不大清楚。现在我再引用吕先生最近发表的文章来作说明。

吕秋逸先生于最近一两年内，连续在《学术月刊》和《光明日报》上发表了三篇文章，题目是：《谈谈有关初期禅宗思想的几个问题》、《试论中国佛学有关心性的基本思想》、《起信与禅》。这三篇文章实际上都是前引《跋文》的扩充，目的无非是为了简除疑伪。他说：

不会有特别的梵文为魏译（按即元魏菩提流支译《入楞伽经》）所据，而只能是魏译的理解上有问题，翻译的技巧上有问题而已（《起信与禅》，1962 年《学术月刊》第 4 期）。

这就是欧阳竟无先生《精刻大藏经缘起》所说的"学谬"和"译谬"。吕先生又说：

"《起信》之重蹈魏译《楞伽》误解而自成其说。""隋唐时代的天台、贤首等思想的结构及其发展，都受到《起信》的真心本觉说的影响"（皆见《起信与禅》一文）。

这也就是《缘起》所说"迻译既乖，创宗复误，布濩既广，开导独先。六朝隋唐，承流奉化，于今为烈"的注解。按照这种说法，由于菩提流支的"谬种"流传，形成《大乘起信论》的造作谬学，再流衍而为"不免与佛旨相违"的天台、贤首和禅三个误宗，而且这三个误宗，居然风靡了隋唐及其以后的中国佛教界。真是"戕慧命，暗天日，贼圣教"，"不可长""不可纵"的，"先祛此疑似"，实在是"势所不容已"，因此要"削"，要"作为译本的附属部分安排，以示区别"。这样安排之后，使人一看就清清楚楚，原来在中国发展的天台宗、贤首宗和禅宗，都是毫无梵本根据的"谬学"或"误宗"。这从吕先生所谓"今昌明正义"的观点来说，为了续佛"慧命"，维护"圣教"，这样剀切陈词，谆谆不倦，才是欧阳竟无先生所说"世有大悲菩萨，必能作此功德事"（见《缘起》）的实践。这样的实践和上述的学说，构成了欧阳竟无先生和吕秋逸先生的独特的主张。（上文说是支那内学院的独特的主张，恐怕是不妥当的，因为支那内学院的同仁中，并不完全同意那种独特的主张，故作此修改。）

但是历史事实果真是这样的吗？去年六月，我曾就吕先生发表的三篇文章，提出几点意见，请求解答。并且在信末说：

探讨中印佛学的异同问题，似乎还可以从另外的一个角度去谈。《起信》、《楞严》的真伪问题，初期禅宗的思想问题，也可以作如是观。

吕先生复信赞成这种看法，他说：

最后说到中国印度佛学的异同问题，亦可以另一角度去看，此自是切确之见。（皆见《现代佛学》1962 年第 5 期。）

这就说明，吕先生自己也认为，他在三篇文章里所说的，并不一定就是定论。既非定论，就难免没有争执。

四、顾名思义，《精刻大藏经》既称"精刻"，必然有所删削，但是《中华大藏经目录》只比《精刻大藏经目录》多 37 卷，而日本《大正藏》所收译本部分的经目，共有 6195 卷，比《中华大藏经目录》多 423 卷（尚无暇核对经目，这里不过就卷数而言），很显然，《中华大藏经目录》还是贯彻了"精刻"的精神，有所删削的。私家刻经，依照自己的主张，爱刻什么，爱删什么，是可以的，但是作为新中国科学院所编的大藏经目录，恐怕要全面些，不宜删削过多。

五、吕先生说："汉文大藏经原以译本为主，从它们的编次上可以反映出印度佛学体系是怎样组成，各种学说是怎样发展，乃至中国有翻译以来是怎样传播的。"这样很对，但是在《中华大藏经目录》上，特别是在《大乘经的重分部类》上反映不出来。例如日本《大正藏》的编次，首先是阿含部、本缘部，其次是般若部，这是符合于印度佛教发展的史实的，使人一看，就知道印度佛教学说的发展，先有阿含，后有般若。可是《中华大藏经目录》把阿含部放在涅槃部的后面，和明代智旭所编的《阅藏知津》一样。律部先大后小，也是如此。其实印度佛教的发展，是从小乘戒律的分歧开始的。论藏虽分释经、宗经两类，而部派之分不明确，同时还把属于史传方面的译本附于其后。虽然说译本的重分部类，有法相唯识宗的主要论典《瑜伽师地论》、《摄大乘论》等作为根据，而究属大乘宗派的旧框框，像《阅藏知津》套着天台宗的旧框框一样，很难在这里面既反映出印度佛学的体系，又反映出各种学说的发展，以及在中国传播的情况，照吕先生的想法似乎在反映出印度佛学的体系方面是很突出的，但是也只有熟读深思了《精刻大藏经缘起》和《略谈汉文大藏经译本部分的重编》之后，才能稍为明确一点。对一般初学的人来说，也像看了《阅藏知津》不能了解天台宗的五时八教相似，何况都有重大轻小的宗派成见。因此，我觉得日本《大正藏》的编次，虽然有很多问题，而打破了旧框框，部分地反映了时代的要求，比《阅藏知津》和《中华大藏经目录》的编次为佳。

总之，我认为《中华大藏经目录》是另一部《阅藏知津》的编目，陷于宗教上的宗派成见而不能自拔，作为私家刻经或个人讲学的参考是可以的，而距离时代太远，不适合中国科学研究的要求，最好还是取法日本《大正藏》的编次而彻底加以改订。

1964 年 1 月 25 日

编者注：《精刻大藏经目录》称《密藏》为《秘密经轨》，"依陀罗尼杂密真言乘密经、金刚乘密经编次，仪轨则从所系之经，先后列之"（精刻大藏经目录凡例）。但秘密经轨的总数，在第 59 页标明为 374 部 610 卷，而最后的总结数则为"密典总 375 部 611 卷"，今从之。

（原载《法音》1982 年第 5 期）

序乐观法师《奋迅集》

"奋迅"这两个字，在佛经上常和"狮子"连用，以形容大乘菩萨超迈进取的作为。自来我国佛教界中的高僧大德，真能当得起这两个字的，除了西行求法的法显，玄奘，恐怕要数东渡传律的鉴真。鉴真虽只到日本，但经过几次重大的失败，而终于达到目的。这决不是没有弘法的热情与毅力，或者不够水准的人所能做到的。

抗战以前，乐观法师早已游历过印度，缅甸，暹罗，日本，从佛教杂志上，友朋书信中，知道他在海外活动的种种消息，每次想着他，总有一个短小精悍而又非常天真的个子。影现在我脑海里。有一次乐观法师在南京组织"暹罗留学团"，团员等慈法师要我和他到暹罗去，我因为华文佛教的研究没有告一段落，未接受他的美意，因此未能和乐观法师相见。但对于他们，尤其是乐观法师的那种取法于玄奘、鉴真的志行风度，再接再厉，艰苦卓绝的精神，除了衷心的钦佩之外，只觉惭愧。

"八一三"之后，活跃在东战场上的"上海僧侣救护队"，替佛教争了无限的光荣，乐观法师牺牲一切，从万里外印度地方赶回来参加，那时我正养病在湖南宁乡回龙山上，接到朋友们的报道，兴奋得"不知手之蹈之，足之舞之"，无奈病体虚乏，没有办法行动，直到二十七年，我才有机会在湖南南岳率领华严研究社的学僧，组织"佛教青年服务团"，出发长沙一带，虽然成绩不多，而不能不归功于乐观法师的引发。

"上海僧侣救护队"起落的前因后果，乐观法师在上海僧侣救护队组织经过一文中，很坦白的详述了，赖他收拾残局，绝不至于糜烂不堪，以后他独个儿在军政部第一七〇后方医院为伤员兵服务了一年零两个月，又到重庆组织"陪都僧侣救护队"，其英勇的成绩，得过□□□□的嘉许。不久，他又在陪都组织"中国佛教国际步行宣传队"，于二十九年十一月十一日，从陪都出发，向缅甸挺进。虽是奉命出国，据说他们为了要表现僧徒苦干的精神，所有草鞋钱，还是卖去自己的衣单凑来的，即此可以知道他干的宏愿和魄力。前年冬天，他从缅甸回国，向中央各有关方面报告工作，到昆明的时候，我们才开始通信，他告诉我们许多经验，我则劝他凡事从容些，直到我今天写这篇稿子时，我们还没有见过面哩！可是，我们是无话不谈，最近他还来信说，"在复兴中国佛教的任务上，我们要继续流点汗水"，我很佩服他的勇气。

我觉得李唐以后，到现在一千多年，生龙活虎，活泼泼地的佛心，老早被打混的恶魔吞吃了。看，佛教界内无论是出家僧众，在家居士，有几人竖起脊骨梁，提起精神来学佛的。

我说他们简直是在打混，这种人，在今日佛教徒中要占十之五六。因为大多数佛教徒在打混，佛教高深的真理，和真实修行方法，不能为他们所了解与接受。

其实我们并不是不坚信念佛可以生西，是一种三根普被的方便法门，结坛灌顶，持咒，修观，我们也认为可以引发神通，成就悉地，但我觉得基本条件是先要脱俗，能脱俗才能有胸襟肝胆，才能竖起脊骨，提起精神认真学佛，才能有弘法的热情与毅力。及至有了弘法利人的热情与毅力，则决不会再有打混的行动，他们的心是庄严圣洁的，他们的行为是超脱进取的，纵有万难当前，他没有什么顾虑，也不会计较得失，勇往直前，但求心之所安，此之谓菩萨，真佛弟子。所以法显、玄奘、鉴真三位大师，值的我们崇拜了。

当然：乐观法师并不是果位中人，一定还有缺点，但他有弘法利人的热情与毅力是决定的。那他至少有胸襟有肝胆而脱俗。也就是说他真具足了学佛的基本条件。即此已值行我们的爱护，此外一切是非毁誉，尽是身外之物，可以不管。老实说：管那许多的就是俗人，但愿看完了奋迅集的人，体取此意，和我们携手同行，乘大愿船，从萨婆若海，复兴中国佛教，续慧命于将绝。

民国三十二年七月一日巨赞于广西桂平之西山

《般若波罗蜜多心经颂》序

　　1930 年冬，我发心出家，法名万均，住杭州孤山广化寺。闻国内弘扬唐玄奘法师所开创唯识宗者，以"南欧北韩"为中心。1932 年春，我去南京支那内学院从欧阳竟无居士学习唯识学，对北韩亦心响往之。

　　1949 年春，北平解放。余同李济深居士由香港抵平，韩清净居士已寂逝矣。我所久仰弘一法师，为我书集《华严经》偈句："开示众生见正道，犹如净眼观明珠。"时约相会，亦未一面之缘即逝。人生聚合，信有因缘，何胜感慨！周叔迦居士引我往三时学会，初识董绍明居士，正在整理清净居士遗著，书写《瑜伽师地论科判》、《披寻记》及《能断金刚般若波罗蜜多经了义疏》、《浅解》、《心经颂释》等，后来同住北海菩提学会宗镜殿，朝夕相处，日中月明，饭后茶香，研讨法义，疑义相析，受教良多。

　　文革浩劫中，我被监禁七年，1975 年释放，仍住广济寺。法尊法师患目疾，约绍明居士诊疗。多年法侣，劫后重逢，意外欣慰，谈及清净居士口授《能断金刚般若波罗蜜多经了义疏》、《浅解》及《心经颂释》等遗稿，保存至今未失，因缘时至，付印流传，诚为千古胜事。

　　清净居士一生治学法相，谨严精细，重学四依三慧，依名句文，研讨法义，离言解义，能善意趣。《般若波罗蜜多心经》文简义奥，以能知无分别智修心相应释经名、以所知空相法界升地方便显经旨。除有分别，证无分别，是为全经纲领要义。此为具正法眼藏者，点睛传神，空前知见，注解精当，吾无间然矣！

　　余近年讲禅宗要义，引奘师将梵文禅那，新译为静虑二字（旧译为禅定，音义并举。新译静虑是为意译）。含摄《金刚般若经》所说"应无所住而生其心"之义，即六祖悟出"定慧等学"微旨。此与清净居士所言金刚喻定及心智观照相互发明，六度三学前后随生，一中含多互摄助成。竟无居士晚年著《心经读》，清净居士晚年作《心经颂释》。二公融通性相，由博返约，继往开来，殊途同归。读者由此悟入实相，直探奘师唯识宗心法，庶明悬智镜者，幸留心鉴照矣。

巨赞于北京广济寺　　中国佛教协会

时年七十四　　　1982 年 7 月

《能断金刚般若波罗蜜多经了义疏》序

唐玄奘法师（600—664）远征西域取经，受尽苦难归国。唐太宗既弘赞新译经论云："分条析理，广彼前闻，截伪续真，开兹后学。"（《大唐三藏圣教序》）已，于时帝问更有何善可修？玄师答云："可执笔以缀般若。"遂将此《能断金刚般若波罗蜜多经》（即《大般若经》六百卷中第五百七十七卷能断金刚分），译出呈进。帝读之，即令所司书写万本，由西明寺沙门玄则作序，发往全国各地寺庙供养诵习。然而此经自唐至今，一千三百多年来，鲜有解者。

北京三时学会韩清净居士，远承奘师未竟胜业，毕生精力专治法相唯识学，空前创作大著百卷《瑜伽师地论科句·披寻记》竟，晚年依据瑜伽真了义教，注解此本般若未了义经。融通性相，会归中道，口授为《能断金刚般若波罗蜜多经了义疏》、《浅解》，董绍明居士亲承笔受，完成巨著。千年沈响，一线复续。奘师唯心法，由是传世不绝，诚为殊胜因缘。

余近年来，讲授禅宗要旨。梵文禅那，简略音译曰禅。音义双举，译为禅定，即心一境性。玄奘法师新译，意译为"静虑"。静即是定，亦名曰止。虑即是慧，亦名曰观。定慧双修，止观净行，为修行不二法门。昔日慧能闻弘忍为说《金刚般若波罗蜜经》至"应无所住而生其心"，言下大悟，一切万法不离自性。此悟即是定慧等学。无所住即是定，生其心即是慧。其余一切法语，皆从此义引申扩充而来。正如《成唯识论》所说"金刚喻定现在前时，永断本来一切净重，穷未来际利乐无尽"。

清净居士注解玄奘大师新译《能断金刚般若波罗蜜多经》，以金刚喻定所生无分别智，最胜摄受付嘱地上地前诸菩萨，贯通全经奇文妙义，实为真智卓见。言无住者，指由无分别智渐证真如。"谓即真如出所知障，大悲般若常所辅翼，由斯不住生死涅槃，利乐有情穷未来际。"所谓无住处涅槃，令于二边俱不住故。《法华经》云："佛自住大乘，如其所得法，定慧力庄严，以此度众生。"经名特标"能断"二字，括尽转依义别。奘师新译名文精确，一字含万象，一言备千训。文字为般若，言说亦法身，理趣无尽，今现在前，吾无间然矣！

龙树菩萨有言："般若是佛母，大悲是佛祖母。"行莫妙于般若，学莫精于唯识。烦恼生自所知，生死由于分别。清净居士以唯识妙义巧解般若，圆通性相，离言悟意，无分别智证得转依，可谓直指奘师心法矣！

法性绝言，有说便谤，菩提离取，无授乃成。希有宝典，空前巨著，付印传世，义利有情。余乐为之序。

巨赞时年七十四于北京广济寺中国佛教协会